オートポイエーシス的生存可能システムモデルの基礎的研究

土谷 幸久 著

学文社

はじめに

(1) 目　　的

　本稿は，スタッフォード・ビアが提唱する生存可能システムモデル（Viable System Model）を，オートポイエーシス論の観点から構成し直し，総合的なシステム論を構築することを目的としている。その理由は，ビア自身が，「生存可能システムは，オートポイエティックでなければならない」と言い，同時に「オートポイエーシスが・生・命・の特徴として定義される以上，生存可能システムのみが，いやしくもオートポイエーシスを示し得る」と述べているからである。しかも，実際にはオートポイエティックな観点から再述することはなかったからである。[1)]

　オートポイエティックな生存可能システムモデルの理論的・現実的検証とは，以下の諸点を意味する。①システム思考の系譜の中に位置付けられるものであるのか。②オートポイエティックな生存可能システムモデルは，理論的に如何に描かれるか。③社会システムをオートポイエティックな生存可能システムと見做して分析する場合に，如何なる利点があるのか。この3点である。総括的には，組織行動の解明に役立つ包括的有用性を持っているか否かという点に絞られる。①は，生存可能システムモデルがシステム理論の影響下にあるか否かということである。何故ならば，マトゥラーナ達が述べるようにオートポイエーシスに基づいてオートポイエーシス・システム，と言うことはできないからである。オートポイエーシスは産出作動を意味し，アロポイエティックなシステムに関係することはない。河本(1995)の分類による第1世代・第2世代システム論は，ある意味でアロポイエティックか目的外在的システムを対象としていた。第3世代システム論は，本稿の立場ではオートポイエティックな生存可能システムモデルであり，新陳代謝のために必然的に産出を伴わな

ければならないものである。すなわち，モデルは機能を現し，オートポイエーシスは産出行為を意味する。そして新陳代謝されるものは，システムの構造である。つまり，本稿の立場は，機能と行為と構造の3面からシステムに迫る方法論である。

両者は，マトゥラーナとヴァレラの論文 Autopoiesis: The Organization of the Living にビアが序を寄せる等，密接な時期もあった。アジェンデ政権下での，ビアを中心にした国家サイバネテイックスに共に参画していたからである。しかし国家的実験が水泡に帰して以来，3人が揃うことはなかった。特筆すべきは，マトゥラーナとヴァレラが共同研究を行なったのも，その時期しかなかったことである。よって，生物学におけるオートポイエーシス論が完成されることもなく，またオートポイエーシス的生存可能システムという構想も創られようがなかった。

ビアが提唱した生存可能システムモデルは，神経システムの解剖学的機能に着目した写像可能な機能主義的機能論であり，サイバネティックスの論証を産業や社会システムに応用することを目的に創られた理論である。一方オートポイエーシス論とは，マトゥラーナとヴァレラの論文 Biology of Cognition (1970) と Autopoiesis: The Organization of the Living (1973) が書かれた中間の頃その着想が得られたもので，純粋な生命の理論である。すなわち定義的には，「いろいろな生物について語るとき，ぼくらはそれらが〈生物〉として共有しているなにかを前提している。そうでなければ，『生きている』とぼくらが呼ぶようなおなじクラスに，それらすべてを入れたりはしないだろう。けれども，そのとき言われずじまいのことがある。生物をひとつのクラスとして定義しているこの組織は，いったいどのようなものなのだろう，ということだ。この点をめぐるぼくらの命題は，〈生物は絶えず自己を産出しつづけているということによって特徴づけられている〉というものだ。生物を定義する組織をオートポイエーシス［自己創出］組織という名前で呼ぶとき，ぼくらはそのようなプロセスのことをいっているのだ。」[2]という基本構想の下に作られた。敢え

てそれを機能論的行為論と言うこともできるが，本来的に生物に限定されるべき新理論であった。

　しかし，マトゥラーナとヴァレラが決別することは，上記の論文を執筆する頃から始まっていたと言える。それは，ヴァレラは純粋に新しい生物学を打ち立てようとしたのに対して，マトゥラーナは初めから社会システムへの応用を念頭に置いていたからである。ヴァレラの考えでは，仮に社会システムへの応用が可能な場合，オートポイエーシス・システムである人間が構成要素であるべきことは認めているが，社会システムへのオートポイエーシス論の応用については懐疑的である。2人の立場の違いは，上記の著書に明白である[3]。

　ところで本稿の立場では，生存可能システムモデルは機能主義的機能論であり，社会システムがオートポイエーシスを活かすには必然的に同モデル的大局的機能をシステムに仮定せざるを得ないと言える。安定性のためには，システムにとっての本質的機能とそれを維持するための補助機能が必要であり，その何れもが生存可能システムモデルには備わっているからである。また生存可能システムと呼び得る社会システムがある場合，それ自体が成長へ向けて作動していなければならず，また構造の新陳代謝が行われなければならない。つまり，微視的な機能論的行為論としてオートポイエーシス論を必要としているのである。よって，両者は相補的理論なのである。これが本稿の立場である。つまり，必然的に③の視点に辿り着くことになる。

　さて，サイバネティックス誕生・発展以前から，有機体思想または生気論等は存在し，それ等が生物学の進展と共に学際的科学へと昇華する中で，サイバネティックスや一般システム理論が形成されてきた。その中で，有機体・神経系またはそれを模したシステムに関して幾つかの性質が発見された。それが転じて，淘汰され整理されて，それ等はシステムとして備わるべき性質と認識されるようになった。世代的にその特徴を一纏めにすることもできる。第1世代の特徴は安定性であり，第2世代は自己組織化である。生存可能システムモデルがそれ等の性質を継承するものであるかは検証されるべきであり，第2章か

ら第3章にかけて検討する。そして，前述のように，第3世代システム論は，オートポイエテック生存可能システムモデルである。

　サイバネティックスや一般システム理論に伴うシステム思考は，多くの学問に影響を与えた。謂うまでもなく経営学も例外ではなかった。しかしそれは，意思決定，情報，制御という観点から取り入れたものである。世代的に見るならば，第1世代的視点である。事実その先鞭が付けられたのは，時代的にも符合している。特に，製造過程においてはその影響は大きかった。その後，組織からシステムへという視点の移動も試みられ，部分的ではあるがシステム思考は経営に根付きつつあると言える。

　しかし生存可能システムモデルを取り入れるということは，思考法や関係性だけではなく，組織体全体を有機的にするということであり，一気呵成にいくものではない。実際，サイバネティックスを標榜する企業は少なく，オムロンのような企業は例外である。当然のことながら，生存可能システムモデルに指向しあるいは基づいた組織は我が国にはない。

　しかし理論面では，管理論が種々改定されシステム思考が認知されつつある今，生存可能システム的特性を帯びた組織もあり，モデルとの整合性を理論上だけでも計ることは，今後の適用のために必要なことと思われる。初めから生存可能システムモデルを取り入れた企業がない以上，生存可能システムと見做して考察することの是非・利点を通して今後の進展に期待する，という観点から設定した目的である。現実に様々な企業または組織体が存在するが，これ等の全てが生存可能システムという訳ではない。単なる独立単位体である場合もあれば，他に従属することで延命している場合もある。しかし多くの企業は生存可能システムであるはずであり，同モデルを用いて分析することは意味のあることと思われる。結論的に，同モデルを用いることの有効性を明らかにする。この検討が②に当る。

　これ等の目的が，本稿の縦糸であるとすると，問題意識としての横糸も存在する。それは，組織の継続的行為の検証のためには，その動的な面を捉えなけ

ればならないということだ。ビアが描く同モデルを静的なものと見るならば，組織体の全貌を摑むことは不可能であるからである。ビア自身は動的把握の必要性を述べているが，これまでの生存可能システムモデルの研究においては，このような試みはなされてこなかった。そのためには，人材開発や戦略等の作動を必要とする理論との併用を論じるか，横糸としてそれを用いる必要がある。しかし，動的把握の必要性というより寧ろ，生存可能システムモデルの研究においては，具体的事例の詳細な研究すらなされてこなかったのである。

しかしオートポイエーシスを仮定するとき，恣意的に動的な面に注目する必要はなくなる。上述の動的な側面がシステム全体の方向性を示すものであるとすると，オートポイエーシスはシステムに遍在する微視的作動を要請する。すなわち，全体の方針に合致する構造を実現するため，何を如何に創出するかということである。具体的には，人材であり技術であり方法論等，構造変更を可能とする新陳代謝である。つまり，オートポイエーシス的生存可能システムでは必然的に，構造変動と産出作動は結び付いたものでなければならず，その意味で③の視点は一般化する意味が大きいと言える。

(2) 本稿の構成

第1章「問題の構図」は，生存可能システムモデルの受容が困難視される理由，また同モデル上では組織は如何に展開されるかについての導入，そして戦略の類型についての一般論と本稿の立場におけるオートポイエーシスについてである。§1-1の困難さは，本稿以前の段階の誤解に対する整理である。§1-2のモデル上の展開は，第5章6章へ繋がるものである。§1-3の戦略の類型は，第6章に繋がる。§1-4のオートポイエーシスは，生存可能システムは必然的にオートポイエーシス論に拠らざるを得ない故，その特徴として考えなければならない。すなわち，個々の構成要素は相互支持的に自己刷新を行わなければならず，それを本稿ではオートポイエーシスと考えるということを示す。

第2章は，サイバネティックス誕生前後のシステム思考についてである。こ

のことは，(1)の①に関係する。まず，システム思考が生気論から分離し，哲学的にも科学的にも独立する過程を§2-1に示す。§2-2は，生気論と機械論の相剋についてである。しかし，一般にそのように信じられているが，これ等は次元の異なる考え方なのである。実際に生気論が衰退するには有機体概念が浸透していく以外に方法はない。現在，有機体概念を現すものはシステム概念である。§2-3は，システム概念の成立とサイバネティックス誕生の状況についてである。この2つは密接に関係している。つまり，サイバネティックスはシステム概念を推し進める科学だからである。§2-4は，その展開過程である。東西冷戦体制下において，国家建設に向う方向と企業等の個別の組織への応用を指向する立場とが混在した中，多くの協力的研究が指向された結果，当初から概念的齟齬は来すことはなかった。また社会科学もその影響を受けない訳にはいかなかった。§2-5では，経営に対するシステム思考の影響について，効率化の観点からのみ意思決定等の手法が広まったことに触れる。

　第3章は，生存可能システムモデルが基礎とする，それ以前のサイバネティックス・システム論の諸概念についてのまとめである。§3-1のシステムに関する定義では，第2章のシステム論の胎動期を研究面から整理する。その中で，一般システム理論との相剋は必然的なものではなかったが，それが思想的方向に向う一方，サイバネティックスは安定性，フィードバック等の諸概念を産み出したことに触れる。胎動期に生まれた諸概念の内，システムたらしめるための性質は，§3-2に基本事項としてまとめる。これ等はビアも継承する概念であり，この延長に生存可能システムモデルが構築されたのである。§3-3は，サイバネティックスまたはシステム論の学問としての特徴についてである。初期のシステム思考では§3-2でも触れるように安定性が重要であった。そのため，経営学にさえ制御概念の影響が及び，工学においては制御工学等の発展を見た。しかしその後，物理学等で自己組織化現象が報告されるに及んで，システム思考においても自己組織化の研究が起った。§3-4は，システムの発展や成長，変容を捉えるための，一連の自己組織化概念に対する世代毎の

取組みである。特に第3世代においては,「自己」という接頭語を付けた用語が氾濫している。この幾つかは,第4章の最終節と関係する。ところで,制御理論等が扱うシステムの範囲は部分的なものに留まっている。一方,社会における自己組織化現象は,変容過程は認識されずに結果的にそれを知る場合が多い。しかもその変容過程こそが重要であるにも拘わらず,その詳細がわからないのである。すなわち,現実の企業等の組織と理想論として語られるシステムとの相違には,その大きさと,理論的にも断裂した部分が存在している。それを埋めるためには生存可能システムモデルのような,総合的・統合的枠組が必要なのである。しかし,同モデルが創られる以前にも,システム思考から導かれる諸原理は断片的に知られていた。ここで同モデルを総合的・統合的枠組と呼ぶのは,それ等を継承するからである。つまり,ここにおいて(1)の①は確認される。そのため最後に§3-5で,クレムソンの組織の原初風景として,断片的に導かれた諸原理について触れる。

　第4章は,オートポイエーシス論についてである。これは取上げられることも多いが,誤解されることも多い理論である。しかし創始者であるマトゥラーナやヴァレラは多くを語らず,ある意味で未完のままヴァレラは亡くなった。§4-1定義では,彼等の意味で定義的なことをまとめる。§4-2は特徴である。つまり,オートポイエーシスを有するシステムすなわち生体における特徴である。この段階から,生存本来の無目的性と思考における目的性等の誤解が生じている。§4-3の考察は,前節の混乱の原因である認知についての考察である。彼等の議論自体が神経系から飛躍する場面もあり,単位体としての生体システムの持つ本来的性質は拡張的に論じなければならないことに触れる。§4-4はマトゥラーナの社会システムである。これはヴァレラが同意しなかった故に,「マトゥラーナの」と断らざるを得ないのである。本稿の射程は社会システムである故,これは導入的なものである。しかし多くの齟齬がある。そこで§4-5でヘイルの検証として,それを検討する。ヘイルはマトゥラーナの延長で社会システムのオートポイエーシスを規定しようと試みるが,その不可能なるこ

とを知ることになる。1つは，生体のような自己言及性を社会は有しないからである。ヘイルによれば社会の特徴は，構成要素共同言及性である。§4-6は，本稿の立場からの議論である。すなわち，オートポイエーシス論に対する疑義である。§4-7社会システムに向けては，単位体としてのシステムが生じるためには必然的に解剖学的機能の有機構成が必要であり，それはシステムの自己的実体ではないが，創発的にそのような有機構成が維持される傾向があることに触れる。では自己とは何か。システムにおける自己とは第一義的には社会的オートポイエーシスを司る部分に生じるものであり，第二には中間構成要素またはシステムとして実現する構造に認めるべき主体概念である。これ等を論じる。§4-8社会的オートポイエーシスは，前節の自己の延長である。本稿は，そのような社会的オートポイエーシス機能を擬似家族的単位と呼ぶ。

　第5章は，前章を受けてオートポイエーシス的生存可能システムモデルについて論じる。§5-1大局的機能は，同モデルの5つの機能は神経系のそれと同様で，写像可能であることを示す。§5-2は生存可能システムモデルの解説である。§5-2-1はビアの説明に準じている。§5-2-2は，同モデル適用の際の注意事項である。§5-3は，ビアが要請する原理等についてである。§5-4考察は，脆弱性等の問題点についてである。§5-5オートポイエーシス的生存可能システムモデルは，§4-8を受けて生存可能システムの中における擬似家族的単位の役割について論じる。

　第6章は，実証分析である。具体的にはセブン-イレブンを用いる。同社は，我が国にコンビニエンス・ストアという業態を作り，組織的にもシステムと呼ぶに相応しい機能・有機構成を持っているからである。§6-1は同社の特徴である。フランチャイズ方式や粗利益配分方式は，原理的にはサウスランド社から移植した方法であるが，リアルタイムの情報化によって同社で開花したものである。またコミュニケーションを通じて，1つのシステムとなっているのも特徴である。§6-2は，生存可能システムモデル上での同社の概観である。各機能を担う構成要素の連携に，同モデルに適合する様が見て取れる。但し効率

性のため，システムⅠのみは変形している。§6-3は，生存可能システムとしての経営戦略である。メタシステムからの商品開発戦略と，システムⅠの店舗管理について見る。実行過程は，2段階に分けられる。先鞭を付ける過程と全店舗に普及させる段階である。次節最後の部分に繋がることだが，生存可能システムに相応しい行為・戦略とは対話による学習と蓄積そして変更である。その状況を描写する。§6-4は，オートポイエーシス的生存可能システムの必然的戦略の検証である。まず§6-4-1では，戦略レベルでは日常的に組織的学習が行われる必要があることを示す。次に§6-4-2では，擬似家族的単位による人材の産出等が生存可能システムにおける必然的戦略であることを示す。すなわち，組織的学習とは人材の産出まで進まなければ意味がなく，それを支える単位が擬似家族的単位であることを明らかにする。第6章では，第1章で立てた命題──①生存可能システムは外部システム化を促進する，②擬似家族的単位の連鎖集積がシステムを形成している──の検討も行う。①は明らかである。独立単位体・社会的単位体においての②の検討は，第7章に繰り越される。

　第7章は，室蘭の史的発展を通した，独立単位体・社会的単位体の性質についてである。システム概念は，本来白地図的である故，政府や地方自治体にも活かせるはずである。しかし我が国政府がそのような発想を持たないことと同様，同市の場合もシステムとは言えない状況にあった。すなわち，システムでも独立単位体でもなく，単なる社会的単位体に過ぎなかった。つまり，補助金等に頼って生存している状況であり，今日まで来てしまった。同市において独立単位体であったのは，多くの企業である。しかし独立単位体である故に，そこで形成される擬似家族的単位や構成要素は，会社主義という基調の中におり社会的繋がりを指向するものではなかった。すなわち，所属する企業までが世界であり，その先がない状態である。一方，同市は，その上に安住するばかりで危機的な状況を認識することもなかった。その中で，先の②の命題は，所属する企業までが世界であるということで明らかとなり，①は資本力のあるもの

だけが行うことができるが，独立単位体の場合は決してシステム化を誘導するものではなく，企業城下町的会社主義の反映でしかないことが明らかとなる。

　それも北炭という企業の発展と撤退に翻弄され，危機を感じたときは既に何もできない状態だった。§7-5に述べる道南バスの倒産の外的要因は大企業の撤収であり，内的要因は擬似家族的単位の連鎖を断ち切る独立単位体の宿命であるとも言える。

(3) 図　　解

　全体の構成は，第4章から第6章までがオートポイエーシス的生存可能システムモデルの理論と実証であり，本稿の中心である。第2・3章は生存可能システムモデルへのシステム論からの継承である。第1章は問題設定だが，そこでシステムの範疇から外れるものに独立単位体があり，その場合を第7章で扱った。すなわち，図解すると以下のようになる。

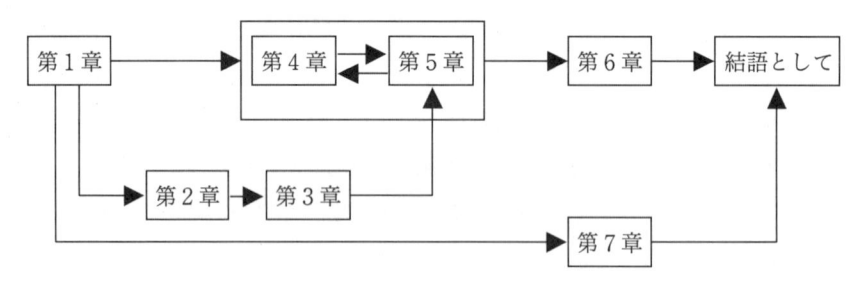

注
1) Beer (1979), pp. 408-412.
2) マトゥラーナ，ヴァレラ (1987), pp. 25-26。但し引用は翻訳に従った。organization は有機構成である。
3) 2つの論文を合わせて本として出版する際のマトゥラーナの緒言に明らか ((1980), xxiv, または日本語訳 p. 34)。

目　次

はじめに …………………………………………………………………… i
第1章　問題の構図 …………………………………………………………1
　§1-1　生存可能システムモデル受容の困難さ …………………………5
　§1-2　モデルの例示 ………………………………………………………9
　§1-3　戦　略 ………………………………………………………………33
　§1-4　オートポイエーシス ………………………………………………36
第2章　システム論前史 ……………………………………………………49
　§2-1　システム思想 ………………………………………………………52
　§2-2　生気論 ………………………………………………………………58
　§2-3　サイバネティックス誕生前夜 ……………………………………67
　§2-4　サイバネティックスの展開 ………………………………………68
　§2-5　管理の効率化という誤解 …………………………………………72
第3章　定義，諸原理 ………………………………………………………106
　§3-1　システムに関する定義 ……………………………………………106
　§3-2　基本事項 ……………………………………………………………117
　§3-3　特　徴 ………………………………………………………………124
　§3-4　世代による自己組織化概念 ………………………………………130
　§3-5　クレムソンの組織の原初風景 ……………………………………147
第4章　オートポイエーシス論 ……………………………………………165
　§4-1　定　義 ………………………………………………………………165
　§4-2　特　徴 ………………………………………………………………170
　§4-3　考　察 ………………………………………………………………176
　§4-4　マトゥラーナの社会システム ……………………………………182
　§4-5　ヘイルの検証 ………………………………………………………184

§4-6　オートポイエーシス論についての議論 ……………………… 188
§4-7　社会システムに向けて ……………………………………… 198
§4-8　社会的オートポイエーシス ………………………………… 206

第5章　オートポイエーシス的生存可能システム ……………………… 232
§5-1　大局的機能 …………………………………………………… 233
§5-2　生存可能システムモデル …………………………………… 241
　§5-2-1　サブシステム …………………………………………… 241
　§5-2-2　注　意 …………………………………………………… 257
§5-3　原　理 ………………………………………………………… 259
§5-4　考　察 ………………………………………………………… 267
§5-5　オートポイエーシス的生存可能システム ………………… 270

第6章　セブン-イレブンの事例 …………………………………………… 305
§6-1　セブン-イレブン社の特徴 …………………………………… 307
§6-2　システムとしてのセブン-イレブン概観 …………………… 313
§6-3　生存可能システムの戦略 …………………………………… 327
　§6-3-1　商品戦略 ………………………………………………… 328
　§6-3-2　店舗管理 ………………………………………………… 332
§6-4　オートポイエーシス的生存可能システムの必然的戦略 … 339
　§6-4-1　戦略レベルに関して …………………………………… 341
　§6-4-2　擬似家族的単位による組織的学習 …………………… 344

第7章　室蘭素描：独立単位体・単位体についての考察 …………… 359
§7-1　試行・模索期 ………………………………………………… 362
　§7-1-1　札幌への接続 …………………………………………… 362
　§7-1-2　擬似家族的単位の芽生え ……………………………… 364
　§7-1-3　産業における試行錯誤 ………………………………… 364
　§7-1-4　軍備拠点 ………………………………………………… 365
§7-2　拡充期 ………………………………………………………… 366

§7-2-1　北炭の創設と交通手段 ……………………………… 366
　§7-2-2　港湾施設への着手 …………………………………… 368
　§7-2-3　町の形成 ……………………………………………… 370
　§7-2-4　独立単位体北炭の発展 ……………………………… 371
　§7-2-5　軍港化 ………………………………………………… 373
§7-3　発展期 ……………………………………………………… 373
　§7-3-1　後背地への交通網 …………………………………… 374
　§7-3-2　近代港への脱皮 ……………………………………… 375
　§7-3-3　工都の発展 …………………………………………… 377
§7-4　復興期 ……………………………………………………… 382
　§7-4-1　交通網 ………………………………………………… 383
　§7-4-2　港湾施設 ……………………………………………… 387
　§7-4-3　都市基盤 ……………………………………………… 394
　§7-4-4　産業基盤 ……………………………………………… 400
§7-5　独立単位体としての道南バス …………………………… 406
　§7-5-1　揺藍期 ………………………………………………… 406
　§7-5-2　統合 …………………………………………………… 407
　§7-5-3　独立単位体 …………………………………………… 409
　§7-5-4　転機 …………………………………………………… 411
　§7-5-5　転落 …………………………………………………… 412
　§7-5-6　更生法 ………………………………………………… 415
　§7-5-7　擬似家族的単位 ……………………………………… 415
　§7-5-8　停滞の外的要因 ……………………………………… 417
§7-6　まとめ ……………………………………………………… 418
結語として ………………………………………………………… 458

第1章　問題の構図

　本稿の目的は，オートポイエーシス的生存可能システムモデルの有効性を示すことである。すなわち，人は相互支持的な擬似家族的単位によって成長することができ，それを本稿では社会的オートポイエーシスとして用いる。また産出されるのは，主に課題や任務に対処し得る差異化された自己であるところの人材である。さらに技術や方法論等が生産される。人は，原子的単位内の役割を交互的に換えることによって，他者から自己の存在理由を獲得するのである。そのような擬似家族的単位は，生存可能システムモデルと同等な役割を模して個人的に構成されるものである。また重複し連鎖することで，システムの機能の有機構成を支持するように結合している。

　そのような単位連鎖による産出行為と生存可能システムモデルという大局的機能の有機構成，そしてそれ等から実現される構造の3面から，組織体・社会を整合的に捉える方法論を検討する。これ等を融合させることは，オートポイエーシスを社会システムに活かすためにも，また生存可能システムモデルを単なる概念モデルに終わらせないためにも必要なことである。特に，同モデルが単なる規範論になるのを避けるためには，必然的にオートポイエーシス的にならなければならない。

　また本研究の帰結として，相互補完的統合を指向するオートポイエーシス的生存可能システムは，必然的に次の特徴を示すものであるということを示す。つまり，①再帰構造化やカップリングを含め外部をシステム化することを働き掛ける。②擬似家族的単位の連鎖によって次の成長方向を決め産出圧をそれに備える。ところが，社会的単位体や独立単位体では，この命題は必ずしも成り立たないのである。

　さて，社会や企業経営に対するシステム論的接近は，多様に行われている。それは研究者の数だけ存在すると言っても過言ではない。しかしこの接近法を

取る研究者の基本的意図は，共通している。それは，社会就中企業分析のために新たにシステム概念を導入し適用することによって，従来の経営学がなし得なかった理論的・実践的問題を解明しようとしていることである。

このシステム論的接近は，以下のように3つに分けられる。①従来の経営学とは別に，独自のシステム論的経営学を構築しようとする方向。②組織論や伝統的経営管理論，生産管理論やマーケティング論，財務管理論等を，システム論を導入することによって，再編成しようとする試み。③企業が当面する諸問題を解決するための実践的方法論を，システム論を適用することによって樹立していこうという方向。以上の3つに大別できる。第5章で述べる生存可能システムモデルは①に当る。包括的システムモデルとしては，唯一のものである。但しそれは何等かのビジネスモデルを提案するものではない。③は，工程の一部変更のようなシステム工学等のハードシステム論や，プロジェクトチームのような当座の形式であり多少②と重複する。また次章の最後に検討することだが，②は，特に意思決定という観点から見た経営管理におけるシステム思考である。

生存可能システムモデルがシステム論・サイバネティックスに占める位置は，オートポイエーシス的性質が加味されれば生命論に基づく包括的モデルであると言うことができる。理由は，後述する第1・第2世代システム論で提案されたあらゆる性質を兼ね備えているからであり，如何なる組織体——すなわち生体から社会——にも適用可能なモデルであるからである。言い換えれば，如何なる組織構造を取ろうとも，サブシステムに表象される生存の機能はオートポイエーシス的単位に支持されながら，何れの生存可能な生体・社会組織にも見出すことができるのである。しかし社会組織では，稀に見出し得ない場合がある。そのとき，その組織体は危機的状況にあると判断できる。後述する社会的単位体や独立単位体の場合である。

また，同モデルはシステム論以外の他の方法論を活かすための基礎論としての包括性も意味している。あらゆる方法や議論に対して透過的であるという意

味でも，その包括性には白地図的性質という形容が付加される。過去には，同じく包括的モデルを目指して始められた一般システム論というシステム思考法があった。しかし，後述する如くモデル化に至ることはなかった。また上述の②と③については，多くの試みが行われていることも付言して置かなければならない。

　しかし，何故か生存可能システムモデルが利用されているという事実はない。オートポイエーシス論の氾濫のような論及に対して，無視に近い状態に置かれている[1]。それ故，適用例も少なくまた部分的説明に利用されるに留まっている。原因としては，同モデルの適用に際しては幾つかの難点があること，そして同モデルの性質を満たさなくとも独立単位体のように生存している組織体は幾らでもあるという現実が挙げられる。

　よって本章では，本稿全体の枠組と同モデルが利用されていない理由，逆に利用の可能性を示しておきたい。問題意識としては，ビアが提案する生存可能システムモデルは，一連のシステム思考の系譜に位置付けられるもので社会分析に利用可能であるということを明らかにしたいという思いがある。このことは次章以降，特に第2・3章の議論の中心であり，様々な角度から検討を加える。

　ここから第2の問題意識が生まれる。それは，何れかの組織構造を推奨するものではなく，如何なる組織の分析にも適用可能な汎用性を持っているという白地図的性質によっている。そこで§1-2では，第5章・6章の議論に先立ち，同モデルの具体的適用を例示する。本稿を通して，同モデルの実用性と汎用性そして機能面では同モデルに帰着するということを示すのが狙いであり，§1-2はそのための導入である。少々事例の背景が長いが，具体的な場面での組織の総合的把握のための道具であることを示すため，長い解説を試みた。これより白地図的な性質の一端が見えるであろう。

　一方オートポイエーシス論は，多方面へ適用されかつ混乱を来している。そして，恐らく創始者達の意に反して，ルーマン等に取り込まれ誤って解釈され

ている。本稿の立場からはそう言わざるを得ない。オートポイエーシス論と社会との関係を論じる立場には，トイプナーが指摘するように2通りある[2]。ビアやマトゥラーナのように，社会自体が生物学的オートポイエーシスの反映として成り立つという立場と，ルーマンのように社会システム独自のオートポイエーシスの構築を図るべきであるとする立場である。捉え方としては，論理的には後者の方が正しい。しかしルーマンの定義する社会システムは，コミュニケーションがコミュニケーションを産出するというものである。そこでは，システムとしての構成要素を明示することも不可能であり，また主体としての人間も欠落する。行為や言葉が行為を生むということになる。そこで本稿は，後者の立場から，生存可能システムモデルにオートポイエーシス論を加味するという方法を取り，擬似家族的単位として第4章で論じる。

　さて，第2の問題意識として白地図的であると述べるのは，以下の理由による。すなわち，同モデルは，生物学的機能論就中神経系のモデル化から，単位体のために構成されたものであるということに由来する[3]。後に，生物のみならずあらゆる組織体に妥当するとビアは述べているが[4]，あらゆる組織体に妥当する故，白地図的なのである。その意味では，機能主義的機能論というべき立場であると言える。一方マトゥラーナ達のオートポイエーシス論を，社会システムに適用する場合，その立場は機能論的行為論となるだろう。機能主義的あるいは機能論的とは，前者が全体論的視野に立った大局的機能であり，後者のそれは生物学的に独立した単位体に遍在する微視的産出機能を基としたものという違いがある。大局的機能というのは，単位体レベルでは必ず表われる機能だからである。一方微視的産出機能は，生物においては特徴とはなるけれども，社会システムまたは社会組織に直接移行することは困難な特殊な性質である。他方，組織論や社会学は，組織的構造や組織行動論を扱う。組織的構造を論じる立場は分り易く，よって戦略論を初め様々な管理上の試みはこの分野から始められた。

　ここでシステムとその他の違いに触れておこう。それは，初めから完備的機

能を持ち，必要最小限に構造化されているか否か，構成要素の有機構成的な完全連動体であるかということに懸かっている。モデルの完備的機能を持ち，構成要素の完全連動体である場合，その具現化されたシステムを生存可能システムと呼ぶ。不完備な場合は独立単位体と呼ぶ。さらに他者依存的な場合を社会的単位体とする。それには，利潤を前提としない組織体が多い。システムの事例は第6章で，また§5-5に指摘することだが，独立単位体は会社主義に陥り社会的単位体はそれに引き摺られるということを第7章で論じる。

さて，上述の方法論は，接近方法は異なっているが，組織現象という共通の分野を研究するものであり，本来融合することが望ましいものである。生存可能システムモデルは，大局的機能としてのサブシステムの実体の働きという点では，微視的産出機能は別として，他の方法論すなわち構造論・組織行動論・戦略論等と融合することは可能であろう。さらに適用する場合，従来のシステム論を踏襲しながら異なる点もある。第5章に述べるように，主体概念を内部に伴う点である。その意味で，戦略や学習概念を中心に論じることは理に適っている。従って，他の理論を拒絶するものではない。むしろ他の理論と併用することで相乗効果を挙げることが可能なのである。静的な一面を切り出して提示するだけでは，システムが生存している様子を示すことにはならない，ということもこれで解消される。サイバネティックスが本来志向したことは，有機構成した構成要素が動的に関係し合う様を捉えるということである。そのために，モデル上で戦略等の実行過程を見ることは必要なことであると言える。以上より，白地図的であると言えるのである。

本章では以下，§1-1，1-2では生存可能システムモデルの導入を，§1-3では戦略の類型，§1-4ではオートポイエーシス論の概要に触れる。

§1-1　生存可能システムモデル受容の困難さ

生存可能システムモデルという名称は，直截的に生存可能か否かを指すものではない。生存可能システムとは，独立した単位体でさらに第5章に詳述する

サブシステムと呼ばれる5つの機能を持つものをいう。ここで独立した単位体と言う理由は，マトゥラーナとヴァレラが，他と分離して生存し得る(生物)システム以外に1つの単位である生体の部位に対しても単位体と呼ぶことと，区別するためである。そしてまた独立単位体とシステムも区別しなければならない。ある企業が生存可能システムであるとする。取引関係にある子会社が生存可能システムであっても，大企業の方の1部門は一般にシステムでも独立単位体でもない。大企業という単位体の一構成要素つまり単位に過ぎないからだ。

名称が直截的ではない理由は，生存可能システムではなくとも独立単位体はあり得るからであり，かつ規模や知名度によって機能の有機構成の有無を錯覚するからである。「同モデルの性質を満たさなくとも生存している組織体は幾らでもある」という認識が，現実に持たれているという根拠はここにある。つまり，機能主義的機能論の立場から見るならば不健全ではあるが，何れかの機能が欠けた状態でも，組織体は独立単位体として，しばらくは非効率に存続することができるからである。しかしシステム以外は，何れ生存は不可能となるのである。或は，ある組織体に同モデルの機能があり，構成要素の連携がシステムと呼ぶに相応しく有機的に連動しているといても，それが知覚されないという場合にも的外れた議論として，そのように言われることもあるだろう。

ではオートポイエーシス的単位としての擬似家族的単位は，生存可能システムモデルの機能を模すると述べたが，単独で生存可能なのだろうか。現実には，不可能である。第4章や§1-4に後述するように，生体内環境とも呼ぶべき環境に保護されてしか存在し得ないからである。

ビアが示した5つの機能は，サイバネティックスを効率的組織の科学と定義する如く，組織体の効率性のための完備的機能なのである。それを生存可能と言うのは，今日のように競争の激しい環境下では，機能論的非完備であるならば，逆説的に非効率な組織体の発展・永続性は保証されないからである。本稿では，これを踏まえ5つの機能を生存可能性の条件と呼ぶ。

生存可能システムモデルの現実の受容には，その名称と共に幾つかの困難が

伴う。以下，困難と思われる点をまとめておこう。

　第1に，同モデルは社会システムの生存への必要性から抽出された5つの機能と幾つかの条件を提示したものであり，構造とは一致しない場合がある点である。サブシステムは機能であり，偏在しようが分散しようが，機能しているか否かが重要なのである。そしてそれは構造ではないという点が分かり難くしている。つまり，モデルがそのまま組織構造に結び付くものではないのである。

　第2に，モデルは抽象化されたものであり，経営に特化して分析することを意図してはいないからである。ビア自身，企業経営の改善に有用であると述べているが，具体的に経営の文脈で語ってはいない。また具体例を詳細に示すことも少なかった。[5]

　第3に，生存可能システムモデルの適用には，唯一の方法というものはなく，またあらゆる組織に適用可能であることが挙げられる。例えば，地理的区分や事業部毎の適用等が可能であり，逆に当該対象毎に適用法を工夫しなければならない。当然のことながら，生存不能な組織に対しても適用可能である。その際，同モデルに照らして健全か不健全かが判定される。しかし改善すべきか否かは，その後の発展の文脈に照らして判断されるべきであり，部外の研究者が分析する際は自ずと限界がある。さらに，後述するように全体論的視座に立つ立場であるため，戦略論のように特記事項のみを取り上げれば事が足りるということはない。全体の中での構成要素個々の関係性を，扱わなければならない。その意味では，組織論や戦略論よりも包括的であり，内部分析向きのツールであると言える。また唯一の適用法がないということの延長には，システムそして構成要素の境界を何処に設定するかという判断も含まれている。

　第4に，凝集性等の安定性が強調されるため，正のフィードバックを用いた発展的成長は正面からは扱ってはおらず，現状肯定的・安定回帰的な感がある。しかし，下位システムの自律性を重んじるべきであるとビアが述べるように，創発的発展も暗に意図されてはいる。但し，それは安定性に対する工夫に

比べれば，理論的にも分量的にも薄弱である。すなわち現実問題では，発展的変容と崩壊的変容という中間的状態を記述しなければならない場面もあるが，その判断は文脈から推し量る以外にない。言い換えれば，同モデルは本来的に，発生を含む生成・変容プロセスは扱っていないのである。そのため，拡張的にこれを論じなければならない。すなわち，大局的には，戦略論やそれに伴う組織の発展的変容の問題に対する解答が，最大の弱点なのである。裏を返せば第2の難点と共に，戦略論等と組み合わせて論じられるべき余地は十分にあるということになる。またそれ故に，微視的にはオートポイエティックな社会的新陳代謝を必要としているのである。

　第5に，下位システムまたはシステムIの自律性を強調しながら，効率性を唱え多様性の吸収が論じられる等，管理が隠蔽されているのかあるいは矛盾しているようにも感じられる。これは，凝集性を前提としながら，自律性に基づく運営を目指すところに起因する。自律的かつ効率的・凝集的そして完全連動的に運営するものが有機体つまりシステムであり，それが組織との違いである。しかし，これを実現することは困難なことである。

　組織論では，バーナードは「組織の存続は，そのシステムの均衡を維持しうるか否かに依存する。この均衡は……，各要素間の釣合いの問題であるが，……基本的には，このシステムとそれに外的な全体状況との間の均衡の問題である」と述べ，外的バランスを問題としている。[6]一方サイバネティックスで扱うバランスは，このような外観的バランスばかりではなく，心理的・性質的・生命論的バランスも含まれる。それ故これが，経営の方向性にゆらぎとして表出してくるのである。しかし後述するように，第1世代システム論では，外的バランスにのみ関心が向けられていた。

　サイバネティックス・システム論が本来理想にした有機体とは，その構成要素は没我的・無意識に機能するものであり，それと人為的組織のように意志ある人間を構成要素とする場合とを同一に論じ得ないということが，この微妙な問題の背後にある。

第6に，多様性工学とビアが言う処の多様性の吸収と増幅は，如何になされているのか。この模式的・理論的な解説がなされていない点も問題視される。論理的説明抜きに用語が使われるということは，形容詞を別の形容詞に置換えているに過ぎない，という批判も可能になってしまうからだ。

第7にビア自身の解説に不明な点が多いことが挙げられる[7]。

以上が，生存可能システムモデルの受容の困難さであり，それのみの分析では，経営の意思を表わすには不十分であると考えられる理由である。つまり，同モデルを用いても，現状の単なる翻訳に終わる危険性が高く，あるいは現実と遊離した空想論に終わる可能性も高い。事実，同モデルの解説は多くなされているが，実証研究は部分的なものに限られている。しかし，このモデルは，生存不能な場合を含めてあらゆる組織形態に対しても適用可能であるというのも事実である。

§1-2 モデルの例示[8]

同モデルは，以下の図1-1のように描かれる。但し組織構造上は，第5章の冒頭で説明するように，部分環境の中に業務単位が包摂され，さらにその中に管理単位が埋め込まれるという形になっている。またⅠ～Ⅴは，サブシステムと呼ばれる機能を表象している。システムⅠは，図下方の四角の管理単位と円形の業務単位に分けられるが，自律的にシステム全体の目的を実行するという意味で，システム自身を産み出す部分である。すなわち生存可能性の基本単位である。このように，システムⅠに生存可能性の根拠を置き，その他の機能をそのための補助機能と見做すことは，システム全体として生存しているという状態を指すだけではなく，何等かの行為を行うという目的と業務を有した実体に対して投影されている，ということを意味している。その意味で機能主義的なのである。システムⅡは，システムⅠの中の振動抑制という機能を持つ。つまりシステムⅠの管理単位に対しては多様性増幅装置であり，業務単位に対しては多様性削減装置として働く調整機能である。システムⅢは，内部・現在問

図 1—1

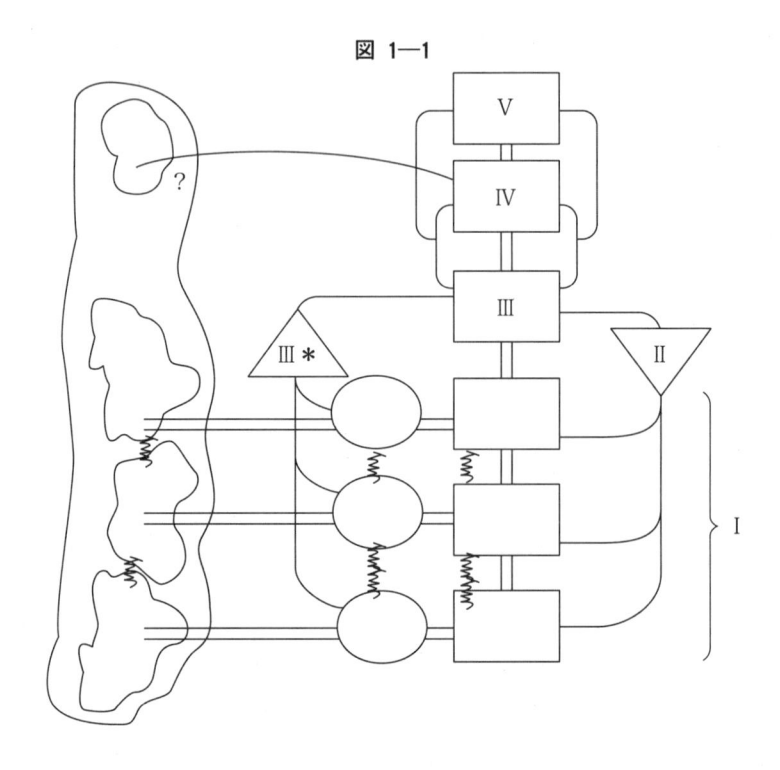

題の全てを扱う。システムIVは，外部・将来問題の全てを扱う。R＆Dや市場調査はここで行われる。システムVは，システム全体の閉包を完成するという機能を持っている。同時にアイデンティティを代表する。経営の文脈では，経営理念や組織風土等に現わすことである。また図中波線や直線で四角形その他の機能が結ばれているのは，多様性交換の経路があることを意味している。

　これ等が，生存のために必要なモデルの概略である。逆に，第1の難点で述べたように，サブシステムを欠いた組織は，その時点で生存不能ということになる。優良企業と言われているものでサブシステムを現す組織上の構造を欠く企業はなく，多様性交換経路が迅速に機能していない企業もない。

　このように，システムにとってこれ等の機能は大局的に同一であり，かつ完備的機能である。よって，生存しているシステムでこれ等を持たないというこ

とは考えられない。隠蔽的であったとしても，当該機能は，何等かの部署，人が果しているはずである。またこれ等の機能は循環的に連鎖して意味を持つものである。有機構成した構成要素の動的関係によって，組織や社会はシステムとしての一体性を持つ。つまり完全連動体となるのである。

　生存可能システムならば何れの組織にも，上述の機能は見出せると前述した。財政的には生存可能か否かの議論はあるが，都立病院システムを用いてこれを考えてみよう。メタシステム全体に相当する部分を，東京都は病院経営本部と称している。その内，システムVを担当するものは東京都である。システムIVに当るのは東京都経営企画課であり，システムIIIは財務課が担当している。またシステムIIは人事課であり，III＊はサービス推進部である。その下位水準に広尾病院から福祉局多摩老人医療センターまで現在15の基本単位が存在し，それ等がシステムIを構成している。各管理単位は病院事務局であり，医師看護師からなる病院本体は，実は業務単位である。各診療科は，各病院本体を下位水準の1つのシステムとしてそこに基本単位として含まれることになる。システム的にはこのように分解される。

　この例は良い方で，一般には行政組織には何れかのサブシステムの欠落が目に着く。総務部または総務局，あるいは人事部がシステムIIを担当すると解しても，システムIIIの監査機能III＊がない場合が多い。大学ではシステムIVに機能障害があったり，小規模の宗教法人や労働組合，農業団体等ではIV，II共見当たらない場合もある。大学は，業務的には上述の都立病院と同様の構造を持っている。すなわち，一例として図1-2のように表わせる。

　一般に大学と思われている部分は業務単位であり，経営は事務側で行われている[9]。この点が，業務構造が病院と同じであると言う理由である。一般的機構図で提示される構図と上図が異なるのは，生存可能性に基づいた表現だからである。後に議論になるように，業務単位たる教授会に統制が加えられ自由度が確保されない場合は，大学自治や結果的には生存可能性を制限することに繋がる。

図 1—2 　一般的大学組織

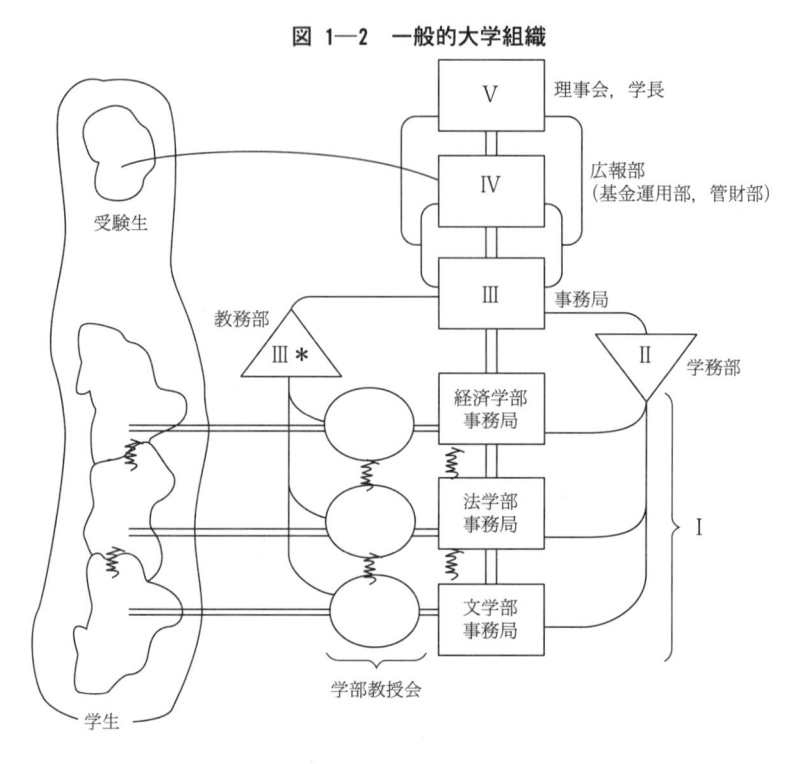

　システムⅣが機能不全になっている場合があるというのは，管財部または基金運用部が十分な資金運用ができているか否かという意味である。国公立大学の場合は，上の再帰水準の予算措置で運営されている。しかも何等の条件も付けられていない。その意味では生存可能だが，何時生命維持装置が切り離されるかわからない。私立大学で基金運用部の基金が十分でなく外部からの寄付金に頼っている場合，事態は深刻である。外部から管理される恐れがあるからである。大学は，弱小宗教法人と収益構造が同じである。つまり，年に一回の収入で生きて行かなければならないからである。すなわち，システムⅣの機能としては，将来構想や事業展開以上に一義的に基金運用の方が重要なのである。その意味で，多くの大学は，生存が危ういと言えるだろう。

　病院の例で下位水準と述べたが，それは再帰水準の下位のことである。サイ

バネティックスでは階層構造は再帰水準として現われる。すなわち，後述することだが図1-1のレベルは1つのチーム的性質の共同体であり，Ⅰ～Ⅴを以って完結している。システムにおける階層とは，例えば広尾病院は図1-1では1つの基本単位であるが，その下位水準として内科や外科を持つようなシステムとして完結しているという場合である。但し生存可能システムでなければならない。つまり，前図のような有機構成を持っていれば，それは生存可能ということになる。持っていない場合は，生存不能に陥る危険が高い。後述の，松下電器のように危機的状況を繰り返す場合もある。

またモデルの大局的機能は構造を意味するものではない。よって，構造的にモデルに一致すれば健全という訳ではない。財務的な独立性も必要である。しかし，稀に生存不能にも拘わらず生存している場合がある。規制や保護によって守られている証拠である。このように，何れの組織体も，生存可能システムモデルに乗せて考察することが可能である。以下企業組織を中心に例示する。

(1) 生存可能システムの適用例[10]

ここで例示するのは，①職能別組織に対する適用として三井住友，東京三菱銀行，②グループ企業・カンパニー制企業への適用例として日清製粉，キリンである。

三井住友銀行は，2001年さくら銀行と住友銀行が合併して生まれた。資本金1兆3,267億円，従業員数25,027人，総資産100兆円超の巨大銀行である[11]。しかしながら，東京三菱銀行等と比較してもシステム的には中間形態であるため取上げた。一方日清製粉は，1900年に館林製粉株式会社として設立され，1908年に日清製粉株式会社に変更，現在は日清製粉グループとして食品業界を代表する企業である。グループ本社はコーポレート機能を受け持ち，全体でカンパニーを構成している。その意味で再帰構造を持っているため，ここで取上げることにした。キリンは急速に発展し，グループ企業と事業部制の中間であるため，また戦力的に発展する潜在性が顕著なため取上げた。

① 職能別組織への適用

　図1-3の各部門は，部門別の組織編成・呼称こそ違え他行と同様である。問題なのは，システム的に中間形態のままであるということだ。合議的に決定する体制を組んでいるため，システムⅢが2つに分けられている。実質は，経営会議に実質的権限が委ねられている。これによって，監査機能Ⅲ＊も2つに分かれており，監査に重点が置かれているとは言えない。結果，コーポレートサービス部門は本行内サービス部門になってしまっている。問題なのは，同時にシステムⅤの独自性も経営会議に奪われているという点である。より直截的に機能の観点から描き直すならば，図1-3はシステムⅢに偏重したものになるだろう。つまり，独立単位体となる可能性があるということである。この点が，図1-4の東京三菱銀行のモデル上の展開と異なる点である。

　東京三菱銀行の場合は，経営会議をスタッフ部門として取締役会が吸収し，併せてコーポレートマネジメント部門を形成している。システムⅢ，Ⅲ＊，Ⅳは各々組織の中に分散しており，権限の集中やⅠを圧迫しないようになっている。また三井住友銀行が基本単位の1つとしていた市場営業部門を，生存可能システムモデルの用語で戦略策定室と言うところのトレジャリー部門として，メタシステム全体つまり全社的に対応する体制を取っている。社風や伝統があるためこの形態が良いかは即断できないが，モデル的には整理されている。

　すなわち，東京三菱銀行はシステム的には三井住友銀行よりも整理されており，またシステムⅠの独立性・自律性を保つ工夫が行われていることがわかる。例えば，システムⅢ等メタシステムは，最小限の権限しか行使し得ないように複数の部署に分散されている。このとき，合成の誤謬が生じないように凝集性が保たれなければならない。監査機能も同様で，個別複数の観点から行われるようになっている。トレジャリー部門を戦略策定室に持ち上げることで，全社的課題と見做していることもわかる。このように，機能表象としてのモデルと実際上の構造は一致する必要はないという点も明らかである。

第1章　問題の構図　15

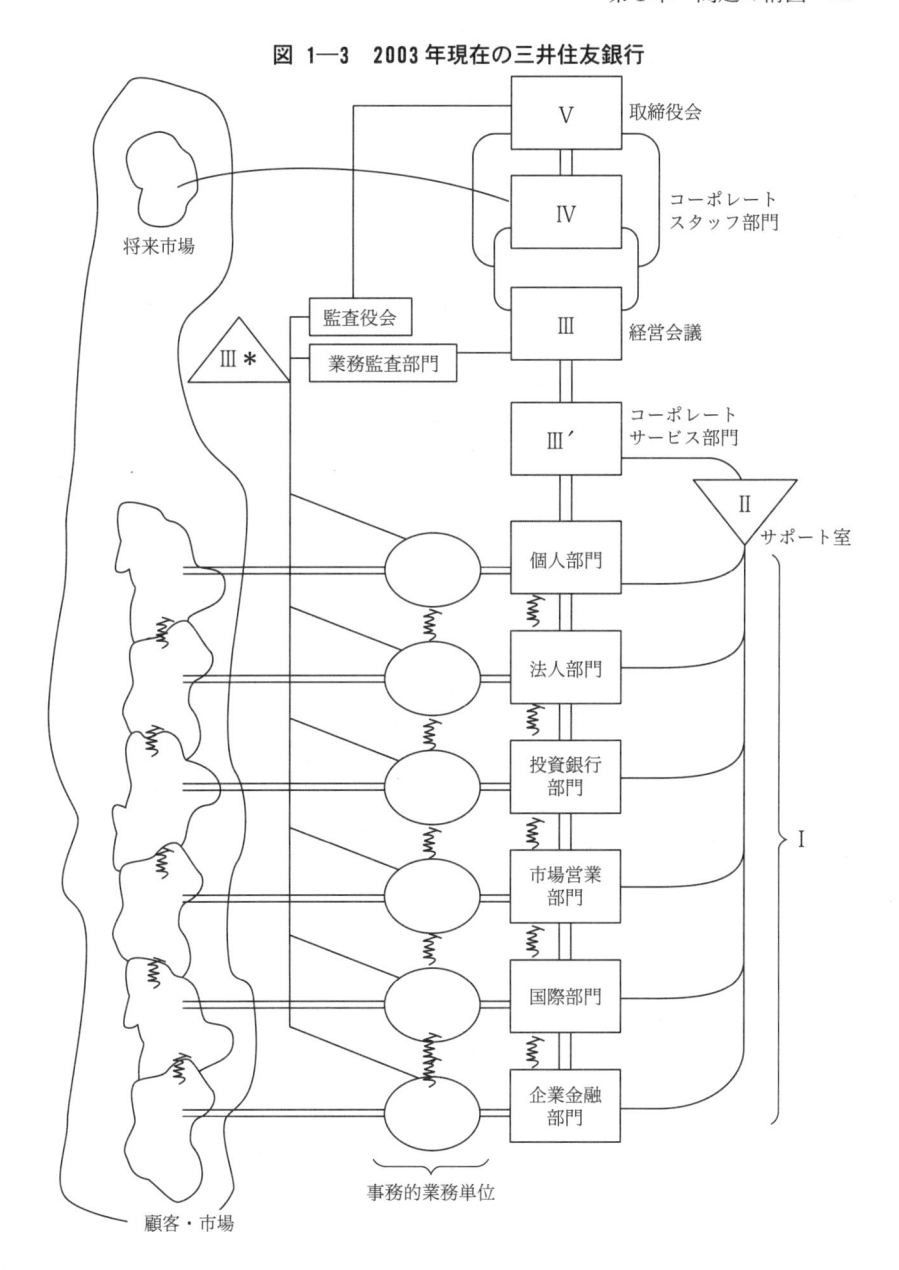

図 1―3　2003 年現在の三井住友銀行

- V　取締役会
- IV　コーポレートスタッフ部門
- 監査役会
- 業務監査部門
- III*
- III　経営会議
- III′　コーポレートサービス部門
- II　サポート室
- 個人部門
- 法人部門
- 投資銀行部門
- 市場営業部門
- 国際部門
- 企業金融部門
- I
- 事務的業務単位
- 将来市場
- 顧客・市場

図 1—4　東京三菱銀行

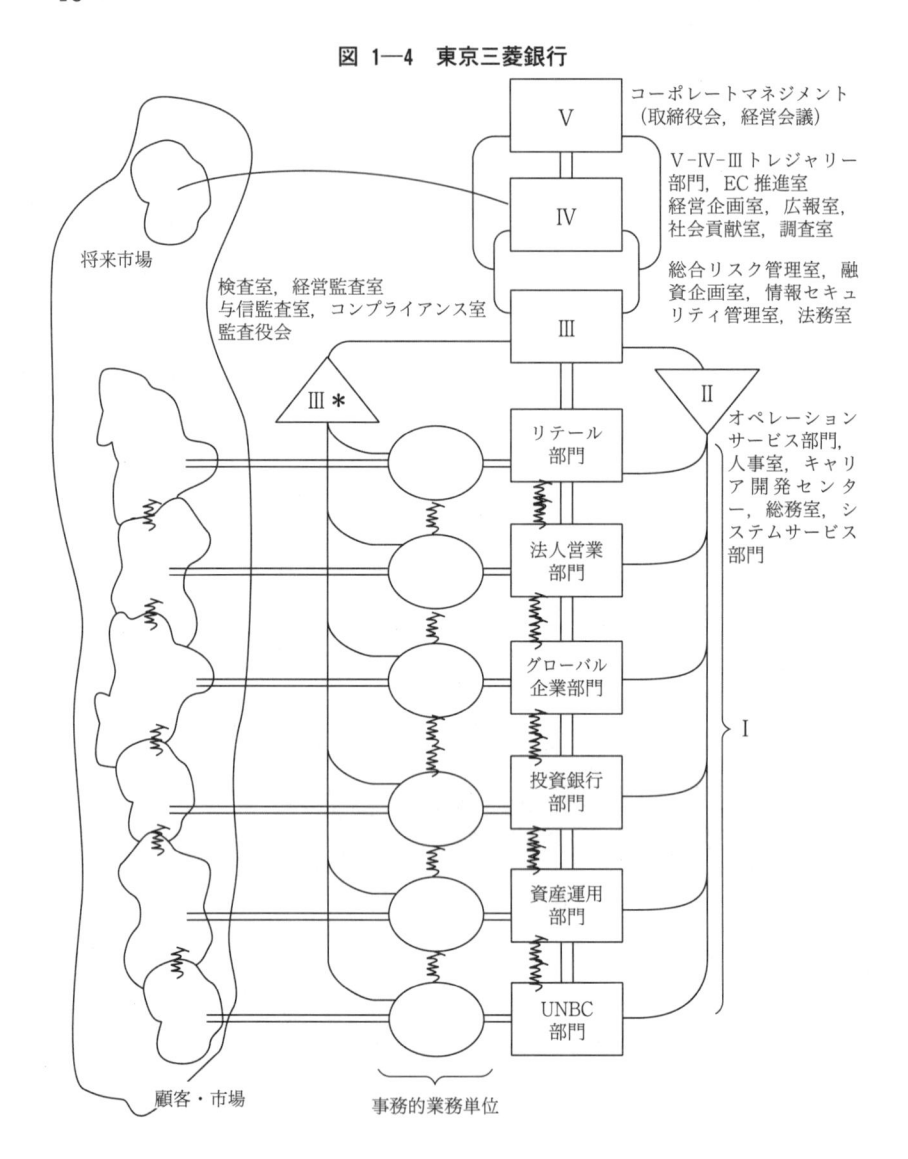

V　コーポレートマネジメント（取締役会, 経営会議）

V-IV-III トレジャリー部門, EC 推進室
IV　経営企画室, 広報室, 社会貢献室, 調査室

総合リスク管理室, 融資企画室, 情報セキュリティ管理室, 法務室
III

検査室, 経営監査室
与信監査室, コンプライアンス室
監査役会

III*

II　オペレーションサービス部門, 人事室, キャリア開発センター, 総務室, システムサービス部門

将来市場

リテール部門
法人営業部門
グローバル企業部門
投資銀行部門
資産運用部門
UNBC 部門

I

顧客・市場　　事務的業務単位

② グループ企業・カンパニー制への適用

　日清製粉のグループ本社体制は，カンパニー制の次世代の形態と言える持株

会社の形態であり，製造販売は各子会社が行なっている。図1-5からは，製粉業を中心に年月を懸けて発展してきた様子が伺える。事業を多角的に展開する毎に生まれた子会社を育成し，自律性を活かしながら全体を束ねたからである。そのため，システムⅢに相当する部門は経理財務本部のみであり，全社の資産を生かしながらグループ戦略本部をシステムⅣに据えている。

キリンはカンパニー制を導入しているが，急激な事業展開の中で多くの子会社，関連企業を抱えることになり，図1-6の如く本業のビールの製造販売は直属本部として残し，独立できる部門はカンパニー制に移行させ，何れ独立させる部門として不動産事業を事業部として置いているのである。また，関連企業部をシステムⅢに置き凝集性を保っている。

両社について，システム的優劣を論じることはできない。互いの事情により，最善の形式に展開してきた結果であり，何れも生存可能システムモデルに一致した機能を有している。

さて，再帰性について触れておきたい。日清製粉グループ各社は，各々下位の再帰水準を持っている。例えば図1-7で示される日清製粉には，日清サイロ，日清STC製粉等の各社がある。すなわち，先述のように再帰構造を取れるシステムは，各水準で各々生存可能な単位体として分割可能なシステムの凝集体でなければならない。つまり，図1-5を再帰水準1とすると，日清製粉等の子会社群が再帰水準2ということになる。図1-7では，生産と販売を区別する意味で，本来は1つに描かれるべきものだが，敢えてシステムⅡとⅢ＊を2つに分けて示した。事情は図1-3の三井住友銀行とは異なる。同行は，システム自体の未整備故に，図1-3のように描かざるを得なかったからである。

最後に，キリンの多角化が急激であったことと再帰性に触れておこう。医薬事業へ進出したのが，82年だったことからも伺える。現在同社の医療カンパニーは，腎臓，がん，免疫・アレルギーの3領域に特化している。アグリバイオカンパニーは，花卉・種苗事業を主力に，花卉流通事業，バレイショ事業の3事業で構成されている。[12] 機能食品カンパニーは，各種機能食品や個別評価型

図 1—5　日清製粉グループ本社

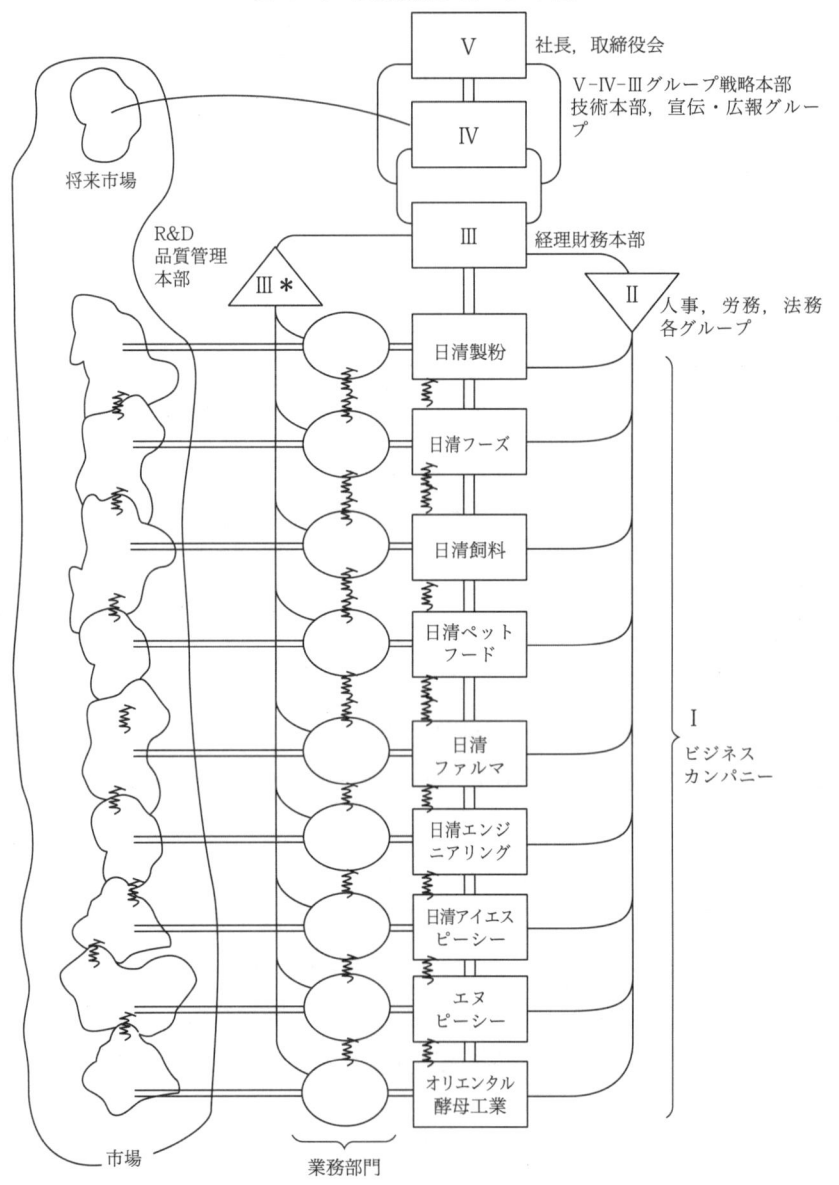

Ⅴ　社長, 取締役会
Ⅴ-Ⅳ-Ⅲ グループ戦略本部
技術本部, 宣伝・広報グループ
Ⅳ
Ⅲ　経理財務本部
R&D 品質管理本部
Ⅲ*
Ⅱ　人事, 労務, 法務 各グループ

日清製粉
日清フーズ
日清飼料
日清ペットフード
日清ファルマ
日清エンジニアリング
日清アイエスピーシー
エヌピーシー
オリエンタル酵母工業

将来市場
市場
業務部門
Ⅰ ビジネスカンパニー

第1章 問題の構図 19

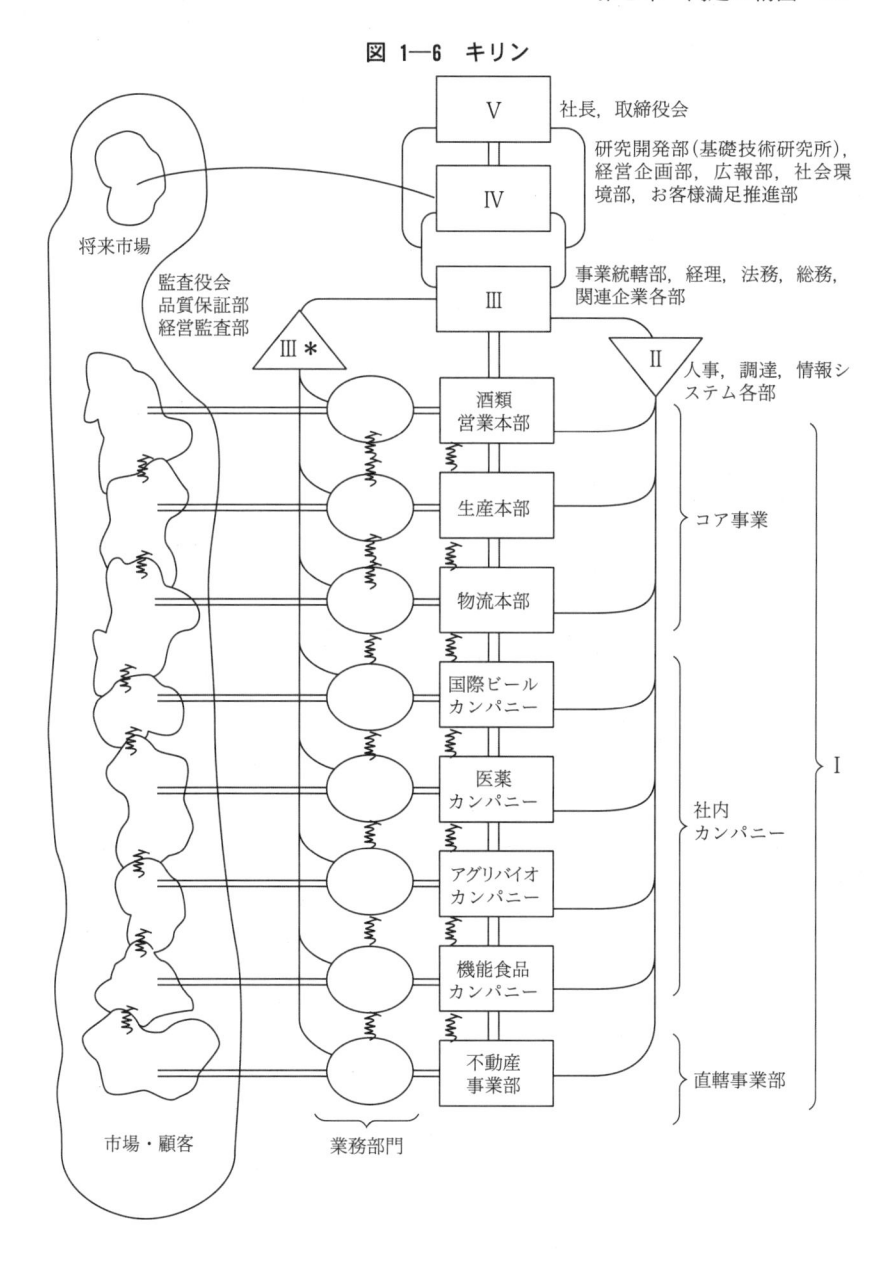

図1—6 キリン

- V: 社長，取締役会
- IV: 研究開発部（基礎技術研究所），経営企画部，広報部，社会環境部，お客様満足推進部
- III: 事業統轄部，経理，法務，総務，関連企業各部
- III*: 監査役会，品質保証部，経営監査部
- II: 人事，調達，情報システム各部

コア事業:
- 酒類営業本部
- 生産本部
- 物流本部

社内カンパニー:
- 国際ビールカンパニー
- 医薬カンパニー
- アグリバイオカンパニー
- 機能食品カンパニー

直轄事業部:
- 不動産事業部

I: 全体
将来市場
市場・顧客
業務部門

図 1—7 日清製粉株式会社

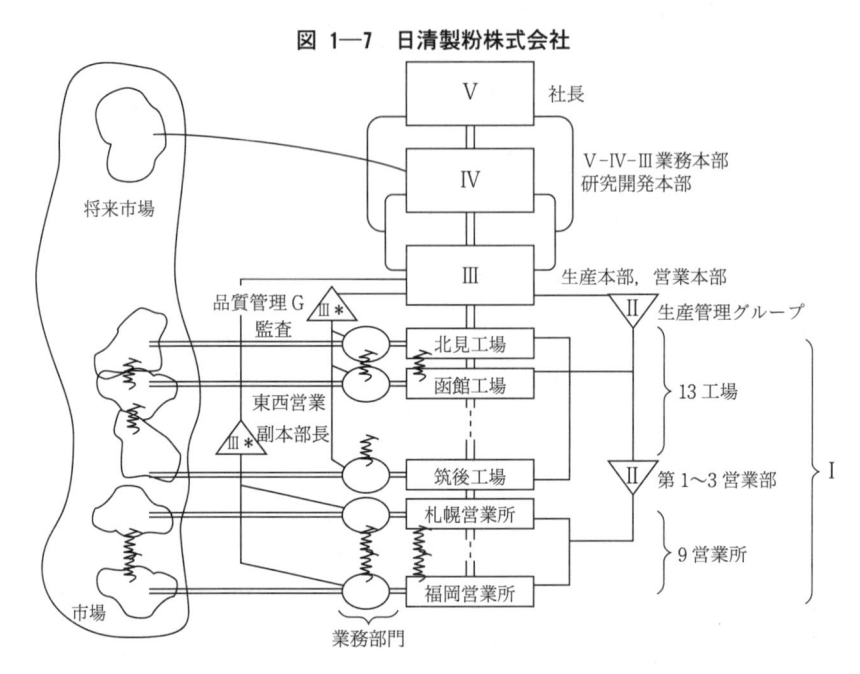

病者用食品発芽大麦等を生産販売している。また関連企業部も多くの子会社を有している。すなわち，図1-6の一部の事業を除き他は皆，再帰構造を有している。そして食品部門への展開も'70年代後半からであり，多角化とそれに伴う一部の再帰構造化は最近の同社の戦略であり，長い年月を懸けた日清製粉との違いはそこに求められる。

　以上の適用例によって，生存可能システムモデルと呼ばれる諸機能は，多くの組織体において何等かの組織構造において分担され，また満たされていることがわかる。言い換えれば，生存可能なシステムには，5つの必須の機能が有機的に備わっていなければならないのである。

　このことは，次章以降で述べるようにシステム論やサイバネティックスの進展によりシステム思考は無視し得ないものとなっていることを示している。また，社会・組織がシステム的要件を満たすように管理行為自体が，調和性や自律性といったシステムズアプローチを受容し，またはそれに基礎を置くように

必然的に変容してきたということを物語っている。

(2) 生存可能性に問題のある適用例

代表的企業として松下電器産業を時系列的に取上げよう。同社を取上げる理由は, 我が国初めての事業部制採用企業であり, 実質的なカンパニー制導入の最初の企業であるからである。[13] 多くの企業がカンパニー制に移行しつつある今, 同社について考察することは, 代表的な企業であっても問題点があることがわかるからである。同社の歴史は, 分社と統廃合の歴史である。言い換えれば, 自律性と凝集性のバランスを工夫し続けた歴史である。その意味でも, 場面毎の組織構造は考察に値すると思われる。しかし, 代表的企業とは言え, モデル上ではその脆弱性も見られるのである。

① 戦前の松下電器[14]：松下の初期の工場展開は, 製品毎に専門化されていた。これが後の事業部制導入の基礎になっている。初期の同社の組織図をモデル上に置き換えてみると, 図1-8のようになる。但し矢印は, 製品の流れでありモデルとは無関係である。

特徴的なのは歩一会は発足していたが, 実質的にシステムIIとはなり得ずIIがないことと, IIIに当る組織は会計掛に求めざるを得ないことである。これが後々経理社員本社直轄制度に繋がり, また同社の一貫した特徴となる。また本来的にシステムIVの機能はなかった。技術面は各工場から生じ, 将来方針については同業他社の動向を見ながら, 所主が担当していた。また下谷(1998)が指摘するように, 電熱部において製造販売一致の事業部の基礎が作られた。しかしシステム的には不安定で, あらゆる局面で所主に依存せざるを得なかった。よってホメオスタティック経路も存在しなかった。すなわち, システム的には脆弱であった。

事業部制に移行したのは, '33年である。図1-8の後の形態として職能別組織を試行したが, ラジオ事業への進出が製品毎の製造販売一体制後の事業部制移行を決定付けた。当時のラジオ販売は, 電気店とは別系列で扱われていたため, それへの対応のためである。また事業部制の狙いは, 自主責任の徹底と

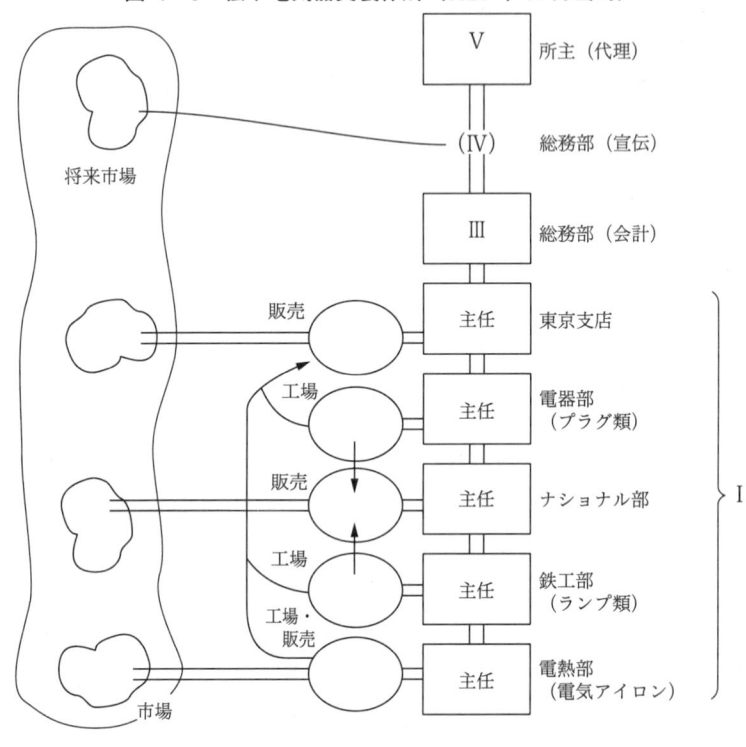

図 1—8 松下電気器具製作所（1927年10月当時）

経営者の育成の2つであった。しかし分権的色彩と集権化を実現するのは，'35年に本店事業部が置かれてからである。[15][16]

図1-9の店員養成所，工具養成所は門真本店建設直後から指向したことで，'34年に設けられ，後の松下電器工学院に発展する。特徴的なことは，事業部制移行直後はシステムⅢはなかったという点である。つまり，ホメオスタット経路とⅢ，Ⅳ両者のバランスをシステム的に取るというシステムⅤ本来の役割は，'35年に確立したと言える。またⅢ＊に相当する機能は常時機能している訳ではなかった。また図1-8の段階でも事業部制導入以降も，工場あるいは営業所が基本であるため，人の移動等生存可能システムモデルの意味での多様性交換はなかった。

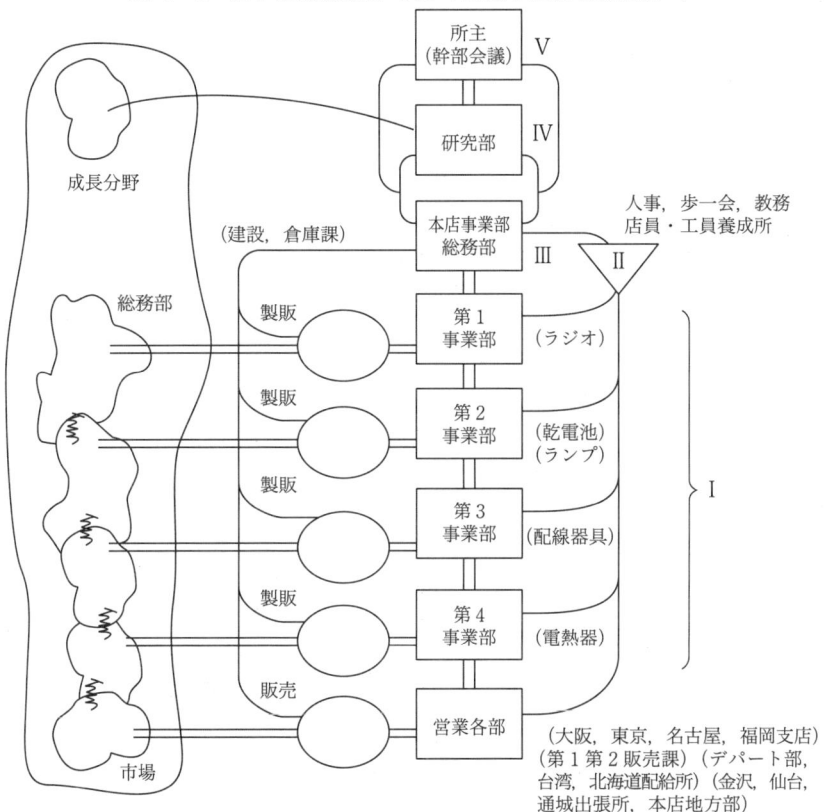

図 1—9　松下電器製作所（'35年再度の社名改称直前[17]）

```
                              所主
                           (幹部会議)  V

                             研究部    IV
                                          人事，歩一会，教務
                                          店員・工具養成所
                          本店事業部
             (建設，倉庫課)    総務部
                                    III
                                       II
                   製販      第1
                            事業部    (ラジオ)

                   製販      第2
                            事業部    (乾電池)
                                    (ランプ)       I
                   製販      第3
                            事業部    (配線器具)

                   製販      第4
                            事業部    (電熱器)

                   販売      営業各部
                                    (大阪，東京，名古屋，福岡支店)
                                    (第1第2販売課)(デパート部，
                                    台湾，北海道配給所)(金沢，仙台，
                                    通城出張所，本店地方部)
```

成長分野　総務部　市場

　同社は図1-9の完成された事業部制を見た後，同年12月直ぐに分社化を選択した。すなわち，事業部制は僅か2年数カ月しか続かなかった。'35年，松下電器産業が設立され株式会社になった。またさらにこれ等は，分裂と統合を繰り返す[19]。分社化により'35年12月時点では，産業本社の構造は，製造販売の全てを切り離し，前図のシステムIIIからVまでのメタシステム部分になった（図1-10参照）。つまり，純粋持株会社になったのである。図1-10のような状況でも，松和電器商事を除き産業の持株比率は100％であり，かつ各社の社長は松下幸之助が兼務したため，1個の単位体と見做すことができる。

システムⅢに相当する機能は総務部と幹部会議が受け持ち，本店事業部は廃止された。これにより，内部・現在問題は幹部会議で扱われ，総務部の範囲は経理面と人事面でシステムⅠを管理するということになった。経理社員本社直轄制度を運用し，利益率を上げる工夫が行われた。[20] 同制度は，Ⅲ＊の監査と共に効率的に運用され，以来同社の特徴となった。結果的に，事実上Ⅲはなくなったと言える。また図1-9時代もモデルに一致するかのように見えるが，管理体制の強化であって逆行であった。

また図1-10の時代では，養成所と人事権というⅡは，規模が拡大したため機能的ではなく，かつ戦時体制に伴い休止した。その機能は，分社内におけるライン別，工場別のⅡの機能に委ねられた。

従って，松下電器産業発足時の分社化は，多くの者を役員に取り立て分権的にする一方，凝集的に効率性を高めるための装置だった。産業本社には工員は1人もいないという状態であり，利益率，生産性の追及という，時節柄可能な集権構造であったと言える。

② 再統合：その後終戦まで，軍部の求めに従って傘下企業数は拡大した。[21] '44年，最盛期には40数社を数えた分社を製品毎に再度編成し直し，一部は事業部として産業本社に統合し，戦時指令体制に移行した。これを製造所制と呼んだ。分社制から製造所制への移行は，軍需産業化を意味していた。新興コンツェルンの一翼として事業規模を拡張し続けたのである。[22]

当時の構造をモデルで描いても，それは組織図と変らないため省略する。すなわち，Ⅴに当るのが経理(松下幸之助)，Ⅳ，Ⅲ，ⅡはなくI，その下にⅠとして21の事業単位が基本単位として存在していた。下位の水準には，各基本単位に工場群が属している，という状況になる。図1-10の持株会社という単位体に見られる以上に，集権的かつ自己責任型の組織構造であった。

③ 戦後：終戦により，製造所制は維持し得なくなったため一時工場制を取ることになった。[24] しかしそれも無理があったため，製造3事業部を中心に，事業部制を取ることとなった。第1事業部は，ラジオ，通信機，電球，真空管，

第1章 問題の構図　25

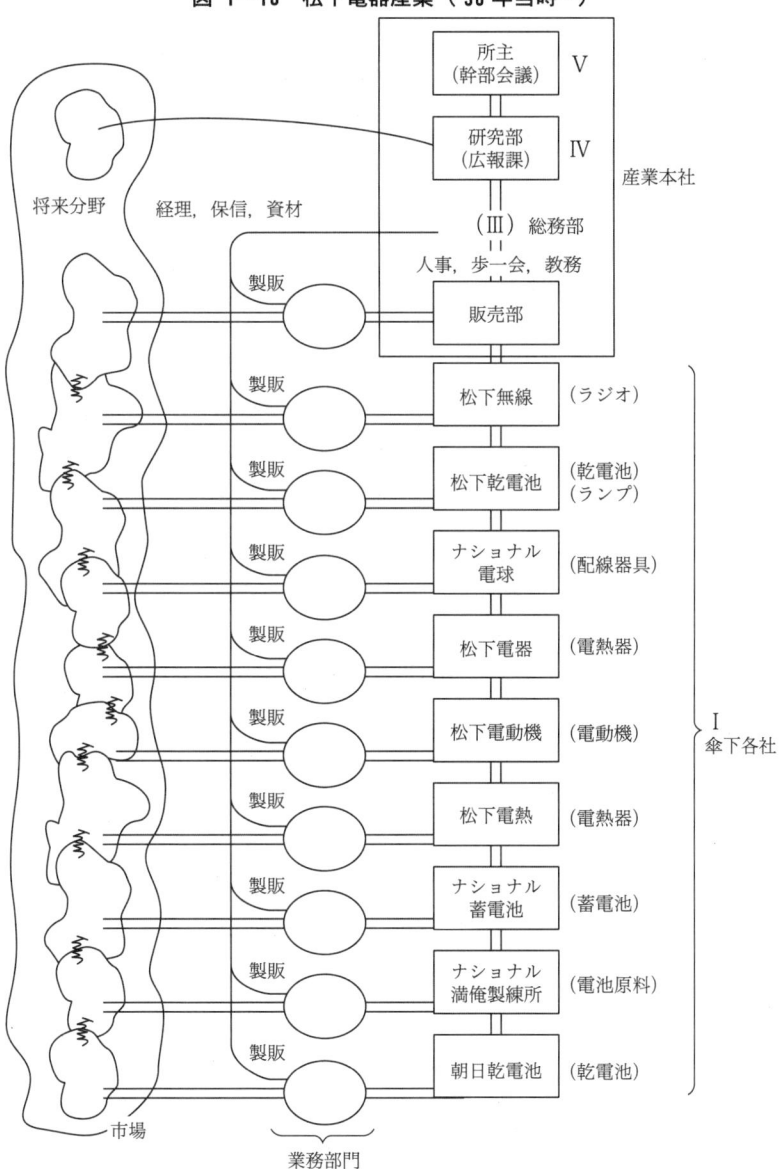

図 1—10　松下電器産業（'38年当時[23]）

- V　所主（幹部会議）
- IV　研究部（広報課）
- （III）総務部
  - 経理, 保信, 資材
  - 人事, 歩一会, 教務
- 販売部

産業本社

傘下各社 I：
- 松下無線（ラジオ）
- 松下乾電池（乾電池）（ランプ）
- ナショナル電球（配線器具）
- 松下電器（電熱器）
- 松下電動機（電動機）
- 松下電熱（電熱器）
- ナショナル蓄電池（蓄電池）
- ナショナル満俺製練所（電池原料）
- 朝日乾電池（乾電池）

各社間：製販

将来分野　　市場　　業務部門

第2事業部は，乾電池，電極，灯器，電熱器，第3事業部は，モータ，変圧器，コンデンサ，蓄電池であった。しかし第1事業部は幸之助が事業部長を兼任し，第2第3事業部も各々専務，副社長が兼任する等，危機的状況からの脱出のための集権的体制で臨んだ。図1-11のようにⅢが事実上なくシステムⅤが兼任している。またホメオスタティック経路も存在せず，Ⅴの権限が大きい緊急体制を取っていた。また，システムⅠの各基本単位間の多様性交換経路（①，①'，②，②'）の機能も製品の引渡しのみのものであった。このように松下電器生存可能性は危機的な状況であった。

④ 現在：時代も復興期から高度成長期に移り，構成事業部数は増加した。その間，切り離された企業も再結集し，'72年には製品グループ別担当制に移行した。これは，細分化した事業部を関連製品群別にグループ化し担当重役を配置するもので，再度プロフィットセンターとしての事業部の再構築を図るものだった。同社の戦前から変わらない組織編成の基本的考え方は，製造における自律的試みの奨励と全社的観点からの利益追及の統制の綱引きであった。

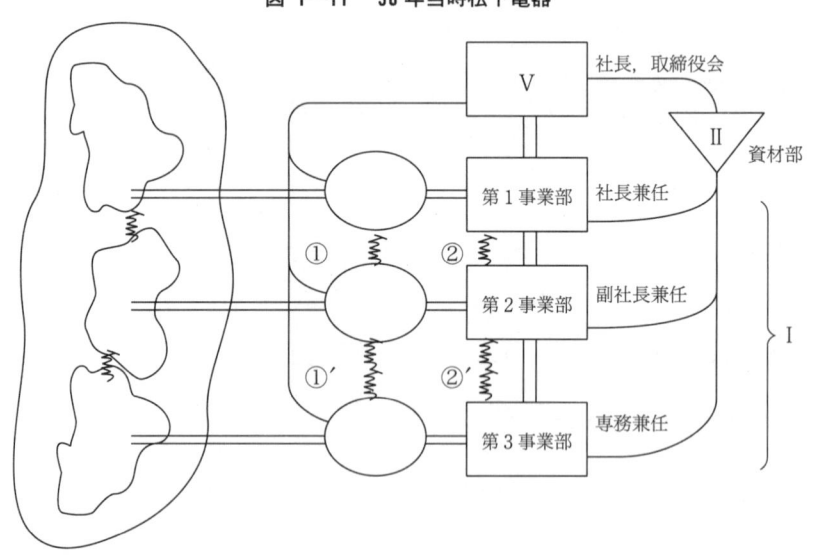

図1—11 '50年当時松下電器

第1章 問題の構図 27

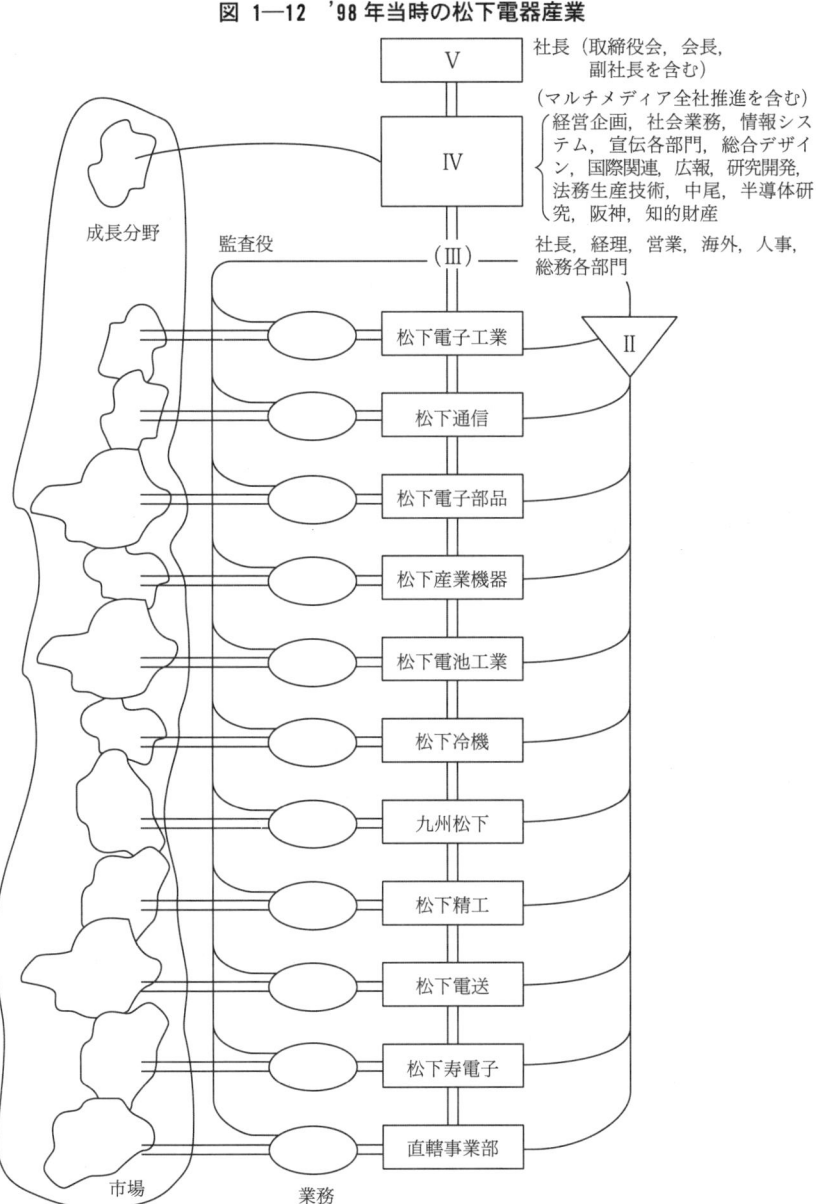

図 1―12 '98年当時の松下電器産業

- V: 社長（取締役会，会長，副社長を含む）
- IV: （マルチメディア全社推進を含む）経営企画，社会業務，情報システム，宣伝各部門，総合デザイン，国際関連，広報，研究開発，法務生産技術，中尾，半導体研究，阪神，知的財産
- (III): 社長，経理，営業，海外，人事，総務各部門
- II

監査役

松下電子工業
松下通信
松下電子部品
松下産業機器
松下電池工業
松下冷機
九州松下
松下精工
松下電送
松下寿電子
直轄事業部

成長分野

市場　業務

しかし戦後変わった点もある。それは営業部門の権限が増大したことである。戦前の産業の特徴は，経理，人事，技術で集権的体制を作り，歩一会その他でさらに凝集性を高める装置を持っていたが，戦後顕著になったことは，営業からの製造への効率化要求という締め付けである。現在同社は，図1-12の如く，キリンと同じくカンパニー制と事業部制を併用している。

販売を産業本社に一元化することは，販売強化の表われであるが，結果的に単位体としての凝集性を薄れさせている。何故ならば，販売によって生産が圧迫されているからである。しかもこの状況に拍車を駆けているのは事業部長人事評価制度である。よって，相乗効果は分離傾向に対して働いており，事業部は個別に存在する状態になっている。

図1-12の基本単位間に図1-2のような波線が画かれていないのは，各々は独立的に経営されているからである。製品別製造を追及する故である。その結果，システムⅡも機能不全になってしまっている。再帰水準の下位においても製品別に縦割りに細分化しており，下位にいく程個別化し，上述のように全体に対して凝集性を欠如させている。組織図では不明だが，下位水準を図解すれば明らかである。またⅢも実質的には存在しない。

この事態は，同社が長年分権的色彩を取る反面，集権的・利益追求体質を持っていることを示す結果である。経理社員本社直轄制や保信部員制度[26]，近年の事業部長人事評価制度等システムⅠを絞め付ける制度が，凝集性と同一性，生存可能性を喪失させているのである。歩一会や店員・工員養成所，松下電器工学院等，擬似家族的単位の誘発装置も持っていたが，創業者松下幸之助を失ってからは管理的側面が際立っている。元来オートポイエーシス的単位は，第6・7章に見るように，現業の近くにある程，身に付けるべき差異化のための技能や技術は明確なはずである。しかしながら店員養成所等の誘発装置を持っていながら，特約店を重視し製造を圧迫する体制を取ったことがそれに当る[27]。つまり，同社の場合は，利益追求が技術革新に勝っていたと言えよう。

図1-9松下電器製作所自体，モデルに構造的に一致するかのように見える

が，内実はⅢを中心とした集権構造であった。集権的ではないシステムⅢの在り様は，前述のキリンや後述するセブン-イレブンのように複数部門が分担するか，東京三菱銀行のように権限の弱い部門から成る場合である。つまり，図1-9松下電器製作所の場合は，下位の自律性を損なうことになる。また，近年の事業部制・カンパニー制下の松下電器産業のように集権構造のさらなる合理化のためにⅢを実質的に排する場合は，Ⅴに権限が集約されるということであり，下位の自律性の確保はより困難にならざるを得ない。

このように，ビジョナリー・カンパニーと呼ばれる企業ですら，オートポイエーシス的生存可能システムと呼ぶことは難しいのである。歴史を回顧すると，同社のそれは独立単位体であったと言える。しかし，(1)の各社も一時的にシステム的局面を呈しているだけなのかもしれない。さらに，ここでの考察からも知れるように，モデル受容の別の困難さとして，外部観察の困難なることも上げることができよう。[28] 何れにせよ生存不能な組織も未整備の組織も，モデルに乗せることは可能である。

(3) 考察範囲

システムとは，自ら境界を決定するものである。第3世代システム論では，このように認識される。[29] 一般に殆どの企業の境界は，自己決定的に定められている。例えばシステムとしてセブン-イレブン・ジャパンを見るとき，真のプロフィットセンターであるフランチャイズチェーンを無視しては語れない。よって，そこまでをシステムとして括らなければならない。

このようなことを取上げる理由は，旧来の階層型組織またはその形態に留まるものがあるからである。形式的に問題がある場合は明らかだが，別の形態上の問題を抱える組織も多く存在している。すなわち，独立単位体にすらなっていない組織体があるということだ。それを本稿では，社会的単位体または単位体と呼ぶ。例えば，地方自治体はどうだろうか。財政的には独立単位体にはなっていない場合が多い。仮にシステムとしての機能があっても，独立し得ないならばシステムではなく単なる単位体である。このことは第7章で触れる。し

かし一般的には，問題の本質は組織形態ではなく，機能上の欠陥であり機能間関係にある。つまり，現場に対する補助装置としてメタシステムが機能しない場合か，将来展望をする機能が欠如しているといった場合である。しかしこのことは第5章を踏まえて議論すべきことなので，ここでは形態上の問題に関してのみ触れておく。

　形態が問題視される組織は，境界問題を抱える組織と捉えることもできる。コンビニエンス・ストアのように，店舗がプロフィットセンターである場合は問題ではない。問題が生じ易いのは，大衆運動組織や宗教組織である。すなわち，身分的帰属や帰属意識から境界が引かれる場合ではなく，システム内部で内と外，管理する側と管理される側，指導する側と指導を受ける側という心理的・身分的区分がある場合はシステムとは呼べない。またその結果として，構成員もしくは構成単位の意識によって境界線が明確に引けないという事態を引起こす場合もある。そのような場合は，上述の5つの機能を満たさない場合もあり，短命の組織に終わるか多くを犠牲にすることになる。

　このような徴候は，非営利組織に見られるようだ。例えば宗教組織の場合，銀行における本支店関係と同様の一山体制と呼ばれる階層形態が取られている。すなわち，全ての階層において同一の業務が行われ，階層間では資金の上納と権威の付与が取引されるという関係にある。このとき，各階層の単位体は，各々全ての機能は果さなければならない。すなわち，システムVでありながら自らシステムIであり，自らを支援する存在でもある。現実には，このようなことは不可能であり，何れの機能も未熟のまま果されることはない。このとき一番疎かになりがちなのは，将来展望に関するシステムIVの機能である。何故なら，伝統的組織体では，体制に従属していれば何等の変動もなく地位は保全されるからである。また現時点で，生存に必要な収入が得られる場合はそれ以上構成員を増やす努力を怠る場合もある。よって，各階層に属する構成員に対する指導・支援という観点は疎かになり易い。結果的にシステムIIが欠如し，帰属度と信頼感の薄い者を多数作ることになる。それ等が多くいる場合，

上記の理由で各階層における境界は不明確になる。そのような内なる外部者に何等かの役割を期待することは不可能であり，あらゆる機能的役割から外れることになるであろう。内的外部者を多数抱えることは何等の利益にもならず，現状に甘んじるか衰退に向うことになる。集金システムとして利益の集中する上層部のみが組織を代表する役割を負い，下部構造は境界も曖昧なまま終始することになる。このような組織体は歴史的に多く存在するが，システムとしての要件を満たしてはいない。

同様にシステムⅡが機能しないか欠如している組織には，労働組合や農業組合が挙げられる。労働組合連合は，全国農林漁業団体職員労働組合連合，自治労等 69 の単産別の連合体であり，かつ専従職員を下位水準から補充する形で運営されている。下位からの支援で運営されているというその実態は，上記のシステムとは異なり，やはり伝統的形態であると言える。すなわち，最下位水準の企業別組合のみが自律的独立単位体であり，上位は単位体ではない。連合体は協議機関に過ぎず，現実には統一的行動も行い得ない。それを過去に行ったということは，形式的にシステム的であるか否かに拘わらず，企業別組合の構成員に負担を懸けたということに他ならない。

ところで電機連合は，電機総研というシステムⅣを持っている。しかし他の単産ではシステムⅣやⅡの欠落，場合によってはⅢの欠如もあり得るのである。連合自体には，連合総合生活開発研究所があるが，外郭の財団法人であり直接組織の方向性を決めるという性格のものではない。電機総研のそれも純粋な研究機関であり，その意味では欠落していると言える。先の最下位水準のみ自律性を有するという理由とも相俟って，組合連合組織は単独で生存可能であるとは厳密には言えないであろう。

また最下位水準のみ自律的であるとは，企業別組合はシステム的機能構成を持っている場合があるからである。例えば三菱電機の場合，かなり以前から図1-13 のような構成になっていた。しかし常時連動的に機能したのかと問えば，必ずしもそうとは言えない。間欠的に働いていたに過ぎず，また下位水準に依

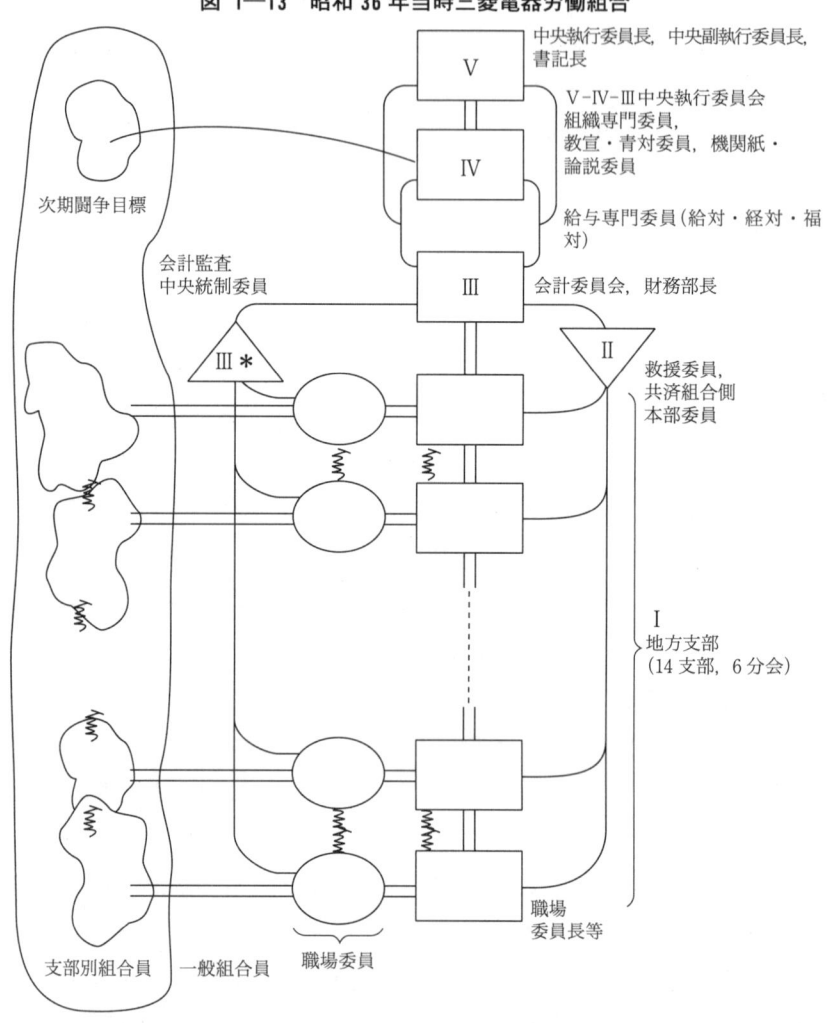

図 1—13 昭和36年当時三菱電器労働組合

中央執行委員長，中央副執行委員長，書記長
V-IV-III中央執行委員会
組織専門委員，
教宣・青対委員，機関紙・論説委員
給与専門委員(給対・経対・福対)
会計委員会，財務部長
救援委員，共済組合側本部委員

I 地方支部
(14支部，6分会)

職場委員長等

次期闘争目標

会計監査
中央統制委員

支部別組合員　一般組合員　職場委員

存的な上位水準があり，指導する側とされる側，管理する側とされる側という前提がある中で行動しているのであるから，心理的・性質的・生命論的バランスは欠け，システム的行動は取り得ないことは歴然としている。

　また農業団体はさらに中間水準を含めてサブシステムが欠落している。行政

へ依存することによって生き長らえているだけである。このように，独立単位体にすらなれない束縛された組織体は，本稿の考察の対象外とする。

以上のことを別な観点から言えば，有機体をモデルとするシステムではその構成要素の機能には無駄はないが，多くの社会的単位体または独立単位体では，機能していないか機能軸から外れた人々が多く存在する，ということが指摘できる。このことはシステム的に見える組織体でも言えることである。人間社会である故，致し方ない面もあるが，内部の効率性や存在意義を問わなければならないだろう。しかし，第4章で論じる社会的オートポイエーシスとしての擬似家族的単位を考えるとき，不必要な人間はいないということに思い至ることになる。問われるべきは，（独立）単位体が機能軸を持っていないことに由来する非効率な人員配置と，社会的オートポイエーシスから外れた人間の存在意義，そしてそのような構造を作った者の存在意義である。

独立単位体の中で，第5章で説明する機能を持ち，それ等が有機構成する構成要素によって，連鎖的に連結され維持されるものだけが，生存可能システムと成り得るのである。さらに厳格に言えば，効率性と有機構成という観点で，冒頭の学校や病院も疑わしいものもあるということを付け加えておきたい。

§1-3　戦　　略

先に触れた通り，§1-2の各種の図解のみに終わるならば，組織図の翻訳に過ぎない。また組織の構造を前図のように改変すべきである，ということを言うための道具ではない。さらに定式化は別として，サブシステムという機能を組織の一般的抽象特性として，一括して論じることは無意味なことであろう。理論的には，次章以降第5章までの議論が必要であるからである。

結論的に言えば，生存のための機能の有機構成であるため，生存可能なシステムであれば何処にでも上述の機能は見出すことができる。そして，生存不能な組織でさえ，前節(3)のように，俎上に乗せることは可能であった。すなわちここで，ある種の白地図性に行きつく。しかしまた，その他の理論を加味する

余地も幾らでもある。この点が生存可能システムモデルの興味深い処であり，白地図である所以である。多くの理論は，それで全てが論じ尽くされるという態度で論じられる。しかし同モデルは，そうではない。他の分析方法を加味して活かされるものである。

また，個々の組織の問題として論じなければ意味がない。個別企業への接近では，何等かの接近法を伴い，モデルの願意を生かすには，それと併せて論じる必要性がある。例えば，生存可能システムモデルを1つの分業体制であると見做せば，組織論の方向からはある種の規則性を以って接近することも可能であろう。また本稿は戦略論を1つの柱にして論じると述べた通り，生存可能システムモデル上の戦略論として論じることは可能である。またそのための命題を設定することも可能であろう。モデルそのものの妥当性を吟味するためにも，このような試みは必要であると思われる。第3章で触れることだが，クレムソンは組織を，①複雑性，②確率的，③動態的，④凝集的，⑤脆弱かつ開放的，という性質を持つものとして捉えている。すなわち，システムを語る際には，何等かの①から⑤の側面から捉える必要がある。動的側面から見る，という意味で本稿では戦略を複線に置く。すなわち，機能が活かされる場面としての設定である。

従って，第6章の場面設定の裏側として戦略の類型を提示する。

(1) 戦略の類型

戦略の開始には，2次元がある[30]。1つはトップが構想し始められる上位戦略である。もう1つは，基本単位から始まる創発的戦略である。下位戦略と言うべきかもしれないが，何等かの試みが全社的発展をもたらすという意味で，ここでは創発的戦略と呼ぶ。

上位戦略には，基本構想から細部まで決められたものと，トップの関与は基本構想のみで後は現場の創意工夫というものとがある。前者すなわち最後までトップ主導の戦略を M_s，後者を M_s' とする。創発的戦略にも，独走的に進められ完成間近かになって承認されるものと，初めから承認を得て開始されるも

のとがある。前者を I_s，後者を I_s' とする。現実には M_s' と I_s' の折衷が多いと思われる。[31)]

(2) 相乗効果

戦略を並論するからには，互いを利する関係であることが望ましい。生存可能システムモデルは発生を含む生成過程は扱っていないと前述した。この点がモデル側にとって戦略論を並論する利点である。何故ならば，製造業では基本単位は製品ラインか地理的分布が組織構造になり，販売業ならば地域別の構造か商品別ラインを取ることが一般的だからである。そのとき戦略が及ぼす影響は，新たな基本単位の創出や下位水準の産出，または消去・退出という形で表われ，無視し難いものである。さらにまた，サブシステムの中で現業に対し直接働いていないものの判別も可能となる。また，前掲の図のように静的な一面と捉えることは，生存可能システムへの理論的意味は半減するからである。

例えば松下電器は事業部制を貫いていたが，近年非効率が伝えられている。その原因は，本社のシステムⅣ機能が基礎研究に特化しており，直ぐに開発に結び付くものではなかった点が指摘できる。すなわち，包括的戦略の実行は技術的に不可能になっており，創発的戦略が全社レベルに格上げされる道筋も塞がれていた。また河合(1996)が指摘するように，事業部の壁に求められる。事業部毎の独立性を高めた原因については，事業部長勤務評定制度による総括事業本部制の廃止がある。つまり，基本単位の長である各事業部長を社長直属にすることで，システムⅢの機能を廃止したのである。さらに，図1-10・12のように事業単位間の自律的多様性吸収経路の欠落も指摘できる。仮に戦略が実行されても，相乗効果は不明な体制になっていた。

また，戦略によって，組織構造のみならず業務内容まで変更する場合がある。例えば，北海道炭礦鉄道会社という企業は明治39年に北海道炭礦汽船に社名変更し，新日鉄の基礎となる輪西製鉄所を作った。その間，アイデンティティを喪失したのではない。業務を変更することと再編によって，新たな産業を創り生き延びてきたのである。すなわち，独立単位体ではあるが生存可能性

を発揮し続けたと言える。このように，動的な局面から考察することは，価値がある。

　最後に，しばしば混同されがちなことであるが，「モデルに同型な組織構造」を求めるということは非現実的なことである。また§1-2(3)で触れたように，伝統的形態に依存している組織体に，モデルと同様の機能を見出しそれで事足れりと思うことも，無意味である。有機体もしくは未整理であったとしてもシステム的な組織体の挙動に注目すべきである。従ってそのような組織体において，(1)の戦略が，組織における構造変動や情報循環，利益に如何なる影響を及ぼすかを調べることは意味がある。

　システム的な独立した単位体においては，システムVは理念や方針を打ち出さなければならない。このことは戦略に直結している。システムIVは将来設計の全てに関心と責任を持たなければならない。次のニッチを求めるという点で戦略に関与している。システムIIIは，現在進行中の諸問題に責任を取らなければならず戦略の実行部分である。システムIは，現業部分であり，システムIIはそのためのサポートである。これ等生存の機能と組織構造とのマッチングは，完全に一致する訳ではない。しかしこれ等の機能が有機的に統合されるものが本来のシステムであり，何れかに偏ることも許されない。循環的に機能が作用し合うことが，必要になってくる。その中で，戦略を考察することは，管理論的次元ではなく，システム的な循環反復的組織活動の現実を反映することになるだろう。

§1-4　オートポイエーシス

　(1)生存可能システムであるならば，神経のように循環反復的完全連動型の反応を伴わなければならない。このことから，生存可能システムとしての特徴的戦略の存在が浮かび上がってくる。それはプロセスの共有化である。具体的には，情報の共有化，仮説検証，学習の繰り返しである。これを本稿では，組織的学習と呼ぶ。システムの各構成員・構成要素そして組織構造は，戦略・経

験・学習・交替を通じて変化していかなければならない。それが新たな安定性を獲得していくための過程である。よって，プロセスの共有化が，その特徴的戦略である。[32] すなわち，先述の戦略はシステム全体に対する特殊・大規模なものであるのに対し，プロセスの共有化は，日常的・微小な自己変革戦略である。それは，特殊・大規模戦略を実現するためには，個々の構成員も適応的に行動し成長しなければならないからである。

　戦略次元の用語ではなくシステム次元でこれを問えば，その核心はオートポイエーシスにある。戦略によっては，実行以前の段階では秘匿性の高いものもある。しかし，一旦実行段階に入ると，部分システムの行動は全体に伝播され，組織的に学習されなければならない。プロセスの共有化または組織的学習を支える構成要素は何かと問えば，オートポイエーシス機能に他ならないからである。本稿がオートポイエーシス論を要請し，オートポイエーシス的な生存可能システムモデルを追及する意味はここにある。すなわち，神経系機能を基礎に理論化した生存可能システムモデルは機能主義的ではあるが，それは個別機能が個別に強調されるべきものではなく，調和的かつ作動という面で，現実の構成要素は，一連の相互影響下にある。その構成要素の働きを基礎的に支え，同時にシステム全体を支えるものは，個々の構成員の適応性と努力であり，それがオートポイエーシス単位を構成するからである。

　そのような社会的オートポイエーシスを，本稿では擬似家族的単位と呼ぶ。これは生存可能システムモデルと同型な役割分担を持つ不完全かつ個人的相互補助単位であり，単位体とはなれないものである。[33] また非公式な関係を軸にしており，多くの場面では見過ごされているものである。しかし個々人は，直属の上司部下，親子関係，その他学年の上下や同僚間に，何等かの拡大された自己とも言うべき相談し合える強固な人間関係を持つことが普通である。この基本関係を軸に，さらに補強するような関係が加わり，互いに関係化することで単位的凝集を持つ小集団が作られる場合がある。多くは認識されず，その中の幾つかの基本軸のみが個々別々に認識されるに過ぎない。しかし大きな仕事が

終了した後で，メタシステム的役割を果してくれた人のことを他者から聞いて，影の幫助を初めて認識するものである。看過される原因は，問題が降り懸かる場面以外は他者の助言を聞かない人が多いという訳ではなく，非公式関係であり，重複する中で一過的に消滅し更新されるからである。つまり，基本関係は認識しても，それ自体を支え助言する役割まで含めて単位として把握することに不慣れなのである。また誰しも，多かれ少なかれ頼りにされ助言を求められるのも，そのような単位に関与している証拠である。このような単位は，各自の周囲に自然発生的に存在する関係であるが，一般的には認識されていない。先輩後輩関係，夫婦関係，親子関係等1対1関係は多く認識されるが，その関係を支える単位自体を捉えるべきである。特に，仕事の内容が，高度に技術・意見集約的な場合，そのような単位と単位の重複が捉えられなければならない。各自が状況を認識し，課題を咀嚼し適応的技術・方法・形式を生産し，また人材として産出されるためには，一方通行の指示-応答関係だけでは不完全だからである。また，後述する再帰システムの定理によって，最小の単位体はその下位水準にやはり同型の機能の有機構成を表現する構成要素の有機的関係を持たなければならず，その意味からもシステムを模した擬似家族的単位を構成する指向性が存在しているのである。

　では，何故それがオートポイエーシス単位なのだろうか。それは，システムの構成要素は立場的にも単位的にも不完全で，擬似家族的単位における役割の重複を余儀なくされ，それ故自己を互いに客観的に認識しつつ課題や任務に即した対応を学ぶ場となっているからである。単位が重複するため基調となるべき現象学的領域が定められるので，反応様式は規定される。その上で対応を学ぶとは，解釈や理解の方向性が規定された上で，高次の解釈を付加しそれを用いる技能や技術を身につけることであり，転じて各自が人材として輩出されることであるからである。

　以上より，家族特に親子関係における社会化過程と同様の機能は社会的にも存在し，それを軸に社会的オートポイエーシス単位が形成され人材等の産出を

行っているのであり，それを擬似家族的単位と呼ぶのである。多くの単位は同一の職場や学級のような共通空間内に作られるものであるが，内集団とは異なり単なる課題の翻訳係ではなく，相互的に同苦し喜びを分ち合い先々の道筋まで考察するものである。そのためには，生存可能システム的な役割分担が必要となるのである。無頓着な場合，その役割が完備されることはないであろう。しかし，家族的相互補助単位の必要性が認められるならば，基本軸となる2人はメタシステム的役割の完備性を求めるはずである。そのためには内集団の枠を越えて，他者の協力を仰がなければならない。故に，システム的完全性を求めると同時に，必然的に社会的繋がりを求めるのである。

戦略論の立場からは，個人・部署・個人間関係等の成長・変遷を語ることはない。社会に独自のオートポイエーシスを認める立場としてはここに注目し，人材・使命・技術・任務等を相互に産出し信頼感と競争心を伴って調和的に発展する方途として，社会の産出行為つまり社会的オートポイエーシスを考え合わせなければならない。

(2) これ等の単位の役割とシステムの機能に関して，第5章のために対照させて言うならば，以下のように対応させて述べることができる。「神経システムの有機構成は閉鎖的であり[34]」，そこでは受容器と感覚器との間に不断の恒常的関係が維持されている。社会システムにおいても，自ずと境界が定められ，構成要素である各構成員や部署・課のような中間構成要素は，合意領域と自省領域を持つものでなければならない。つまり，社会システムは独立したシステムとして閉包を構成している。また「受容器と感覚器」での「全ての行為は神経システムによって制御され」ると同様に，同一性や風土また指示によって個々の行為は抑制される[35]。つまり「受容器表面の個々の変化を導き」，「機能的連続体」となるように，変化は連続的に伝播されなければならないのである。それによって風土が生まれる。具体的には，「神経システムがコード化するのは，初期状態からの変換の系列を特定化するプロセス」であり[36]，作動という局面に着目する場合，情報のコード化ではなく現実的には作業上の指示である。

これが，システムにおけるコミュニケーションの基礎になっている。また指示する場合，起こり得る全ての事象を想起して行われることはないが，自省領域・他者との合意領域との相互作用は「潜在的には無限」であり，学習が繰り返されれば前例に捕われることなく行動を取ることができる。すなわち，システムにおいて相互作用を可能とする道具は，コミュニケーションである。

逆にオートポイエティックな諸行為の累積によってシステムは制御され，またその変化によって機能的連続体として組織構造が実現されるのである。このように，生存可能システムモデルで表わされるような社会「システムの有機構成の重要な特徴は，そこで生じた新たな連動する活動の機能として，神経システムが必然的，連動的に変化していく[38]」必要があり，そのために擬似家族的単位というオートポイエーシスを考え合わせなければならないのである。これは，単位体を志向しつつも独立することが不可能なものであり，他の単位・他者との関係を必要とし，関係の連鎖の伸展を必要とするものである。つまり，自己と自己的単位のために独立を否定し関係性を維持しなければならない。

擬似家族的単位の必要性は，個人の努力は然ることながら，個人は1人で成長することはできず，自身の周辺に拡大された自己的存在や助言者を必要とし，逆に他者に対して補助することで自己の立場や使命を理解することができるようになるためである。その延長で，オートポイエティックな諸行為の累積がシステムにとっては必要であり，この行為はシステムに遍在し，全ての(中間)構成要素においては特徴を顕現するように創発的に行われるものであることが望まれる。しかし，残念ながら現実には，個人と周囲の意識・努力によって，その恩恵は異なるのである。

そのために必要とされる秩序関係は，神経系によって制御され個々の変化が導かれるかのように，一定の自由度の範囲内で自律的に振る舞いながらも，機能的連続体を実現するために必要な知識や技能を持った人材が調和的に輩出されることである。そしてそのプロセスは共有化されなければならない。ある意味で自己言及的にシステムからの指示機能は，各オートポイエーシス的単位に

それを要求し、適応的人材が一定の速度で作られる。それによって、神経システムと同様に、システムは必然的連動的に変化していく方途を獲得するのである。その結果として、構造上の変更も行われるのである。

擬似家族的単位はシステムに固有のものではない。本章冒頭②に触れたように、独立単位体や社会的単位体においても生じる可能性はある。しかし再帰システム的に生存可能システムモデルに同型の役割分担が生じると述べた通り、独立単位体等においては永続性はない。ある種上部構造と言うべき再帰水準を構想することができないためであり、管理体制を持ち込むことになるからである。例えば、前例の労働組合は下位のみが充足的なのに、上位からの指示命令系統から成っている。このような場合、擬似家族的単位が生じても現場において内集団化するであろう。何故ならば、下位の負担が大きいからである。あるいは指示-応答のための一対一関係のみが生じるであろう。そこでは相互支持という関係は育たないのである。同様に、松下電器産業も組織構造を変転させながらも、多様性吸収経路が削除される等管理体制が色濃く、それにより現場の擬似家族的単位の連鎖範囲は限定され、結果的に指示-応答の拡大としての独立単位体に留まっているのである。

以上から、オートポイエーシスという産出行為と生存可能システムモデルという大局的機能の有機構成とその実現としての構造の3面から、組織体は捉えなければならないと言える。また、これ等が整合することが組織体を永続させる方法である。

(3) オートポイエーシスや生存可能システムモデルは生物学的背景を持つ故、生物における対応で擬似家族的単位を考えてみよう。以下の例は全て、作動的には1つの単位と捉えられるべきであるが、個別に個々の部分に存在しており独立した単位とは言えない。独立しているにも拘わらず独立し得ないという機能関係という意味で、後述する社会的オートポイエーシス単位と対照させる意味がある。

① ミトコンドリアの酸素呼吸反応が当事者機能であるとしよう。保護者的

補助・促進機能は，各種酵素を持つ細胞質基質である。その解糖系の作動によってクエン酸回路や電子伝達系が作動する。しかし呼吸材料はピルビン酸だけではない。グリセリンや脂肪酸・アミノ酸も材料になっている。つまり，消化管の機能がメタシステム的機能なのである。またリンパ管や血管も生産物の運搬を行うため，メタシステム的機能を果している。また，第4章に述べるように細胞は生体内環境にあり，独立して存在することはできない。よって，この機能の連鎖を単位として捉えることはできても，単位体として扱うことは不可能であり単位なのである。

② 筋収縮の場面では，神経系が保護者的補助・促進機能であるとすると，当事者機能は筋細胞からなる筋肉の収縮・弛緩活動である。つまり，筋細胞のミオシンフィラメントがATPを分解し，その放出エネルギーがやはり筋細胞のアクチンフィラメントを両側から緊張させる。それによって，収縮が行われる。このときこれ等のみで完結しているのではなく，メタシステム的機能として，酸素呼吸と解糖によるATP生産，そしてクレアチリン酸・ADP反応がある。これによってATPの供給が行われ，作動が完結する。

③ 血糖量の調整においては，ランゲルハウス島と副腎が当事者機能である。つまり，膵臓と副腎は1つにして考えるべきなのである。保護者的機能は，視床下部からの交換神経と脳下垂体前葉からの副腎皮質刺激ホルモンである。メタシステム的機能の1つは，第5章でシステムIIと言うところの，交感神経である。また間脳，視床下部，脳下垂体前葉，さらにフィードバック情報もメタシステム的機能を担当している。すなわち，血糖量の増減は，増加させる場合は交換神経が副腎髄質に作用し，アドレナリンの分泌を促す。それによりグリコーゲンの分解が促進され血糖量が増加する。また副腎皮質がホルモンによって刺激され，糖質コルチコイドを生成する。さらにフィードバック情報が膵臓にもたらされ，α細胞からグルカゴンが分泌され，血糖量増加に作用する。すなわち，保護者的機能は，メタシステム的機能を伴って，当事者機能に影響するのである。一方，視床下部・副交感神経というメタシステム的機能の連携

は，ランゲルハウス島のβ細胞に作用しインスリンを分泌させる。これにより，血糖量を低下させるのである。何れの作用もその結果は視床下部にフィードバックされるが，α細胞へもたらされるのと同様，β細胞にももたらされる。膵臓への2つのフィードバックは，第3章で述べる安定性の原理等と同様で，超安定性の確保のためである。また，このような機能連環は単位体ではなく，やはり連環単位である。

その他生態系においても，植物，草食動物，肉食動物，菌類等分解者の食物連鎖は，それ等自体各々群れをなしてカテゴリー的に単位体を形成している。しかしこの連鎖は，保護者・当事者関係を繰り返しているのである。またメタシステム機能として，炭素循環，窒素循環，熱量循環等の非生物的環境要因を伴い完結している。この3者は，例えば炭素循環は，当事者群のそれぞれが産出しており切り離すことはできず，本来1つの単位として見做されるべきなのである。

さて，以上の事例，特に②③から明らかだが，構造上の単位・部位に注目することは，生命の作動を見誤る可能性がある。作動上の単位に着目すれば，他者との関係において主関係と補助的関係が一体であることがわかる。つまり，自然においても1対1の関係では捉え切れないのである。

生体模型を離れて作動に注目することは，先に組織図ではなく戦略の実行面を捉える必要性がある，と述べたことと同様である。

注
1) System Practice, Vol. 3, No. 3, 1990 の特集もある。オートポイエーシスも Int. J. General Systems, Vol. 21, 1992 の特集がある。
2) トイプナー(1994), pp. 52-56。事実，マトゥラーナ，ヴァレラ(1991)「序文」においてビアは，「人間社会は生物学的システムである」と述べている(p. 58)。
3) ビア(1987), p. 145 図14を参照されたい。
4) Beer(1984), pp. 7-26.
5) ビア自身，経営の用語を用いること，そして経営の文脈で事例研究を行うことを避けてきた，と述べている。

6) バーナード(1968)，p. 86。
7) 本稿では第1の難点で指摘する様に生存可能システムモデルを機能論として解釈するのだが，ビアとその共同研究者は，機能論と構造論を一致することを前提に論じている点が多い。機能論としてのモデルを，実在としての生存可能システムへその機能写像が可能な条件は，第1に独立した単位体であるか否かという点に懸かってくる。しかし，独立した単位体において一致性が認められるかどうかの問題がある。すなわち一般には，三井住友銀行や松下電器，後述の道南バスのように一致しない場合が多く，機能不全な独立単位体も現実には多数存在している。しかも機能不全な独立単位体には，機能表象としてのサブシステムの実体化である構成要素に対してモデルの諸機能全ての存在は認められないものである。
8) ビアが企業組織への適用を指向するため，本節の事例は企業を中心に述べる。
9) 部分環境にある学生が意識的に包括環境との区分を明確にすることは大学の個性化に繋がり，大学が，学生までがシステムの内部であると主張する場合は大学の孤立化に繋がる。
10) 但しここに掲げる企業も，後述の松下のように危機的状況の時期もあったことを付け加えておく。
11) 三井住友銀行の業務内容を簡単にまとめておく。個人部門は，顧客セグメントに基づき，投資信託残高，住宅ローン残高，顧客基盤等において，資産運用層にはポートフォリオの提案を軸に資産・負債の総合管理を，また資産形成層には投信や外貨預金等での運用・積立，住宅・教育資金等の借入ニーズを提供することを目的としている。法人部門は，全国の法人営業部が中心となって大口法人業務を推進する部門と，中小企業向けの対応を行う部門に分けられる。大口法人向けに，決済，与信，認証，代金回収に係るパッケージ商品を提示し，また事業再編室による体制強化により営業店・本部・グループ企業一体となって顧客に対応する体制を整えている。中小企業向け部門では，中小企業・個人事業主に対し，資金調達手段等各種提案を実施している。企業金融部門は，合併時にフロント組織に移行し，資産に依存した収益構造から脱却し，手数料収益を強化すると共に，経費の圧縮，競争力の強化という同部門のビジネスモデルを推進している。国際部門は，日系企業の海外取引拡大，海外企業の対日進出支援，アジア地域の業務推進力の強化，フィービジネスの強化といった施策を中心に，グローバルニーズに応答することを目的としている。さらにリスク管理手法の高度化，精緻化を進めている。市場営業部門は，市場性商品の取引に集約し，市場情報の提供に加え，24時間体制のトレジャリーと外為ディーリングで外国為替関連サービスを専門的に提供している。投資銀行部門は，事業再編・資産流動化ニーズに焦点を当て，MBOファイナンス，売掛債

権や不動産の流動化，リース業務等に注力すると同時に，大和証券SMBCを活用し，幅広いサービスを提供することを目的としている。また，市場型間接金融市場の整備育成に注力し，資金調達ニーズの多様化に対応している。
12) 花卉・種苗事業の売上の70％は海外で，世界各地に広がる13のグループ企業を拠点に，品種開発から苗生産，販売をグローバルに展開している。国内でも，キリン・グリーンアンドフラワー社，フラワーゲート社等を有する。
13) 下谷(1998)，p.17.
14) 松下電器は，1918年3月7日，松下電気器具製作所として誕生した。所主松下幸之助，妻，15歳の義弟の3人だけのスタートだった。2階建の借家の階下3室を工場に改造し，小型プレス機2台を置いて扇風機の碍盤の製造から始まった。所主の幸之助は，家庭用配線器具製造に着目しその製造に着手し，改良アタッチメントプラグと二灯用差込プラグを製造した。折りしも電灯普及に助けられ，売上高も従業員数も拡大した。創業から4年で家内工業の域を脱した，と社史に書かれている。また創業当初，総代理店に販売を委託し製造に専念していたが，創業翌年には値下げ競争に巻き込まれ，直接幸之助自身が問屋と交渉することになり，それが後の販売網の強化・整備に繋がったと言われている。松下電器産業(1955)，(1968)。
15) 松下電器(1968)，pp. 112～113。
16) これ等は，それまで通し番号で呼ばれていた工場群を事業毎に再編したもので，この内第1事業部は，第7，門真ラジオ，門真木，門真金属の各工場を統合したものである。第2事業部は，元の第1，第2，第8，辻堂電池，門真電池，三郷電池，第5，東京の各工場からなり，第3事業部は，第4，陶器製品，門真マーツライト，門真機械，日本電器製造，第6の各工場から成っていた。但し，第1工場は'33年，第2工場は'34年閉鎖。第3事業部においても，陶器製品工場は'34年閉鎖。またこの時期第3事業部では瀬戸陶器が，第4事業部では品川工場が加わっている。後に第3事業部の第6工場に当る電熱器部門が分離し図1-9の構成になった。
17) 松下電気器具製作所は'29年松下電器製作所に改称した。図中の歩一会は，幸之助以下全社員を会員とし，運動会，文化活動等を通じて従業員の精神指導，福祉増進，結束強化を目的とした団体で，同社の精神指導原理であった。本来，擬似家族的単位の誘発体であるが，同社では横の連帯に作用させ，IIと同等に現場の刺激装置であった。
18) その下に松下無線，松下乾電池，松下電器，松下電熱，松下金属，松下電器直売が新設され，既存の松下電器貿易，松和電器商事，松下製品配給，また'29年より傘下に入れた日本電器製造の各社も擁することとなった。すなわち，第1事業部が松下無線に，第2事業部の内第8工場，辻堂・門真・三郷電池が松下乾電池に，残りの第5・東京工場，さらに第3事業部の第4工場が松下金

属に，第3事業部の内門真マーツライトと瀬戸陶器が松下電器になった。また元の日本電器製造を独立させ，第4事業部と品川工場は併せて松下電熱になった。これ等6分社の他に，既存の松下製品配給，松下電器製品配給，松下電器直売，松和電器商事，松下電器貿易の5社を加えて傘下企業とした。

19) すなわち，松下電器の電動機工場は翌年には本社事業部に編入され，その後松下電動機として独立する。また松下乾電池は，翌年その豊崎工場を母体にナショナル電球を産み出した。

20) 経理部員は分社重役以上の権限が付与されており現場の目付け役だった。内部・現在問題は第5章に後述する。

21) この頃の変遷は下谷(1998)に詳しい。以前より乾電池やランプは特販品と呼び，軍への納入が多かったが，戦時ではさらに，松下無線，松下造船，松下航空機といった戦時色の強い会社も起こし，軍需転換を余儀なくされた。

22) 因みに，産業本社の資本金は，分社化直後の'36年では2,600万円であったものが，再統合時の'44年当時では36,000万円になる。従業員数も，実働5,000人が学徒・挺身体を含め30,000人に膨張した。

23) 松下金属は'36年に産業本社に吸収され，傘下からは消えている。また満州松下電器等の販売各社は省略した。

24) 終戦によって，松下電器は戦後直ちに民需生産の再開に取り掛かった。しかし'46年にはGHQの方針が厳しくなり，3月に制限会社の指定を受け全ての会社資産が凍結されたのを始め，財閥家族の指定，賠償工場の指定，軍需補償の打ち切り等7つの制限を受け，会社解体の危機に直面した。問題であったのは，社長の公職追放，労働組合の結成，傘下17社が独立会社として切り離されたことである。

25) 各社・事業部の下位に幾つかの事業部があるように構造化されている。指示系列により下位に依存する故また誤った合理性の観点から，IIIを不要としている。

26) 一般的な品質管理ではなく，社会的価値の観点から，製品に対する松下ブランドの付与の是非を審査する本社直轄部員。注17との関連で言えば，歩一会は，独立単位体松下の精神的基盤である松下幸之助の方針の解釈と具体化の実践組織であり，各事業部毎に限定された擬似家族的単位の連鎖を松下の名の下に統合するための同一性維持装置であった。一方保信部員は，外部差別化を通して松下という法人の価値を守る番人であった。これ等が内外から境界構成作用として機能した。また全体の教育は松下店員養成所と工具養成所が行い質的向上を目指した。一方経理部員制度が管理機能を発揮し現実と目標を一致させていた。この全てが独立単位体をシステムとして維持・発展させる装置であった。§5-5(5)後段に触れる特殊単位体とは異なる。しかし歩一会は労組結成によって解散した。

27) 販売店をシステムIに置く場合，第6章と同様，製造はシステムIIIに置くことができる。
28) その克服のために，第6章では企業側の協力を得て行った。
29) これについては後述する。
30) 本稿の戦略の類型は河合(1996), (1999)に従っている。
31) 再帰水準を越える場合，記号の前に↓を付け↓M_s，↑I_s等とする。例を挙げれば，トヨタがJIT方式を開始しようとした頃は，豊田喜一郎によって試みられたものでM_sが主流だったが，戦争によって中断し，大野耐一によって再開されたときはI_sとなっていた。但し市場から見たJITではなく，生産計画から見た方式であるため，販売店による環境の安定化が不可欠となる。一時期，製造と販売を分けていた時期は，システム的には完成してはいなかったと言える。運良く自動車市場拡大期であったため問題は表面化しなかった。不均衡が表に出てきたのは，省エネ化，環境対策への対応を巡ってである。少量内製化・多量外注，平準化の中でのJIT方式と，内容が変容したからである。名称もかんばん方式と呼ばれた。その後定着期にはM_s'となり，第2次下請け各社に対しても↓M_s'が定着していくことになる。また日産の小型エンジン生産等は↓M_s'である。何故なら小型エンジンは全て愛知機械工業に依存しているからだ。ソニーがプレイステーションの開発・販売をSCEに行わせたことは，当初社内ではI_sであったものを，戦略↓M_sとしたケースである。背景には，他の家電産業とゲーム機メーカーの関係との釣り合い問題があった。しかし100％子会社の強みを生かしてサードパーティーの獲得に成功している。その他系列内でのアウトソーシングの場合，↓M_s，↓M_s'となる場合がある。
32) 組織学習については，寺本(1993)を参照した。
33) 第4章で述べる。重複は，第6章のように同一構成員の役割交換による場合もあれば，構成員の入れ替えを含む場合もある。

　機能表象としてのサブシステムの実体化である構成要素には，生存可能システムモデルの諸機能全ての存在は認められないものである。しかし，ビアによるオートポイエーシスとの類比的説明の中には，機能と構造の一致を前提とした箇所もある。「その中にはDNAと呼ばれる(システム5の)製作を決定する物質が含まれており，複製と適応のシステム(4)があり，細胞の機能を司る(システム3の)計画がある。連続的な指示(システム3の)は呼吸活動においてミトコンドリアと協力しているように思われるし，ミトコンドリアはまた酸素の使用において主要な(システム2の)振動を抑制する調整機能を持っている。繊毛は細胞の'四肢'(システム1の)であり，それらはまた環境についての感覚-データを検出する。」と述べているのである(ビア(1987)，p.422)。これは，最小の構成要素である細胞を，その中に全ての機能が含まれている独立した単位体として扱うことを意味している。しかしこの様なことはあり得ない。何故な

ら，その環境には生体が必要であり，システムとして振る舞うことはできないからである。このことは，オートポイエーシス単位は独立可能であるということも意味している。

マトゥラーナやヴァレラも，細胞に着目してオートポイエーシスの有機構成と言うが，それを明らかにはしなかった。しかしオートポイエーシスの有機構成は，生存可能システムの有機構成に近似することは必要なことである。しかしそれは，仮に生存可能システムの有機構成に一致したとしても独立し得ず，かつ一時的相互的なものであり，それを本稿では擬似家族的単位として扱う。

34) マトゥラーナ，ヴァレラ(1991)，p. 193。
35) ビアは，これ等を経営管理の法則・原理等と呼ぶ。
36) マトゥラーナ，ヴァレラ(1991)，p. 235。
37) マトゥラーナ，ヴァレラ(1991)，p. 238。
38) マトゥラーナ，ヴァレラ(1991)，p. 221。

参 考 文 献

［1］ バーナード，C. I.（山本安次郎他訳）『経営者の役割』ダイヤモンド社，1968。
［2］ Beer, S., *The Heart of Enterprise*, John Wiley & Sons, 1979.
［3］ Beer, S., "The Viable System Model: its provenance, development, methodology and pathology," *J. of the Operational Research*, Vol. 35, pp. 7-26, 1984.
［4］ ビア，S.（宮澤光一監訳）『企業組織の頭脳』啓明社，1987。
［5］ Beer, S., *Beyond Dispute*, John Wiley & Sons, 1994.
［6］ 河合忠彦『戦略的組織革新』有斐閣，1996。
［7］ 河合忠彦『複雑適応系リーダーシップ』有斐閣，1999。
［8］ Maturana, H. R. and Varela, F. J., *Autopoiesis and Cognition: the Realization of the Living*, Reidel Publishing, 1980.
［9］ マトゥラーナ，H. R.，ヴァレラ，F. J.（河本英夫訳）『オートポイエーシス』国文社，1991。
［10］ 下谷政弘『松下グループの歴史と構造』有斐閣，1998。
［11］ 寺本義也他『学習する組織』同文館，1993。
［12］ 松下社会科学振興財団日本的経営研究会『日本的経営の本流』PHP研究所，1997。
［13］ 松下電器産業三十五年史編集委員会『創業三十五年史』1955。
［14］ 松下電器産業創業五十周年記念行事準備委員会『松下電器五十年の略史』1968。

第2章　システム論前史

　システムとは何であろうか。様々な場面で，システムという言葉が様々に用いられている。所謂システム思考で用いる以外に，多義的な言葉としてシステムという用語が使われることが多い。方法論的にも，システム工学やシステム分析，システムダイナミックス，ソフトシステムズメソドロジー等の立場がある。フラッドとジャクソンは，全ての事物にシステムというラベルが貼られているようだと述べている。[1] この理由で，本章ではシステム思考を概観する。

　生存可能システムモデルを，公共の学校や病院の経営に適用し説明を行っているクレムソンは，組織の原初風景として，①複雑性，②確率的，③動態的，④凝集的，⑤脆弱かつ開放的と述べている。[2] この組織という存在を，サイバネティックスではシステムとして捉え改善を試みる。

　「科学は，太陽とそれ自身の物理学——水素・ヘリウムの核融合——の中に究極のエネルギー源を追求してきた。そして，科学は今や，様々な自然のプロセスのサイバネティックス——頭脳それ自身——の中に究極の制御の源を追及している」[3] として，サイバネティックスを，「効率的組織の科学である」と定義をするビアにとっては，あらゆる人工の組織はシステムとならなければならない。すなわち，システムとしての有機構成を持ち効率的な存在にならなければ，生存を確保し得ないからである。[4] ビアの主著の副題は，全て The Managerial Cybernetics of Organization となっているのは，そのためである。また，本章と次章の考察は，第5章に接続する。

　しかし世の中には，システム的特徴を持たない種々の形態の社会制度や組織もある。組織とは，通常複数の個人からなり，その各自は各々の経験や価値観，目的，意志等を持っているものである。よって，その集合体である組織は，常に差異や矛盾，対立や混乱，誤解が生じ，相互理解が不能な面が多いという性質を帯びることを免れない。しかし，そのような事情があっても，一時

的に良好な面を示す場合があり，一見システム的に見える場合がある。そのことが，組織を考察する際，システムという概念やサイバネティックスを正確に捉えることを混乱させている。同時に，それ故，サイバネティックス的診断と改善の必要性・意義があると言えよう。一方で，諸学の学際的考察から，サイバネティックスやシステム概念そのものをパラダイムの中に位置付けようとする恣意的な試みもあった。これも混乱の一因となった。所謂，社会学的パラダイムに組み込まれるということは，本来のサイバネティックスの使命を喪失させることであり，現実社会へ寄与することを放棄させることになってしまうからだ。しかも，そのような動きに連動するシステム研究家が存在したことも，一時的褪色の一因であった。また，科学の統一理論を標榜した一般システム理論が提唱された後に，ハードサイエンスとしてのシステムと冠する諸学や技法が種々提案された。それによって，思想的位置付けという中にサイバネティックスも捉えられ，かつ一般システム理論と同一視されることもあった。これ等一連の事態が，変革と改善という使命をサイバネティックスから奪い，一陣のブームは収束したのである。

　誕生から，このような盛衰を辿る中で，ビアは一貫してサイバネティックスを探求し，先のような表題の下，生存可能システムモデルという実践的思想を構想するに至ったのである。

　一方，システムの哲学を論じる立場も存在する。既存の科学観との影響関係を考慮することも重要である。そこで本章では，システム論・サイバネティックスの成立の前史とその周辺を外観する。

　§2-1では，システム哲学の潮流を概括する。§2-2は，生気論の相剋についてである。§2-3は，サイバネティックス誕生の契機となった当時の科学の発達についてである。すなわち，当時の科学水準の上昇が新たな科学の分野を切り開いたのである。§2-4では，サイバネティックス研究の状況を外側から描写する。というのは，当初から政治的影響を無視して，東西両陣営によって研究が進められたという意味で，珍しい成立・発展であったからである。サイバ

第2章 システム論前史 51

ネティックス・システム論に関して，世界的規模で研究者が参加し国際協力したことを無くしては，その発展は不可能であったと言っても過言ではない。東西両陣営の協力によって，1972年ウィーンに，国際応用システム研究所が設立されたのは，その証左であり象徴でもある。また§2-5では，管理過程との関係を論じる。それは，ビアがサイバネティックスの実践の場を企業経営に定めているからであり，また多くの社会科学がシステム思考の影響を受け，経営学も例外ではなかったからである。但し社会科学全般で用いられるシステムという用語と同じく，情報，制御，意思決定という観点からシステムを論じるのみであり，サイバネティックスあるいは一般システム理論の成立時に創始者達が意図した有機体としてのシステム概念とは異なるという点も指摘したい。そのため，本章はシステム前史と名付けるに留め，システム論的な考え方に影響を受けているという点では，社会科学も無縁ではないということを明らかにする。何れにせよ，情報と制御と意思決定の必要性が認識されることによって，必然的に向わざるを得ない方向だったのである。

　さて，チェックランドによれば，システムを特徴付けているものは，「他の主題についても何等かのことを語り得るその能力にある」という。すなわち，「システムに対する考察は，他の学問範疇に入れることはできない。それ故，超越的学問であり，その研究内容は他の全ての学問分野へ応用可能である」と言える。それ故逆にビアが述べる如く，組織体または企業をシステムとして捉えるための接近法には，システム理論的，物理学的，哲学的，生物学的，心理学的，社会経済的，審美眼的，数学的な各種の接近法が図られることも必要なのである。また一方で，初期のシステム研究の目的は，「組織化された複雑性を扱う」というものであった。チェックランドによれば，これは組織化された単純性と無秩序な複雑性の中間概念であり，全ての構造，制度，集団が基底に持っている原則を扱う「科学」であると言う。ビアやウィーナーも，このような認識を持っている。すなわち，システムを論じるサイバネティックスは独立した1つの「学問」として，認識されるべきであると説いている。さらに付随

して，システムに関する多方面からの，すなわち哲学あるいは科学思想を伴うものであり，逆にシステム的世界観が哲学や科学を補足している，ということも認識されなければならないであろう。

§2-1 システム思想

システム思考の元になっている思想は有機体哲学である。しかし，受け継がれ変貌したその思想の中には，システム思考として位置付けられない思想も含まれている。つまり生気論である。

本節の議論は，有機体哲学と機械論哲学の対比という問題に置き換えることも可能である。生気論と有機体論は区別されるべきであるが，機械論思想と対立するものとして，それを含めて本節では有機体哲学と称する。本章後半の議論によって，有機体哲学を顕現するのはシステムという思想以外にないことが明らかになるであろう。

マックファーソンによれば，システムの哲学的考察は，アリストテレスやパルメニディスにまで遡る[8]。しかし，多分に生気論的でありアニミズム的であった。ところで，アリストテレスの哲学・思想は，コペルニクス，ケプラー，ガリレオそしてニュートン等による革新に曝された。しかしながら，ヨーロッパ中世世界観の根幹に永らく位置し続け，さらには現代システム思考の淵源とされているのも事実である[9]。

ところで，今日のシステム哲学は，近代科学と伝統的哲学が混合され形成されている。システム哲学を大別すると，近代科学と機械論を併せた立場と，有機体論という立場ということになる。有機体とは，カントの『判断力批判』によれば，部分は全体に関することによってのみ可能となるという点と，全ての部分が互いに各々の形式の原因となりまた結果にもなるという具合に，結合して統一された全体を形成するものと特徴付けられる。しかしこれは，有機構成の概念を示したものであり，有機体を意味するものではない。

さて，本章では，システム哲学の源流を辿り，有機体システム哲学と機械論

システム哲学の2つの潮流の発展形態としてのシステム哲学について触れることにする。これは本来，科学史を辿ることにも等しいことであるが，ここで触れることができるのは概略だけである。

科学は，事実や真実を獲得するため観察可能な要素に還元し，また論理性を重んじる。これに対して哲学は，理由や意味を追求するため，現象の全体とその文脈における関係性に関心を向けるものと考えられている。この相違は，科学と哲学の根本的な違いを表わしていると考えられる。

哲学的立場に立てば，ある部分を理解する為には，それを包摂する脈絡との関連で考察しなければならない。しかし，例えば身体を観察するある者は，部分的機能に関心を持ち，有機体としての行動や精神状態には関心を持たない場合もあるであろう。個別機能の集積と考えれば，身体の考察からは，部分と全体は因果加算的に一義的に決定できるものであると見做し得るだろう。また，その限りにおいて科学的思考の及ぶ範囲とすることも可能である。逆に，有機体の行動を注視するだけでは，身体内部の状態を把握することは難しい。よって，双方の立場は何れも重要なのである。

改めてこのように述べるのは，合理主義思想を受けて自然科学と同一の方法論によって，社会科学を形成しようとする立場もあるからである。すなわち，自然科学思想と同様な批判的理性が実現されるという批判的合理主義の立場から，さらにシステム論争から離れた客観的視座から，全体-部分問題に触れる立場がある[10]。また，ラズローが指摘しているように，システム論に対する哲学的検討は，哲学を専攻する者よりも，科学者によってなされる傾向があり，その意味で合理主義的観点の存続する余地が残されたという現実があるためである[11]。

合理主義思想の主張の裏付けには，人間社会とは，社会実験の可能性と定量的測定が可能であるという前提を設けることにある。すなわち，定性的接近は排除される傾向にあるのである。

ところが最近では，全体論的思考が認識されつつある[12]。すなわち，全体と部

分は，相互補完的関係性にあると考えられるようになった。これより，動的かつ複雑な部分と全体の相互作用を通じた進化論的・過程論的全体論が，注目されるようになったのである。[13]

OrganismまたはOrganicismと称される全体論的・有機体思想の源流は，アリストテレスに遡ることができよう。しかしここで言う全体論的・有機体思想とは，生気論も含んだ混沌とした思想である。それ等が整理されるまでには，幾世代も待たなければならなかった。マックファーソンによれば，アリストテレスの全体論的思想は観念論へ，生物学的思想は進化論へ，そして分類法は百科全書学派へと継承された。[14] 進化論的思考は，有機体哲学や過程神学にも影響を与えた。紆余曲折を経て一連の流れは，システム上，現代ではフォン・ベルタランフィ等のシステム論へと結実したとされる。[15] その有機体思想とは，生物学を基とし，全体と部分は動的過程において相互作用するという前提を持ち，広くシステムの多様かつ複雑な在り様を認めるものである。[16]

一方，機械論の系譜も存在する。方法論的懐疑の原理から始まる科学哲学また心身二元論は，デカルトを祖とする。その内システム思考は，現在ではマックファーソン等が，科学的システム論と呼ぶ学派に辿りついている。機械論思想の源流は，科学における秩序化された知識とカテゴリー化が結合し，さらに哲学的思想が結び付いて生まれたものである。しかしながら，カテゴリー化は，事物と関係性を否定するため，事象の総合化も阻害されることになる。[17]

この機械論の系譜においては，関係性を否定する。故に自然システムを除外し，人工システムもしくは人工システムと自然システムの組合せを研究対象としている。着目点は，システムへの入力，出力，そしてシステムの位相空間である。すなわち，決定論的システムを想定しているのである。

機械論の系譜の中には，現在，実証主義そして論理実証主義という立場もある。自然科学と同一の方法論によって社会科学を形成しようとする立場である。その1人としてサイモンに触れておこう。

サイモンは，概念と知識について論理的整合性を確立し，研究の基礎を経験

に求めることで，非経験的，形而上学的要素を排除し，管理科学を構築しようとする。すなわち，「管理科学にはあらゆる科学と同様に事実的な言明だけを対象とする。科学の体系には倫理的な主張の入る余地はない。倫理的な言明がなされる場合でも常に，それは事実的な部分と倫理的部分という2つの部分に分離され得る。そして前者だけが科学と何らかの関係性をもつ」と言う[18]。そこでは，事実前提と呼ぶところの，下位システムの目的が上位システムの手段となるような，目的-手段の階層連鎖が成立することの必要性が説かれている。何故ならば，科学的命題とは，事実的な意味で真偽が確定できる事実的命題だけを指す，というのがサイモンの立場だからである。すなわち，「管理過程に関する命題は，真実か虚偽かを事実的な意味で断定できる場合に限り科学的であろう。管理過程に関する命題について真実か虚偽かを断定可能ならば，その命題は科学的である」[19]と言う。この事実的命題の真偽を確定することが上位の目的になる。これを逆に見れば，下位は上位の手段として機能することになる。この連鎖過程を成立させるものが，管理科学である。サイモン理論における事実的命題の真偽の確定の連鎖とは，論理実証主義の立場故である。後述するように，システムの行動の実際を考えるとき，これは本稿の立場とは正反対である。

さらにサイモン理論では，最上位の目的が価値的命題となる。この価値的命題の要素である意思決定前提と，事実的命題に関する意思決定前提の系列は異なる。すなわち，「事実的命題を正当と認める過程は，価値判断を正当と認める過程とは全く異なっている。前者はそれが事実と一致することによって，後者は人間の認可によって，正当と認められるのである」[20]と言う。すなわちサイモンは，概念と知識について論理的整合性を確立し，研究の基礎をポパーのように理論に求めるのではなくして，経験に求めることで，非経験的形而上学的要素を排除しようとしたのである。理由は，組織論と管理論に科学的理論を構築するためである。

何れにせよ，論理実証主義の有効性は，ある意味で非人間的とも言え，限定

的な場面しか通用しないだろう．すなわち，合理主義的立場は，理論優位を説くものの，科学それ自体の限界を逆説的に明らかにし，それを自覚することから生まれた1つの形而上学的・懐疑的科学主義である．

以上述べてきた論理実証主義や実証主義また批判的合理主義等一連の科学哲学と称される系譜におけるシステム観，すなわち機械論的システム論の特徴は，次のようにまとめられる．すなわち，観察と理論の区別，科学と非科学の境界設定を前提とし，対象全体が加算的性質かつ要素還元が可能であり，自己安定的かつ階層的構造を有するシステムのみを，限定的に扱うという立場である．

これに反して，全体論的・有機体哲学は，自己組織化や価値論，存在，精神や社会，進化と発展といった人間や人間社会の根幹を占める問題が，自然システムの延長線上に語られ，現象の統一的把握を指向してきた．すなわち，システムとは，非加算的性質と有機的秩序，非還元主義を前提とし，自己安定性と自己組織性さらに再帰的階層性等の性質を持つものと考えられている．よって，その実現については，その多様性を認めまた創発性を前提としている．

この立場から，種々の反発が，還元主義を祖とする機械論システム哲学に発せられた．観察という行為に対しては，例えばチャーチマンは，「偏見を持たない観察者の頭に宿っている観察なら客観的である，という愚かで空虚な主張は止めて，その代り多くの異なる観点からの調査の産物である様な観察が客観的である，と言うべきであろう」と述べ，ポパーの観察は理論に基づくという科学観に否を唱えている．ポパーの立場では，全ての観察は，理論が浸潤した下での観察でなければならず，またそのように客観的解釈がなされるべきであると述べている．逆に，チャーチマンは，あらゆる意思決定から隔離された観察者としての科学者，そして純粋に認識領域に帰属される学問としての科学というものを否定する立場に立っているのである．また，考察対象を限定せざるを得ない機械論的側面に対しては，ラパポートは，科学における主要な問題は研究対象の正しい選択であるが，それは与えられている訳ではなく，また多く

のテクノクラートは歴史や哲学的思惟そして社会批判に無関心であり，それ故社会科学者は，援助者の目的に沿うように研究方向を修正せざるを得ない状況に置かれている，と述べている[23]。論理実証主義に対して，フォン・ベルタランフィは，近代実証主義は世界システムという幻想に拘泥していると批判している[24]。アシュビーも「最近までの科学の戦略は，主として分析という戦略であった。構成単位を見出し，その特性を研究し，多少後知恵気味ではあるが，それ等を結合してその動きを研究する試みが若干ではあるが行なわれた。しかしこの総合化の研究の多くは進歩があったとは言えず，また科学知識一般の中でも顕著な地位を占めることもなかった」[25]と述べ，経験主義や実証主義が追い求めた対象は単純な構造でしかなかった，ということを指摘している。エイコフも，論理実証主義者は，簡単な概念が複雑な概念からの抽出により最終的に到達されるということを，理解していないと指摘している[26]。また，科学は単線的進歩を辿った訳ではないという批判も論理実証主義に向けられた。

一方，マックファーソンの言に従えば，デカルトが科学の前提とした理性は，その後の系譜の中で変質され喪失されつつあり，逆に新たな理性の時代を志向する運動は，後述するようにシステムの理論やサイバネティックスである[27]ということになる。新たな理性とは，直観や感覚をも含む生命全体を特徴づける機能のことである。その場合，デカルトの「神」はシステムに禅譲されることになる。以上の議論より客観的に，機械論システム哲学は，有機体システム哲学に比べ適用範囲が狭く論理の現実性という観点からも脆弱と言わざるを得ない。しかし哲学あるいは認識論における比較ではあるが…。

これが機械論の手法あるいは技術論ということになれば，機械論の方が有機体論よりも遥かに強力な道具となることは明白である。科学・技術の進歩は機械論手法の異名であり，人類の歴史は，機械論手法を装備することそして利用可能とすることに費やされてきた，と言っても過言ではないからだ。

§2-2 生気論

　デカルトは，生物は機械であると最初に考えた1人であった[28]。古代，中世のアニミズム的世界観に対して，近世の機械論的世界観として身心分離の原理を唱えた。ところで前節で触れたように，デカルトの生理学はアリストテレスを継承している。それは，熱と運動の源泉として心臓に特権的地位を与えているからであり，アリストテレスの心臓を人体の中枢として第1動者にして最後に息絶えるものとの考えに倣ったからである。しかし生気論を唱えた者達もまた，アリストテレスにその根拠を求めている。すなわち，アリストテレスは人間の生命力の源泉を，膨張と収縮を繰り返す心臓に求め，意志と魂の在所と位置付けたからだ。これより，生命力つまり動物精気を仮想するところが生気論者に継承されたのである[29]。しかし，実際の生気論の萌芽は神秘主義にまで遡り極めて古いものである。

　デカルト生理学の目標が，人体の内なる自発性や駆動力等生気論的発想を打破することであったため，生気論が起きた以降も機械論対生気論という図式が想定され，またその線に沿った議論が戦わされた。前節に触れたように，古くは生気論が有機体論を代表していた。それが昇華され，システム思考となるまでには時間を要したのである。ここでは，前節の種々変転しつつも原型を保った機械論と有機体論の哲学的側面とは別に，時代を越えて機械論対生気論という相剋の中で，神秘な有機体論が科学としてのシステム思考に取って代わられざるを得なかったことに触れる。

　近代の生気論は，ビシャ，ラマルク等が新たな生命現象に対して比喩的探求によって唱えたことに始まると河本(1995)は指摘する[30]。生気論は，不可思議な力の介在としか言い様のない状況描写に用いられた。例えば有機化学において，ヴェーラーが無機物質のシアン酸アンモニウムを熱するだけで，有機化学物質の尿素が得られることを示したことや，1831年に分析されたブルシンの構造上の複雑性等が挙げられる。あるいは，フロジストン理論もその類で

ある。これ等は，当初，生命力の為せる技と考えられた。

　生物学においても，前後して生気論が唱えられた。ウィリスが反射概念を唱えたのは17世紀のことである。生気論とは，生命を独自のレベルとして確認するだけのことであると述べるカンギレムによれば，生理学者のウィリスは，筋収縮を爆発という現象によって説明するという着想を持ったのである。事実，ウィリスは動物精気を火と光に似た本性のものと考えていた。カンギレムは，「動物精気を光，筋肉を大砲用火薬室と見做していた」と述べている。またそれ故に反射概念を形成したのである。このように，機械論的生理学の範疇と考えられる反射概念は，デカルトの研究を導いた近接作用の理念によってではなく，生気論的発想の延長に位置するスコラ生理学の系譜から研究が開始されていったのである。というのは，カンギレムによれば，デカルトは反射という概念を認識していなかったからだ。反射とは，有機体の末梢部から出発した運動が，中枢で反転して再び同じ末梢部に戻ってくることを指している。そのためには，求心性神経と遠心性神経との同質性の認識が必要である。ところが，デカルトには運動と反射の同質性という観念が見当たらない。身心二元論では，感覚刺激と筋肉収縮とは関係のない別の運動とされたのである。そして，ウィリス等の動物精気は，運動の遠心的側面にのみ関わるもので，反射運動が中枢神経から直接発するものであってはならないと考えたのである。しかし，ガレノス等の動物精気は，中枢から発する反射運動を指していた。しかも随意運動と不随意運動との差異は，その反射に求められるものである。デカルトにとっての運動の中枢は心臓であり，そこから発する物質が生の根源だった。その後の機械論が反射の概念を基とするため，遡及的にこの中心概念をデカルトに与えてしまったことは皮肉なことである。

　生気論は種々の形態を取るが，ラマルクが，生命とは物質的に規定し得ない起源と本質を持つと言うように，生命特性の形態と組成は，その構成要素が物理・化学的には還元不可能という見地に立つところが共通している。キュビエは，生命とは新たなものが次々に参入する渦巻きであると表わしたが，このこ

とから非物質的な生命原理が必要であるという解釈も成り立つことになる。

　1880年代から約10年間ルーは，遺伝素子という概念を展開した。すなわち，有機体の卵は遺伝の素子を含んでおり，それが単細胞の卵から多細胞の幼生が形成されていく細胞分割の過程で，不均一に配分されるという考え方である。従って，幼生の各部は異なった遺伝特性を有することになる。この不均一性は，生命力によるものとした。これに対しドリーシュは，実験生物学の立場から別の帰結を得，それを展開して生気論を提唱した。ドリーシュはルーと同じ実験を別の方法で行った。つまり，殺した娘細胞を接着させたままではなく分離したのである。その結果は，全く異なるものであった。受精卵から分割して生じた最初の2つの娘細胞は，何れも小さいが完全な胚を生じさせ，さらに，受精卵の第2分割によって作られる4娘細胞期の各細胞にも同じことを行った。つまり，発達の初期段階でイモリの尾の部位を切除し足の部位に移植すればそれは足として成長し，発達後期で移植すると尾として成長するという結果を得た。[34] これより，有機体の発達は，物理・化学的法則に決定論的に支配されているという従来の考え方は打ち破られた。これ等の実験からドリーシュは，ルーの遺伝素子を否定した。言い換えると，細胞は変化する環境に自らを適応させる能力を生来持っており，また発達の初期段階の幼生時から，自己調整力を有する1個の全体として見做されるべきであるという結論を得た。これを推し進めると，個々の細胞は各々調和のある等しい潜在性を持った単位であると言える。[35] 潜在していたものの実現という調整過程に，ドリーシュはアリストテレスのエンテレケイアの具現化を感得した。そこで，形態形成を支配する生命力因子を，エンテレキーと名付けたのである。このように，全ての不明の機構を，生気論という神秘的観念に込めたのである。[36]

　ベルグソンの想像も同類である。つまり，人は己の思考様式は無機物の存在原理という機械論的発想を捨て切れず，過去を現在が越えることはなく未来も現在の結果でしかないと考え易い。しかし有機体の発生では過去の個体数を上回る増殖もあり，因果連鎖的・機械論的単線思考では説明できない。すなわ

ち，発生・生成では，部分が全体を包摂するかのような跳躍的な現象が生物では起ることもあるというのである。

先に，非物質的な生命原理をもって生命を捉えるところに生気論の共通性があると述べた。エルンスト・ヘッケルは，ヘラクレイトスやマックス・フェルウォルンが生命を火炎に譬えたと述べている。しかし生命を火炎に譬えるということは，形容であり定義でもなく説明でもない。しかしまた，生物学や生理学も生命の定義を明らかにはしていない。宗教においても，形容はされていても本質は明かされてはいないのではないだろうか。気質や感情の発露，宿命や意志の場を説明することは本質の解明にはならない。何等かの定義をしているのは，生気論だけなのである。

生物学では現在も，メダワー等が，人々は生命の意味を尋ねるが，定義はなくあるのは生物学者の目的に適う用法しかないと述べている[37]。すなわち，各分野の用途に合わせて用いているのであり，都合良く解釈しているに過ぎないのである。それは，生命は現象としては捉えられるが，物質としては捉えられないからである。結局，細胞学者のウィルソンが，細胞の研究は，生命を無機の世界から隔てる溝を埋めるのではなく逆に広げてしまったと嘆くように，生物学では無定義概念のままなのである。

古くは，意識を持つことが生命の要件であった。よってラマルクは，動物即生命という図式を持ち，植物には生命を認めなかった。ビシャは，生命とは死に抗う諸々の働きの総体であると定義し，動植物に共通な有機的生命と動物にのみ備わった動物的生命の2つの様態を区別した。さらに，感覚と意識の重要性を強調している。そして，感覚と運動とは自ずと個体の中で連携していると見做した。すなわち，刺激感応性を持った組織の運動は，力学的運動とは異なり運動体の内的原理による運動であるとしても，その自発性は外部の刺激を弁別することで発現するという概念を立てた。

ところでビシャは，有機的生命では収縮性は感覚性の作動に必然的に派生するのに対して，動物的生命ではそうではないと言う。つまり，感覚すなわち動

物的感覚性から運動すなわち動物的収縮性への連携には中断があり得ることを示唆している。さらにこの連携には，中断以外に可変的であるという性質を持つとし，この可変性を支えているものは，感覚に隠蔽されている意志であると言う。ビシャは，ハラーが感覚性の概念と意識の概念を結び付けたのに対して，意識されない仕方であれ刺激が弁別されることが重要であるとし，さらに感覚性の概念を拡張し有機的感覚性も認めた。一方意識の概念は，動物的生命を持つ生体と外部環境との抗争の場面で意味を持つものであり，ここに有機的感覚性と動物的感覚性が融和するとした。このように，ビシャにとっての生命とは，解剖学的単位の各々に対して生命という概念を認めると共に，個体としての生体が支配する領域を認識し，外界の脅威を識別し交渉を持つ中で生きている存在から生まれる自己確定を初めとする意識が重要であった。すなわち，各解剖学的単位はそれ自体で生きており，個々の意思を持っているということになる。つまり，生気論では，精神の原基は細胞や身体部位に宿るというのである。

解剖学的単位に意識や生命を認めるという発想は，独特である。つまり，個別組織が成立した後，全体の組織が成立するということであり，一見後述するシステム的発想に似ている。ここで組織と呼ぶのは筋肉組織のような存在である。また有機体組織についても言及している。システム的近似の独自性はそこにある。つまり，ビシャは機能論を前提としながらも，神経・呼吸・循環器系のように各機能系を個別の単位体と考えた点と，これ等が並列自律システムとして総合体を形成し，それが有機体組織となっているとした点である。これは，階層的統合性を持つことはないということを前提としていることになる。さらに，この並列自律システムの帰結は，部分死を認めることになる。これは上述の解剖学的単位体に生命を認めることの裏返しである。しかし，ビシャの有機体組織は，現実には実現不可能なものである。また，ビシャの言う意識は，前述の反射運動の域を出るものではない。筋肉組織等の部分に生命を認めるという考えであるからだ。やはり生気論的構想と言わなければならない。フ

第2章 システム論前史 63

ーコーは，上述の事情から，死論の基盤の上にビシャの生命論は成り立つと言うが，生命とは死に抗う諸々の働きの総体という定義によっても，現実の有機体は機能別組織の死を受け入れる程寛容ではない。また統合原理が不明である。前述の有機的感覚や意識の概念によるのだろうか。では，他の機能系からの神経系の独自性は如何なることとなるのだろうか。

意識とは目的概念であり，脅威の認識とはホメオスタシスに繋がる発想である。但し，ビシャにとってのそれは，動物的感覚性と有機的感覚性を仮定しながら，動物的生命にとっての外界から有機的生命にとっての外界への移行という手続きを取って，脅威を安定的な事象へ転換し得ると仮定したに過ぎない。しかし，有機構成や有機体的思考の基礎に辿り付く途上の仮説であったとも言える。また並列自律システムの構想は，ビシャが有機構成を当初仮定した筋肉組織や細胞レベルの関係においては可能であるが，統合原理すなわち大局的機能の有機構成が不明なため，全体を統合体として論じられるか否かは，明らかに不可能としか言い様がない。

生気論の現在は何処にあるのだろうか。チェックランドは，次のように述べている。細胞の分子レベルの機構やその結果として生命現象まで説明可能となった現在，遺伝素子やエンテレキーは，核酸分子の系列からなる有機物質上にコード化されている発達プログラムと同一視されるようになった。その結果，神秘的生気論は消滅されつつあるのである。しかし，有機体の各器官の発達が全体的に組織化される所謂自己組織化の問題は残されている。また生命を人工的に合成することができない限り，生気論の概念や推論が誤りであると立証する実験や観察を行うことは不可能である。しかしながら，ベルナール等生気論者が，生命を実体視することは非決定論的であるが故に生気論は非科学的であると述べている以上，生の跳躍や生命力といった表現は科学の枠外と言うべきである。

ベルナールの立場は微妙である。一方において表面的には生気論者の唱える生命原理を批判しながら，他方において生理学が物理・化学とは異なる固有の

法則と方法を有する独自の学問であることを主張していたからである。またカンギレムの先の言「生命を独自のレベルで確認する」方法が生気論の本質であるとすれば，ベルナールを含め近代生理学者の多くは必然的に生気論的立場に立たざるを得なかったと言える。

　生気論によって生命を体現することは不可能であるが，同時に還元主義的立場の実験によっても生命を発生させることはできない。しかしまた，現状としては，生気論は忘却されているが，完全に消滅した訳ではない。今日なお引き付けるものがあるのは，機械論的立場それ自体が，不完全さを内包しているからである。本稿で生気論に触れた理由は，機械論的思想はシステム論の見解に対峙するものであり，また同じく対峙する思想としての生気論は，有機体思想の亜種とも見られるからである。

　生気論と機械論の相違は以下のように言える。生気論は，生命現象の固有性をもたらす有機体の原理を，有機体内に存在する実体的要素と見做すことで生まれ，またそれは機械論とは融合することのない思想として特徴付けられてきた。すなわち，生命力や有機化力，産出関係のような実体要因を有機体内に仮構してそれ等の要因によって生命現象が創出され保たれるとしても，如何にしても機械論と融和することはない。理由は2つある。[41] 第1に，力は力学的構想に従ってそれ自体は非空間的であり，しかも物質を空間内にもたらす原理だと見做されるからである。斥力や引力と同様，力は空間内の存在ではなく，むしろ物質を空間化する原理であるため，如何に解剖学的に探求しても見つかるはずはないからである。第2に，力学の弾力性や化学の親和力等は，例えば元素を分解してもこれ等の力を具現することはできないものだからである。すなわち，対立しているのではなく論理的に別次元なのである。

　しかし永らく，生気論対機械論という誤った対立図式の下で，この対立を解消しようと様々な企てがなされてきた。生命力，有機化力，産出力のような有機体の原理は，有機体に内在する実験的要素ではなく，経験的探求に指針を与えるだけの方法論的原理であるとする解釈もその1つである。つまり，対象を

構成する構成原理による相違ではなく，単に主観的で経験科学の探求に指針を与えるだけの方針の違い，とする考え方である。つまり，生命に固有の原理は，後世の経験科学の発展に委ねる立場である。事実，チェックランドが述べる如く幾らかは科学的に解明されてきたが，機械論的方法や原理がなくとも生理学や生物学の経験的探求が進展してきたのも事実である。

しかし現象の説明という点では，機械論は時代の水準で可能な限りの説明を与えるのに対し，生気論はそれ以上の事柄が含意されていると主張し続けるしかなかった。つまり，生気論は仮説以外の固有の説明を提示することなく，機械論の説明の限界を指摘することしかできなかったのである。経験科学的な現象の説明力という観点からも，機械論が有利であることは明らかである。機械は人間の能力を代替することを目的として製作され，その説明のため科学の進化に応じて機械論の説明力も漸次高度になってきたからである。すなわち，身体的機能の替わりになる道具を機械として作り出す中で身体機能そのものが客観化され，人類は，人間の能力以上のものを機械において実現してきたのである。つまり，機械論は常に有利な位置に高められることになる。しかしながら，このような進歩の足取りは機械論的見解を強化し，同時にそれは等身大の科学・技術を指向することを不可能にさせてしまった。そして，両論の対立は何時までも埋まることはないのである[42]。

しかし，外因性遺伝まで含めて考えてはどうだろう。機械論自体の進化は，原理的には機械の進化によって，さらに経験科学の深化によって導かれ拡大している。しかしその文化伝播や学習過程は，可逆的な過程でありかつラマルク型の進化である。すなわち，皮肉にも機械論自体の発展過程の論理には，生気論的側面を有していると言える。

では真の対立とは何か。機械論と生気論が対立概念ではないことを示したのは，ドゥルーズとガタリであった。彼等はバトラーまで立ち返る。バトラーは，あらゆる複合機械を単体の対象と見做すことの誤りを指摘することによって，有機体の個体的統一と機械の構造論的統一を解体する。有機体の個体的統

一の解体によって生気論は無意味となり，機械の構造論的統一の解体によって機械論は無意味となるからである。ドゥルーズとガタリが指摘することは，生物と機械，生気論と機械論には対立は存在せず，「機械と生命の2つの状態」が対立しているということである。[43] つまり，機械と生命を同一視することを許容するのである。このことは，解体によって機械と欲望が直接的に結び付き，機械が欲望し欲望が機械化するという言説に象徴的である。すなわち，下位の非組織的領域からの秩序立った自己形成の過程と，それを俯瞰した両面の状態の一致が要請される。同時に，ベルグソンの生命の飛躍の予見不可能性や偶然性をも包摂するものでもある。[44] しかしこの見解は，生物と機械あるいは有機体論と機械論の何れの見方もある意味で必要であることを示しているだけであり，生気論と機械論の対立を解消したとは言えない。ある意味でとは，ドゥルーズとガタリの論は，生物機械論と言うべき特殊な見解であるからだ。しかも，還元主義を前提にした議論である。さらに生気論的であると思われる点もある。欲望の機械化等の機械論には馴染まない表現が含まれるからである。フーコーの極小移行という方法はどうか。これもドゥルーズ等と同様，過激な超機械論の対極として生気論を置くことであって，本質を現わしているとは言えない。つまり，生気論の彼方に機械論を仮構する作業であり解決ではない。

　しかしながら以上より，生気論の存在する余地は急速に狭まっていることは事実である。生気論は，機械論とは別次元であるが，徐々に論駁されてきたのである。つまり生気論は個別の事象で唱えられるしかなく，機械論からの反駁もまた個別でしかなかった。

　両者は概念的に別次元であったが，何れにも欠けた視点がある。関係性すなわち有機構成である。生気論のように構成要素に特殊な性質を持たせるのではなく，また閉じた範囲での最適化や機能の代替という機械論ではなく，構成要素間の関係性を捉えるときシステムという概念に辿り着くことになる。サイバネティックスやシステム論が誕生したのは，有機構成という概念を把握したからである。つまり，諸関係から創発する新たな機能に着目することによって，

生気論は駆逐されるのである。

関係性であるから，システム構造の質量や物理・化学法則とも無縁である[45]。よって，材質や物理法則，機能の拡張等を目的とした機械論的システムを一部の下位概念に取り込むことも可能である。生命をその有機構成によって捉え構造に優先するとすれば後述のオートポイエーシスに繋がり，情報を優先させれば生産システム等を考察することが可能となる。第4章で後述するようにマトゥラーナ達は前者の立場から，オートポイエティック機械と呼んで生命を考察したのである。これは産出作動に着目する故であり，本質は反復作動によってその有機構成が維持される仕組みを捉えようとする試みである[46]。

§2-3 サイバネティックス誕生前夜

現在，社会システム論または経済システム論と称する立場は，19世紀後半から20世紀初頭に懸けての自然科学諸分野における革命的発展を基盤にして，1940年代に生まれたものである。すなわち，サイバネテックスの創始者のウィーナーや一般システム理論のフォン・ベルタランフィ等が位置付けた情報科学の一分野としてのシステム論である。

社会科学において，システムという用語が今日的意味で用いられたのは，パレートの1916年の著作であると思われる。すなわち，「(社会)システムは時間の経過とともに，その形態および性格が変化(し)，少なくともいくつかの残基，派生体，利害，性向を含むいくつかの分子から成(り)，これらの分子は，多数の拘束条件のもとで，論理的および非論理的な諸行為を遂行する」とし，この在り様を社会システムと呼び議論を展開している[47]。しかし重要なのは使用の起源ではなく，背景と文脈である。

自然科学諸分野における革命的発展とは，以下の事柄を指している。数学では，ブールが記号論理学の先鞭となるブール代数を展開し，20世紀に入るとラッセル，ホワイトヘッド，ヒルベルト等がこれを引き継ぎ，記号論理学を完成させた。またカントールが集合論を創始し，ツェルメロ，フランケル等によ

り公理論的集合論の基礎付けが行われた。これ等記号論理学，集合論，数学基礎論の形成は，従来の古典的数学とは異なる現代数学へと展開した。またケインズの主観的確率論，コルゴモロフの公理論的確率概念，ミーゼスの頻度説等1930年代における確率概念の把握や，確率過程論，関数解析におけるウィーナーの研究が始まったのもこの頃であった[48]。これ等が，コンピュータの基礎論やシステム概念の発展に寄与することになったのである。化学においては，原子・分子の構造と周期表から化学反応を考察する近代化学の黎明は既に過ぎていた。生物学では，19世紀後半には既に，細胞説，進化論の成立の他に，自己制御的現象の存在が認識されていた[49]。そして1878年のベルナールの指摘は，キャノンのホメオスタシス論に結実したのである[50]。物理学においても熱力学や統計力学が創始され，また古典力学から自然認識の方法の変革と言われた量子力学が分離・展開される時期になっていた。制御理論や情報理論の基礎もこの頃確立された。前者は，マクスウェルが1868年にロンドン王立協会で発表した論文に始まる[51]。1930年当時は，通信工学分野のフィードバック理論の発展と相俟って，近代的制御工学の展開に向った。後者は，1920年代にナイキストやハートレーにより築かれた[52]。

これ等一連の学術的発展が，制御工学，通信工学，神経生物学，大脳生理学，生物物理学等を誕生させた。その結果，生物と機械における情報と制御を巡る機能の共通性が認識されるようになった。狭隘な機械論対生気論という議論は不要となり，システムとしての把握が行われるようになった。

§2-4 サイバネティックスの展開

(1) 誕生

上述のような背景から，還元主義とも生気論とも異なる新たな分野が生まれた。それは，有機体をモデルに，情報と制御そして機能と構造を巡って，3つの研究グループが同時に生じたことに始まる。1つはアメリカの数学者ウィーナーとフォン・ノイマン等を中心とするサイバネティックス会議である。後に

ウィーナーは，サイバネティックスを，「動物と機械における通信と制御の科学」と定義し，著書の副題としている。それが出版されたのは1947年のことである。ギリシャ語の操舵の術・統治の術を意味する語 $κυβεργη'$ に Cybernetics という造語を当てたものである。[53] イギリスでは，神経医学者のアシュビーが，機械と頭脳と社会との間の相似性を軸にホメオスタシスの観点から考察し，やはりサイバネティックスと称した。また第3に，オーストリアの生物学者フォン・ベルタランフィが一般システム理論を展開したことである。共に1940年代のことである。

ここで重要なことは，前節同様，様々な学問の進展との共進性があったということだ。例えばマカロックとピットのニューロンモデルの研究やシャノンの情報通信理論，フォン・ノイマンのオートマトンやコンピュータの研究が挙げられる。[54] これ等の相乗効果によって，1950年代後半からシステム研究は発展する。多くの著作が著わされ，1959年，61年，62年には，アシュビー，フォン・ノイマン，フォン・ベルタランフィ，ムーア，ビア，フォン・フォエルスター，マカロック，パスク等が一堂に会する自己組織システムに関する国際会議が開催された。[55] 69年には，ロンドンで国際サイバネティックス会議が開催され，この頃から東西の交流が盛んになった。

(2) 世界規模の研究：東西交流

東西交流の素地は，東側には十分にあった。それは東側では，コルモゴロフの予測理論やパブロフの反射学説を下地として，制御理論や最適化の研究が進んでいたからである。スターリン時代にはサイバネティックスは敬遠されていたが，その死後は状況が変り，制御理論としてサイバネティックスが開花したのである。ウィーナーも1960年には，モスクワで「科学と社会」と題した招待講演を行い，また自動制御協会の国際会議やサイバネティックス会議がモスクワで連続して開かれた。[56] さらに，東側ではランゲや分析哲学のグレニエフスキ，その門下のコワレスキ，メサロビッチ，コルナイ，クリル等が登場し，次代の西側のシステム研究，特に社会システム研究の中心人物となったので

ある[57]。彼等は，弾圧を避けるためか，情報科学の成果を取り入れた社会システムの研究を行った。

　その後，システム思考が注目された分野は，経済体制論や経済組織論に移った。数理経済学や意思決定分野の発展がそれに続き，マーシャックやラドナー，ハービッツ，タイルによって，情報構造や決定過程が研究された[58]。しかし当時は，例えばタイル編著の *Decision Processes* の序文には，「ここに言う決定過程とは，統計学で言う決定問題に限定されるものではない」と断わる時代であった。マーシャックやラドナーは，チームの決定問題の定式化を扱い，情報構造，情報獲得費用等を論じた。数理経済学や意思決定分野の発展が経済体制論等に及ぼした影響は，少なくなかったのである[59]。またそこでは，資源配分過程は各々の決定主体の選好関数，応答規則の下で行われる情報交換を通じての意思決定の調整過程として捉えることができるとして，規範的理論が展開された。またモデル構成においては，集権型の中央調整システムと分権型の市場調整システム等の在り方等が論じられた。

　東側の研究は，イデオロギー・フリーに名を借りた近代経済学の輸入や技術論が中心だったが[60]，その手法を用いて西側からは，東側ではできなかった体制研究が起こった。その中心的主題はシステム，情報，制御そして意思決定だった。しかし，イデオロギー・フリーということは，社会システムから価値問題を捨象するということではなく，また国内的弾圧を避けるためだけではなかった。意思決定論の言葉である効用関数や選好関数，応答規則そして相互作用を構造等に置き換えて議論に乗せるという方法であり，規範論という議論形式の確立する時代だったのである。それ故，国際協力の素地が生じたのである。

　さて，システム思考を基礎にした経済体制論は，上述のような方法論が体制研究の主流となった。しかし，一連の運動の中には，システム思考の希薄な研究も生じ，情報，制御，意思決定は残しつつも経済体制論が独立して語られるようにもなった。

　同時に，東側においても新たな潮流が生じていた。それには2つの方向があ

った。1つは，経済システム論に，経済計画の組織化とコンピュータの活用や管理工学を意図したものだった。もう1つは，サイバネティックスを体制そのものの再設計に繋げようとする試みだった。前者には，グジュコフやクラウスが指導的立場にいた。[61] そこでは，中央政府主導による計画経済は，ウィーナー的にシステム全体からのフィードバックさえ確保されていれば有効に機能する，ということが前提になっていた。従って，経済システム論を計画技術の方法と見做し，民主的中央集権制という名の下に，本質的には集権的性質を持っていた当時の体制を補強することに，システム論やサイバネティックスを利用しようという意図を持つものであった。後者は，その逆の立場である。そこでは，経済システムの硬直化を排除して，時代の要請の多様化に反応しつつ，労働者や経営者の自律的な動機付けを発揮させる経済構造にするために，国家システムの分権化や市場主義の導入が不可欠であるという考え方であった。つまり，経済システムの機能を論じるという姿勢を取りながら，専制的・中央集権的計画経済に対する一種の批判であり，後に政治的には改革派として台頭する勢力に理論的基盤を与えることになった。[62] すなわち，システム概念は，システムの構造の硬直性，柔軟性，多様性，経済調整機能，民主制と情報のフィードバック機能の関係，部分システムの全体からの自律性等に理論的基盤を与えることは可能であり，市場機構・国家体制をシステムとして論じることも可能だからである。よって，計画の分権化や市場制導入は，一部の国々では混乱無く導入される手前まで進んだ。しかし大国の介入を招き，政治的・社会的混乱に陥ったのである。

　その後，改革派の研究が，以前のようなイデオロギー・フリーの研究に立ち返ることはなかった。その後の展開は，現代史が示す通りであり，裏側でシステム研究改革派の果した役割は，80年代を通して理論的支柱となっていったのである。

　我が国では，サイバネティックスが紹介された後，そのブームは急速に衰退した。その原因は，東側研究者が学会をリードしていた当時の現状が，一因で

あったと思われる。[63]

§2-5 管理の効率化という誤解

(1) 経営管理とシステム

前述のシステム論の展開は，経営管理に対しても無縁ではなかった。因みに今田(1986)は，19世紀までの統制手法は法律による逸脱矯正という方法であったが，20世紀に入り，より効率的手法として管理行為が生まれた，と述べている。[64] 法による逸脱矯正以前は，支配による強制である。因みにウェーバーによれば支配概念は，①合法的支配，②伝統的支配，③カリスマ的支配に類型化される。[65] この内，合法的支配の典型例として官僚制を挙げている。すなわちウェーバーによる支配とは，一定の命令に対して服従を見出すチャンスのことである。経営管理は，動機付け等経営体内部の資源配分・運用効率を高めた形で実践される管理手法である。今田(1986)の想定した管理行為とは，そのような支配やそれによる抑圧の色彩を残した管理を指している。つまり，管理過程論における管理行為は，クーンツとオドンネルが，他人を使って物事を行わせる活動と定義する如く，支配的管理体制を意味するものである。[66] バーナード等は別の定義をしているが，先に触れた管理の実態が，バーナードの言う「全体と部分との統合過程」で「一般的要求と特殊的要求との間に効果的バランスを見出す過程」と説明することから，何れにしても動機付けや逸脱矯正を伴う，組織の効率性追求のために行われる管理行為に他ならない。[67]

経営学におけるシステム概念の発生について述べておく。『経営者の役割』を書いたバーナードは，組織とは，「2人以上の人々の意識的に調整された活動や諸力のシステム」と定義している。[68] そしてシステムに対し，「各部分がそれに含まれる他の全ての部分と，有意味な形式で関係し合っているが故に，全体として扱われるべきものである」との説明を与えている。[69] さらに有意味とは，ある部分と他のどれかの部分との関係に何等かの変化が起る場合には，そのシステムにも変化が起るという事態を指して，有意味と呼んでいる。村田

(1990)は, バーナードの定義そして構想は, ホールとフェイジンの定義及び全体性の考え方に酷似していると言う[70]。すなわち, フォン・ベルタランフィを引用し, 以下のような全体性と同等な概念が導けると言う。すなわち, 一部分の関係の変化は, システムを全く新しい別のシステムに変えるか, そうでなければ同じシステムだがその状態が変わるかの何れかを引起すことになる, というものである。しかし村田(1990)では, バーナードが要素間の全体の「関係の変化」を意味しているのに対して, ホール等は「特定の部分の変化」を変化と解釈している点が異なると述べている。

さらに, バーナードに影響した思想として, ヘンダーソンのシステム観, ホワイトヘッドの有機体哲学, プラグマティズムの伝統の3つを挙げている。つまりヘンダーソンのシステムにおける変数の相互依存性は, 経験から広く帰納できるものの1つである。それ故, 代替的にこのことをもってシステムの定義と見做してもよい, とする箇所を引用しているからであるとしている。またホワイトヘッドからの影響は, 関係性を重視する点に表れているという。プラグマティズムからは, 機能主義的色彩を受けたとしている。

思想的な面は妥当かもしれない。問題は, 定義に関することである。確かに経営学では, システムという用語が多用される。しかしバーナードの言うシステムとは, 後にFlood and Jackson(1991)が, 全ての事物にシステムというラベルが貼られているような状態であると述べるが如く, その典型例なのである。つまり, 上述のバーナードの定義に従うならば, システムではない組織は存在し得ないということになる。しかし, 部分と全体として分けることが不可能な実体としてシステムを捉えるとき, 一般に組織は, 何の工夫もなくそれ程に求心力が高いものとなり得るのだろうか。

また, ホール等の言う変化とは,「特定の部分(のみ)の変化」という意味ではない。すなわちホール等は, システムの特定の部分における変化が, その他全ての部分における変化やシステム全体における変化の引き金になるかのように関係付けられているのならば, そのときシステムは全体性をもって挙動する

ものであると言い，あるいは凝集的に挙動すると言うことができるとシステムの性格を述べているのである。このことから，凝集的にネットワークすることが特徴であるということがわかる。しかし，その一部分だけを取り上げたので，このような形容になったのだろう。[71)]

このような混乱は，時折見られる。一方，フィードバックの概念等は誤用されることなく用いられるが，社会的システムとされる実体が，ビアやエスペホの言う生存可能システムを意味するか否かは自ずと知れよう。以下本節で触れるシステム概念の誤解の本質は，関係性から転じて，関係の効率化のための方法論・手法と解釈されて経営の場に導入されたことである。

以下，本節表記の経営学におけるシステム思考の受容について述べておこう。第1章冒頭のシステム論的接近の②に該当するが外延的導入であり，内実的発展は次章に委ねる。

(2) 管理における導入と誤解

経営管理は管理過程等で語られるが，管理手順としてのシステムは，実はフィードバックによる情報変換のサイクルプロセスでもある。このように考えると，上述のシステム思考の延長線上に位置付けることも可能になる。実際に，60年代に入ってからの情報技術の革新によって実現された。その背景には，自動データ処理や統合データ処理，MIS，DSS等のコンピュータシステムの進展やハードウエアの進歩によって，企業組織の管理の在り方として，分権化と集権化が自在に換えられるという期待感があったからである。[72)]すなわち，50年代後半に東側諸国で起きた中央集権化を促進するためのシステム論か市場経済・計画の分散化志向のシステム論かという議論は，同時期に後を追うように，経営管理の現場で西側諸国でも議論されることになったのである。種々の決定分析技法が開発されたことも期待感を募らせた。しかしその試みは，試行錯誤的と言わざるを得なかった。それは企業を点として捉えれば足りた計画経済に比べ，効率性追求のためには内部構造を持つものとして考えなければならなかったからだ。

管理過程論においても例外ではなかった。システムズ・アプローチやコンティンジェンシー理論の影響を受けることになったのである。但しここで言うシステムズ・アプローチとは，システム論ではなく，システム工学やシステム分析である。しかし，広い意味でシステム思考と呼べるだろう。試みられたことは，システム工学等で開発された種々の方法を利用しながら，経営問題の解決に当ることである。すなわち，組織とシステムといった問題ではない。経営管理手段そのものをシステムとして捉えるということである。例えば，生産，販売，財務等の部門が個別に在庫管理の問題を扱っている状態は，不経済である。各部門が最適化を主張することではなく，全社的観点から部門調整を行い，総合的な最適化を達成するようにしなければならない。これが管理過程論に影響を及ぼしたというのは，システム設計の基本姿勢に対してである。すなわち，論理一貫性に関して，帰納的設計と演繹的設計とがあり，計画，実施，統制という管理過程の何れを重視するかによって，計画重視設計と統制重視設計とに分けられる。しかし設計以前に，何れかを選択しなければならない。こうした事態によって，管理過程論も必然的にシステムという概念に無縁ではいられなくなったのである。

　これは，書名にも明らかである。例えば，クーンツ，オドンネルの著書『経営管理における諸原則：管理職能の分析』は，1976年の第6版では諸原則が削除され，副題も「管理職能のシステムおよびコンティンジェンシー分析」に変更された。さらに1980年の第7版では，副題も削除された。これは，システム論やコンティンジェンシー理論の影響が薄まった訳ではなく，可能な限り利用可能な理論を渉猟するためである。何故ならば，「基本的真理」とは「独立変数と従属変数の関係を説明するものである」等コンティンジェンシー的説明をしている箇所が見られるからである。[73] また，オドンネル没後の第9版では，「すべての学派やアプローチから有用かつ適切な知識を管理に統合する」と述べていることからも伺える。[74] つまり，吸収し得る事柄を全て吸収し包括的枠組を形成するために，方法論のシステム化を企図したのである。

また情報，制御，意思決定という鍵概念は，会計学分野においては戦略会計・意思決定会計なる分野を生じさせ，管理会計を進展させることになった。[75] すなわち1966年のアメリカ会計学会の報告書では，会計を「その情報の利用者が，状況を十分に知った上で判断と意思決定ができるように，経済的情報を識別し，測定し，伝達する過程である」と定義している。[76] これ等の背景にある考え方は，意思決定過程そして情報構造の変換過程として経営管理を考えるということにある。

その意味では本節の議論は，内容的にも時期的にもそこに移行する前の議論であり，情報や制御・意思決定が中心で，後述の章への直接的関係はない。但し社会科学がシステム思考から受けた影響の一例として，触れなければならない。実際50年代終盤においては，ビア自身も生存可能システムモデルには至ってはおらず，ホメオスタシスの観点から企業経営についての試論を展開するという段階にあった。[77]

以下，幾つかの試みを概観する。組織の階層構造を一般システム理論的に考察したという点で，メサロビッチ(1971)やWhyte(1969)が注目された。[78] またコンティンジェンシー理論に基づいた情報処理システムと見做して組織を見る立場に，ガルブレイス(1980)がいる。[79] しかし意思決定と制御という観点から，しばしば引用される代表的なものとして，ここでは主に，アンソニー(1968)，サイモン(1979)，そしてGorry & Scott-Morton(1971)を取り上げて検討する。

アンソニーの方法は，経営管理計画と統制機能を，時間と組織階層と決定の重要性を勘案し，表2-1の通り3つのレベルの意思決定に類型化したものである。

それによると，経営者の役割は，戦略的計画の遂行であり，中間管理職は管理的統制を行い，業務的管理は下位の管理職の担当であると言う。意思決定の階層性は，表2-1のように整然としている訳ではなく，これはむしろ業務の階層性を表したものであると言える。つまり静的な役割分担は，現実では動的に変動させられるものである。しかも役割が，機能上システム的に結合するとい

表 2—1 アンソニーの意思決定の階層性

戦略的計画	管理的・コントロール	業務的・コントロール
企業目的の選択	予算編成	
組織計画	スタッフ人事の計画	雇用管理
人事方針の設定	人事手続きの制定	諸方針の実施
財務方針の設定	運転資金計画	信用拡張の管理
マーケティング方針の決定	広告計画の作成	広告配分の管理
研究方針の設定	研究計画の決定	
新製品品種の選択	製品改善の選択	
新工場の取得	工場配置替えの決定	生産計画の作成
臨時資本支出の設定	経常的資本支出の決定	
	業務管理に関する規則作成	在庫管理
	経営実績の測定・評価・改善	能率測定と改善

出所）アンソニー（1968），p.24。

う保証もない。上表は，職位と管理事項を対応させただけであるとも言える。つまり，学習や経験を考慮せずに現下の問題への役割分担を定めるもので，現実の非定型性を退け，定型的制御に基軸を置くものである。このように，組織階層を前提とした意思決定の階層性では，単位体としてのシステムの有機的機能結合を表すには程遠い，と言わざるを得ない。

サイモンは，経済合理性を基にしながらも不可知な領域が存在するためそして人間の情報処理には限界があるため，人間行動は制限された合理性しか示し得ないとし，プログラム化し得る意思決定とプログラム化し得ない意思決定に分類し，これに対する意思決定技法を示している（表2-2）。プログラム化し得ない意思決定の欄に，人間の勘や経験を盛り込んでいる。これは，前述のように，経験を研究の基礎に置くというスタイルからきている。

意思決定が鍵概念となる理由は，以下の理由による。「実際のどのような活動も，『決定すること』と『行為すること』の両方を含むのであるが，管理の理論は行為の過程と同様に決定の過程をも対象とすべきであることが，一般に認識されてこなかった」。「この決定過程の無視はおそらく，意思決定が組織全

表 2—2　サイモンの意思決定の構造

意思決定技術

意思決定の種類	伝統的な技術	現代的技術
プログラム化し得るもの： 日常反復的決定（一般的問題解決過程で処理する）	(1) 習慣 (2) 事務上の慣例： 　　標準的処理 (3) 組織構造： 　　共通期待 　　下位目標の体系 　　よく定義された情報網	(1) OR：解析 　　　モデル 　　　シミュレーション (2) コンピュータによるデータ処理
プログラム化し得ないもの： 例外的方針の決定（特別な処理規定を要する）	(1) 判断，直観，想像力 (2) 目の子算 (3) 経営者の選択と訓練	発見的問題解決法 (1) 意思決定者への訓練 (2) 問題発見的コンピュータ・プログラムの作成

サイモン（1964），p.66。

体の政策の形成だけに限られるという考え方からきている。ところが決定の過程は，組織の全体的な目的が決定されたときに終了してしまうものではない。『決定する』という仕事は，『行為する』という仕事と全く同じように管理組織全体のどこにでも存在し，さらにこの両者は完全に結び付いている。管理の一般理論は，有効な行為を確保する諸原則を含まなければならないように，適切な意思決定を確保する組織原則をも含むものでなくてはならない」からである。
[80)]

　その上で，次のように決定局面を分類している。「意思決定過程の第1局面，――意思決定が必要となる条件を見極めるため環境を探索すること――を，以後私は情報活動と呼ぶことにする。第2の局面――可能な行為の代替案を発見し，開発し，分析すること――を設計活動と呼ぼう。第3の局面――利用可能な行為の代替案の内から，ある特定のものを選択すること――を，選択活動と呼ぼう。第4の局面，過去の選択を再検討することについては，これを再検討活動と呼ぶことにする」と言うように，組織を決定過程として捉え，選択結果

の再検討を，経験や好ましさの観点から評価する。[81)]

ところが人間は制限された合理性しか持ち合わせていない。つまり「諸結果についての知識は常に断片的」である。また「これらの諸結果は将来起こるものであるから，それらの価値を判断するときに想像によって経験的な感覚の不足を補わなければならない。しかし，価値は不完全にしか予測できない」。そして「ほんのわずかな行動しか思いつかないもの」だからである。[82)] それ故，直観や経験，想像力も利用するとしたのである。よって，サイモンは最大化を志向する経済人仮説ではなく，十分に望ましい状態に満足する経営人仮説を立てる。ここにおいてサイモンの論理実証主義は，現実に引き戻されている。[83)]

「経営人は最大化しようとするのではなく，むしろ満足を求めるので，初めに選択可能な行動代替案すべてを検討することなしに，またそれらで実際にすべての代替案が尽くされているかを確認せずに，意思決定を行うことができる。第二に，経営人は世界をむしろ実質のないものとして扱い，あらゆる事象についての相互関連は無視するので，彼の思考能力に対して不可能な要求をしない，比較的単純で経験的に妥当とされる方法で意思決定を行うことができる」と言う。[84)] 所謂満足化基準である。

しかし，制限された合理性の下での満足化基準達成のためには，本来は「行動の代替案をすべてパノラマのように概観すること，各代替案の選択により生じる複雑な諸結果のすべてを考慮すること」から始めなければならないのだが，[85)] 「最も関連があると考えられるごく少数の要因だけを考慮に入れた状況の簡単な描写」にまで，視野は矮小化されているのである。[86)] そのため，組織的階層と目的の優先順位が整合していることが望ましい。よって，表2-2が意味を持ってくるのである。

先に，サイモンの立場は管理科学であり論理実証主義であると述べたが，管理のための目的-手段系列が表2-2の特徴である。この発想は，一見ウィーナーに似ている。すなわち，機械に関しては，入力と出力との間の機能や効率は簡単に評価し得るが，その間に人間が入ると機能や効率は不安定になる。そこ

で人間を一種の不安定な機械と見做し、その生理学的解析から不安定な行動の幅を設定し、その幅の中で起る事態を前提にシステムの行動の最適化を図るべきだと考えたのである。制御対象であるものは機械でも人間でもそして集団、組織でも構わない。応答信号を得ることと制御することが重要だった。つまり、管理を迅速に行うことだったのである。サイモンは、「諸個人に社会的に課せられる刺激のパターンに彼らの行動を従属させることを通して、諸個人の行動を秩序化する」ところに組織の意味があると述べている。しかし次章に後述するように、ウィーナーには、階層組織や人間性を無視するという発想はなかった。さらに、フィードバックを主眼にする点と、目的-手段系列を組織階層に重複させる点が異なっている。また、ウィーナーは、企業組織等の具体的な問題を論じることはなかった。しかしサイモンは、管理過程論を管理科学に推し進める立場なので、経営の場が中心であった。

また組織の階層性に関して、サイモンは次のように述べている。「現実にみられるほとんどのシステムでは、何処かで分業をやめ、どのレベルの下位システムをもって基本的単位とみなすかについては、ある程度恣意性が伴う」が、刺激のパターンが組織行動のパターンとなるため「いかなる意味においても、人間の合理性達成にとって欠くことのできないものである。合理的な個人とは、組織化されそして制度化された個人であり、またそうでなければならない」。これは、次の3・4章の意味で自己言及的階層化が制度化されているということであり、自律性に基づいて有機結合したシステムとは完全に異なっている。

組織階層という点から見ると、経営者の現実は、問題発見的な位置であることは言うまでもない。しかし、例外的状況に対処するための問題発見的コンピュータ・プログラムの作成というのは、その場限りの方法であり、永続性はない。さらに、第5章で述べる生存可能システムにおいても、OR等の意思決定技術を否定するものではなく、特別なことではない。また表2-2より明らかなように、個人的意思決定のレベルに影響する情報の相互作用を重視すること

で，全体的な組織現象を説明しようとする試みであると言える。しかしここでの状況の累積が全体に継続する保証はなく，真の意味での組織の複雑性は考慮されていない。また統制の用具として，組織またはシステムという言葉が使われているに過ぎない。

ところでルーマンは，組織またはシステムには，未規定の複雑性と構成された複雑性が存在すると言う。[91)] この区別は，システムと環境の区別ではなく，システム内の要素とそれ等の関係の区別に基づいている。すなわち，関係は要素の結合によって生じる。しかし全ての要素が関係性を持つ訳ではなく，一定以上の複雑な状況では限界閾が存在する。つまり，要素の結合も関係性によって規定されているのである。仮に関係性規定因子を控除すると，関係数は無限大になる。そこでルーマンは，複雑性を2種類に分けたのである。構成された複雑性とは，規定された複雑性であり，一般に組織またはシステムという場合の，内的複合性・関係性による複雑性を指している。一方未規定の複雑性は，可能性としての複雑性であり，コンティンジェンシー的に潜在化・顕在化される可能性を持った脅威である。サイモンにおいて，真の意味での組織の複雑性が考慮されていないとは，この意味からである。

サイモンの意思決定の構造性は，特殊な問題やその解決法を示すものではなく，経営の置かれた状況の代わりに個人レベルの意思決定を整理したに過ぎないと言える。よって，第5章で扱う真のシステムに比するものではない。最大の違いは，組織構造や管理者の役割また管理命題等を重視し，[92)] システムとしての機能とその有機構成に触れていない点である。

さて，GorryとScott-Mortonは，上述の2つの分類を併せている。すなわち，サイモンの枠組を縦軸にアンソニーの枠組を横軸に取り，情報システムの実践のための分析枠を示している。構造的問題は，サイモンのプログラム化し得る意思決定に当り，非構造的問題とは，プログラム化し得ない意思決定に相当する。準構造的問題は，その中間的性格の問題である。

しかしMISが成果を上げたのは，構造的意思決定領域であり，半構造的意

思決定領域で妥当なのはDSS型の情報システムのみである。そして非構造的問題は，サイモン同様，発見的問題解決を探求しなければならない。また組織階層を前提としたアンソニーの枠組がそのまま残され，組織がチームのように有機的に融合している保証はない。

表 2—3　Gorry & Scott-Morton の経営情報システムの分析枠組

	業務的・コントロール	管理的・コントロール	戦略的計画
構造的	売掛金処理 受注処理 在庫管理	予算分析 （技術的費用） 短期予測	傭船ミックス 倉庫・工場立地
半構造的	生産管理スケジュール 現金管理 パート・コスト・システム	差異分析 （総合予算） 予算編成 販売・生産	合併・買収 新製品計画 研究開発計画
非構造的			

出所）　Gorry & Scott-Morton (1971), p. 62。

さらに，この方向には，ワイズマンの競争戦略形成・支援のためのSIS分析が，挙げられるだろう。[93] SISは，組織内の計画や制御における意思決定への貢献というミクロ的視点からではなく，戦略的に価値があるかどうかという対環境というマクロ的視点から情報技術を利用しようという試みの1つである。この視点の必要性は，業務的統制レベルであっても環境における競争優位を実現するために必要だからである。ここで，階層別の対応ではなく，情報を切口に組織縦断的な捉え方が生まれたと言えよう。[94]

以上，主だった機能要件確定の枠組を見てきた。これ等は現在も研究する価値はあり，また実践の枠組として有効ではある。しかし情報，制御，意思決定という観点から組織を俯瞰するのみで，本来のシステム思考とは掛け離れている。

Gorry & Scott-Morton そしてコンティンジェンシー理論等は，外部環境の複雑性は問題にするが，内部の複雑性は問題にしていない。また第3章の全体論的視座すら，階層性を前提とする議論では，構成員には俯瞰することが不可

能なため成り立たない。種々の意思決定技法も，その全てが現実の決定問題では利用され，また単独の方法が個々に対応するということではないため，これを以ってシステム思考とすることは無意味である。

では，経営学は如何なる考え方に依るべきなのだろうか。最後に，後章への橋渡しとして，別の切口について触れておこう。組織の形態と内実は本質的に，内部環境に依存するものか外部環境に依存するかという区別，すなわち閉鎖性で特徴付けられるのか開放性で特徴付けられるものかという議論である。閉鎖性を取る立場では，内部秩序や内的統合そして同一性を重視することになり，開放性では変化や多様性，多義性を重視することになる。

これは，①外部環境の変化との関連において比例すると言えるか，②内部構成員の知的成長と熟練との関係において比例すると言えるか，と言い換えることもできる。ローレンスとローシュは，明らかに①に注目している。すなわち，開システムとして特徴付ける故に，各部門が関係する各部分環境間に不確実性の相違のような組織特性の差異が存在する場合，組織に部門間差異として分化が生じるという考え方を取る。またワイクやマーチとオルセンは，②に注目して理論を展開した。すなわち，ワイクは，「組織という言葉は名詞で，神話である。組織なるものを探そうとしても見つからないであろう」[95]と言い，組織化に注目する。つまり，「組織化とは意識的な相互連結行動によって多義性を削減するのに妥当と皆が思う文法と定義される」[96]という内部の動的状態を指し，ある意味でシステム論の視座と立場を共有している。またマーチとオルセンは，「組織は，問題を解き，決定を下すためのみならず，議論や解釈のための手続きの集合体である」[97]と言い，内部の諸事象の流動性に注目する。これも弛緩時間の排除や冗長性等，システム的原理に通じる考え方である。[98]

さらに，ルーマンは②のシステムの内的複雑性を指摘し，ワイズマンは①の環境の複雑性への対処を語っている。ガルブレイスは①②双方だが，情報，制御，意思決定の流れを汲み，組織を情報処理システムと見做し環境適合を計るという理論である。これは，アシュビーの必要多様性の法則がコンティンジェ

ンシー理論に影響を与えたことの裏付けでもある。すなわち，環境の複雑性を削減し，組織の複雑性処理能力を増幅するために，各々に対し以下の2つの方策を提案するからである。

すなわち，環境の複雑性を削減するためには，管理機能には限界があることを前提とし，経営資源の非効率な利用を許容し意思決定者間の調整を行い負担を軽減し，各自の目標達成を容易にすることである。次に，組織を自己完結的単位と仮定し，仕事や意思決定を分割し各自の目標達成を容易にすることを提案した。組織の複雑性処理能力を増幅するための方法も，次の2つを提案している。第1は，垂直的情報システムとコミュニケーション経路の導入であり，第2は，部門や意思決定者間の水平的な情報伝達の制度化である。

このようにガルブレイスの環境の複雑性の削減と組織の複雑性処理能力の増幅という方法は，情報処理システムとしての組織の能力を増強するということに尽きるという立場である。つまり，全ての多様性を扱うという前提には立っていない。すなわち，ルーマンの内的複雑性が考慮されていない。よって，ファイヨールが提起した分権化を，意思決定の支援のために制度化しようという試みであると言える。しかし制度とは，管理と表裏のものである。その意味では，生存可能システムモデルの射程には及ばない。仮に，組織が諸機能を持ったサブシステムから構成されているとし，内外のあらゆる多様性を含めて複雑性の削減を計るとするならば，それは生存可能システムモデルと同一の視点を持たなければならないだろう。[99] 例えば Flood and Jackson(1991)は，必要多様性の法則に従って，情報処理の観点から組織設計するという進取の精神に立っているのが生存可能システムモデルであると述べている。[100] 一部の多様性は情報と置き換えることも可能なので，同モデルを情報処理の観点から解釈することは可能である。確かに，同モデルの情報処理に関する論点は，自律的コミュニケーション経路の容量の確保と伝達能力の向上である。しかし情報自体が多様性の一部でしかないため，またそれ等を自律的に調整し同一性を維持しそして有機構成の維持を行うことが同モデルの目的であり，管理的枠組を温存したガ

第2章 システム論前史 85

ルブレイスの説明とは異なるものである。先の複雑性処理能力についての1, 2の論点のように，第5章で述べる組織の諸原理や経営管理の公理等に通じる面もあるが，ガルブレイスの所論では，自律的な多様性の処理に繋がる可能性は低いと言わざるを得ない。

以上から，情報，制御，意思決定という側面からシステムを捉えることは不十分であり，またシステム思考では①②共論じられるべき事柄であり，幾つかの誤解があったと言わざるを得ない。次章で触れる第1世代システム論では，社会システムを論じる際開放性のみが強調されたが，本来的に社会組織では同一性の維持等閉鎖性も必要な視点である。[101] 第5章のオートポイエーシス的生存可能システムモデルは，双方を満たす方法として提示される。一方組織論の立場では，上述のようにこれ等の何れかに注目するという接近法を取っているに過ぎないのではないだろうか。すなわち，次章最後に述べるような組織の現実の中から，特徴的な一事象を抽出し閉鎖性か開放性かに分類し，その延長に方法論としてシステム思考を位置付けたのである。それによって，システムという実体ではなく，システマティックな道具が組織に分散されたのである。要するに，システム論的接近の重要性は認識されてはいるが，社会科学においては真の活用法は不明なままなのである。そのため，本節ではシステムとは呼ばず，「組織」という言葉を使った。実は，組織概念とシステムという概念との間には溝がある。第5章のために言えば，非効率性や不要なものを含んでいるものを，組織と呼び，有機体という効率的存在をモデルとするシステムとは分けて考えなければならない。[102] しかし実証の場が，非効率性を内包した組織であるため，諸資源の有効活用のために，ビアは後述の幾つかの定理や公理を要請せざるを得なかったのである。[103]

(3) 第5章のために

生存可能システムモデルの観点から前記の幾つかの試論を見ると，自律性に基づく安定性や自己支持的機能，自己組織化概念，アイデンティティの維持といった点が欠落していることを指摘できる。さらに，第1章でシステム化は困

難であると指摘したことだが，内部は指示命令系統で規制できるという立場である。内的安定性は，要件として満たされているということだろうか。しかし外部対応のみが経営ではない。内的にも非現実的である。一般にも経営におけるシステム的接近法は，外部との競争という場面に特化して語られている。つまり，前述したように組織構造と職位を前提とし，その上での効率化を指向するための管理手法のシステム化である。しかし内的にも，効率化は合理化と同様で限界がある。つまり，管理される側は受身にしかならず，システムとは程遠い姿になってしまう。

これとは発想を変えたところに，生存可能システムモデルがあるのである。第3世代システム論においては，主体としてのシステムが，適切な自己，理想の自己という自己性を認識しているか否かということが中心概念となる。その[104]ためには，第4章で後述する擬似家族的単位の連鎖に依るしかない。しかし管理におけるシステム思考は，自己性を認識しない故に，競争戦略――それ自体は意味があるのだが――のみが，情報，制御，意思決定に裏打ちされて浮上してくるのである。本節冒頭で用いた今田(1986)の指摘通り「管理行為」は前時代の残滓であり，その実践の場ではシステム的手法をシステム的機能・関係・構造と取り違えているのである。管理を前提とする考え・手法には，自律性や自省は求めるべくもない。但し，第4章で触れるようにコミュニケーションの基本は指示-応答である以上，管理行為を全面的に否定することではない。後述の社会的オートポイエーシスが存在するにしても，動機付けや方向付け，目標設定，規制等管理の範疇に入る行為は，メタシステムからの修正作用も含めて存在するのである。

最後に，自己組織化概念の影響について述べたい。60年代から70年代初頭の経営学におけるシステム概念は，上述のように第1世代的というより，システムという言葉に対する部分的模倣に留まっていた。しかし今日，第2世代自己組織化の影響は，経営学のみならず広く社会過程に概念的に浸透している。すなわち，散逸構造や相転移という言葉と共に，組織の実態に対する認識が変

更されつつある。平衡から離れた条件下で秩序形成が起こるという事態は、社会現象においても通用するという認識をもたらしたのである。このことは、以前の指揮命令系組織から脱却し、組織内部の混沌とした状況を認め、構成員の創発性を信頼するという現実的変化の表われである。

70年代初頭までとは異なり、コンピュータ技術の発展のみに依存した管理ではなく、知識や自律性そして組織を情報と共に利用するという発想も生まれてきている。すなわち、一般労働の知識化・電算化が進みデータベースの利用と情報配分の効率化が高まってきた。これにより、職位に依存した権威は薄れ、組織の階層性は崩れ、管理する者と管理される者の境界も喪失しつつある。また仕事自体のアウトソーシングが進み、多角化、異業種結合、自律、分散、ネットワークといった言葉が鍵概念になってきている。[105] また社会的にも、意思決定への参加の法制化を目指した組織変革が注目されてきている。

組織対組織、組織対個人、個人間の様々な関係は、従来の境界を越えて新たな秩序や信頼の醸成、帰属意識をもたらしており、それによって新たな秩序が形成されるため、自己組織化現象を連想させる。そして従来の組織論や産業組織論の枠組を超えた組織概念自体の流動化を生じさせている。

さらに、主体としての個人、企業を想定するとき、そこに目的選好、価値選好を考えない訳にはいかない。事態を複雑にする要因として、価値観の多様化が付加される。80年代に起きた文化論的議論は、Going Concern としての継続的一体感と行動文化の共有化、信頼願望であり、その意味では価値観の多様化との綱引き状態にあるといえよう。[106] それ故、後述の擬似家族的単位が多彩に構成され易い状況が生まれているのである。

注
1) Flood and Jackson (1991), p. 2.
2) Clemson (1984), pp. 18-39. しかしこの①〜⑤という特徴を持つシステムの行動、成長、学習、適応の一般原理を研究したのは、サイバネティックスではなくシステム理論だった。初期のサイバネティックスでは、局所領域の安定性の

研究が主流だったのである。ところで，脆弱性は構造に対する用語であり，有機構成に対するものではない。
3) Beer(1959), viii. 定義は，すなわち有機体の科学の意味である。
4) システムの有機構成とは第1章で触れ，第5章で説明するものである。
5) チェックランド(1985), p. 3。
6) Beer(1979), p. 570 の図を参照。
7) チェックランド(1985), p. 4。
8) M'Pherson(1974), p. 233.
9) アリストテレスの信奉者であったコペルニクスにとっては，このことは，予想外の結末であったかもしれない。
10) ポッパー(1961), (1973), 例えば p. 71。また方法論に関しては同 p. 187, p. 360 等，また(1980), pp. 385-386。
11) ラズロー(1972), pp. 22-27。
12) 例えばアーサー・ケストラー『還元主義を超えて』『機械の中の幽霊』『ホロン革命』等。
13) 例えばヤンツ(1986)を参照されたい。
14) M'Pherson(1974). もっとも，進化論はウォレスが構想したものである。
15) フォン・ベルタランフィ(1973), p. 7, p. 148。
16) 問題の本質は，生体機能の把握ではない。機能の社会システムへの相似的移行は可能かということである。ここに後述する生気論における意識の問題と同様，人間の価値観が挿入される。パーソンズは，機能主義を媒介にして社会の生物学的考察を行ったが，自由や主観的問題を切り離すことはできないと述べている。

　初期パーソンズの生物学に関する様子に触れておこう。生物学的観点からは，再生産の場合を含み所謂オートポイエティックな作動には，主観的目的論的要素が介在する余地はないと述べている(パーソンズ(以下略)(1976)) 1 p. 141)。また行為の準拠枠は生物学の観点からは，①有機体の開放性，②関係体系としての境界維持機能，③主意主義，と言い換えている（パーソンズ(1974) pp. 532-535)。①は第3章に述べる開システムとしてのホメオスタシスの維持に当り，②は第4章の合意領域の形成に相当する。ところが②は③と共に主観的範疇の問題である。実証主義的立場から主観的要素を排除すれば行為理論は皮相なものになるが((1976) 1 p. 143)，これは生物学と心理学は切り離せないということを意味している。つまり，第4章に述べる様に，生物学的オートポイエーシスと社会におけるそれは分けるべきであり，また社会の機能の有機構成を示した後に規範の設定を考えるべきなのである。ゲマインシャフトにおける義務と葛藤((1989) 5 p. 81)は擬似家族的単位の連鎖から生じ，道徳的共通感覚((1982) 3 p. 146)と共通目的((1986) 2 p. 169)はシステムから提示され

る場合もあるからである。これが可能となるのは，第4章で述べるように，構成要素共同言及性を経由してシステムに自己を認めなければならない。また機能の相似性は第5章に述べる通りである。

17) マトゥラーナ，ヴァレラ(1991)の序。ビアはこの序文で，「坑い様のない世界観が容赦なく発展する場面へと至っている」と嘆いている。
18) サイモン(1987)，p.326。
19) サイモン(1987)，p.316。
20) サイモン(1987)，p.69。理論と事実の違いはあるが反証主義的であることに変りはない。
21) チャーチマン(1970)，p.105。しかし，チャーチマンの，科学＝マネジメント（但し，一般的管理行為としてのマネジメント）という観点は，システム全体と倫理との調和という主張と共に特異である。すなわち，研究活動自体をシステムと考え，その最適化のためのマネジメントの重要性に着目し，このように言ったのである。ここには，一種の主観が入り込む余地がある。また後者に関して，全体システムとしての調和という考え方は，時代背景の影響も考えられるが，デカルトやスピノザ，ライプニッツ等の合理主義に近いと思われる。現代的再解釈という意図としてこれを見れば，「神」を「全体システム」に置き換えたものと言える(p.54)。
22) ハンソンも同様に，科学者は理論を背負って観察する，と述べている。しかしこの立場は，偶発的発明や発見の可能性を否定することになる。
23) Rapoport(1969), p.183.
24) フォン・ベルタランフィ(1973)，p.92。
25) Ashby(1956 b), p.35. 事実，分析や実証研究を志向する学問として経験主義や実証主義が唱えられた訳ではなく，認識方法としての存在でしかなかったため，行為論としては不可能なことが提示された。よって，実学としてのサイバネティックスから見れば，彼等の主張は単純な事象の分析にしか利用できないものであった。
26) エイコフ(1971)。
27) 例えば，コントの思想はデュルケムに継承され，機能主義に至った。
28) 本節は，主に河本(1995)を参照した。
29) ガレノス(1998)によれば3種類の精気がある。脳に宿り神経を通る動物精気（霊魂プネウマ），心臓に宿り動脈を通る生命精気（生命プネウマ），肝臓に宿り静脈を通る自然精気（自然プネウマ）の3つである。デカルトが研究対象としたのは，この内の1つのみだった。すなわちデカルトにとっての動物精気とは，身体内を非常な速さで動き，筋肉内に流入するそれ等の量の多寡によって，身体の運動を機械論的に決定するところの運動を与えられた物質粒子つまり物質に他ならない。因みに，ガレノスは筋肉を随意運動の器官と見做し，随

意運動の機能上の原因を脳に局在化させていた。アリストテレスには筋肉に関する生理学的知識はなかったが，『動物運動論』の中で随意運動と不随意運動とを区別し，また『ニコマコス倫理学』の中で意志的行為と無意志的行為とを区別しようとしている。デカルトが身体運動を随意運動と不随意運動に分けたのは，アリストテレスの中に認められるこのような一連の傾向を汲み，倫理学的問題に対しても答えるためであった。プネウマに基づく動因を排除するために，デカルトは随意運動のみが倫理学の対象とされるべきであるとし，不随意運動は生理学の範疇であるとした。身心二元論の立場からは当然と言える。

30) 例えばラマルク説を今日信じる者はいないだろう。しかし社会生活の中では，人間的情実をもって，密かに信じられている面もある。これは，個体の生存期間中に獲得した変化が能動的で目的に適合するかの様に機能的適応の結果として，何等かの方法で遺伝子に刻印され，その後遺伝性の一部になるという一種の信念のことである。具体的には，1) 人間や動物の努力と発奮の所産が遺伝的遺産の一部となることは，正義の1つであると信じたい願望故である。2) ダーウィン流の先天的差異というのは差別的であり，教育や環境が人間を形成するもの，という信念故である。これを敷衍するところに，ラマルクがフランス革命に影響を与え，ルイセンコがメンデル＝モーガンの遺伝学を退けロシアの遺伝学会で支配的地位を築いた理由でもある。3) 1) 2) を併せることにより，体制批判の道具として利用された。例えばケストラーは『サンバガエルの謎』の中で，ラマルク説に触れつつカンメラーの詐欺事件を扱った。また，サミュエル・バトラーは，本能が遺伝的に暗号指定された習性であることを信じていた。4) 博物学者の多くは，ネオダーウィニズムに不信を抱いている。5) 細菌や微生物が抗生物質に抵抗力を増す現象が，進化的変化であると受け取られていたという事実があった。またこれは，人間にも当てはまるとして，ラマルク説を補強することになった。6) 文化を通して伝わる社会的進化あるいは遺伝形式に，ラマルク的な伝播形態が存在すると考えられる場合がある。以上が非科学的ではあってもラマルク説が信じられる場面である。2つ付加える。ルイセンコについてと外因性遺伝である。ルイセンコと同僚のプレゼントは，メンデル＝モーガン学説を，形而上学的，観念的，反動的，かつ階級闘争の手先と退け，ロシア遺伝学と農業生物学を混乱に貶めた。基本的に，ラマルク学説に基づく間違いを繰り返したのである。これはメドベジェフの『T. D. ルイセンコの興亡』に詳しい。次は外因性遺伝である。これは先の6) を精緻化したものと言える。但し，ラマルクやビュホン等は，遺伝学以前の進化論であるので，当時としては仕方がなかったであろう。

しかし上述の様なネオ・ラマルキズム等は，この限りではない。遺伝学以前の進化論は，科学と生気論の中間に位置したと言えよう。しかしラマルクよりも，晩年ゼンミュールという極微物質が体内にあるというパンゼネシス仮説を

唱えたダーウィンの方が，生気論的であると言える。ダーウィンに消された男，として知られるウォレスにも同様のことが言える。彼は晩年，指導魂という概念を唱えている。ベルグソンのエラン・ヴィタル同様，生気論への回帰である。

　ところで，これは宗教への回帰は意味しない。宗教的世界観が打ち砕かれるのは，サー・チャールズ・ライエルの『地質学原理』が1830年に出版され，現存する種は全て創造主によって聖なる瞬間に作られたということの詭弁が明らかにされるまで待たなければならない。すなわち化石が種の滅亡を証明し，さらに最初の創造の後にも新たな種の誕生が示唆されたからである。つまり，初めの瞬間に創造が完結したことは否定されたのである。1859年のダーウィンの『種の起源』はこの理論の拡張である。これによってコペルニクスによって動揺させられた宗教的世界観が打ち砕かれた。生気論の系譜は，遥か昔に遡ることができるが，一貫して宗教的世界観とは別ものであった。

31) 生体に関することではないが，宇宙のエーテル理論も同様である。
32) カンギレム(1988), pp. 14-15, p. 177。
33) ラマルク(1935)。
34) ケストラー(1969), (1983), (1984 a), (1984 b), pp. 35-36。
35) 後の議論に関係することだが。細胞は単位であって単位体ではない。
36) 現在の生物学は，細胞や分子のレベルにまで達している。胚性幹細胞，所謂万能細胞がドリーシュの時代に知られていたら，これがエンテレキーの根源とされていたかもしれない。
37) メダワー，メダワー(1993), pp. 90-91。
38) フーコーは，ビシャの見解を，死という鏡の中で生命を眺めるもの，と述べている。しかし肯定的に引き継いでいる。フーコー (1969), p. 201。
39) 現代の生気論は，ニューサイエンスである。すなわち，近代科学のアンチテーゼである。近代科学が秩序や合理性を追求し，その過程において非合理な考え方や無秩序な現象を排除したことへの批判として生まれたとされている。そしてその接近法は，部分的真理よりも全体的真理を優先し，また，ニューエイジムーヴメントという実践運動に転化したという点が特徴的である。ニューエイジムーヴメントとは，元々はニューソートやメスメリズム，道教や禅の様な東洋思想に依拠したものであったが，ベトナム戦争反戦運動から生まれたカウンター・カルチャーに移行し後にニューサイエンスに辿り付いた，雑多な集団による不連続な運動の総称であった。現在もそれ等の拠所となっているものは，ニューサイエンスであり，価値観を転換し，意識変革やライフスタイルも転換させようとする個別的運動である。その実現には道教的瞑想と自我の否定を標榜するが，実際は人格の否定と思考停止，共同体への献身となってしまっている。しかし新たな根拠をニューサイエンスに求めたという意味で，両者は

一体であると認識されている。個別的というのは，普遍的また連帯的運動ではないからである。またその特徴は，カルト集団を指向する点と全体主義的色彩にある。これは，ニューサイエンス自体が，科学的思考や自由主義・個人主義の拠所となっている近代科学のアンチテーゼであることによっている。ここでこれ等を付記する理由は，しばしばそれ等がシステム思考の1つであると誤解されているからであり，またビア自身それに触れているからである（Beer 1994）。ニューサイエンス論争の起源はアインシュタインとボーアの論争に遡る。当時は，物理学が飛躍的発展を遂げた時期であり，極微小世界においては通常の物理法則が成り立たないことが認識され始めた頃であった。極微小世界では，位置と速度を確定的に予想することは困難であり，確率的に予想する以外には方法はない。これより，ハイゼルベルクの不確定性理論が生まれ，量子力学が誕生した。ボーアもその一角を占めていた。所謂コペンハーゲン学派と言われる人々は，科学の客観性一辺倒を否定し，観察者の重要性を強調し，主体と客体の不可分を論じた。しかしその中に，デカルトの思惟するものが，自然と不可分な関係のパラメータという形で蘇ったのである。同じく量子力学の創造に決定的な役割を果したアインシュタインにとっては，サイコロ遊びをする神以上に問題なのは，客観性と知性の放棄であった。すなわち，巨視的世界の現象と同等には扱えない世界があるにせよ，それが従来の諸法則に取って代わるものではなく，微視的世界における現象に限定されるべきものである，と考えたのである。しかし，微視的世界の現象を普遍的なものとして扱う動きが胎動し始めたのである。ベトナム戦争の長期化はその流れを加速させ，ニューサイエンスという思想に結実した。特に，カプラの『タオ自然学』や『ターニング・ポイント』そして『われら宇宙に帰属するもの』が，その全盛の象徴であると言える。その中で，科学には神秘思想は不要であり，神秘思想に科学は不要であるが，人間にとってはどちらも必要であるという点と，神秘思想は有機体的という言葉で要約し得るという点が強調された。そして有機体的とは，宇宙の全現象を分離不能な調和的全体の一部分として捉えるという考え方であるとした上で，それは本来瞑想状態からもたらされるものと説明している。また東洋思想と現代物理学の相似性が強調され，還元主義を相剋する思想であることが説かれている。そして，巧みに神秘思想を織り交ぜて説明をしている。時を同じくして，ケストラーの『還元主義を超えて』では，ホロンという考え方の没我的シングルマインドに陥る危険性がケストラー自身によって指摘されていたが，彼自身がニューサイエンスの一翼として扱われ，その危惧するところは忘れ去られてしまった。

　先にシステム思想に関連して誤解されていると述べたが，事実彼等の文献には，システムや有機体という言葉が，神秘主義や自然主義と絡みながら全体主義や民族主義を内包しかつパラダイムシフトによって未曾有の社会を実現し得

るニューサイエンスの，専門用語として使われている。それは，本稿で有機体哲学の方が機械論哲学に優れていると言ったのとは別の立場で，有機体世界観という神秘主義で現代科学を覆い尽くそうとする野心的試みであった。さらに問題だったのは，提唱者がジョセフソンやボームといった科学者であったことである。

またシステム論自体に関して言えば，ヤンツの『自己組織化する宇宙』やミラーの *Living Systems* という大著の中でも同様のことが繰り返されているが，一般システム理論の成立期に，ボールディングが試みた世界の階層構造は，ある意味でこの様な新たな神秘主義の先駆けであったと言える。それは，ラヴロックのガイア仮説は仮説として認めるにせよ，その後のニューサイエンス論者の階層性という新霊性運動とほとんど同一内容だからである。理由は，一般システム理論の成立期は，量子力学論争と軌を一にしており，主観と客観の不可分性が取り上げられた頃であり，他に先駆けて神秘思想まで突き抜けてしまったのであろう。

ニューサイエンスに期待されたパラダイムシフトというものは，巨大過ぎるものだった。人々がそれを科学の最高位に置こうとすればするほど，そこに流れ込む概念は雑多にして怪しいものとなった。エネルギーや精神性等，18世紀の生気論で扱われた概念が言葉を変えて次々に蘇っただけだった。しかしブームが去った後，その戦後の科学論争からスピンアウトして生まれた思想の熱烈な信奉者は，ユートピア願望の強いドロップアウトした者だけであることが明らかになった。すなわちストームの『ニューエイジの歴史と現在』によるまでもなく，ニューエイジムーヴメントとは，反戦運動から変形した反資本主義的カウンター・カルチャーの信奉者による運動となり，しかもその一部はカルト化し，明らかに社会問題化していった。すなわち，上述した様に，共同体への没我的献身と思考の放棄によって成り立つ集団を形成したのである。つまり，ニューサイエンスとは，彼等の宗教に他ならないのである。しかも皮肉なことに，ニューサイエンスの説くユートピアは，時にセクト化として実現されるものであり普遍性はなく，個別セクトの中でも最終的には全体主義としてしか実現し得ないということは，多くのカルト集団が明らかにしている。しかしまた，気鋭の物理学者達がその渦の中心にいたことは理解し難いことである。

マトゥラーナが，オートポイエーシス的社会システムの試論を提示した際，社会のオートポイエーシスではなく，個人のオートポイエーシスに力点を置いたのは，自己言及性の概念とは矛盾するが，全体主義とは異なることを言うためであった。当然のことながら，サイバネティックスで言うシステムや全体論的視座等は，言葉は類似するが内容は異なるものである，ということは重ねて言っておかなければならない。

40) チェックランド(1981), pp. 95-100。

41) 河本(1995)。
42) 人体の体外器官もしくは道具としての機械の進化は，先に注で述べたことに関連する。外因性遺伝である。これは染色体ではなく，他の情報転写による遺伝形式である。伝達されるものは，行動規則，知識，方法論等である。ハーバート・スペンサーやトーマス・ハント・モーガンによって唱導された。これをアルフレッド・ロトカが体外の進化と呼び，サイモンが『意思決定と合理性』の中で社会的遺伝子と紹介し，リチャード・ドーキンスが『利己的な遺伝子』の中でミームという呼称を与えた社会現象である。もっともドーキンスは，社会的伝播の遺伝因子の単位すなわち利己的遺伝子のことをミームと呼んだのではあるが。またそれはスーザン・ブラックモアの『ミームマシーンとしての私』の中で繰り返された。手段の進化と伝播・普及は，遺伝等生体の形態形成よりも遥かに早い。モーガンは，「生物学者は生殖細胞による後天形質遺伝の理論を拒絶するようになってきたが，それにも拘わらず人類は一世代で獲得したある種の特質を，別な方法で次の世代に伝えることに成功したという事実は認めている。すると，人間には2つの遺伝過程があることになる。1つは生殖細胞の物理的継続性によるもので，もう1つは，実例や話されたり書かれたりする言語によって，一世代の経験を次の世代に伝えることによる。人類の急速な社会的進化を可能にしたものは，おそらく自分の仲間と意思伝達することや，子孫を訓練する人間の能力であった。動物界では，若い動物が親に守られ世話されている場合が多く見られる。こうした発端は，人類における親と子のより複雑な関係——そこでは長い子供時代が，伝統や経験の伝達のための例外的な機会を与えてくれている——が進化すべき1つの基盤を与えることになる」と述べている(Morgan(1932))。外因性遺伝あるいは外因性進化の形態を，文化的進化と呼ぶのは相応しくない。文化自体は進化しないからである。しかし，外因性遺伝あるいは外因性進化と，内因性遺伝あるいは体内進化との対比を考えることは，必要である。外因性の場合，その過程は完全に可逆的である。つまり注30)の6)の社会的遺伝が再び登場したという意味でラマルク的である。しかし体内性の場合，その過程は可逆的となり得ない。外因性遺伝は学習過程であるからである。一方，内因性遺伝には学習過程と呼べるものは，僅かしか含まれていない。外因性のそれは，カール・ポパーの『客観的知識』を借りるならば，世界3を意味している。世界1が物理的世界，世界2が意識的経験の世界であり，世界3は人間の心つまり記憶，プログラム，規則，指示，議論，理論等から成る世界だからである。
43) ドゥルーズ＝ガタリ(1989)，pp. 25-30，p. 124。
44) ドゥルーズ(1989)，pp. 94-99。
45) Varela(1979), pp. 41-42.
46) 後述するようにオートポイエーシスは仕組みではあるがシステムではない

故，機械という形容は成り立つ．後者はシステム I の現業に表われる．
47) パレート(1987) p. 5, p. 12．残基，派生体は擬似家族的単位の現象学的領域に吸収されるものである．またパレートは個々人を分子と捉えているが，本稿の立場では構成要素である．
48) ハイムズ(1985)．
49) メダワー，メダワー(1993)．
50) キャノン(1963)．
51) Maxwell (1868)．背景は畠山（1989 I, II）参照．
52) ピアース (1963)．尚フィードバック等は次章で述べる．
53) 語源的には，プラトンの時代から操舵の術，統治の術を意味する言葉は存在していた．またアンペールが国家統治の科学を意味する言葉として，la cybernetique という言葉を用いていた（Ampère, A. M. (1834) Essai sur la philosophie des sciences)．ウィーナー自身はその事実を知らなかったと思われる．というのは，当初 angel の語源である $\alpha\nu\gamma\epsilon\lambda o\varsigma$（通報者）という名称を考えていたからである．ウィーナー (1962)．
54) McCulloch and Pitts (1943). Shannon (1971), (1956), von Neumann (1956).
55) Shannon (1956). Von Foerster (1962), Ashby (1956 a), (1956 b), Klir (1972), Yovits (1960). なお初期のサイバネティックスの発展過程の解説は，バックレイ(1980)，Deutsch (1963)，Sztompka (1974) が詳しい．
56) ウィーナー(1970)．
57) ランゲ(1969 a), (1969 b)．Greniewski (1950), (1960)．
58) Marschak and Radner (1972), Thrall et al. (1954), Arrow et al. (1960), Arrow and Hurwicz (1977).
59) Arrow et al. (1960) 所収．
60) Eckstein (1971).
61) クラウス(1978)．
62) ブルス(1971), (1978)，コルナイ(1971)，飯尾(1994)．
63) ブームの頃は，多くの翻訳が出版され，またその訳者達による出版も行なわれた（ピアース(1963), Ashby (1956 b), (1960), ウィーナー(1954), (1983), (1962)．）．しかし思想としての紹介が中心だった．
64) 今田(1986)．本節は主に飯尾(1970), (1972), (1994) を参照した．
65) ウェーバー(1960)．
66) Koontz and O'Donnell (1955), p. 3.
67) バーナード(1968), p. 248. バーナードの論点は，管理論への対抗であるとも言える．それは，「全体の統合の過程であり，局部的な考察と全体的な考慮との間に，ならびに一般的な要求と特殊的な要求との間に効果的なバランスを見出す過程」という定義からも伺える（バーナード（同 p. 248)．バーナードの発想

は，管理過程論の上下関係を否定し，全体と部分との関係において捉えるということである。それがシステム的と見えるだけのことである。しかし目的体系が組織化されることを前提としている。システム的に見えるが，部分と全体のバランスを説く点は，現実から出発し現実に固定されていることを意味している。管理という文脈の中で管理する者と被管理者の存在を薄めることにしかならない。同時に，ビシャの解剖学的単位の生命の様に部分の生存を仮定することになる。

　バランス概念は，組織そのものにも当てはまる。すなわち，「組織の存続は，そのシステムの均衡を維持しうるか否かに依存する。この均衡は第一次的には内的なものであり，各要素間の釣合いの問題であるが，究極的基本的には，このシステムとそれに外的な全体状況との間の均衡の問題である。この外的均衡はそのうちに2つの条件を含む。すなわち第一の条件は組織の有効性であり，それは環境状況に対して組織目的が適切か否かの問題である。第二は組織の能率であり，それは組織と個人との間の相互交換の問題である」外的均衡と内的均衡という発想はシステム思考的であり，事実村田(1990)は，全体論的視座を持っている故，経営におけるシステム論と位置付けている(同 p. 86)。このように，バーナードの関心は，個人，組織における，関係の変化と関係性，つまりバランスの問題であった。その上で，有効性と能率を確保しなければならないと述べている。有効性とは目的達成に関する概念であり，能率とは個人の能率の集積が組織の能率であるため，動機付けに関する概念である(同 p. 45, pp. 96-97, p. 85)。

68) バーナード(1968)，p. 78。
69) バーナード(1968)，p. 80。
70) 村田(1990)では，むしろホールとフェイジンがバーナードから影響を受けたと述べている。それによると，バーナードのシステム論は全体論的解釈と矛盾するものではないと言う。組織の定義に関連して，バーナードは協働システムの場としての組織体から，物的要因や社会的要因さらに構成員である人間をも取り除いて，なお残るものを抽出するとき，それを組織とした。すなわち，バーナードにとっての組織とはモデルのようなものである。理念と現実の関係に類似している。但し論点は，公式組織と構成員の問題である。すなわち，協働システムの核が組織であり，各個人は協働システムの中で自己形成をするのだが，その本質は人格的特性であり，個体化過程を目指すものだからである。一方，協働システムは諸個人を統合するが，その本質は別次元にある。すなわち，人間として生成しようとする個人と組織との緊張関係—反発と調和—と相互浸透に関心が向けられた(pp. 62-67, pp. 84-87)。

　組織体の有効性と効率，攪乱に対する内的均衡等，組織論に重心を置きつつもバーナードのシステム観は，初期システム思考と符号すると，村田(1990)

は言う(pp. 157-164)。しかし本文に述べた如く全く違う。
71) また村田(1987)では,「組織はシステムである。人間はシステムである。両者は互いにどちらか一方に還元できるようなシステムではない。しかし,両者は非常に密接に関係し合っている。人間は組織によって作られ,そして組織は人間によって作られる。」と書かれている(pp. 21-22)。冒頭の一文はバーナードの混乱と同じだが,後半は一見するとOrganizationを組織とするか有機体とするかを,混同しているかのような印象を受ける。しかし村田(1990)では,「組織と人間は相互浸透する」として,互いの性格形成に相互に影響する様子が描写されている(pp. 159-160, p. 162)。その意味なら,前者も生きてくる。
72) 例えばボニーニ(1972)は,3種類の製品の製造・販売を行う企業について,組織構造,職能,オペレーション,経営管理システムとしての計画システム,実行システム,コントロールシステム等を従業員数と共に,モデルに組込んだ。その他,従業員間の相互関係,満足基準,組織スラック等モデルの基本機構には,組織研究の所産が利用されている。このモデルによってボニーニは,①情報システムについて,如何なる情報をどの程度,どの経路を用いて,どの程度流すか,②意思決定システムについて,価格決定メカニズムは如何にあるべきか,意思決定に影響を持つパラメータのレベルの決め方等を考慮して,代替案を評価した。一例だが,コンピュータシミュレーションやシステム設計の情報のみならず,組織研究の一助になることが期待される。
73) Koontz, O'Donnell and Weihrich(1980), p. 13.
74) Koontz and Weihrich(1988), p. 50.
75) エドワーズ,ベル(1964),マイヤーズ(1969)等。逆に意思決定の立場から管理会計を論じたものに,デムスキー(1983)がいる。
76) American Accounting Association(1966).
77) Beer(1959), p. 18. ビアにとっても企業は「システム」の一例に過ぎなかった。
78) メサロビッチ他(1971)。Whyte(1969)。
79) ガルブレイス(1980)。ここに取り上げた分類とは,情報処理という一点で一致する。
80) サイモン(1979), p. 3。
81) サイモン(1979), pp. 5-56。
82) サイモン(1987), p. 103。
83) それ故,反証可能性を上げたポパーとは異なる。
84) サイモン(1987), pp. 30-31。
85) サイモン(1987), p. 102。
86) サイモン(1987), p. 30。
87) サイモン(1987), p. 137。

88)「暗黙のうちに《あらゆる状況に適用できる組織化のワン・ベスト・ウェイ》を求めようとしてきた」とローレンス，ローシュ(1977)が管理形態の固定化の不可能なることを指摘するが (p.3)，ここに言う組織化の方法とは，構造であり管理行為や指令系統ではない。

　　管理に関してアレンは，「〈原則と過程〉によるアプローチは，管理の一般理論がどのように展開されていくのかについて，1つの見解を示すものである。管理の〈過程〉，すなわち，管理者が職務を遂行する際，行なう〈事柄〉は，理論に対して1つのフレームワークを与えてくれる。また〈原則〉は，管理者が〈どのように〉管理すべきかを明らかにし，知識体系の構築要素となるものであると言われている」と述べている（アレン(1982)，p.527)。管理原則とは，ファイヨールの言う各種の管理職能であるが，管理過程論では，各種の職能の管理活動は同時に行われ，経営活動はその過程に注視されるべきであると論じられた。すなわち，ファイヨール(1972)は，「『管理すること』，それは予測し，命令し，調整し，統制することである」と言い(同 p.21)。クーンツとオドンネルは，「原則は一定状況に適用可能な基本的真理」と言う (Koontz and O'Donnelle(1955)，p.vi)。しかしローレンスとローシュは，原則に妥当する場面は，安定した「特殊ケースであり…中略…古典学派のいう『原則』は，連続スケールの一方の端と考えることができる」と言う（ローレンス，ローシュ(1977)，p.202)。さらにサイモンは，「実際には，管理の状況を記述し診断するための基準にすぎないものを，『管理の原則』として取り扱うことから生じてきた」と述べ（サイモン(1989)，p.43)，普遍性がない以上，管理原則と呼ぶこと自体を批判する。また「管理の諸原則の致命的欠陥は，格言がそうであるように，それらが対になっていることである。ほとんどの原則についても，それと矛盾するが，同じようにもっともらしく容認できる原則が存在する。この対になっている2つの原則に従えば，組織についてまったく逆の改善案が出ることになるが，このどちらを適用するのが妥当かについて，この理論は何も示していない」と内容的に矛盾していることを指摘する（サイモン同 p.20)。事実，「管理という問題には厳密なものも絶対的なものも少しもない。そこにあるものは程度の問題である」とファイヨールが言うように，原則というほどの厳密性を持っていない（ファイヨール(1972)，p.41)。さらにサイモンは，論理実証主義の立場から，「管理過程に関する命題は，真偽か虚偽かを事実的な意味で断定できる場合に限り科学的であろう。逆に言えば，管理過程に関する命題について真実か虚偽かを断定可能ならば，その命題は科学的である」と厳密性を迫っている（サイモン(1989)，p.316)。しかし管理過程に対してはミンツバーグから，現実の管理者の活動と過程の内容には隔たりがあることが指摘されている（ミンツバーグ(1991)，p.11)。後述する生存可能システムモデルは管理することや指揮系統を示すものではない。

89) サイモン(1979), p.268。現実には，恣意性や主観を排除することは不可能であり，組織化が可能なのは，第4・5章で述べるように個人の一側面のみである。
90) サイモン(1987), p.15。
91) ルーマン(1993), (1995), p.45。
92) 後の議論でこれ等が不要であることは明らかになるであろう。
93) Wiseman(1985), p.231。
94) マーケティング分野でも，システム思考に基づくものが提示された。オルダーソン(1984), (1981), Lazer(1971) 等である。これ等は組織行動システムの概念によるものだった。
95) ワイク(1979), p.114。
96) ワイク(1979), p.4。
97) マーチ，オルセン(1986), p.30。
98) これ等については次章で再述する。
99) 前述したように，ルーマンそしてときにビアでさえ，システムをシステムの組織構造で論じているためここで触れた。つまり，内的多様性の交換は明らかに構成要素としての個人や実現された中間構成要素によって行われることである。しかし，これが前面に出るとルーマンと同様，システムの機能を巡る議論が後退せざるを得ない。
100) Flood and Jackson(1991), p.119.
101) 次章で述べるように，アロポイエティックな閉鎖系の議論が中心であったが，同時に社会システムの構想もあった。機能と構造を同一視する議論もあり，全ては創発性に託す状況であった。
102) 次章最後に再述する。しかし本質は，4章に述べる組織の潜在性を高めるための擬似家族的単位の連鎖である。
103) 擬似家族的単位という関係に焦点を当てるとき，定理や公理は自律性の範囲の相互規制であることが知れる。
104) これを逆説的に言えば，大庭健の『他者とは誰のことか』(1989) の「つまり，〈ひと〉なるモノは，「我々」から分泌されながら，しかし「我々」を超越したソトなるものの監視網であるかの如くに外在的に自立的でもある」(p.77),「我々は日々，「ココ」なる自分として笑い，嘆き，怒りつつ，互いに抱き合い，拒みあいつつ生きている。しかし…略…「ココ」なる〈自分〉の存在は，〈ソコ〉に映る姿」を通してしか確認しえない。しかし「ソコ」は，「ココ」ではない。…略…「ソコ」にはココがどう映っているのか…略…確かめることができない。」といった事態と同様である(pp.80-81)。
105) 出口(1994), スコット-モートン(1992)。
106) 日本的経営における信頼関係は，実は相互拘束的関係のゲームであるとい

う指摘もある(山岸(1998))。つまり,裏切れば損をするから,裏切られることはないという程度であり,真の信頼関係ではない。ここで指摘したいことは,人並みに信頼されたいという願望である。

参 考 文 献
- [1] エイコフ,R. L.「一般システム理論とシステム研究」(メサロヴィッチ編,一楽雄也訳)『一般システム理論の研究』日本能率協会,1971。
- [2] オルダーソン,R. (田村正紀他訳)『動態的マーケティング行動』千倉書房,1981。
- [3] オルダーソン,R. (石原武政他訳)『マーケティング行動と消費者行為』千倉書房,1984。
- [4] American Accounting Association, *A Statement of Computers on Management*, 1969.
- [5] アンソニー,R. N. (高橋吉之助訳)『経営管理システムの基礎』ダイヤモンド社,1968。
- [6] Arrow, K. J. et al., *Mathematical Methods in Social Sciences*, Stanford U. P., 1960.
- [7] Arrow, K. J. and Hurwicz, L. eds., *Studies in Resource Allocation Processes*, Cambridge U. P., 1977.
- [8] Ashby, W. R., "The Effect of Experience on a Determinate Dynamic System," Behavioral Science, 1, pp. 35-42, 1956 a.
- [9] Ashby, W. R., *An Introduction to Cybernetics*, Chapman and Hall, 1956 b.
- [10] Ashby, W. R., *Design for a Brain*, Wiley, 1960.
- [11] バーナード,C. I. (山本安次郎他訳)『経営者の役割』ダイヤモンド社,1968。
- [12] Beer, S., *The Heart of Enterprise*, John-Wiley, 1979.
- [13] Beer, S., "A Reply to Ulrich's 'Critique of pure Cybernetic Reason: the Chilean Experiment with Cybernetics'," *Journal of Applied Systems Analysis*, 10, pp. 115-119, 1983.
- [14] Beer, S., "The Viable System Model: its provenance, development, methodology and pathology," *Journal of the Operational Research Society*, 35, pp. 7-26, 1984.
- [15] Beer, S., "I sad, You are Gods," in Harnden and Leonard eds. *How Many Grapes Went into The Wine*, John-Wiley, 1994, pp. 375-396.
- [16] ビア,「序文」マトゥラーナ,H. R.,ヴァレラ F. J. (河本英夫訳)『オートポイエーシス』国文社,1991。

[17]　von Bertalanffy, L., "General System Theory: A Critical Reviews," *General Systems*, Ⅶ, 1962.
[18]　フォン・ベルタランフィ, L.（長野敬・太田邦昌訳）『一般システム理論』みすず書房, 1973。
[19]　ボニーニ, C. P.（紫川林也訳）『企業行動のシミュレーション』同文舘, 1972。
[20]　Boulding, K. E., "General Systems Theory — The Skeleton of Science," *Management Science*, 1956, pp. 197-208.
[21]　ブルズ, W.（鶴岡重成訳）『社会主義経済の機能モデル』合同出版, 1971。
[22]　ブルズ, W.（佐藤経明訳）『社会主義における政治と経済』岩波書店, 1978。
[23]　Buck, R. C., "On the Logic of General Behavior Systems Theory," *Minnesota Studies in the Philosophy of Science*, 1, University of Minnesota, 1956.
[24]　バックレイ, W.（新睦人他訳）『一般社会システム論』誠信書房, 1980。
[25]　キャノン, W. B.（舘鄰, 舘澄江訳）『からだの知恵』平凡社（世界教養全集 33）, 1963。
[26]　チェックランド, P.（高原康彦, 中野文平監訳）『新しいシステムアプローチ』オーム社, 1985。
[27]　チャーチマン, W. C.（竹内靖雄訳）『システム科学への挑戦』竹内書店, 1970。
[28]　Clemson, B., *Cybernetics : A New Management Tool*, Abacus press, 1984.
[29]　出口弘『ネットワーク』日科技連, 1994。
[30]　デカルト, R.（三木清訳）『省察』岩波書店, 1950。
[31]　デカルト, R.（小場瀬卓三訳）『方法序説』角川書店, 1951。
[32]　デムスキー, J. S.（吉川武男訳）『情報分析の基礎理論』千倉書房, 1983。
[33]　Deutsch, K., *The Nerves of Government*, Free Press, 1963.
[34]　Eckstein, A. ed., *Comparison of Economic Systems*, Univ. of California Press, 1971.
[35]　エドワーズ, E. O., ベル, P. W.（伏見多美雄他訳）『意思決定と利潤計算』日本生産性本部, 1964。
[36]　Flood, R. L. and Jackson, M. C., *Creative Problem Solving*, John-Wiley, 1991.
[37]　フーコー, M.（神谷美恵子訳）『臨床医学の誕生』みすず書房, 1969。
[38]　フリック, H.（鈴木幸毅等共訳）『経営サイバネティックス』白桃社, 1974。
[39]　ガルブレイス, J. R.（梅津祐良訳）『横断組織の設計』ダイヤモンド社,

1980。
[40] ギデンズ, A.（叶堂隆三他訳）『社会学』而立書房, 1992。
[41] Gorry, G. A. and Scott-Morton, M. S., "A Framework for Management Information Systems," *Sloan Management Review*, Fall, pp. 55-70, 1971.
[42] Greniewski, H., "Cybernetics and Economic Models," *The Review of Polish Academy of Sciences*, 4, pp. 59-96, 1959.
[43] Greniewski, H., *Cybernetics without Mathematics*, Pergamon, 1960.
[44] Hall, A. D. and Fagen, R. E., "Definition of systems," *General Systems*, 1, pp. 18-28, 1956.
[45] Hanson, N. R., *Patterns of Discovery*, Cambridge University Press, 1958.
[46] 畠山一平『生物サイバネティックス』I II, 朝倉書店, 1989。
[47] ハイムズ, S.（高井信勝監訳）『フォン・ノイマンとウィーナー』工学社, 1985。
[48] ハイムズ, S.（忠平美幸訳）『サイバネティックス学者達』朝日新聞社, 2001。
[49] Henderson, L. J., *The Fitness of the Environment*, Macmillan, 1915.
[50] 飯尾要『市場と制御の経済理論』日本評論社, 1970。
[51] 飯尾要『経済サイバネティックス』日本評論社, 1972。
[52] 飯尾要『経済・経営システムと情報技術革命』日本評論社, 1994。
[53] 市橋英世『組織行動の一般理論』東洋経済新報社, 1978。
[54] 今田高俊『自己組織性』創文社, 1986。
[55] ヤンツ, E.（芹沢高志, 内田美恵訳）『自己組織化する宇宙』工作舎, 1986。
[56] 河本英夫『オートポイエーシス』青土社, 1995。
[57] クラウス, G.（石坂悦男訳）『サイバネティクスと社会科学』合同出版, 1978。
[58] Klir, G. ed., *Trends in General Systems Theory*, John Wiley, 1970.
[59] Koontz, H. and O'Donnell, C., *Principles of management : an analysis of managerial functions*, McGraw-Hill, 1955.
[60] Koontz, H., O'Donnell, C. and Weihrich, H., *Management*, 7th ed., McGraw-Hill, 1980.
[61] Koontz, H. and Weihrich, H., *Management*, 9th ed., McGraw-Hill, 1988.
[62] クーン T. S.（中山茂訳）『科学革命の構造』みすず書房, 1971。
[63] コルナイ, J.（岩城博司他訳）『反均衡の経済学』日本経済新聞社, 1971。
[64] ランゲ, O.（鶴岡重成訳）『システムの一般理論』合同出版, 1969 a。
[65] ランゲ, O.（佐伯道子訳）『経済サイバネティクス入門』合同出版, 1969 b。

[66] Laszlo, W., *Introduction to Systems Philosophy*, Harper Torchbooks, 1972.
[67] Lazer, W., *Marketing Management : A Systems Approach*, John Wiley, 1971.
[68] ルーマン，N.（佐藤勉監訳）『ニクラス・ルーマン社会システム理論』上巻，恒星社厚生閣，1993。
[69] ルーマン，N.（佐藤勉監訳）『ニクラス・ルーマン社会システム理論』下巻，恒星社厚生閣，1995。
[70] マーチ，J. G., オルセン，J. O.（遠田雄志他訳）『組織におけるあいまいさと決定』有斐閣，1986。
[71] Marschak, J. and Radner, R., *Economic Theory of Teams*, Yale U. P., 1972.
[72] Maturana, H. R., "Biology of Language : The Epistemology of reality," in Miller, G. and Lenneberg, E. eds. *Psychology and Biology of Language and Thought : Essays in Honor of Eric Lenneberg*, Academic Press, pp. 27-64, 1978.
[73] マトゥラーナ，H. R., ヴァレラ，F. J.（河本英夫訳）『オートポイエーシス』国文社，1991。
[74] Maturana, H. R., and Guiloff, G., "The Quest for the intelligence of intelligence," J. of Social and Biological Structures, 3, pp. 135-148, 1980.
[75] McCulloch, W. S. and Pitts, W. H., "A Logical Calculus of the Ideas Immanent in Nervous Activity," *The Bulletin of Mathematical Biophysics*, 5, pp. 115-133, 1943.
[76] メダワー，P. B., メダワー，J. S.（長野敬他訳）『アリストテレスから動物園まで』みすず書房，1993。
[77] メサロビッチ，M. D. et al.（研野和人監訳）『階層システム論』共立出版，1974。
[78] Morgan, G., "Researdh as Engagement : A Personal View," Morgan, G. ed. *Beyond Method : Strategies for Social Research*, Sage, 1983.
[79] M'Pherson, P. K., "A Perspective on Systems Science and Systems Philosophy," *Futures*, 6, pp. 219〜239, 1974.
[80] 村田晴夫「システム論思想の創成」，公文俊平，高原康彦編『一般システム研究の成果と展望』GSR 研究会，1987。
[81] 村田晴夫『情報とシステムの哲学』文眞堂，1990。
[82] マイヤーズ，C. A.（高宮晋他訳）『コンピュータ革命—経営管理への衝撃』日本経営出版会，1969。
[83] von Neumann, J., "Probabilistic Logics and the Synthesis of Reliable Organisms from Unreliable Components," Shannon et al. Eds., *Automata*

Studies, Princeton U. P., 1956.
- [84] 大庭健『他者とは誰のことか』勁草書房, 1989。
- [85] パレート, V. (北川隆吉, 廣田明, 板倉達文訳)『社会学大綱』青木書店, 1987。
- [86] パーソンズ, T. (佐藤勉訳)『社会体系論』青木書店, 1974。
- [87] パーソンズ, T. (稲上毅他訳)『社会的行為の構造』木鐸社, (1) 1976, (2) 1986, (3) 1982, (4) 1974, (5) 1989。
- [88] ピアース, J. R. (鎮目恭夫訳)『サイバネティックスへの認識』白揚社, 1963。
- [89] ポッパー, K. R. (久野収, 市井三郎共訳)『歴史主義の貧困』中央公論社, 1961。
- [90] ポッパー, K. R. (武田弘道訳)『自由社会の哲学とその論敵』世界思想社, 1973。
- [91] ポッパー, K. R. (藤本隆志, 石垣壽郎, 森博訳)『推測と反駁』法政大学出版会, 1980。
- [92] Rapoport, A., "Methodology in the Physical, Biological, and Social Sciences," *General Systems*, XIV, pp. 179-186, 1969.
- [93] 佐藤敬三「システム論の発展と批判的合理主義」, 北川, 伊藤編『システム思考の源流と発展』九州大学出版会, pp. 25-52, 1987。
- [94] スコット＝モートン, M. S. (宮川公男監訳)『情報技術と企業変革』富士通経営研究所, 1992。
- [95] Shannon, C. E., *The mathematical theory of communication*, University of Illinois Press, 1971.
- [96] Shannon, C. E. et al. Eds., *Automata Studies*, Princeton U. P., 1956.
- [97] サイモン, H. A. (稲葉元吉他訳)『意思決定の科学』産業能率大学出版部, 1979。
- [98] サイモン, H. A. (稲葉元吉他訳)『新版システムの科学』パーソナルメディア, 1987。
- [99] サイモン, H. A. (松田武彦他訳)『経営行動：経営組織における意思決定プロセスの研究』ダイヤモンド社, 1989。
- [100] 杉田元宜『サイバネティックスとは何か』法政大学出版会, 1973。
- [101] Sztompka, P., *System and Function*, Academic Press, 1974.
- [102] Thrall, R. M. et al. Eds., *Decision Prosesses*, Wiley, 1954.
- [103] Ulrich, W., "A Critique of Pure Cybernetic Reason; the Chilean experience with cybernetics," *J. of Applied Systems Analysis*, 8, pp. 33-59, 1981.
- [104] ワイク, 遠田雄志訳『組織化の社会心理学』第2版, 文眞堂, 1979。
- [105] ウェーバー, M. (世良晃志郎訳)『支配の社会学』創文社, 1960。

[106]　Wiener, N. and Rosenblueth, A., "Purposeful and Non-Purposeful Behavior," *Philosophy of Science*, 17, pp. 318-326, 1950.
[107]　ウィーナー, N.（鎮目恭夫，池原止戈夫共訳）『人間機械論』みすず書房, 1954。
[108]　ウィーナー, N.（池原止戈夫他共訳）『サイバネティックス』岩波書店, 1962。
[109]　ウィーナー, N.（鎮目恭夫訳）「科学と社会」『世界の名著66』1970。
[110]　ウィーナー, N.（鎮目恭夫訳）『サイバネティックスはいかにして生まれたか』みすず書房, 1983。
[111]　Whyte, L. L. et al. Eds., *Hierarchical Structures*, Elsevier, 1969.
[112]　Wiseman, C., *Strategy and computers*, Dow Jonse-Irwin, 1985.
[113]　山川雄巳『政治体系理論』有信堂, 1968。
[114]　山岸俊男『信頼の構造』東京大学出版会, 1998。
[115]　Yovits, M. C. et al., *Self-Organizing Systems*, Pergamon, 1960.

第3章 定義，諸原理

前章の展開が外観的説明であったのに対して，本章ではシステム論の内側で行われた初期の研究とシステムに関する用語・諸原理を整理する。

§3-1は，システムに関する定義を中心に，胎動期のサイバネティックスの概念形成を描写する。§3-2は，システム思想の中心的考え方である。§3-3では，システム思考から直ちに導出される考え方を示す。概ねシステム思考は，3つの世代に大別される。動的平衡系が中心となった時期と自己組織化が論じられた時期，そして生存可能システムモデルが提示された以降である。自己組織化の問題は既に第1世代で注目された現象であったが，第2世代になると様々な分野で発見され，改めてシステム思考が認識されることになった。よって，§3-4で，システム論の世代的特徴を整理する。そこでの様々な「自己」概念は，第4章に繋がる。§3-5では，第1世代・第2世代システム論を通して言及された諸原理をクレムソンの解説を基に整理する。クレムソンの組織描写に触れる理由は，第2章で述べたようにシステム思考は組織論の下地になるものか，独自の組織観をもたらすものかという議論がなされたためである。しかして新たな地平は，従来のシステム的思考ではなく独自のモデルを用いなければ行い得ない。幾つかの法則を挙げるが，これ等はそして本章の議論は全て，第5章に接続する議論である。

§3-1 システムに関する定義

システムとは，総合化と体系化を意味するギリシャ語の $\sigma\upsilon\sigma\tau\eta\mu\alpha$ $\sigma\upsilon\nu\iota\sigma\tau\alpha\nu\alpha\iota$（共に置く）に由来した言葉であり，事象の全体や1つに凝集する様子を表す言葉とされる。

しかし幾つかの同様の定義があり，また様々な場面で使われる言葉である。故に他の基本概念と同様，多少の混乱も生じている。よって以下に，サイバネ

ティックスの揺籃期の構想と共にシステムの定義と基本事項を整理して置く。

　初期のサイバネティックスにおいては，人間-機械システム構想に努力が傾注された[1)]。すなわち，ウィーナーによって，機械・生物・人間・社会システムに共通する通信と制御の一般理論として，「動物と機械における通信と制御の科学」という副題を冠されたサイバネティックスという学際領域が開拓されたことが，その端緒であった。そこで重要とされる概念は，システムとは何かと問うことでも，一般システム理論のように次元の異なる学問間の共通性を見出すことでもなかった。神経システムを初めとする生体の恒常性との同型写像を希求することだった。具体的には，生命体と機械を貫く一般理論として，情報と制御，エントロピー等を中心的概念として，安定性を論じることであった。これは，シャノン，フォン・ノイマンそして生理学者のアシュビーにも共通することである。具体的には，ウィーナーの中心概念は負のフィードバック経路を設計し，自己調整的システムを実現することであった。つまり，安定性を確保することが制御の中心であり，システムとは制御されるものとの認識があった。アシュビーにとっての中心概念は，必要多様性の原理であった。これは，多様性のみが多様性を吸収し得るという原理である。そしてシステムは，環境の多様性によって安定性が脅かされないように，環境と同等以上の多様性を持つか，あるいは環境の多様性を削減する工夫をすべきであると説いている。この工夫のことを，アシュビーは多様性工学と呼んでいる。すなわち，アシュビーにとっての関心事は，システムの安定性，超安定性，そしてその基礎としてのホメオスタシスの確保に向けられていた。そして，安定性の理想は有機体であった。これ等は後述する。

　通信と制御に関心を寄せるウィーナーにとっては，人間に指示することと機械に命令信号を送ることに区別はなかった。ただ承諾信号を受け取れば良かった。何故か。ウィーナーにとっては生理学的関心が中心であり，人間-機械系の中で，人間の機能の評価が問題であったからだ。機械に関しては，その仕様から考えて入力と出力との間の機能や効率は簡単に評価し得る。しかし，その

間に一方の要素である人間が入ると事態は急変する。つまり、人間に関してはその機能や効率は、初心者と熟練者では異なるからである。1人の人間においても、達成度が安定することは少ない。そうした不安定要因がシステムの中に含まれているということは、システム全体の行動を著しく理想的状態から引き離してしまう。そこで、人間を一種の不安定な機械と見做し、その生理学的解析から不安定な行動の幅を設定し、その幅の中で起る事態を前提にシステムの行動の最適化を図るべきである、と考えたのである。

アシュビーの理論展開は、このような通信理論あるいは技術論的準拠枠による制御ではなく、より直接的にキャノンのホメオスタシスの概念に基づくものであった。その関心事は、頭脳のようなシステムの作動を機構的に説明することだった。[2]

しかし何れも、多くの後進に影響を与えた。例えば負のフィードバック概念は、バックレイの社会システム論における役割構造の変動の説明に用いられ、必要多様性の概念は、ルーマンの社会システムの理論に用いられている等である。すなわち、ルーマンの社会システムとは、ある環境の中にあって、その環境とシステムとの差異性によって自己再生産を可能にするというものである。その際、コミュニケーションを通じて複雑性の縮減を行うとする議論は、アシュビーを遡源するものである。また組織論のコンティンジェンシー理論においても、概念上の類似性が認められる。またビアは、両者から強く影響を受けている。

ところで彼等の関心事が、脳と中枢神経系、言語、目的、記憶等共通した地点から研究が開始されたことが、新たな学問分野を進展させる原動力になったことは想像に難くない。すなわち、物質と精神、機械と有機体を架橋する新たな試みの1つとして、ウィーナーのサイバネティックスは創始されたと言っても過言ではない。1つとは、ある時期よりフォン・ノイマン等の接近は、別の道を切開いたからである。第二次世界大戦後間もなく、「生命と社会における循環原因とフィードバックメカニズムに関する会議(後のサイバネティックス

会議)」を主催していた頃は共通するが，フォン・ノイマンがコンピュータの兵器利用や自己増殖オートマトン論に傾斜していくにつれ，ウィーナーとは疎遠になった。会議当時，フォン・ノイマンの関心事は，単純な生物の脳に関する形式論理的モデルが作れるか否か，神経系統を含む伝達と制御機能の総合的模型化が可能か否かというもので，ウィーナーやローゼンブルース等の構想を越えるものであったと言われている。会議毎に，人間-機械系に関する意見交換がなされたが，フォン・ノイマンが軍との協力関係を強め，特にロス・アラモスでの水爆開発に参加するようになったため，軍の兵器開発を拒否していたウィーナーとの仲は疎遠になったのである。しかしながら，フォン・ノイマンの関心事は依然として生命，特に頭脳の機構にあった。つまり，彼等の制御の根本は，安定性すなわちホメオスタシスの概念によるものだったのである。

両者の違いは，研究の形式にも現われている。フォン・ノイマンは，ゲーム理論やコンピュータの基礎理論等，基本的に形式論理の構造に基づいて研究を展開したのに対して，ウィーナーは，具体的論題を数学的に厳密に考察するという総合大系を指向していた。しかし，社会システムや宗教にまで言及する一方，ウィーナーの研究は局所領域での制御と通信に集中していたのが現実であった。また，企業組織等の大規模なシステムを対象とすることもなかった。これに対し，フォン・ノイマンの構想は当初から大規模システムを想定したものだった。しかし，形式論理が全ての場面で成り立つ，という発想を捨てることはできなかった。

初期のサイバネティックス運動について触れると，戦間期のウィーナーの関心事は，生体の反射調整機構だった。これは，意に反し対空砲火の自動照準装置の開発に従事した経験と以前にキャノン等と討論会を持ったことから着想を得たとされる。つまり照準に関連して，それはフィードバック機構の着想に直結したのである。ウィーナーはジュリアン・ビゲローの協力を得て，フィードバック経路を持つ自動操縦装置に，感覚器から得た情報を神経系が如何に処理するのか，という人間の行動の類比を適用する実験を繰り返した。後にローゼ

ンブルースとの議論を重ね，サイバネティックスの原型となったのはこのときの実験であった。

後に，その関心は神経生理学に移行した。一方では，傷病兵の義手等の開発も試みている[3]。第二次世界大戦終了後，軍と決別したウィーナーに対し，その著書の最初の記述を助け共同作業をしたのは，ウォルター・B.キャノンの同僚で生理学者のアートロ・ローゼンブルースであった。2人は，キャノンのホメオスタシスとフィードバック系の解析を結合しようと試みた[4]。それが，『サイバネティックス』に結実したのである。キャノンがホメオスタシスという言葉で表現したかったのは，身体の均衡を維持する能力であった。複雑な組織はストレスに罹ったとき，その諸機能が停止したり，各部分が突然分解したりするのを防ぐため，効果的な自己修復の適応能力を持っているに違いない，ということを立証しようと試みたのである。

ホメオスタシスという概念に魅せられたウィーナーは，第二版において，単に機械と動物間の通信と制御に留まらず，生命現象から社会現象まで網羅するあらゆるシステムの構成要素，その有機構成，機能連結，情報伝達の共通原理としての通信と制御を扱う科学が，サイバネティックスであると述べている。

しかしウィーナー達の記述は，ある意味で人間を一種の道具と見做す工学的見解で貫かれているとも言えよう。例えば，通信と制御に関して，こちらの通信に対して承諾信号さえ帰って来れば，その受理が人間によるものだろうが機械によるものだろうが関係なくこの科学は成立するという準拠枠が，先の定義には込められているからである[5]。もっともそこには，生物と機械との間で同型写像が可能な場合に限られているのであるが，それについては考慮されていない。またコミュニケーションとフィードバック概念を通じた制御の成立する理想的適応系として，神経システムという閉鎖系が想定されていた。フィードバック概念は動物や機械双方にとって，環境との間で相互に影響し合う場面では常に成り立つ，という見解をウィーナーは持っていたのである。

彼等の研究は，機械的作動を前提とした神経サイバネティックスと呼ぶべき

分野に限定されていると言うべきであろう。ウィーナーの準拠枠に固執するならば，効率的遂行能力が前提とされることになり，人間を機械であるかの如く見做さざるを得なくなり，結果的には人間の感情を排除せざるを得なくなる。蛇足ながら，『人間機械論』という訳は，その意味では妥当だったと言える。そしてウィーナーよりはむしろ，キャノンの『からだの知恵』の最終章の方が，生態調整機能を模した国家統治や技術の在り様の可能性が現実的に述べられていると言える。

　しかし，ウィーナーの人間性を否定することはできない。軍事協力を拒否したことで，ライナス・ポーリング，アルベルト・アインシュタイン等と共に，国防上の理由から一般諮問委員会等の会議から締め出され非協力者のレッテルを貼られたこと，前述したように傷病兵のために補綴装置を開発したこと等は，その生い立ちもさることながらウィーナー自身の人間性の表れと言えよう。研究関心事以外の日常活動は，フォン・ノイマンとは対照的であった。

　また，サイバネティックスを提唱した当初から，社会要素の分析を志向し，通信と制御の様式，自動調節と不安定の要素，学習と適応の源，人間の可能性を認識する自由，目的間の相互関係に，ウィーナーの関心は広がっていった。特に，人間による非人間的使役，隔離，詐欺，通信の操作上の不備，そして通信の結合の不備を指摘することを目的としていた[6]。すなわち，通信の結合の不備とは，階級社会における各自の運命に影響を与える有効な機構の限界を示し，社会における周期的な不安定の原因となる不適当なフィードバックと調整の機構を改善することだった。

　サイバネティックスは，所謂標準的な分析方法で社会的な相互作用において人間性を認め，上記のような欠陥や不適切を訂正することを暗黙裡に行うものであるという規定が，負のフィードバックという概念で表現されたのである。このことは，後述する。

　これ等のことから，ウィーナーの考えと人格が知れよう[7]。人道主義や民主主義そして自由主義の価値は，しばしば技術者によっては抽象的に表されるが，

ウィーナーの社会理論では至るところでそれ等を見出すことができるのである[8]。何れにせよサイバネティックスが提唱されて以来，多くの生理学者や医師により，生態調整機能や中枢神経系の研究がなされた。特に，生物サイバネティックは広く研究された分野の１つである。

初期のシステムの定義に関しては，前章で触れたホールとフェイジンが，混乱した用語であると断わりながら，「システムとは，諸要素間の関係性とそれ等の属性間の関係性とを伴った，諸要素の集合」であると定義している[9]。当時の認識はここに落着くと思われる。

フォン・ベルタランフィの定義では，システムとは「オーガナイズされた全体」あるいは「オーガナイズされた複合体」であるという[10]。ここで，オーガナイズという言葉を用いるのは，有機構成に依拠していることを意味している。しかし，一般システム理論という遠近画を通すと，一気に「観察者によるシステム認識論」に飛躍してしまう。つまり，初期のサイバネティックスが，人間と機械の複合体を標榜し，ある意味で構築論的システム観を持っていたのに対して，一般システム理論のシステム観は，認識論的システム観と呼べるだろう。

しかし，その構想は幅広いものであった。フォン・ベルタランフィに従えば，「銀河や細胞，原子のような実在システム」が存在し，「これに対して概念システムというもの」があり，それは「本質的に記号による構築物である」と言う。さらに「その下位クラスとして抽象システム(科学)すなわち実在に対応する概念システムをもっている」とする[11]。そしてシステムの「認知は『実在のもの』（その形而上学的な位置付けは何であれ）の反映ではないし，知識は単に『真理』や『実在』への近似ではない。それは知るものと知られるものの間の相互作用であり，これは生物的，心理的，文化的，言語的，等々の性質をもつ多数の要因に依存するものである」と述べ，一種の遠近主義的哲学の観点から，観察者は様々な局面を隣接諸分野から考察し総合して判断すべきであると述べている[12]。

ここから一般システム理論の性格付けが，始まっている。すなわち，学際的

第 3 章 定義，諸原理 113

観点を持って学際的一致点を希求すること，つまり科学の統一理論の標榜が掲げられたのである。しかし達成し得ることは，ボールディングが「経験世界を見渡し多くの異なる学問分野に見出される一般的な現象を取り出し，これ等の現象にとって適切と考えられる一般的な理論モデルを作る」ことを目指す方法であると述べるが如く諸学の見解に類似点を見出すことだけであった。メサロヴィッチも，一般システム理論は，現実のシステムのある種のアナロジーもしくはモデルと述べている。つまり，類似性を見付け普遍化しようとする試みだったのである。認識論的システム観と呼ぶ所以はここにある。第2に，当初より，上述のように多層的システム論を標榜することで，汎用的モデル化に至る道を断念している点が挙げられる。このことに関してボールディングは，「様々な経験分野の個体の複雑性にほぼ対応した複雑性のヒエラルキーを持つように理論的なシステムや構成体を配列する方法」であると述べているが，間口を広げるばかりで収拾を付けるという作業を怠っている。すなわち，上述のフォン・ベルタランフィからの引用では，概念システムが1つのモデルに相当するかのように思われるが，「システムと，『概念上の』構築物およびシステムの区画線は，どんな常識的なやり方によっても引くことはできないものである」と断念している。

　すなわち，一般システム理論に従ってシステムを見る場合は，雛型も持たずに，諸学の常識を個々に引用しながら，しかも幾ら考察を重ねてもシステムの実体には到達し得ないと慨嘆し，それにもかかわらず個別に考察せざるを得ないということになる。

　やはりシステム論的見解から，抽象的規定に留まる場合をさらに引用しておこう。公文俊平は，「主体が現実界を認識，制御，変革することを目的として作るところの，現実界の一部に対応させられる記号的構成物のことである」と定義している。すなわち，主体と現実との対立，現実世界への主体の働き掛けと経験の獲得が基本的骨子となっている。つまり，現実世界を対象としながら，主体がモデルとしてシステムを設けるということであり，システムそれ自

体の定義としては不完全なものである。モデルの構想自体が情緒的である。

またシステム工学からの認識では，システムとは「全体認識の論理」であり，その方法論は「関係概念による集団認識の論理」とされている[16]。やはり本質的な定義ではない。

一方，サイバネティックスを「効率的組織の科学」と定義するビアは，ウィーナーと同様，神経系との同型写像を基に経営サイバネティックスを展開している。その中で一貫して，「システムとは，ある凝集的なパターンに従って，時間に関して動態的に関連する一群の要素から構成されるもの」と定義している[17]。これは他のシステム提唱者にも受容し得る定義であろう。

例えばソフトシステムズ・メソドロジーのチェックランドは，「一群の要素が互いに連結し，1つの全体を形成している様を表現したもの」という同様の定義を与えている[18]。また1つの認識論を人間活動に適用するとき，この認識論は4つのシステムを特徴付ける基本的概念を持つということを意味する，とチェックランドは述べている。すなわち，システムとは，「実在モデルであり，…人間活動に適用したとき，生じるモデルは基本的には階層構造，創発的性質，通信，制御の言葉で特徴付けることができる。自然の実在，あるいは人工的実在に適用するとき，最も重要な特質は全体が持つ創発性である」[19]と述べ，新奇な性質で特徴付けられるあるまとまりを持った実在を指すものとの認識を持っている。

では，ビアの定義は，ウィーナーのそれと整合するのだろうか。本来，システムとは部分と全体とを分離しては生存不能であるが，ここでは便宜的に区別することにする。「動物と機械における制御とコミュニケーションの科学」という副題を持つ初期のサイバネティックスにおいて，動物や機械とは異なるシステム間，または部分システム間の関係性を意味している。このように異なるシステムにおいて通信と制御が可能であるということは，人間システムでも機械システムでも互いに応答し合い両者が1つの全体システムとして効率的に有機的関係を構成している，という状態とそのための機能が確保されているとい

うことを意味している。さらに現実世界では，そのような「システム」は，社会組織という形で現われる。また組織がシステムのような有機構成を持ち，機能することが望ましいと考えたのである。その意味で，効率的組織の科学という定義は，ウィーナーの副題の内容を，現実世界に延長した定義と言うことができる。

　システム論の見方は，伝統的にシステムの構成に焦点を当てるということを基礎にしたものである。しかし論じるべきは，独立した単位体としてのシステムである。何故ならば，構成要素は単独で存在することは不可能だからである。ビアの生存可能システムモデルにおけるサブシステムは，構成要素として実現するものだが，本来のそれは機能の表象である。従ってそれ等は全体で一個の単位体として存在するものであり，部分として存在することはなくまた意味をなさないものである。[20] また『オートポイエーシス』でマトゥラーナとヴァレラが論じた諸要素の統一体という描写は，上述の「システム」という概念と表面上同等であるように見える。[21] オートポイエーシス論の初期においては，システムに対して「構成素の任意の規定可能な集合」という定義に留まっている。[22] しかしその後，識別可能な構成要素の全体的構成物としてのシステム概念に対する正確な取り扱いは，諸要素の統一体としての性質を反映したものとしている。すなわち，「システムとは，構成要素の相互関係が互いの相互関係の結果として維持されているような，関係性と相互作用を有する構成要素の集合のことである」と定義しているからである。[23]

　システムについて語ることは，統一体として論じられる諸要素からなる単位体の概念と，密接に関連したものである。しかし，所与の単位体の存在する空間領域との必然的対応関係を欠いているということをシステムという用語を用いる際に注意すべきであると，マトゥラーナとヴァレラは注意している。単位体と諸要素の構成からなる統一体についての記述と実現領域との間には，潜在的不整合性が存在するのだが，システム論では注意をしていない。つまり，システムを論じる際，それが諸要素の統一体として実現するのか所与の単位体な

のかということは,現象領域の異なった存在として扱う必要性があるのである。この違いに注意することは,観察者側の現象学的還元の問題を回避することに繋がる。しかし実際は,同等であると考えられることが多い[24]。すなわち,システムとしての全ての生物は確定的構造を有している。その構成論的実在は,2つの無関係な現象領域の中に存在していると言える。すなわち,(1)諸要素が作動する領域,つまり構造論的動学領域である。また,(2)統合体として諸要素が相互作用し,関係性を維持する領域である。つまり諸要素が存在し形成する全体領域であるという認識である。これ等は個別の部分を説明のために取り上げることは可能だが,個々の部分が独立することは不可能であるということを意味している。何故ならば,(1)は第4章の社会的オートポイエーシス的単位としての擬似家族的単位の相補的作動領域にも言えるからである。また(2)は,第5章で論じる生存可能システムモデルという大局的機能の実現領域における作動を意味しているからである。そして,部分の独立は不可能であるとは,後述するようにこれ等は表裏の関係で1つのシステムの作動すなわち構造と機能の実現を規定しているからである。

　システム理論とサイバネティックスの相違とは何だろうか。本稿の立場では,それは前述したように,モデル化し得るかという点にある。すなわち,サイバネティックスにおいては,有機体論からシステムを直接構想するということはしない。ビアが「ヨーヨー」法と言うところの,位相的写像という方法を用いる[25]。すなわち,2つ以上の異なる状況のモデル化を想定するとき,各々の現象に関して概念化・抽象化を,一般的には個々に始めるものである。2つの概念的モデルの厳密な定式化の展開過程で各々は,個々に準同型写像となるように純化されて行く。純化とは,捨象され,何等かの不変性が抽出される過程である。ここで,双方の抽象化の過程を互いの上に写像し不変性を発見することが可能であるならば,同型写像が成り立つことになる。認知,準同型写像,同型写像,一般化という抽象過程が成り立つ中に,初めて科学的モデルが成立すると考えるのである。これは,一般システム理論の有機体からの類比とは明

らかに異なる。システム間の構造上の類似性と差異性を示すということでもない。ましてや, 学問間に共通する概念を選別するという方法論とも組しない。また, 基礎的構造から高次な構造まで配列するといった階層的多元論や, 分類学的に配置される多元性とも異なる。

一般システム理論の接近法における多元性とは, パラダイムや階層性に制約されながら認識を行うという認識論的視点とこれを観望している観察者の視点とを使い分けながらも, 両者が不整合なることを無視し混同した議論に散見される。分類学的枠組に制約された行為者は, 自らの枠組を他の枠組と共に相対化することはできず, 多元性自体を論じることは不可能なのである。また観察者の視点からでは, 階層や枠組は意味論的に切断されており多元的視野を得ることはできない。故に, 両者を混合してもその溝は埋まることはない。この点を克服することが, ビアが同型写像によって生存可能システムモデルを求めた理由であり, システム論に座標軸が欠けている点でもある。[26] もっともビアの生存可能システムモデルは, チェックランドの言うところの概念モデルでありシステム思考である。しかしハードサイエンスにおけるモデルではない。[27]

しかしまた, 多元的自律性と凝集性を本性上持っている有機体から同型写像されたモデルを枠組と考える立場であり, フォン・ベルタランフィが本来標榜し未完に終わった普遍性と固有性を統合する唯一の方法である。同時に, 適用範囲は同型写像が可能な現象に限定されることになる。

§3-2 基本事項

システム思考における基本事項として, 関連用語についてまとめておく。

(i) ホメオスタシス

キャノンは, 静的な均衡概念を避け, 基本的に不安定な生理学上のシステムの動態的・過程的かつ潜在的な特性のシステムを示すためにこの語を用いた。すなわち「我々のからだの構造のきわめて不安定であること, きわめてわずかな外力の変化にも反応すること, そして, 好適な環境が失われたときに, その

分解がすみやかに始まることを考えると,それが何十年にもわたって存在し続けることは,ほとんど奇跡的なことであるように思われる。この驚きは,からだが外界と自由な交換をしている開放系であり,構造そのものは永久的なものでなく,常に消耗され破壊され,修復の過程によって絶えず築き直されているのだということを知ったとき,さらに強いものとなる[28]」。また「からだの中に保たれている恒常的な状態は,平衡状態と呼んでもよいかもしれない。しかしこの言葉は,既知の力が平衡を保っている比較的簡単な,物理化学的な状態,閉鎖系に用いられて,かなり正確な意味を持つようになっている。……私はこのような状態に対して恒常状態という特別の用語を用いることを提案してきた[29]」と説明している。

以下,サイバネティックス特にビアの所論において,安定性という用語はこの意味で用いられ,また本稿においても同様である。後述するように,これは第1世代的概念であるとも言えるが,永くまた強い影響を持っている概念である。しかしこれに反対する立場もある。例えばドイチェは,有機体を基にしたシステム構想それ自体に反対で,ホメオスタシスの概念にも反対している[30]。しかし極めて少数意見である。

(ii) 開システム,閉システム

フラッドとジャクソンは,開システムは有機体的比喩から,そして閉システムは機械論的比喩から求められると述べている[31]。すなわち,システムが開放系であるとは,環境と相互作用を行っているというだけでなく,その相互作用がシステムの持続や再生,変化への対応等の原動力になっていることを意味している。このとき環境とは,有機体が環境との相互作用をするのと同様に,複雑なシステムの個別的適応や進化を支える緊密なシステムと考えるべきである[32]。よって,開システムが存在する場では,環境自体が部分的な存在として扱われ,またそのような環境に合わせてシステムは複雑化している。アシュビーが,開システムを,「時の経過に従って変化し,その結果としてその状態が当初の状態による以上に,相互作用の過程で生じた諸経験によって特徴付けられ

るもの」と呼んでいるのは[33]，このような事情を指しているからである。環境との相互作用は，システムの新たな変化を引起すことに繋がる。そのため，システムと環境との相互作用は，双方にとって選択的なものである。システムが環境との多様な交換過程を行うことが可能である場合，システム自体の開放性は高まることになる。このことは，当初はシステムが環境と多角的・選択的に対応し，写像を可能にしていると考えられた。しかし，システム内に環境を再現することは不可能なことであり，モデル化しか行えないのである[34]。

閉システムの場合は逆の事態が成り立つ。すなわち，環境との相互作用は，システムの組織の喪失あるいは分解——すなわち有機構成の破壊——を意味するからである。また閉システムをエントロピー増大の傾向に，開システムをエントロピー減少の傾向に結び付けることは誤りである。

(iii) フィードバックと目的論

開システムが適応的反応をする場合，目的追求的に作動することが想定される。その場合，目的との乖離を修正する操作として，負のフィードバックが機能する。この概念は，初期のシステム思考特にウィーナーのサイバネティックスの鍵概念であった。すなわち，目標との関係において扱われるものである[35]。しかし目標指向的なものではない。すなわち，盲目的に目標に向けて作動するものではなく，目標からの逸脱を測定し回帰する働きをするものである。つまり，行為の結果による行為の制御である。

よって以下のように定義される。システムが，ある種の内的変数や基準値に依存して作動し目的もそれによって定められると仮定される場合で，その構成が基準値との関連で環境やその他のシステムと選択的諸関係を有するとき，ある種の感覚機構がシステムの内的状態あるいは行動の目的状態からの逸脱を判別する。このとき，逸脱を示す情報がフィードバックされ不適合性を減じる場合，それを負のフィードバックと呼ぶ。増幅させる場合は，正のフィードバックである[36]。

特に，アシュビーのホメオスタシス概念において，フィードバックを二重に

用いたものを，超安定系と呼んでいる。すなわち，アシュビーは機械という確定系に焦点を当て，「機械は，その規模と複雑さが許す程度で『適応する有機体』と相同なある機能構造を発展させる」ことが可能であると言う。[37] ある機能的構造とは，環境に適応するための器官のような構造のことである。しかし，適応する有機体と相同な機能的構造を発展させるシステムを，アシュビーは自己組織系とは呼ばず超安定系と呼んでいる。すなわち，「連続的な諸変数を持つ２つの系(所謂環境と反応部分)は，相互に作用しあう。双方の間には，第１のフィードバックが(複雑な感覚器官と運動器官の経路を通じて)存在する。さらに第２のフィードバックが，間欠的にまた弱い速度で，環境から一定の連続的な変数へ作用する。そしてこの変数が次に階段機構に影響を与える。その結果，これ等の変数が所与の閾値を逸脱するときまたそのときに限り，階段機構がその値を捉え，反応部分に影響を与える。つまり反応部分に対するパラメータとして働くことによって，階段機構は環境に対する反応部分の反応の様式を決定するのである」と定義している。[38]

この定義には，自己組織化に対する鍵概念が含意されている。[39] すなわち，図3-1のように反応部分をＡ，その様式を変える階段機構をＢとする。ここが自己組織化を推進する部分に当たる。また環境はＥとする。するとＡとＥの間には，通常の意味でのフィードバック作用が存在し，逸脱修正機構が働いているとする。一方，自己調整的に相互作用する部分つまりシステムＡ＋Ｂには，別のフィードバック経路が存在する。すなわち，ＢとＥの間である。この第２のフィードバックと反応部分からの第１のフィードバックの双方に基づいて応答が評価され，環境的制約からの機能遂行能力に対する制限を克服しよ

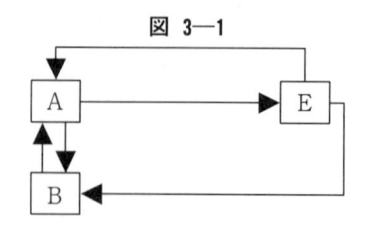

図 3−1

うとする。

　Bを設定することは，環境からの制約への対抗であり適応制御を意味する[40]。一方，環境への働き掛けはAのみが行うが，このような第1のフィードバック作用は逸脱修正的であるため，最適制御と呼べるだろう。構造安定系の場合は，第1のもののみで十分であるが，これはシステムの平衡を攪乱する全ての要因に対して制御可能であることを仮定せねばならず，非現実的である。構造安定は，システムの一部でしかないという事態が一般的であろう。よって，第2のフィードバックが必要となる。ホメオスタシスは生体における安定性の概念であるが，その確保のための工夫が超安定システムを構築することなのである。

　アシュビーが，人工システム設計に際して超安定系を導入したのには2つの理由がある。1つは，逸脱修正的制御だけではシステムの不均衡状態を均衡状態に復帰させることができず，システム解体の臨界状態に至る危険性があるからである。よって，階段機構が制御規則や評価基準を変更するという構造変化を行わなければならないのである。第2には，目的自体を変更することによって構造変化を引起す必要もあるからである。ここに適応制御が意味を持つことになる。また，機能と構造の一致する閉鎖系を設定すること自体，第1世代システム論の典型である。

　ところで別の観点もある。例えば，ヴァレラは全く別の構想を抱いている。組織的閉包の論理を組み立てる際，通常のフィードバック概念とは異なるフィードバック概念を提示している[41]。つまり，時として組織的閉包を成していると思われるシステムの中には，それが欠如したものがあり，それを補う必要があるということを表わすために，外部的生成機構を設けるという意味でフィードバックという語の範囲を広げて用いている。従来の概念とヴァレラの概念は，フィードバック経路の作るネットワークが，組織的閉包の基準に一致するときにのみ一致する。すなわち，外部的に生成されたフィードバック経路とは，その特徴がマトゥラーナの言う他者言及的な単位を意味するようになっているも

のを指している。

　ヴァレラは次のように説明している。「組織的閉包の研究における中心的関心の1つは，（制御や制約を具現化するような）入力も出力も伴わないシステムを構想し，自律的構成を描き出すことであった。そしてこの観点は，ウィーナー学派のフィードバック絶対主義信奉者とは，相容れない点である」と言う。[42] すなわち，第4章に後述するオートポイエーシスや有機構成的閉包のような完全体を仮定しそれに瑕疵がある場合，それを補うための道具だというのである。すなわち，フィードバックの機能の重要性は別にして，システムの基礎となるオートポイエーシスの有機構成を支えるための機能の円環性を認識するべきである，というのがヴァレラの主張である。この意味から，従来のような目標補正的解釈では，自律的なオートポイエーシスの有機的作動を直接支持することは不可能であり，またその支持基盤である大局的機能の有機構成自体も目標補正のような単純な機能ではないということになる。

　しかし，ウィーナーがフィードバック概念を前面に押し出したとき，基本的概念として認識されたというだけではなく，それは因果律的効果を表現するものとして認識されるという哲学的問題も惹起させた。つまり，循環的因果律に拡張し得るものと考えられるからである。システムを完全に密室で扱うことが可能な場合ならば，そのように規定し得るかもしれない。しかし現実には難しく，また因果律による説明は不十分であるというのが，ヴァレラの立場である。因果関係は，目的論と同様，記述領域に属する概念であって，観察者の行為の範疇であるからである。しかも，因果性が記述の対象である現象領域で作用しているとは考えられない。また因果性が誤っている理由としては，観察者が現象領域を記述しようとして単位体を特定する際，観察者の識別作用によって，その特性が規定され実態から懸け離れる恐れがあるからである。[43]

　しかし狭義においては，フィードバックの本質は逸脱修正機構を与えることであり，そのことと安定的単位体を構成するための諸構成要素に特性を付与することとは，別次元の問題であると言える。

(iv) 必要多様性の法則

アシュビーは，複雑性すなわち可能な状態の数を表わす測度を多様性と呼んでいる。そして必要多様性の法則を「多様性のみが多様性を吸収することができる」と定義する。ホメオスタシスを維持するために，システムは環境の多様性と少なくとも同等の多様性を持つか，あるいは環境からの攪乱の多様性をシステムの多様性の水準にまで削減しなければならないのである。

用語が制御理論的であるが，クレムソンによる調整対象システムの文脈で言い換えてみよう[44]。所与のシステムの上位にある特別な調整的部分あるいは先の階段機構によって達成可能な制御とは，調整装置の多様性や調整装置と調整対象システムとの間の経路容量によって制約されている。しかしそれ等の多様性が，調整対象システムのそれを上回らない限りシステムを制御することはできないのである。

(v) 自律性

自律性は，有機的システムを特徴付ける本質的性質である。前提として組織的閉包が成立していることが必要とされる。そしてこの概念は，自律的性質を示す自律的機械や自律的システムの定義を通して，間接的に定義されるものである。これは第3世代システム論においても変わることはなく，「自己」と形容されるシステムの中心概念である。

マトゥラーナ達は，自律性を「すべての変化を有機構成の維持に従属させる状態。変形を積極的に補償し，同一性を維持しようとする生命システムの自己主張能力」と定義している[45]。つまり，生命システムの固有の特徴とは何か，という疑問に対する解答となっている。しかし，同時期のヴァレラ単独による定義に比べると，厳密なものではない[46]。

ところで一般的には，前述したように自己方向付けあるいは自己制御の概念として，自律的と称している。これをヴァレラは自己規律(self-law)とも呼んでいる[47]。逆は，先に触れた他律的そして外的制御ということになる。上述の引用のニュアンスは，自律性に関しては試行錯誤的に繰り返し定義し直されてき

たことを物語っている。その間自律性は，後述の生存可能システムモデルの使用において前提とされる概念に仕上ってきたのである。

1990年代のヴァレラの研究は，自律的機械あるいは自律的システムを表現するための新たな道具の開発に集中していた，と言っても過言ではない。ヴァレラによると，①システムを自律的なものか他律的なものかを特徴付けることと，②閉包を持つものか相互作用の中で生きているものなのか，という観点からのシステムの表現形を考えると，次のように分けられるとしている[48]。すなわち，自律的かつ閉包的なシステムの特徴は，自己同一性，連結性，反復的循環性，固有の行動，安定性である。また自律的かつ相互作用的システムは，攪乱補償的挙動，認知領域，弾性，個体発生等で特徴付けられる。一方，他律的かつ閉包的なシステムは，諸部分間の調整，階層水準，有限な循環構造，シグナルの発受信，状態推移性で特徴付けられる。さらに他律的かつ相互作用的システムは，ブラックボックス，離散構造，入出力で特徴付けられる。但し，ヴァレラの言う攪乱補償的挙動は環境に対する働き掛けではなく内部構造の変容である。

このように整理すると，システム論やサイバネティックスで語られるシステムという実体は，場面毎に4つの区分を行き来していることがわかる。

§3-3 特　徴

サイバネティックスやシステム論でシステムという実体が認識されるようになると，幾つかの性質付けが論じられるようになった。ここで述べることは，初期から第2世代までのシステム思考の性格付けに共通する議論である。

初期の頃の，多くのシステム論者に共通する思考は，以下の通りである。

(i) 全体論的解釈

システムへの視座は，部分と全体という区別はできても分離は不可能なものとしてシステムを眺めるという特徴がある。つまり，機能の局在論を避け，ゲシュタルト的機能の遍在を前提としている。よって，部分システムは単独では

第3章　定義，諸原理　125

存在し得ないものであり§3-1で述べたように動学的作動領域内に収まっており，統合体としての全体システムの存在も全ての部分システムが存在し関係領域を形成していることを前提としている。しかし説明の便宜上，システム全体あるいはサブシステム等の言葉が用いられており，本稿でもそれに準じる。

　システムの要素間，すなわち部分システム間，そしてシステムと環境，システム相互における相互作用を重視し，規定された現象学的領域を1つの単位として考察するという考え方が，全体論的解釈という言葉に込められている。これ等要素間，システム間の関係は並立的かつ相対的なものである。このとき相互作用の有機的ネットワークが，緊密な凝集性を維持することに繋がらなければならない。すなわち，システムの構成要素間の関係は，相互補完的でなければならないのである。このような凝集的特徴を示す実体をシステムと呼ぶ限り，全体論的解釈が成立することになる。これは，還元主義的解釈とは対極の考え方である。

(ii) 観察者の視点と認識対象システムの統合

　主観と客観，主体と客体との統合を指向すべきであるという考え方である。初期のシステム思考では，自己（自動）調整が重視された。その背景には，システムは制御されるべきものという考えがあった。また本節でも，ウィーナーの立場すなわち制御対象は，機械も人間も同様で重要なことは承諾信号を受け取ることだと述べた。すなわち，自己であっても承諾信号の受信のみが強調されると，外部制御性という立場になる。

　さてここで言う観察者とは，外部観察者のことであり，観察対象の内実を詳細に知ることはできない。この状況は制御主体にとっても同様である。そのため，しばしばそれはブラックボックスとして扱われた。よって，負のフィードバック経路を設計することが，ウィーナーの中心概念となったのである。ビアも，時にそのように呼び，また半透明ボックスとも呼んでいる。しかし幾ら観察しても完全な観察は得られない。この観察者の問題は，第3世代システム論まで持ち越されることになる。すなわち，それは，システムとは制御対象なの

か主体なのかという問題になるのである。第3世代では，システムの問題の全てはシステム自身が判断し行動する，という主体としての地位を与える。では，観察は完全に行えるのだろうか。社会システムを想定するとき，それは切望される。しかしそのときも，観察は主観的で不完全でしかあり得ないのである。

根底には，観察者と被観察者の相互関係の問題がある。この問題は，2つの側面から成っている。自然が対象の場合は，基本的に観察者である人間が，そのまま被観察者に組み込まれることはない。しかし量子力学における観測の問題は，観察者の観察という行為が，観察される対象のシステムの状態に因果関係を持つことを主張する。この場合でさえ，観察者が観察の対象となることはない。しかし，社会現象になると観察対象が人間であるため，自己観察・自己記述を行いながら相互観察をし，社会システムが成立しているということになる。このことを第1世代的に言うならば，観察者と被観察者の間にフィードバック経路が常に成立している，ということになる。これが第1の側面である。しかし第3世代的にこのことを評するならば，外部観察者と内部観察者の視点の転換は不可能であるため，そして接合も不可能であるため，真の意味での観察の一致はあり得ないということになる。視点の転換の不可能性は第2の側面を明らかにする。

すなわち第2の側面は，先のシステム自体が主体となり得るかという問題を孕んでいるという点である。言い換えれば，システムは自己目的を持ち得るかということである。この目的内在的か目的外在的かという議論は，後にビアとウルリッヒの間で交わされることになる。明らかに，初期のシステム論あるいはシステム工学では，目的外在的であったと言えよう。しかし，アシュビー等初期のサイバネティックス研究家は，社会や宗教まで広く研究対象として論じ得るとその可能性を語っている。これは，社会は目的内在的システムであり，かつ自律的に自己制御可能であるということを意味している。社会をシステムと捉えるとき，そこには任意の意志を持った人間集団が存在するからである。

第3章　定義，諸原理

従って，初期の頃から観察者の主体性とシステム自体の主体性の統合が思案されたのである。すなわち，内部観察者の必要性が論じられた。しかし前述の如く，その内外の完全な接合は無理なのである。

また不幸にもその後の発展過程は，制御対象としてのシステムという性格付けをする傾向が強まり，特に第2世代になると自生現象における自己組織化の問題も重なり，外部観察という視点のみが残った。そしてこの問題は忘れられたかのような状態に置かれた。

行為主義的機能論であるオートポイエーシス論では没我的作動論が強調され，観察者の記述領域でのみ記述可能ではあるが，観察者自身はシステムの内実を完全には把握できない。そこには，目的論の入り込む余地はないのである。意思を持たない生命の理論だからである。これに反し，ビアの理論では，目的が重要視される。社会システムを仮定するときそして認知が伴うとき，目的や個人の自由に焦点が当てられる。通常システム参加者は，システムの目的に照らして参加するか否かを決めるはずである。そして互いに観察を行い，相互交流するものである。すなわち，本稿の目的であるオートポイエーシス論と生存可能システムモデルの統合は，パーソンズやマトゥラーナの意味で主観・自由と凝集性の問題を含め，これを止揚しなければならないのである。[49]

これ等の問題の本質は，自律的システムとして何——人間から社会まで——を想定するかということに掛かっており，そのとき一律に基準を拡張し得るのか変更すべきなのかに掛かっている。

最後に，システム特に社会システムは自ら目的を持つものと認め，ウルリッヒとビアの間で交わされた議論をまとめておこう。ウルリッヒは，ビアの理論を目的外在的であると批判している。さらにサイバネティックス的思考の隆盛そのものが，システム論的接近・思考を誤認させる原因になっているとして，サイバネティックス自体も批判している。社会-文化的意味論が強調され，動機，機能，目的，手段が争点になった。表3-1は，ウルリッヒ自身がまとめたもので，ビアの所論は中央の列，ウルリッヒのそれは右側の列にまとめられて

表 3—1

パラダイム	旧来のサイバネティックス論のパラダイム	現在のサイバネティックス論のパラダイム	提案されている批判的―規範的システム論のパラダイム
1. システムの組織水準	物理的 (機械的)	生物的 (有機体的)	社会-文化的 (社会システム)
2. 対応するシステム概念	"機械"	"有機体システム"	"目的内在的システム"
3. 多く用いられるモデル	コンピュータ	頭脳	(社会的グループ)
4. システムの合理性の基準	Ashbyの法則 (統語法的)	Ashbyの法則 (統語法的)	探求、行為、評価における目的内在(意味論的及び実用主義的)
5. 問題解決の範囲	道具の設計 (科学的)	道具の設計 (科学的)	社会システムの設計 (批判的、規範的)
6. 暗黙の設計思想	所与の目的の立場からの目的外在性	外在的に定義された目的から見た生存可能性	目的内在(諸目的に関して自己反省的かつ自己責任的)
7. 暗黙の制御概念	外在的制御	内在的及び外在的制御＝有機的制御	内在的及び外在的制御＝"部分的自律性"
8. 暗黙の動機付けの概念	外在的	外在的	内在的

　　　　　　　　　　　　科学的-反目的論的-倫理的立場　　　　批判的-規範的立場

いる[50]。その主張では、ホメオスタシス、生存可能性といった基本的なサイバネティックス概念ですら、社会-文化的システムの次元では曖昧となると言う。その結果、必要多様性の法則も、システムの合理性についての一般的基準としての地位を失うと述べている。そして意味論的・実用主義的局面から構成される世界においては、サイバネティックス的設計は社会的非合理性の源泉となると言い、サイバネティックス的意味での内在的制御が、内在的な動機付けすな

わち目的内在性とは同一ではないと主張する。しかし本稿の立場では，システムは自己性を持たなければならず，その意味で目的内在性は前提である。ビアもこれに反論しているが，ウルリッヒのシステム思考は間違っていると言わざるを得ない。[51]

(iii) 補完性

上述の観察者の問題から，初期に提案された改善方法である。すなわち，あるシステムについての異なる2つの視点は，相互に補完的であり必要なものであるということである。[52]

(iv) 多階層性と階層間相互作用の存在

システムは階層構造を持っているという考え方である。[53]この議論には2種類の方向性がある。1つは，全体と部分の関係は階層的に不可分に結び付くというものであり，一般に広く認められる性質である。あるシステムとそのサブシステムを考えるとき，それは上下に階層構造を構成し相対的関係にあるという考えである。[54]さらに全体は部分の総和を越えるとか，部分が集まって新しい構造が生まれると言うが，(i)で述べた如くシステム全体は部分に還元できない特性を獲得している，とする創発特性が付与されて論点が曖昧にされている。つまり，上位を下位に，下位を上位に還元することはできないという非連続性が考察の制約となっているのである。そしてこの性質は，後述のように，一般的に複合性の度合に応じて多様な階層区分が出現し多階的存在論が成立していると解され，第1第2世代を通して信奉されてきた。しかし問題は，下位システムを単位体として扱えるか否かであり，システム全体のために階層を越えて凝集的であるか否かである。

第2には，ある種の階層を仮定しながらも，入れ子構造を想定する考え方である。すなわち，階層ではなく各々の再帰水準毎に単位体となるよう入れ子型に統合されシステムを形成するという場合である。それは，入れ子構造型の階層構造が例え複雑性の少ないシステムに対してさえ，最も生存可能性の高い形式を与えているからである。[55]ビアの言う再帰構造であり本稿もこれに従う。下

位水準に単位体としての地位を与えず不完全な構成で界面を成すという従来の階層性とは，明らかに異なる。

ここに掲げたサイバネティックス的・システム論的視点は，思想的には初期に形成されたものである。しかし，現在もこれ等を基礎として論じられている。

クレムソンは，上述のような観点からのシステムの把握の留意点として，システムの定義，目的，機能，言語，制約，自己組織化の傾向性を挙げている。言語については，認識対象の文化，価値観，機能の表象の問題である。また上述の(iv)に関連して，下位水準または下位システムの挙動を理解するためのメタ言語，さらにそのような機能の発現としての創発性の概念に繋がる。機能に関しては，(i)，(iv)に関連して，水平的・垂直的ネットワークによって凝集的かつ相補的なものでなければならない。[56]

§3-4 世代による自己組織化概念

システム思考は，一般システム理論とサイバネティックスの成立後，独自の発展を遂げた。すなわち，自己組織化の問題の進展である。しかしこれは，後に様々な領域に見られる現象として認知されるようになり，自己組織化現象だけで1つの分野が形成されるかのような現状である。自己組織化の概念自体は，システム論やサイバネティックスの誕生時から存在する課題の1つであり，一貫して議論の対象となっていた。

河本(1995)によれば，サイバネティックスや一般システム理論におけるシステム思考は，3世代を経ているという。すなわち，アシュビー等のホメオスタシスの概念や有機体論さらにホロン等の概念までを第1世代[57]，プリゴジンやヤンツ等の無機化学・熱力学等における自己組織化現象を第2世代とし[58]，オートポイエーシス論の誕生以降を第3世代としている。本稿では後の議論のため，生存可能システムモデルの確立を第3世代と考えたい。河本(1995)の区分は，時代的区分ではなく，議論の内容に依存し，かつ時代毎に定見とされた部分を

抽出したものである。よって時代的には，第1世代に発生した社会システムにおける自己組織概念等は除外している。

ここでは，世代毎の自己組織化概念の相違について触れる。

(1) **第1世代システム論における自己調整機構としての自己組織化概念**

第1世代においては，意外なほど自己組織化問題が整理されている。それは，生物を理想型としてシステムを考える際，その構造の有機構成について自己組織化現象をシステムの特性として認識することが必然だったからである。

フォン・ベルタランフィの一般システム理論は，アシュビー等初期サイバネティックス理論と同様，開放的に物質代謝を行う自己調整的・維持的システムを前提にしている。すなわち，全体は要素の単純加算和以上という創発現象が，生命，社会，精神，歴史等様々な現象領域に見出せることを指摘している。さらに，それ等に共通する法則性を明示し，微分方程式の表現を与えることが自己組織化が完成しているということであった。そのため，統一的科学論としての同論は，自然科学に沿いながら，有機的組織に関する法則性を見出そうという試みであった。従ってフォン・ベルタランフィの試みは，新カント派のカテゴリー分類に従いながらも個性記述ではなく，要素間の関係性と動的平衡概念を多くの領域に見出し記述するという試みであったと言える。

しかしホメオスタシスを維持することとは，システムの作動の結果である。法則定立的ホメオスタシスの維持とは，作動結果にのみ着目したものに過ぎない。本来的に重要なのは，ホメオスタシスの維持過程，すなわちその作動と本質的機能である。第1世代システム論は，システムの安定性の維持つまり自己維持機能が中心であったため，ホメオスタシス論が多く論じられ，またその意味での自己組織化が考察された。しかし，管理された環境に対する反応としての予測可能な変化の概念や，システム相互の関係性，すなわちあるシステムにとっての環境が別のシステムであるという場合もあり，これ等も考察されるべきであった。

生命と機械を比較する場合は元より，フォン・ベルタランフィ自身もこの限

界に気付いていた。すなわち,現象の多くを看過せざるを得ないことは,自明だからである。また自己組織化に関しても,劣性な組織化状態からの改善過程や有機構成自体とその発生そしてその起源ということを,表現することも不可能だった。すなわち,フォン・ベルタランフィのシステム論の要諦は,システムを有機体から構想したものの不完全な形に留まっていると言うことができる。フォン・ベルタランフィが気付いた一般システム理論の限界は,以下の通りである。[61]すなわち,①生命の起源,②自己調整機構の実現,③物質代謝と自己組織化の問題である。1番目と第3は,自己組織に関わる問題である。2番目は,攪乱を巡る問題である。

アシュビーの立場も,フォン・ベルタランフィと同様である。[62]しかしアシュビーの試みは,皮肉にも,形式論理では自己組織化を示し得ないということを示す結果に終わった。アシュビーによれば,組織化の理論は形式的には多変数関数の理論と共通するところがあるという。そして諸変数の間に有機構成が存在しなければならないと言い,諸変数の集合によって定義される直積空間の中に,行為のパターンを生成する制約が存在することと同じであると言う。これは変数集合の中に,特定の変数関係が許されて他の関係が許されないということである。すなわち,システムを構成している相互行為の様式が,個々の行為者の任意の意思決定によって取られるのではなく,あるパターンのみが許されることである。また,この制約は規則とも解釈し得るので,有機構成の本質はパターンの生成規則であると言える。このパターンの生成規則は構造概念に等しく使われている。以上の議論を数式にし,次のように説明している。

$x_1, x_2, \cdots, x_n$ から成るシステム S を考え,各変数が取り得る状態の集合を各々 $X_1, X_2, \cdots, X_i, \cdots, X_n$ $(x_i \in X_i)$ とするとき,システム S は状態集合 X_i $(i=1, \cdots, n)$ の直積集合 X の真部分集合で表わされる。すなわち,

$$S \subset X \ (= X_1 * X_2 * \cdots * X_i \cdots * X_n)$$

直積集合 X の真部分集合であるとは,可能な関係の全体の中から幾つかの特定の関係が選択され,システムの取り得る関係が縮減されることである。

第3章 定義，諸原理

アシュビーによれば有機体としてのシステムは，その内部状態を示す S と環境からのインプットあるいは環境状態を表す集合 I を用いて直積集合 $I * S$ から S への写像 f によって定められる．すなわち，ある状態 s_i にあるシステムは環境からのインプットを受け，システム内で相互作用を経て状態 s_j に変化するのだが，この s_i から s_j への状態変化を生み出すのが写像 f であり，この f が諸変数間の相互作用のあり方を制御するのである．そしてこの写像が有機構成を指定し，f が変われば有機構成が変化する．つまり，有機構成と写像は同一の現象を観察する2つの方法ということになる．

写像 f が有機構成と同一であるならば，自己組織化によって有機構成が変わるとは，f がシステムの状態に依存して，例えば g に変化することを意味している．f は本来システムの状態を決定する写像だから，その f がシステムの状態によって変化するというのは，形式論的に矛盾する．アシュビーはこれを，次の例で示している．今システム S が3つの状態 a, b, c を持つとする．また f はシステムの状態に依存して変化するものであるから，システムの状態に対応して3つの写像を取ることになる．状態と写像 f_a, f_b, f_c の関係が次のように示されるとしよう．

	a	b	c
f_a	c	b	a
f_b	b	a	b
f_c	a	c	b

システムの状態が a の場合，写像は f_a となるから，状態 a は f_a によって状態 c に替わる．さらに状態 c は f_c によって状態 b に変換される．また状態 b によって写像は f_b に変わるから，状態 b は f_b によって状態 a に変換される．また再び状態 a は写像 f_a によって状態 c に変換される．以下この過程を繰り返し，結局 f は次の様な変換に収束する．

	a	b	c
f	c	a	b

これはシステムの状態集合 (a, b, c) が写像 f によって状態集合 (c, a, b) に変換されることに他ならない。アシュビーの言うように f を S の関数であるということは，明らかに非論理的である。従って，写像 f がシステムの状態 S の関数であると言うことは，形式的に無意味となる。以上がアシュビーの自己組織化問題の形式論的不可能性についての議論である。

何故，形式論理では説明不能なのか。事実として多くの自己組織化現象が報告されている。しかし，現象の存在とその定式化の可否は別問題だからである[63]。アシュビーによる不可能性の証明は，一種の自己調整とも見做し得るものであり，その意味ではその定式化は不可能なのである。

前述のアシュビーの超安定を A と B の相互作用と捉えれば，2 人の二重相互作用が組織化の構成要素であると考えることもできる[64]。これは組織論的には，拡大された自己と言えるだろう[65]。すなわち，自己(A)の中から形式的に自己でない自己(B)を取り出し，これを本来の自己(A)に連結することである。上述の自己組織化を形式論理で説明することは不可能なので，自己概念の拡大という手段を講じたのである。問題の本質は，自己言及性の確保である。そのために，A に働きかけカップリングする B を仮定し，閉じたシステム A+B を新たな自己と考えたのである。このとき B は，自己であって自己ではないという矛盾した存在である。すなわち，アシュビーの工夫は，それ自体新たな矛盾を引起している。同一の地平で考えているから矛盾が生じるのである。

しかし，再帰論理を考えれば矛盾しない。すなわち，A を後述の第 5 章の主体的システム(生存可能システムにおけるシステム I)と考え，B をその補助的なメタシステムと考えれば，A+B はある水準の生存可能システムであり基本単位ということになる。何故ならば，図 3-1 の B のように直接環境と接触できるのは，メタシステムではシステム IV しかないからである。しかし，アシュビーの意味での「拡大された自己」とは，図 3-1 からは A の中に留まらざるを得ない。

ところで自己であって自己でない B とは，次の水準では自己となる。すな

わち，上位水準のシステムIの管理単位となるからである。そのときAは業務単位となる。この関係は，再帰構造的に循環的に構成される。つまり本稿の立場から述べれば，自己Aと他者であるメタシステムBが相互作用して，「自己」A+Bを作るのである。これを新たな自己として，他者CやDと相互作用を行なえば自己組織化が進むことになる。しかし，生存可能システムモデルに依らず再帰論理を考えなければ，矛盾する。すなわち，自己(A)の中から形式的に自己でない自己(B)を抽出することはできないからである。

因みに，アシュビーは自己組織化論争世代の草分けであるが，しかしビアはその論争からは距離を置いている。ビアは，自己組織化とは，「エントロピーを増加させつつ成熟して行く過程」であり，「成長とは，システムが，自己とは何者かということを学ぶための自己組織化の行為」と説明するのみである。[66] つまり自己組織化論争世代が，自己の形態形成と新たな秩序化を模索していたのに対して，一見「成熟過程の範囲」での考察に留まっている。しかし先述のように，モデルの再帰構造を考え併せると，自己組織化は自己創出ということになる。その意味で，次章のオートポイエーシスが意味を持つことになる。

(2) **第2世代システム論における自己組織化概念の氾濫**

第1世代システム論の基本概念は動的平衡であったのに対し，第2世代では，動的非平衡が中心である。また第1世代の主要な機構は，環境との相互作用を行い自己調整するというホメオスタスタティックな調整の機構であった。これに対し第2世代では，システムは開放系として環境と物質代謝，エネルギー代謝を行ないながら自己形成し，しかもシステムの形成を通じて周辺条件を変化させていく自生的機構に焦点が当てられた。また第1世代では，定常性維持の機構と並んで，安定した階層関係が仮定されていた。ところが第2世代では，流動する無秩序状態から自己形成をへて秩序状態が形成されるという状況を扱うので，階層が自ら形成する過程が問われることになる。つまり，第2世代は階層生成と階層関係論が問題であり，階層が形成されていく機構と過程が問われているのである。[67]

しかも，第2世代においては，化学・物理学・気象学等様々な分野で各種の自己組織化概念が提示され，事態を一層複雑化させている。例えばアンドレ・ベジャンは，自己組織的システムは，秩序と雑音とによって自己を養っていくシステムであるとし，人体が過去の記憶である意識と未来の自己組織化である無意識の欲望とを兼ね備えた自己組織的システムであるとしている。[68] このように，自己組織化はあらゆる分野で語られる現象である。ここでは，第2世代システム論における各種の自己組織化に関するシステム的性質を対象領域別に整理する。

① 物理・化学系での自己組織化；この領域での自己組織化は，相転移や結晶に見られる平衡領域での自己組織化と，非平衡領域での自己組織化に大別される。所謂自己組織システムとして有名なのは後者である。前者の論理は自明のものとは言えない部分がある。平衡領域での相転移現象の相互作用の空間的次元への依存性や情報及び秩序の明晰化等，課題は多く残されている。非平衡領域での自己組織化はプリゴジン等により研究され，自己触媒的化学反応やハーケン等によるレーザーの例が知られている。この他，流体力学的不安定性と関係するベナールの研究や，液晶での自己組織化が知られている。さらに物理・化学系では，秩序の謂わば再解体である乱流やカオス現象も研究されているが，そこでの接近法は，何れも熱統計力学的手法の延長であり，概念も多くがこの領域によっている。

そこで提起された分岐パラメータの変化とそれに伴う正のフィードバックの発生による既存の安定解の不安定化という概念・枠組は，分岐理論の数理とは別に広く受け入れられ，自己組織化の標準的説明パラダイムとして用いられるようになってきている。しかし，この概念自体は，既にアシュビーによってほぼ同じ議論が為されている。すなわち第1世代の議論と本質的には同様ということになる。違うのは，アシュビーが物理・化学の領域ではなく，医学・生物学領域を中心に議論を進めたことと，分岐理論を用いた高度の数理を展開しなかったことである。それ故，今日の自己組織化の議論が，物理・化学的対象を

越えて行われる場合に用いられている概念・枠組とその背景となっている数理の間には，区別を付ける必要がある。

②生物系での自己組織化；この領域での自己組織化の扱いは，極めて多彩である。物理・化学的接近法に近い例としては，生体膜の能動輸送や筋肉運動のメカニズムの研究及び進化の生化学的基礎を探るアイゲンのハイパーサイクルの議論等が挙げられる。これに対し，生物体の形態形成に関する自己組織化の議論には様々な様式がある。

発生，分化における情報の概念は，再生やシマウマ等の体表模様の説明に拡散方程式の空間的散逸構造の概念と共にしばしば用いられる。この他にも生物系での自己組織化には，細胞の自己複製を念頭に置いた様々な自己増殖オートマトンの議論や，生態システムの自己組織化の議論がある。生態系の扱いについても，動的システムとしての接近法や情報統計力学によるもの，また進化生態学や社会生物学等多彩である。この他，自己組織化の問題と考えられるものには，統計力学的な集団遺伝さらに脳神経回路の自己組織化やフィードバック概念を含めて上げる場合もある。

蛇足ながら，フィードバック概念の発展は目的概念とは別であると前述したが，結果として目的概念を科学的な概念として受け入れる素地を作ってしまった。同様に影響力のある概念は，必要多様性の法則である。この原理は数学表現が与えられていないにも拘わらず，今日の社会科学の領域に最も影響を与えたパラダイムの1つである。アシュビーの必要多様性の法則と同様の枠組は，前述のように，組織論でのコンティンジェンシー理論で開放システムの発展と分化を説明する理論として用いられている。[69] 近年のルーマンの社会システム論での環境の多様性の取入れについても，前述通りアシュビーの理論の延長にあるものと見做すことができる。[70]

③社会，経済系での自己組織化；この領域の自己組織化としては，社会変動論や，社会進化論的接近法が挙げられる。しかし，これ等の接近法は，現時点では自己組織系の問題としては充分な分析はなされていない。これはまた，

経済システムの自己組織系としての分析についても同様である。その理由としては，これ等の領域が生物系や物理・化学系に比べ著しく複雑であることと，意思決定主体として人間を含むシステムであるという特有の困難が挙げられる。しかし，別の理由として，従来の社会・経済システムの分析が，社会システムの構造機能分析や経済システムの効用を中心とした分析に見られるように，構造を所与とした上での機能や効用の分析であるのに対して，自己組織系としての分析で重要となることは，絶えざる情報や財の交換下での動的な組織や制度の生成，安定，解体の分析であり，それが十分ではないことが指摘できる。これ等の分析は，アシュビーやサイモン等により組織論の領域で行われてきたのだが未完のままである。

しかし，社会システムの側からの接近も，若干は為されている。しかしルーマンの社会システム論のように，オートポイエーシス論を用いながら混乱を招いている例も多い。また集団の意思決定過程も自己組織化の例としてハーケン等により論じられているが，今のところ未成熟である。

その他の概念にも触れておこう。秩序や情報の問題を考えるときに，常に何等かの形で引合いに出されるのがエントロピーに関する概念である。例えば，負のエントロピーという概念は，シュレディンガーが『生命とは何か』の中で生物の特徴が負のエントロピーを代謝することであると主張して以来，極めて有名となった。またブリルアンの提唱したネゲントロピーの概念もシュレディンガーのそれと同様に知られている。近年ではブリゴジンが散逸構造の議論の中で過剰エントロピー生成を系の安定性の指標に用いて，再びエントロピーと秩序の関係についての議論が盛んになった。しかしこのエントロピー概念ほど混乱のある概念も珍しい。未だに情報論的エントロピーと物理的エントロピーの関係についても，意見の一致を見ていないのである。物理学者の中には，これ等は全く異なった概念であると主張する人もいる。また，エントロピーそのものが，秩序の形成や自己組織化にとってどのような指標になるかは，明らかとは言い難い。初期サイバネティックスの展開において，エントロピーは1つ

の鍵概念であったのだが…。[71]

このように自己組織化に関するパラダイムは，統一されたものではなく，むしろ複雑なシステムの性質の総称と見做すことができる。しかも，そこでの議論には多くの混乱が見受けられる。

(3) **第3世代へ向けて**

本稿にとっての第3世代システム論は，ビアの生存可能システムモデルである。詳細は後述することにし，ここでは第3世代における「自己」概念について触れる。第3世代システム論も，別の意味で混乱している。すなわち，システム論・サイバネティックスに特化してはいるが，多くの概念が提案されているためである。つまり self という接頭詞が付く概念の氾濫である。その多くは，ミンガースによって提案されたものである。[72] 例えば self-organization や self-creation, self-regulation, self-reference, self-production 等である。これ等を整理する。[73]

① 自己意識 self-conscious：特にシンボリックシステムを表すためにミンガースによって提案された用語である。これは，言語活動を通して，それ自体の記述との関係を表現することを可能とするものである。これによって，自身に対する意識が繰り返し形成され更新される。しかしシンボリックシステムという社会学の小パラダイムに対応させるという制約を付けるというミンガースの方法は，マトゥラーナの self-consciousness とは異質である。

② 自己意識性 self-consciousness：一般的には自己観察領域を指している。「観察者でもありうる生命システムは，それ自身についての言語的記述である自分自身の記述的状態と相互作用することができる。そうすることで生命システムは，自己言語的な記述領域を生みだし，この記述のうちで生命システムは観察者として，自分自身の観察者となる。これは必然的に無際限に反復しうるプロセスである。この領域を自己観察領域と呼び，自己意識的行動は，自己-観察行動，つまり自己観察領域内の行動である」とマトゥラーナとヴァレラは述べている。[74] これが規範的オートポイエーシス論における自己意識性の位置付

けである。つまり，行動・組織的に閉じたシステムを前提として実現される，反復的自己従事作業を伴うものである。

マトゥラーナは，言語活動を通しての自己そして自己意識についての論理的枠組みについての議論を，初期の頃から進めている。それは，言語化とその表現が，社会領域において内部観察者に準拠枠を提示するからである。つまり，ヴァレラとは異なり初めから社会システムへの応用を指向していたからである。神経系にとって，刺激の内外という区別は存在しない。しかし言語においては，各参加者が合意に到達するための調整活動を続ける中で，1つの差異をもたらすものとして認識されなければならない。この認識を得るところに，自己意識が言語化を通して参加者に合意と相違をもたらし，さらに観察者の立場から差異化の領域が浮かび上がってくるのである。これは，個別の問題ではあるが，常に自己は言語によって検証され，自己意識は言語における自己差異化の現象として確認される[75]。というのは言語は，個人から社会的集合体へと焦点を移動させながらも，意思疎通の他社会的準拠枠の形成方法を提供するものだからである。

このような焦点の移動は，合意に向けた調整活動として言語が社会領域で用いられる以上，また自己意識が社会現象に拡大されるに従い，強まるものである。

マトゥラーナは，反復的言語行動を通して自己意識を生成し，合意形成行動から自己意識への結合を示した。つまり，閉包で特徴付けられる神経系よりも，反復的相互作用が強く行われなければならない。しかし，自己意識的生命システムにおいては，高次の水準は必然的に基礎的水準のオートポイエーシスに状況依存的であり，それによって他者との相互作用行為・社会システムは規制されなければならないのである[76]。

合意形成的調整活動での反復的行動は，何等かの目的を達成するためのものである。また反復的行動は，状況に依存して多くの目的を標榜することができる。この合意形成の調整への反復的作動の中で，真の目的が生じる。また，次

の反復の中で目的の差異性が明らかとなる。このようにして目的間の関係性が明らかにされ，目的の関係性領域が形成される。論理的には逆に辿ることも可能である。マトゥラーナ達は，自己意識と反復的言語行動の関係は段階的であると言う[77]。

③ 自己影響的(システム) self-influencing (system)：オートポイエーシスとの関連で，ミンガースによって用いられた言葉である。すなわち，「何が因果の経路と呼ばれ，あるいは時に因果律と呼ばれるものは何なのだろうか。これは因果のパターンによるものであり，あるいは円環的影響関係によるものである。これは指数級数的増加や激減を生じさせる正の経路が創出されることや，また一般的には安定性を導くための負の経路が存在することによっている」と述べている[78]。つまり独自の状態や行動から発生する刺激や攪乱の影響の円環性を述べたものであり，本質的には正負のフィードバックを援用するというものである。その意味では，自己影響的とは形容詞的用法である。また，フィードバックのみでシステムの挙動を特徴付けることは，ヴァレラが指摘するように困難なことである[79]。

この方法を用いれば，*The Embodied Mind* で描写されるような反復的影響関係についても，同様の議論が成り立つであろう。しかしヴァレラ達は，この用語には触れることはなかった。

④ 自己維持的(システム) self-maintaining (system)：ヘイルの用語であり，それによれば，自己組織的システムが操作的に閉じた方法で自己言及的に自身を作り出すシステムを指している[80]。つまり，自己維持システムは自己言及的でもある。これは，現状維持というミンガースの自己支持的システム(self-sustaining system)や自己生産システム(self-producing system)とは異なる。

⑤ 自己観察 self-observation：観察者自身に対する観察に言及する際に用いられ，②に示したように自己観察領域として自己意識性が定義されるため，両者は同様である[81]。

⑥ 自己観察行動 self-observing behavior：オートポイエーシス論の中で用い

られた用語で，自己観察領域内での行動を指している。[82] すなわち，観察者が自身を客観視する状況と自己意識の基礎としての観察能力があることを前提としている。

⑦ 自己組織 self-organization：自律的かつオートポイエーシス的システムは，自己組織化していく過程の中で実現される，とミンガースは述べている。しかし，この語は茫漠とした感を否めない。というのは，第2世代システム論の中心概念であり様々な分野からの接近がされたにも拘わらず，自生的な現象を指すのであり，自律的・意図的作為の結果を指すものではないからである。

ところで自己組織とは，システム自体で決定されるシステムの諸特性の結果であれば望ましい。しかしミンガースの用語法は，オートポイエーシス論に現われる用語を緩める形で表現したと思われる場面で用いられている。ミンガースによる拡張は，以下の用語である。

・自己創造 self-creation；所与のシステムの原型と言うべきものが，特別な環境や特徴が生起することによって，如何に決定されて行くのかを示す概念。
・自己構成 self-configuration；所与のシステムが，自己を構成の配置を決定するという概念。
・自己調整 self-regulation；所与のシステムが，特に2つ以上のパラメータを使い，内的変換の筋道を制御するという概念。
・自己操縦 self-steering；所与のシステムが，外部環境や可能な状態の一般的集合の範囲内で，自らの行動の規程順路を制御するという概念。
・自己(再)生産 self-(re)production；所与のシステムが，自身を新たに生産するかあるいは他のシステムと同一に作り出すという概念。
・自己言及 self-reference；所与のシステムの特性や行動は，それ自体の内的状態を考察するだけで規定されるという概念。

これ等の概念の持つニュアンスは，相互背反という訳ではない。逆に混同して用いられる傾向がある。それ故，自己組織化する実体として社会を扱う際には，個々のシステムの本質と同様，これ等の概念が総合して含意されることを

考えるべきである。さらにシステム論やシステム科学等の射程で上記の概念を用いる際は，曖昧性が生じることに注意すべきである。それは前節の第 2 世代とは異なり，自己組織化概念が，社会諸理論に対して一種の共通通貨のように用いられてきたからである。[83] 例えば社会は，参加者が同時に連結する作動上の実体として仮定された。その際，機能や構成形態が創発的に生じると考えられ，その形容を自己組織化と呼ぶからである。[84]

この個々の概念は統合化されることが指向されながらも，その都度その片鱗のみが使用され，結局統一的な概念にはなっていない。

⑧ 自己言及システム self-referential system：ヘイルの用語法によれば，自己言及システムは，操作的に閉じる方法で自らの構成要素の状態を有機構成化するという。[85] すなわち，自己の構成要素の全ての状態は自己調整が可能である，ということを意味する。逆に言えば，他の自己言及システムの組織を改変することもなく，また他のシステムによって影響されることもないということを意味している。ヘイルは，自己組織化システムと自己維持的システムに関する自らの用語法と区別するためにこの用語を用いた。

ミンガースの場合，この用語は自らを言及するシンボリックシステムを表すために用いる。しかし自己意識の場合と同様，以下の⑨のマトゥラーナ達の用語法とは異なることに注意すべきである。マトゥラーナ達の説明は，反シンボリックの立場で述べたものだからである。

⑨ 自己言及-自己言及的システム self-referred-self-referring system：マトゥラーナとヴァレラは，自己言及システムと他者言及システムを分けて「生命システムのようにみずからに言及する以外に特徴づけることのできないシステムと，コンテキストに言及することでしか特徴づけることのできないシステム」とを区別している。[86] また，「有機構成の円環性によって，生命システムは相互作用の自己言及領域をもつ(つまり生命システムは自己言及システムである)。生命システムが相互作用の単位であるための条件が維持されているのは，有機構成が円環性の維持に関してだけ機能的な重要さをもち，生命システムの相互

第 3 章　定義，諸原理　143

作用領域を規定しているからである」と述べ，他者によって自己の構成要素の全状態が規定されるという他者言及システム(allo-referred system)を正反対のものと規定している。[87]

⑩ 自己調整システム self-regulating system：第1世代システム論で広く用いられ，またミンガースも使用する用語である。ある制限内で，幾つかの本質的変数を維持するように組織されたシステムを指している。そこでは負のフィードバックによって，安定域と応答することが重要とされる。よって制御の中心は，如何にフィードバック経路を設計するかという点に集中していた。マトゥラーナ達も同様の意味でこの用語を用いている。というのは，自己調整という概念は，直接ホメオスタシスの概念や自ら調整を行うという意味では，自律性に結び付くからである。

⑪ 自己再生産システム self-reproducing system：マトゥラーナとヴァレラは，「単位体が自己自身の特定化のプロセスとカップリングしたプロセスをつうじて，自己に類似した有機構成をもつ他の単位体を産出すること」であり，「オートポイエーシス・システムだけが自己再生産をなしえる」と定義している。[88]これと関連してミンガースは，自己生産システムという用語を提示している。すなわち，この語はオートポイエーシス・システムそのものの特性であると言う。[89]前述の自己組織化システムの類義語と比べると，機構的立場に立った説明である。

⑫ 自己支持システム self-sustaining system：ミンガースによってオートポイエーシス論との対応付けで用いられる用語である。これは，組織的閉包は完成しているが，現状維持的ではあるが自己産出システムとはなっていないシステムを指している。その作動が存続に必要かつ十分であることが前提とされる。ミンガースは，ヴァレラの自律的システムを想定していたと思われる。[90]

以上が，主にミンガースが中心に分類したselfという接頭語を付けた用語である。押並べて「自己」という接頭語には，主体性や主観的判断を有するとする考えが滲んでいるように思われる。つまり，システムを，意志を持った有

機体として扱うことが前提となっていることがわかる。ここに第2世代との違いが浮かび上がってくる。すなわち,第2世代の自己組織化は自然における自生現象であり,第3世代のそれは人間・社会システムにおける行為と現象を扱うものである。自然における現象を社会一般に直接応用することは無理なことである。上記のように,社会システム独自の自己組織性を扱うことが必要なのである。

(4) **ビアの立場**

　ではビアはどうか。ビアは第1世代・第2世代を通じて様々な論者から影響を受けてきたであろうと思われる。しかし自己組織化についての初期の見解は,*Decision and Control* の The Nature of Self-Organization という節で僅かに述べているに留まっている。すなわち複雑で豊富な相互作用が存在するシステムにおいては,自己組織化が自ずと発生するという楽観的展望から始めている。そして,システムとはエントロピーを得て組織性を失うものという熱力学の見解を紹介している。その上で前述のように自己組織化を,エントロピーを得て複雑性を解消し成熟する過程であると述べている。[91] しかし注意すべきは,この時点におけるビアの見解は,第1世代に固有の認識に従っていたとは一概には言えない点である。すなわち,システムをそれが置かれている目的論の文脈の中で捉えているという点と制御すべきか否かという点に関して,第1世代的とは言えないからである。

　前者に関して言えば,ビアの言う原型システムは,相互作用する環境という大規模システムに包摂され,さらに環境は客観的観察の文脈システムに包摂されると言う。これは,原型システム自体が目的を持っているということを前提にした議論であり,第1世代とは異なっている。同時に,その目的をそのまま認識している観察者の存在も許容している。第1世代システム論の1つの特徴は,自己調整システムもしくは他者調整システムを想定した議論であるから,自己目的を掲げるというのは,第1世代とは異なると言える。また後者も,制御対象システムという考え方自体が,外部から成功基準を暗黙の内に定めてい

るということであり，システムの主体性にとって容認できないという姿勢を取っている。[92] さらに制御する側の論理として，システムとはそれを設計するものではなくまた制御方法を設計することでもなく，既に存在するシステムを操作することで制御方法を獲得するものである，という点が第1世代的見解とは異なる。

では，第2世代的立場から論じていたとし得るだろうか。ビアと行動を共にしているエスペホによれば，サイバネティックス的見解というのは，自己調整機能と自己組織機能の両面を用いるという。次表は，エスペホとワットによるもので，伝統的なMIS思考を基調としているが，設計の概念的枠組として自己調整機能と自己組織機能を利用したものである。[93] しかも自己組織化の概念も曖昧である。つまり，情報的相互作用を行うために必要十分な自由裁量権と，それを執行するための機能的能力を付与することを，自己組織化と称しているようだ。[94] 他の第2世代同様，混乱がある。それは環境適応を自己組織化と捉えている点である。すなわち，第2章後段の情報，決定，制御と同じ図式であり，第1世代の調整と同様になっている。第3世代の自己組織化は，環境変化に従属するものではなく，能動的に変更するものであるべきである。第2世代におけるそれは，自生的であり環境適応ではなかったからである。

表 3—2 Espejoの自己調整機能と自己組織化機能

	自己調整機能 (self-regulation)	自己組織化機能 (self-organization)
目的（機能） 構造 環境条件のパターン	管理不能変数 （制約条件，与件）	管理可能変数 （操作変数）
環境適応パターン	受動的な環境適応	能動的・積極的な環境適応
具体的展開	効率化，能率化，合理化	多角化，事業・業態転換，製品開発，取引慣行・市場構造の変革

Espejo and Watt (1979), p.259。

またビアは,『企業組織の頭脳』以降においては多くは語っていない。すなわち,生存可能性の指針としてオートポイエーシスを上げ,そのことは同書第19章「突然の終局」に,また *The Heart of Enterprise* では第15章「生と死」に述べている。ビアは,オートポイエーシスを,ホメオスタシスの内安定的に保たれる本質的変数がシステムそれ自身の有機構成であるようなものと定義し,生存可能システムはオートポイエーシス的でなければならないと述べている。しかし詳細は語っておらず,両論の関係性は定かではない。

生存可能システムモデルを初め,システム論・サイバネティックスにおいては,有機体をモデルに様々に理論構築が行われてきた。しかし『オートポイエーシス』自体が未完の理論であり,その後の展開においてルーマン等の主張が[95]中心となり,本来の方向を見失いつつある。[96]

前述のシステム論の展開において,経済体制論等に摂取された過程では第2章で述べた通り,情報や制御・意思決定を鍵概念として用いることで,社会をシステムとして見做すものであったが,システム的に統合して論じるという方向に収束していった。つまり,第1・第2世代共一面的で不十分だったのである。これ等の意味で,本稿は第3世代システム論としてオートポイエーシス的生存可能システムモデルを論じるのである。今後は,社会システムは,生存可能システムの機能を満たすか否かが分岐点になると考えられる。

§3-5　クレムソンの組織の原初風景

クレムソンは,生存可能システムモデルを公共団体の経営に応用し説明している。[97]同時に,第1世代システム論からの諸概念について解説を加えている。しかし,ここで触れるクレムソンの組織の原初風景は,サイバネティックス的説明としても組織の理論としても,曖昧なまま推移する。例えば管理・制御等の言葉自体の使用法が,既にサイバネティックスの概念に矛盾しているからである。つまり,両論を架橋しようとすることは,困難なことなのである。

一般に組織は,差異や矛盾,対立や混乱,誤解が生じ易いものである。決定

過程に関与する者であっても，将来の発生事項と対処法を全てを知っている訳ではない。可能なことは，制限された合理性と言われる如く，モデル化し得る局面に対する調整のみである。

このような特徴をもって描かれる組織は，可能ならばシステムとして捉えられるような実体となるべきである，というのがクレムソンの主張である。同様のことは，マーチとオルセンによっても指摘されている。[98]

クレムソンは，管理者の管理行為として必要な諸点を，以下のように掲げている。① 各員の自律性と組織全体の効率性の確保。また資源の冗長性が確保されていること。② 高度の多様性を有すること。③ 明示的なモデルを提示すること。④ モデルと言語の階層性を明示すること。⑤ 情報と潜在的指令の冗長性が保たれていること。⑥ 弛緩時間をなくし，効果的活動が維持されること。⑦ 思惟し得る組織の各水準において，自律性と統合の度合を明示すること。⑧ 組織の各水準における内的安定性と，適応のための諸過程とその構造が明示されていること。⑨ 組織の各水準における，組織の調整システムの再帰的性質が明示されること。⑩ 観察の補完性の確保と，ホメオスタシスの自動的監視がなされること。以上である。

クレムソンはこれ等の特徴は各々，80-20の法則，必要多様性の法則，ホメオスタシスの原理等初期のシステム運動期に指摘された概念と対応すると述べている。[99] しかし，循環因果性は，第3世代システム論においては矛盾する原理である。要するに，クレムソンの要点は第1世代システム論の範囲に留まるものであると言える。但し，第1世代システム論を基礎としてその後の世代が成立し，また共通化している原理でもあるため，ここに列挙する。

ⅰ) 80-20の法則；大部分の大規模な複雑なシステムにおいては，出力の80%が，システムの20%によって作られていることを指摘した原理である。[100] 大規模な組織においては，利益の80%が努力の20%によってもたらされるということである。言い換えれば，システムの内で機能しているのは20%のみということである。この状態はシステムとは呼べないであろう。しかし独立単位

体等の現状を表わしていると言える。

　ii) ゲーデルの不完全性定理；数理の全ての整合的な公理的基礎には，決定不能な命題をも含んでいる。組織の言語的・文化的枠組には，その枠組では十分に表現され得ないことがある。それ故，その内部では解決不能な決定状況が発生するという意味で，言語的枠組は常に不完全なのである。ここに，後述のメタシステムが関与する余地がある。

　iii) フィードバック支配の定理；効率的増幅装置に対して，フィードバックは，インプットに大きな変化があったとしてもアウトプットを支配する。組織によって生み出される様々な結果は，インプットに大きな変化があったとしても，そのフィードバック経路に支配されているため，影響は少ないとクレムソンは指摘するが，前述の如くこれは在り得ない。

　iv) ホメオスタシスの原理；システムは，その本質的変数の全てが各々の臨界閾に維持されている限り，生存可能である。組織は予期し得ない攪乱に直面する場合でさえ，重要な諸変数が生理学的限界内に維持されている限り，健康であり続けられるという意味である。この原理は，後述する安定状態の原理と同様，静的均衡を意味するものではない。ホメオスタシスは生存にとっての決定的要因であり，その本質は，繰り返される適応と維持の過程の中にある。

　v) 安定状態の原理；システムが安定状態内にあるとき，その全ての部分システムも安定状態内に存在しなければならない。逆に，全ての部分システムが安定状態に存在するならば，システムも安定状態にある。すなわち，組織が安定状態にあるとき，その組織の全ての構成単位も安定状態にあり，またこの逆も成り立つという意味である。[101]

　vi) 安定性停留域の原理；複雑なシステムは，不安定性の閾値から分離された安定性の停留域を持っている。組織というものには幾つかの安定した形態があり，そこから逸脱した組織は，自然に安定した形態の1つに引き寄せられるものとしている。[102] しかし，自然に回復することはあり得ない。

　vii) Conant-Ashbyの定理；システムの適切な調整装置は全て，システムに

モデルとして備わっていなければならない。つまり，調整装置のモデルが調整対象システムのモデルと共に，内包されていることを意味する[103]。これはビアのモデルに活かされている。

viii) 循環的因果性の原理1；正のフィードバックが与えられるとき，2つの部分システムが本質的に異なる最終状態に到達することは，同一の初期条件からでも可能である。

循環的因果性の原理2；負のフィードバックが与えられるとき，広範囲の初期条件に対しても，均衡状態の不変性は保たれる。

ix) 弛緩時間の原理；システムの安定性は，攪乱と攪乱の間の時間の長さよりもシステムが弛緩している時間が短いとき，またそのときに限り保たれる。

x) 資源の冗長性の原理；攪乱下での安定性の維持のためには，必要な資源には冗長性が求められる。

xi) 潜在的指令の冗長性の原理；任意の意思決定の連鎖において，効果的行動を取ることの潜在性は，情報を適切に連結することによって実現されるというものである。

xii) 情報の冗長性の原理；情報伝達における誤差は，メッセージの冗長性を増やすことによって防ぐことができる。

xiii) エントロピーの法則；任意の閉じたシステムにおいて，エネルギーにおける差異は時間経過に対して，同一であるか減少する。あるいは，任意の閉じたシステムにおける秩序の総量は，決して増加することはなく結局は減少する。しかしこれは，比喩としては成り立つかもしれないが，エントロピーの概念と秩序の概念は直接結び付くことはない[104]。

一方，同じ第1世代システム論に属するアシュビーは，この中ではホメオスタシスの原理やConant-Ashbyの定理の他，安定性停留域の法則や安定状態の原理に関係している。つまり，システムがシステムとして存在する間，その生理学的許容範囲に留まることが仮定され，また全てのシステムの変数は，均衡値の周囲に変動し収束する傾向があるという点である。また不完全性の定理

について，それは自己の集合の中から自己集合の要素とも非自己とも判別の付かない要素が現れてくるという形式論理による定式化の限界を示すものであったが，これに関連してアシュビーの自己組織化の定式化の挫折は既述の通りである。

　エントロピー等の混乱の原因と共通するが，第2世代まではシステム的有機構成を考えず，エネルギー等の代謝のみのシステムの開放性を捉えていたからである。システムがシステムとして存在する間と述べたが，アシュビーもシステムの有機構成を認識していた訳ではなかった。開システムとは，代謝を通して環境に開かれているが，その有機構成は閉じていなければならないのである。ここが，第3世代の違いである。

注
1) 機械論の影響ではない。
2) アシュビーは，脳は機械的原理に従って作動するものという確信と整合するように，頭脳の持つ不思議な力に関する様々な神話を白日の下に曝すことを楽しんでいたと伝えられる。その成果が，2冊の本と13本の論文そしてホメオスタットという名の機械である。内的に結合されたシステム間の豊富な相互作用の研究に集中し，それが必要多様性の法則と情報理論に向かったと伝えられている (Conant and Ashby (1970))。
3) ハイムズ(1985)，pp. 226-234。これは後に，ボストンアームと呼ばれる義手の開発を行った。
4) ハイムズ(1985)，第10章。
5) ウィーナー(1962)，第3・4章。しかし論理実証主義ではない。
6) 先の，『人間機械論』の原題は，正に「(人間による)人間の人間的利用」であり，このことに直接答えるものである。蛇足ながら，この頃の翻訳には不適切と思われる題名が多い。例えば，この他に，ヤングの「科学における疑問と確実性」は『人間はどこまで機械か』という邦題が付けられている。人間-機械系という言葉が強調されていたためであると思われる。
7) ウィーナー自身，以下のように心情を吐露している。「その私は，私自身と私の周辺の人々が，正義の存在のために必要と考えているものを述べることができるにすぎない。そのために必要なものを表現する最善の言葉はフランス革命のスローガン，自由・平等・友愛である。これらは次のことを意味する。す

なわち，各人が自己に内在する人間としての可能性を自己の意思で全面的に展開させる自由，AとBに対し正当であることはAとBの地位が交換された時もやはり正当であるような平等性，人間性そのものによる限界以外には何の限界もない人と人との間の好意である。これらの正義の大原理が意味し，要求することは，何人も，自己の地位の個人的な力によって他人に対し強迫によって苛酷な取引や契約を強要してはならないということである。社会や国家の存立そのもののために必要な強制であっても，自由の不必要な侵害を決してもたらさないような仕方で行われなければならない」（ウィーナー(1979)p. 110)。その他『神童から俗人へ』でも，心の軌跡が綴られている。

8) ハイムズは，父親の影響，空想的社会主義者の価値観，自分自身を傷つけた経験等によって，偏狭よりも寛大になることによって，可能性と才能の芽を伸ばすことができたと述べている（ハイムズ(1985)第1章)。

9) Hall and Fagen (1956), p. 21. 要素間の関係性や全体と部分の関係に着目することは，自然科学でも重要であった。例えばハイゼンベルクは，『部分と全体』という著書を著している。

10) フォン・ベルタランフィ(1973), p. 32。

11) フォン・ベルタランフィ(1973), pp. 22-26。一方ボールディングは，9つのレベルに複雑性を分けている。すなわち，第1レベルは静態的構造のレベルである。第2レベルは，必然的運動を行う単純な動態的システムであり，時計仕掛けのレベルである。第3はサイバネティックス的システムのレベルだとする。しかし実体はサーモスタットのレベルを指している。第2レベルと異なるのは，情報の伝達と解釈がシステムの本質であるとする点である。第4は開放システムまたは自己維持的構造のレベル(例えば細胞のレベル)であり，自らを非生命から分化させる点がこれまでとは異なる。第5は遺伝・社会的レベル(例えば植物のレベル)である。このレベルは2つの特徴を持っている。つまり，分業により分化し相互依存的に振舞う諸部分が存在することと，遺伝子型と表現型の差異が存在することである。第6は動物レベルで，移動性，目的，自覚等特化した情報受容装置が発達しており，神経系に相当するものが備わっている段階である。第7は人間レベルである。自己意識，自己反省的な性質があるとされる。第8は，社会組織のレベルである。役割が強調される。このレベルで社会システムを定義すると，コミュニケーションの経路によって結び合わされた役割の集合ということになる。第9が超越的なレベルのシステムである。これは不可知的存在であると言う。物理的機能と社会化過程を織り交ぜた多層システム論である。

12) フォン・ベルタランフィ(1973), p. 45, pp. 232-241。

13) Bourding(1956), pp. 197-208.

14) Bourding(1956)。ボールディングによれば，社会科学が持っている理論図式

はほとんど第2レベルすなわち時計仕掛けのレベルであり，第8以上のレベルを論じる場合，理論的支柱が欠如していると言う。これでは，現実の現象を羅列しているだけで，分析道具にも説明の方法論にもなり得ない。
15) 公文(1978), p.28。
16) 松田(1983), はしがき。結局, 人間-機械システムについてのみ, 「目標指向システム, つまり目標を達成するために集団を作るシステムで, 集団全体の目標に指向するとき, 集団目標指向システムとなり, 集団を構成する個人またはグループのおのおのの目標を集団によって相補するとき, 個人目標指向システムとなる」と定義している(松田(1971)pp.180-181)。
17) 例えばBeer(1979), p.7. 他のBeerの文献でも, 定義は同一である。
18) チェックランド(1985), p.1。前章で引用したパレートに通じている。
19) チェックランド(1985), p.337。
20) 便宜上サブシステムと呼ぶ。
21) 但し第4章のために言えば, 彼等が想定しているオートポイエーシス・システムというシステムは微視的産出によってシステムを特徴つけることであり, 単位体としてのシステムを意味するものではない。
22) マトゥラーナ, ヴァレラ(1991), p.244。但し構成素は構成要素のことである。
23) Maturana, Mpodozis and Letelier(1995), pp.15-26.
24) Maturana(1995), pp.145-175. マトゥラーナとヴァレラはオートポイエーシス機能を司る部分に対してもオートポイエーシス・システムと呼ぶが, 本稿ではシステムとしての独立性がないということを明らかにするために, オートポイエーシス的単位と呼ぶ。
25) Beer(1984), pp.7-26.
26) 類似性というシステム論の方法についてカプランは, サイバネティックスを一般システム理論と混同しながら以下の様に述べている。「コミュニケーションや制御の様な概念を用いることは, サイバネティックスは人間の研究に大いに関与していることになる。というのは, 人間行動が多くの点でコミュニケーション機械と平行的関係にあるからである。この平行的関係性は, 単なる比喩という訳ではない。それは機械の過程と人間行動の過程との間にある構造上の類似性を示すものだからである。人間と人間以外の自然のものとの進化論的連続性に関して主張されることは, 最早完成の域に到達したと言えよう。コミュニケーションと制御の概念を鍵概念として, 個人と社会との構造的類似性も視野に入れられることとなった。プラトンやホッブスの比喩は, 今や文字通りの解釈が可能となった訳である (Kaplan (1952), pp.274-284)」。混同していることに目を瞑ることにすると, システム論の本質が明らかに見える。つまりシステム間の類似性を明らかにし, 異なるシステム間の差異を示すという, 現代の

分類学ということである。

27) チェックランド(1985)はモデルを「知的構成体で，少なくとも1人の観測者が興味をもっている実在に関する記述」と述べ，また概念モデルを「人間活動システムのシステム論的説明で，そのシステムの根底定義に基づいて作られ，通常は動詞の命令形の集合を構造化した形になっている。そのようなモデルには，根底定義で同定されている，システムに必要最小限の活動のみを含ませるべきである」と言っている(p.342)。

28) キャノン(1963), pp.341-342。

29) キャノン(1963), p.344。また初期の頃，既に，自己組織化現象に対応するため，この概念を拡張しようとする試みがあった。マースの所論である。

30) ドイチェは，「ホメオスタシスの概念は，学習システムの内的再構成あるいは解答発見のための組み合わせを叙述するには十分広いものとは言えない。説明しなければならないものは，安定性ではなく変化である。よって，この概念は狭すぎる」と述べている (Deutsch (1951) pp.185-222)。また，社会システムを考える上では，均衡概念の方が重要であるとしている。それによると，社会は混乱が発生しても直ぐに復旧すると仮定され，混乱への斥力は混乱の強さに比例し，それに対する応答時間は，問題とはされず，システムにはカタストロフィーは起き得ないとされた (Deutsch (1951) p.198)。つまり，静的な社会を仮定したようだ。しかしフィードバック概念は，学習，目標追及，自己維持等のために積極的に利用することが説かれている。ここで，生存可能システムモデルとの類似性に注目したい。すなわち，(1)外部環境に関する情報，(2)再構成可能な情報，(3)システム自身に関する情報を基に，①システム内のネットワークに情報を取り入れ，目標を追求すること，②システム自身の構造変更のためにフィードバックを用い学習すること，③システム自身に関する情報を知覚することが説明されている。勿論これは，社会システムを指すものであるが，集団の維持をシステム全体の維持に，また自身の維持をサブシステムの維持に読み替えれば，類似していると言える。

31) Flood and Jackson(1991), pp.8-10. 社会システムに関するホマンズの外部システムと内部システムという区分は，一概にここでいう区分とは対応しない。何れかと言えば，ホマンズの概念は，開システムを前提としている。その上で，環境と対応する機能を外部システムと呼び，集団を構成する機能を内部システムと呼んだものである（ホマンズ(1959)第4・5章）。

32) Henderson(1915). 環境との緊密なシステムとは，第5章の部分環境の特色でもある。有機構成を変えることはないという意味で，後述の様にオートポイエーシス的単位も開システムである。

33) Ashby(1956 a), pp.35-42.

34) 第4章第5章に再述する。

35) 初めて定式化されたのは，Rosenblueth, Wiener and Bigelow(1943) においてであるが，その後 Wiener and Rousenblueth(1950)，Ashby(1956 b)，Churchman and Ackoff(1950) 等が続いた。

Taylor(1950 a),(1950 b)からの批判もあった。現在は多くの技術分野でこの原理は応用され，また精神と身体との相補的関係をバイオフィードバックという概念で表わすこともある。これは，人間の身体をブラックボックスとして扱うことを意味している。しかしまた感性表現技術等は，予め対応行動がインプットされており，この限りではない。

36) 初めて定式化されたのは，Maruyama(1963)においてである (pp. 164-179)。もっともウィーナーがサイバネティックスを提唱した際，1868年の『ロンドン王立学会会報』に掲載されたジェームズ・クラーク・マクセルの論文に言及しているため，正のフィードバック概念自体は新奇なものではない。すなわちマクセルは，正及び負のフィードバックの基本的数学的取り扱いを説明し，正のフィードバックに固有の不安定性に注意を促していた。その意味では，古い概念であると言える。

さて，この第2次サイバネティックスと称する論文の後，第3，第4と称する論文が幾人かの研究者によって書かれた。しかしそれ等は，Maruyama (1963)の所論を継ぐものでもウィーナーを中心とするサイバネティックスを継承するものでもなかった。これ等は第2次サイバネティックスの認識論的新次元を理解せずに唱えられたものであり議論の余地はない。少々違いに触れよう。Maruyama によればウィーナーのサイバネティックスは，漸近的安定化あるいは周期的反復で特徴付けられる。これに対して第2次サイバネティックスでは，システムにおける異質性の役割や異質的要素間の互恵的相互作用，異質性の増大によるパターンの生成が重要とされる。この異質性を増加させる機能が正のフィードバックであり，第2世代システム論では中心概念となった。

37) Ashby(1960)，第9章。
38) Ashby(1956 b), p. 114, p. 116. 第1世代自己組織化の箇所で再述する。
39) またビアのモデルの，経路設計に影響を与えている。第5章のメタシステムの機能である。
40) キャンベルが主張する適応システムとは異なる。これは，進化論的に適応方法が階層性をなす，というものだった。その中には，アシュビーのホメオスタットのような初歩的方法の改定も含まれている。
41) Varela(1979), p. 166. 後に作動的閉鎖性と呼び，組織的に区分されたものではなく，閉包自体がシステムによって設定されるものであることを明らかにしている。
42) Varela(1979), pp. 53-60. 有機構成に関してのみ閉鎖的という意味である。
43) 独立した単位体でない場合を含む。

44) Clemson(1984). フリック（1974）は，達成可能な調整の規模は，調整システムの多様性を調整対象システムの多様性で徐した値によって与えられるという。つまり，分子の多様性を増やすか，分母の多様性を削減することが必要である，ということを述べたものである。
45) マトゥラーナ，ヴァレラ（1991），p. 242。
46) Varela(1979), p. 55. 本稿第4章。
47) Varela(1979), p. xi.
48) Varela(1979), p. 206. 表13.1。
49) マトゥラーナは，オートポイエーシスという生体の特徴を社会に拡張する際，パーソンズと同様自己言及性と個人の自由の問題で矛盾を来している。第4章に述べる。
50) Ulrich(1981). ビアの立場では目的内在的でなければならない。
51) Beer(1983). また Espejo and Harnden (1989), Espejo and Schwaninger (1993) の反論もある。
52) ワインバーグ（1979），pp. 147-153。内外の観察の必要性は認められる。但し前述のように接合はできない。すなわち，補完性は第4章の合意領域の形成に移行されることになる。
53) ここで言う階層性とは，生物種の区分における界，門，亜門，鋼，目，科，属，種，亜種，階，コホート，亜目，亜科といった階層性や，ボールディングの階層性，制度の階層性とは異なる。
54) 例えばチェックランド(1985), p. 97。
55) Simon(1977), pp. 245-261.
56) 第5章に後述する。前章で，ガルブレイスの所論は一面，ビアのモデルに類似しているという指摘があると述べたのは，垂直的・水平的情報経路を設けるという点である。
57) Ashby(1956 a). アシュビーは前章で論じた様に既に自己組織化を論じている。しかし内容的には安定性であるため，分類は河本(1995)に従った。以下，本節は主に河本(1995)を参照した。
58) ニコリス，プリゴジン(1980)。ヤンツ(1986)。
59) 今日では，さらに広領域での安定性はカオスとして知られている。
60) すなわち，構造上の有機構成ではなく機能上の有機構成を考える所に生存可能システムモデルが指向されるのである。機能や役割に応じて構造が生じる。
61) 河本(1995), pp. 33-36。
62) Ashby(1956 b). ここでの説明はアシュビーの初めの定式化である。不可能であることを知り，Ashby は，第4章で示す別の説明を試みている。結局それも失敗している。なお Ashby は，一般システム理論とサイバネティックスに区別を付けていない。それがベルタランフィに同意する理由である。

63) ベイトソン(1982)によれば，論理は無時間的であるのに対して，因果には時間概念が含まれている。そして原因と結果の連鎖が円環をなすとき，その連鎖を無時間的論理に移行させて記述するため，矛盾が生じるという。純粋な論理程，処理不能なパラドックスが生じ易い。特に生命現象を特徴付けるホメオスタシスでは，この種のパラドックスを抱えており，これを論理で記述しようとすると矛盾が起きると言う。つまり，ホメオスタシスの機構は，形式論で禁じている循環論から導かれたものであるために，これを形式論的に処理しようとすると矛盾に陥ることになるのである。

64) 拡大された自己は，ワイク(1997)の組織の中の組織化つまり内部環境の問題に通じる。少々触れよう。つまり，組織が重要なのではなく「相互依存的行為を意味ある結果を生み出すような連鎖に組み立てること」が重要であり，組織化を指向する(同 p.4)。組織現象は多義的であり，その中から意識的に行為者に理解可能なように社会過程を形成することが組織化であるという。ここで多義というのは，曖昧性や不確実性とは異なり，2つ以上の意味や指標として分類され得るという形容である。そして相互依存的に行為することで，合意を以って多義性を削減させていくことで組織化が進められる。つまり，事象の多義性が削減されるということは，それだけ明瞭性が確保されるということになり，合意領域が拡大され組織化が進むことを意味する。ワイクにとって重要なことは2つある。それは二重相互作用でありイナクトメント(enactment)である。二重相互作用とは，組織化の構成要素であり原型である。すなわち，2人の組織化に向けた相互作用は，二重に行われなければならないと言う。これはフィードバック概念の言い換えである。イナクトメントとは，組織化過程における行為者の創造的・能動的行為を表わすために使われた。ワイクは，「混沌から秩序への不可避で不可逆的な足取りは組織の成長の不可欠な特徴とは考えていない」(同 p.155)。つまり秩序を増す方向へ向う必要はないと考えている。彼にとっての組織化は，多義性の削減による秩序化ではなく進化である。ここに二重相互作用という組織化の原型からの飛躍がある。秩序化ではなく進化であると言うのは，普遍的秩序を流布するのではなく，偶発性や自由を確保しながら構成員の自発的組織化を意識するためであろう。多義性を中心に据えるということは，組織の性格を変える可能性がある。しかし，初めからアイデンティティはないことも明らかだ。「組織化の過程が組み立てられるとき，それらは自然淘汰の過程に似ているようだ」とし，「それをモデル化したい」と言う(同 pp.168-169)。そして，「さまざまな相互連結サイクルからなる淘汰過程で，そうした多義性にあてがわれるいくつかの意味が淘汰される」(p.226)。ここで淘汰されるのは，従来の組織化の形式である。このとき，制御は「変数を整序し，なんらかの秩序を挿入し文字通り自らの制約を創造する」という積極的な役割を果すこととして，イナクトメントという言い方をする (p.213)。そし

て淘汰され整序された組織化の過程は，保持され編集され更新されると言う。しかし，その内容・方法は不明でありモデル化は行われていない。未組織社会という海に浮かぶ小さな島を描写したに過ぎない。

65) 第4章後半の擬似家族的単位の鍵概念である。但し，再帰の最下位水準における単位体化の動きが単位化に繋がるのであり，アシュビーの概念とは異なる。そのとき，初めて真の拡大された自己は，A+Bであると言える。
66) Beer(1966), p. 361.
67) 河本(1995)。
68) ベジャン(1979), pp. 384-393。
69) ローレンス，ローシュ(1977)。少し触れておく。管理過程論と人間関係論を統合しようとするコンティンジェンシー理論においては，組織の置かれた状況との関係が中心課題であった(同 p. 222)。彼等の課題は，分化，統合，環境特性である。すなわち，組織は開システムであり，構成員の活動は相互に関連性を持つ。組織規模が大きくなるにつれて，複数の部門に分化し，システムとして存続するために個々の部門の機能が統合される必要がある。さらに組織全体そして各部門も，システム的に環境に適応して行くということを示すことだった(同 pp. 8-9)。従来の研究に比べ，システムの開放性を挙げる等システム的である。しかし彼等の開システムという概念は，組織現象は環境特性に左右される受動の産物であるということを意味している。それ故，組織に部門間差異としての分化が生じるとされる。これは，「異なる職能部門の管理者間の認知的，情動的志向の差異」をもたらす(同 p. 13)。この事態は，命令一元的組織ではなく，部門間の凝集性の弱い組織を指しているが，現実に生じる可能性はどこにでもある。よって，環境によって分化した組織を統合する必要性が生まれる。しかし同論では，環境とは当時者の主観で認識されるものである。彼等の所論は，人間関係論を包含する試みだったのにも拘わらず，システムの内部環境への働き掛けとその認識に欠けていると言わざるを得ない。
70) ハーバーマス，ルーマン(1984)。
71) 同様のことは，情報論的エントロピーや統計力学的エントロピー等，異分野同一概念にも見られる。両者は形式的には類似している。しかし内容は異なっている。統計力学は微視的世界を扱うものだが，情報論は巨視的分野を扱っていると言える。事象数さえ定まっていれば可能である。また熱力学的エントロピーとも異なる。ネゲントロピーは，熱力学的移動のエントロピーであった。このような混乱を基に，シャノンは自ら定義した情報量を，比喩的に情報のエントロピーと呼んだのである。

また情報論自体，通信理論を中心に発展してきたため，意味論的情報や情報の価値は当初考えられてはいなかった。アシュビーも調整装置と経路容量の機能面の説明に情報量を用い，雑音と擾乱，エントロピーと調整装置等，比喩的

説明を行っている。交換される多様性が情報に還元される場合もあり，そのような説明を試みたのであろう。また，秩序とエントロピー概念の関連は，秩序・無秩序の概念に帰着する。すなわち，情報や物理学の無秩序は，不確実性と同義で用いられる。

72) その意味では混乱の原因はミンガースであると言える。Mingers(1995)，第6章。
73) 但し訳は定訳ではない。
74) マトゥラーナ，ヴァレラ(1991)，p.140。
75) Maturana(1988), p.9, vii.
76) Maturana(1988), p.9, vii. 次章で再び触れる。個人の生命の安全という規制が，社会化には課せられているということである。しかし生物学的システムとしての個人の生体においては，高次のオートポイエーシスに下位のそれは従属する，と反対のことを述べている。これは第5章に述べる大局的機能の有機構成に調和的に従属するということである。
77) Maturana, Mpodozis and Letelier(1995). それによると，第1の反復における鍵概念は，言語と言語化そして諸目的である。すなわち1つの有機体が生きているその在り様の一部分となる様に，言語活動領域における最初の反復は言語を形作り，また行動の合意形成的調整の観点から言語化を図るものである。同時に頭脳における円環的過程と同様に，それは言語化の線形延長に結合する様になる。また，言語を構成するのと同じ様に，言語的活動の調整の第1の反復は，行動の合意形成的調整を用いることによって，あるいはその他の行動の合意形成的調整活動についての目的によって，諸目的を構成することができる。ここにおいて本来の目的とそれ以外の目的とは，各々新たな反復によって言語領域の中に生じてくることがわかる。これ等諸目的は，新たな反復作業における行動論的状況に依存している。Maturana(1987)§3では，言葉の認知によって喚起される現象というものは，媒体との構造的応答を通して行き来するという有機体の相互作用を描写しているが，一方で有機体の行動における操作的諸断面における相違を通じて，観察者によって可能であると述べている。

　第2段階の鍵概念は観察行為である。すなわち，目的の違いを操作の違いから観察するということである。

　第3段階は観察者が中心となる。すなわち，観察者に第3の反復が与えられる場合であるが，これは局所的観察行為における観察行為の相違の中で発生するものである。

　第4は自己意識の問題になる。すなわち，自己意識とは，合意形成的行動の調整領域というものが形成され，そこで観察者の観察行為が行われる場合，問題となる。

　第5段階は責任が鍵概念になる。すなわち，自己自覚性としての責任を経験

することである。
　第6段階は自由であるという。つまり自己自覚性としての自由を満喫する段階である。この段階的進展は唯識論的である。

78) Mingers(1995), p. 83.
79) Mingers(1995), p. 83.
80) Hejl(1984), p. 63.
81) マトゥラーナ，ヴァレラ(1991)，p. 140，p. 244。
82) マトゥラーナ，ヴァレラ(1991)，p. 140。
83) Mingers(1995), pp. 83-84. Varela, and Goguen (1978), p. 318. 第2世代は個別の接近法が種々提示されたことによる混乱だった。
84) 例えばチェックランド(1985)。
85) Hejl(1984), p. 63.
86) マトゥラーナ，ヴァレラ(1991)，p. 170。⑧と⑨は分ける必要性はないが，ミンガースに従った。
87) マトゥラーナ，ヴァレラ(1991)，p. 73。Varela(1979)，p. 15.
88) マトゥラーナ，ヴァレラ(1991)，p. 244。
89) Mingers(1995), p. 83.
90) Varela(1979), p. 55.
91) Beer(1966), pp. 345-369. 同書の中で，分解による複雑性の解消のことを組織性の増加と呼んでいるため，ここではそうした。また『企業組織の頭脳』でも繰り返されることだが，キャベツに付くアブラムシの一種のアリマキの例を挙げている。一匹のアリマキは十分に餌があれば，そしてその生殖活動に支障がなければ，1シーズンの終わりには8億2,200万トンまで増殖可能であるという。これは全人類の5倍の重量である。しかし，地上がアリマキで覆われない理由は，生態系が自己組織的であるということだ，と述べている。すなわち，生態系全体で自己調整的なシステムとなっている場合も，自己組織ということになる。
92) ビアがユニークなのは，プリンの様なアロポイエティックなシステムでもその目的が存在する，としている点である。
93) Espejo and Watt (1979), pp. 259-283.
94) Davies, Demb and Espejo (1979), pp. 56-58. 遠山 (1998), p. 20.
95) 副題に「生命システムとは何か」とあるが，生命の有機構成は，例示することもなく明らかにしていない。またマトゥラーナだけが社会システムへの応用を説いているが，模索の段階で止めてしまっている。
96) 例えば河本(1995)，(2000)の心的オートポイエーシスや，トイプナー(1994)，福井(2002)の法律が法律を産出するという法律のオートポイエーシス等は，ルーマンのコミュニケーションがコミュニケーションを産出する，と

いう考えに準拠したものである。法律や会話をシステムと見做すには無理がある。
97) 本節は主に Clemson(1984) に依っている。
98) マーチ, オルセン (1986), p. 5。
99) Clemson(1984), pp. 199-254。
100) Beer(1979), pp. 15-18.
101) クレムソンによれば, これはホメオスタシスの原理の系であるという。§3-1 後段の構造論的動学領域と関係性維持領域の議論から, 不安定なサブシステムから安定なシステムが創出されることはない, ということになる。
102) クレムソンによれば, これは自己組織化システムの法則の系であるという。
103) クレムソンによれば, これは必要多様性の法則の系であるという。
104) クレムソンの解釈も誤用の1つである。

参 考 文 献

[1] エイコフ, R. L.(メサロヴィッチ編, 一楽雄也訳)「一般システム理論とシステム研究」『一般システム理論の研究』日本能率協会, 1971。
[2] Ashby, W. R., "The Effect of Experience on a Determinate Dynamic System," *Behavioral Science,* 1, pp. 35-42, 1956 a.
[3] Ashby, W. R., *An Introduction to Cybernetics,* Chapman and Hall, 1956 b.
[4] Ashby, W. R., *Design for a Brain,* Wiley, 1960.
[5] Beer, S., *Decision and Control,* John-Wiley, 1966.
[6] Beer, S., *The Heart of Enterprise,* John-Wiley, 1979.
[7] Beer, S., "A Reply to Ulrich's 'Critique of pure Cybernetic Reason : the Chilean Experiment with Cybernetics'," *Journal of Applied Systems Analysis,* 10, pp. 115-119, 1983.
[8] Beer, S., "The Viable System Model : its provenance, development, methodology and pathology," *Journal of the Operational Research Society,* 35, pp. 7-26, 1984.
[9] フォン・ベルタランフィ, L.(長野敬・太田邦昌訳)『一般システム理論』みすず書房, 1974。
[10] ベイトソン, G.(佐藤良明訳)『精神と自然』思索社, 1982。
[11] ベジャン, A.(荒川幾男他訳)「自己組織化と認識」, ロワイヨーモン人間科学研究センター『基礎人間学・上』平凡社, pp. 384-393, 1979。
[12] Boulding, K. E., "General Systems Theory — The Skeleton of Science," *Management Science,* pp. 197-208, 1956.
[13] キャノン, W. B.(舘鄰, 舘澄江訳)『からだの知恵』平凡社 (世界教養全集

33), 1963。
[14]　チェックランド, P.(高原康彦, 中野文平監訳)『新しいシステムアプローチ』オーム社, 1985。
[15]　Churchman, C. W. and Ackoff, R. L., "Purposive Behavior and Cybernetics," *Social Forces*, 29, pp. 32-39, 1950.
[16]　Clemson, B., *Cybernetics : A New Management Tool*, Abacus press, 1984.
[17]　Conant, B. and Ashby, W. R., "Every good Regulator of a System must be a Model of that System," *Intern. J. Systems Science*, 1, pp. 89-97, 1970.
[18]　Davis, D., Demb, and Espejo, R., *Organization for Program Management*, Wiley, 1979.
[19]　Deutsch, K. W., "Mechanism, Teleology and Mind," *Philosophy and Phenomenological Research*, 12, pp. 185-222, 1951.
[20]　Espejo, R. and Watt, J., "Information Management, Organization and Managerial Effectiveness," *J. of the Operational Research Society*, vol. 39, no. 1, pp. 7-14, 1988.
[21]　Espejo, R. and Harnden, R., eds., *The Viable System Model: Interpretations and Applications of Stafford Beer's VSM*, John-Wiley, 1989.
[22]　Espejo, R., Schwainger, M., eds., *Organizational Fitness : Corporate effectiveness through Management Cybernetics*, Campus Verlag, 1993.
[23]　Flood, R. and Jackson, M., *Creative Problem Solving*, John-Wiley, 1991.
[24]　フリック, H.(鈴木幸毅等共訳)『経営サイバネティックス』白桃社, 1974。
[25]　ハバーマス, J., ルーマン, N.(佐藤嘉一他訳)『批判理論と社会システム理論』木鐸社, 1984。
[26]　Hall, A. D. and Fagen, R. E. "Definition of systems," *General Systems*, 1, pp. 18-28, 1956.
[27]　Henderson, L. J., *The Fitness of the Environment*, Macmillan, 1915.
[28]　Hardin, G., "The Cybernetics of Competition : A biologist's View of Society," *Perspectives in Biology and Medicine*, 7, pp. 61-87, 1963.
[29]　ハイムズ, S.(高井信勝監訳)『フォン・ノイマンとウィーナー』工学社, 1985。
[30]　ハイムズ, S.(忠平美幸訳)『サイバネティックス学者達』朝日新聞社, 2001。
[31]　ホマンズ, G. C.(馬場明男, 早川浩一訳)『ヒューマン・グループ』誠信書房, 1959。
[32]　福井康太『法理論のルーマン』勁草書房, 2002。
[33]　ヤンツ, E.(芹沢高志, 内田美恵訳)『自己組織化する宇宙』工作舎, 1986。
[34]　Kaplan, A., "Sociology Learns the Language of Mathematics," *Commen-

tary, 14, pp. 274-284, 1952.
- [35] 公文俊平『社会システム論』日本経済新聞社, 1978。
- [36] 河本英夫『オートポイエーシス』青土社, 1995。
- [37] 河本英夫『オートポイエーシス2001』新曜社, 2000。
- [38] ローレンス, R. P., ローシュ, J. W.(吉田博訳)『組織の条件適応理論』産業能率短期大学出版部, 1977。
- [39] Maruyama, M., "The Second Cybernetics: Deviation-Amplifying Mutual Causal Processes," *American Scientist,* 51, pp. 164-179, 1963.
- [40] マーチ, J. G., オルセン, J. O., (遠田雄志他訳)『組織におけるあいまいさと決定』有斐閣, 1986。
- [41] 松田正一『システム理論序説』オーム社, 1971。
- [42] 松田正一『システムと行動』泉文堂, 1983。
- [43] Maturana, H. R., "Biology of Self-Consciousness," in Tratteur, G. ed. *Consciousness: Distinction and Reflection,* Bibliopolis, pp. 145-175, 1995.
- [44] マトゥラーナ, H. R., ヴァレラ, F. J.(河本英夫訳)『オートポイエーシス』国文社, 1991。
- [45] Maturana, H. R., Mpodozis, J. and Letelier, J. C. "Brain, Language and the Origin of Human Mental Functions," *Biology Research,* vol. 28, pp. 15-26, 1995.
- [46] ニコリス, G., プリゴジン, I.(小畠陽之助, 相沢洋二共訳)『散逸構造』岩波書店, 1980。
- [47] Rosenblueth, A., Wiener, N. and Bigelow, J., "Purpose and Teleology," *Philosophy of Science,* 10, pp. 18-24, 1943.
- [48] Simon, H. A., "The Organization of Complex Systems," in *Models of Discovery,* D. Reidel Publishing, pp. 245-261, 1977.
- [49] Taylor, R., "Comments on a Mechanistic Conception of Purposefulness," *Philosophy of Science,* 17, pp. 310-317, 1950 a.
- [50] Taylor, R., "Purposeful and Non-Purposeful Behavior: A Rejoinder," *Philosophy of Science,* 17, pp. 327-332, 1950 b.
- [51] トイプナー, G.(土方透他訳)『オートポイエーシス・システムとしての法』未来社, 1994。
- [52] 遠山暁『現代経営情報システムの研究』日科技連, 1998。
- [53] Ulrich, W., "A Critique of Pure Cybernetic Reason; the Chilean experience with cybernetics," *J. of Applied Systems Analysis,* 8, 1981, pp. 33-59.
- [54] Varela, F. J., *Principles of Biological Autonomy,* North-Holland, 1979.
- [55] Varela, F. J. and Goguen, J., "The Arithmetric of Closure," *J. of Cybernetics,* Vol. 8, 1978, pp. 291-324.

［56］　ウィーナー，N.(池原止戈夫他共訳)『サイバネティックス』岩波書店，1962。
［57］　ウィーナー，N.(鎮目恭夫，池原止戈夫共訳)『人間機械論』みすず書房，1979。
［58］　ワイク，K.(遠田雄志訳)『組織化の社会心理学』文眞堂，1997。
［59］　Wiener, N. and Rosenblueth, A. "Purposeful and Non-Purposeful Behavior," *Philosophy of Science,* 17, 1950, pp. 318-326.
［60］　ワインバーグ，J. M.(松田武彦，増田伸爾共訳)『一般システム思考入門』紀伊国屋書店，1979。

第4章　オートポイエーシス論

　マトゥラーナとヴァレラのオートポイエーシス論は，細胞レベルからの自己維持という特性と神経システムにおける自己言及性，さらに有機体としての認知機能から成り立っている。すなわち，新陳代謝の累積によって生命を特徴付け，かつそれによって生物学的システムは制御されるということを述べている。また同時に，神経や免疫システムは，自己の構成要素の全ての状態を自己調整可能なものでもある。さらに認知によって生体は独立的システムとして他者と交流すると述べている。すなわち，彼等の著書は2本の論文から成り，自己維持的特徴は「オートポイエーシス──生命の有機構成」に，自己言及性は「認知の生物学」に対応している。[1]また認知の問題は，何れの論文においても，その後段で語られている。しかし，これで生物学的システム全体の特徴を論じ尽くしたということにはならない。

　産出行動によって生命を捉えるというオートポイエーシス論は，その後のシステム論を巡る議論展開に大きく寄与した。特に，従来の還元主義的構造論から脱却し，作動または行為論からの理論構築は，生きているという状態の描写を適確に示すものだった。しかし，これが新たなシステム論として捉えられ，直ちに社会システムに拡張可能である，という誤解を生んだことも否定できない。そもそも上の特徴自体，その関連性には不明確な箇所もある。よって，拡張を指向した諸理論には飛躍する部分が見られる。

　そこで本章では，オートポイエーシス論の特徴と生存可能システムモデルとの接続の可能性を論じ，社会的オートポイエーシス単位を定義する。

§4-1　定　　義

　(1) オートポイエーシスとは，単に自己創造とか自己産出という意味ではなく，オートポイエティックな有機構成を維持する単位が展開する動的過程を意

味するものである。すなわち，以下のような構成要素を産出する諸過程のネットワークを通じて描写される1つの機構である。

1) 機構とは，様々な相互作用と諸過程を通じて連続的に，それ自体を作り出すことによって，諸過程のネットワークを再生成し，実現するものである。

2) 1つのネットワークのように実現している位相学的領域を指定することによって，諸構成要素が存在している空間において，具体的単位体として機構自身を構成するものである。

このように上記の論文が収められた『オートポイエーシス』では，オートポイエーシスは過程として描写されてはいない。替わりに，オートポイエーシス的単位が如何に作動するか，ということについての基礎的な説明が施された。そして自己産出的またはホメオスタティックな有機体という特徴が説明されている。

すなわち，マトゥラーナとヴァレラはオートポイエーシスを以下のように定義する。「オートポイエティック・マシンとは，構成素が構成素を産出するという産出(変形および破壊)過程のネットワークとして有機的に構成(単位体として規定)された機械である。このとき構成素は，次のような特徴をもつ。(i)変換と相互作用をつうじて，自己を産出するプロセス(関係)のネットワークを，絶えず再生産し実現する，(ii)ネットワーク(機械)を空間に具体的な単位体として構成し，またその空間内において構成素は，ネットワークが実現する位相的領域を特定することによって，みずからが存在する。したがってオートポイエティック・マシンは，それ自身の構成素を産出するシステムを機能させることによって，不断に有機構成を生みだし特定する」[2]。この定義は，自明に見えるが，単純な考えを技巧的に発展させ昇華させた定義である。

また河本(2000a)では，この定義を，「オートポイエーシス・システムとは，反復的に要素を産出するという産出(変形および破壊)過程のネットワークとして，有機的に構成(単位体として規定)されたシステムである。(i)反復的に産出された要素が変換と相互作用をつうじて，要素そのものを産出するプロセス

(関係)のネットワークをさらに作動させたとき，この要素をシステムの構成素という。要素はシステムをさらに作動させることによってシステムの構成素となり，システムの作動をつうじて構成素の範囲が定まる。(ii)構成素の系列が閉域をなしたとき，そのことによってネットワーク(システム)が具体的単位体となり，固有空間を形成し位相化する。このとき連続的に形成されつづける閉域によって張り出された空間がシステムの位相空間であり，システムにとっての空間である」[3]と変更している。循環性を活かすためである。また本稿冒頭に引用したように『知恵の樹』の定義では，反復性に力点を置くように定義された[4]。

何れにせよ，「有機構成の円環性によって，生命システムは相互作用の自己言及領域をもつ」と述べているように[5]，構成要素の循環的産出は構成要素の状態の循環的産出を含んでおり，オートポイエーシス的単位は自己維持的かつ自己言及的システムという特徴を持っている。

ところで，マトゥラーナとヴァレラの言うオートポイエーシス・システムまたはオートポイエティック機械とは，前章までの議論のシステムとは異なることは自明である。生体に遍在する新陳代謝機能を司る部分をそのように呼ぶのであり，観察者の指定によって焦点が当てられる単位である。

このように，オートポイエーシスの一連の作動は，観察者に依存して識別される[6]。現象領域や現象それ自体も，観察者によって特徴付けられている。すなわち，「観察とは，区分を行ない，区分したものを統合体として明示できる人間，生体システムであり，……中略……それ自体の状況の外部にいるかのように振る舞える者であり」[7]，差異化を行い記述することである。

本章の最後に，オートポイエーシスを司る部分は，システムとは呼べないことを明らかにする。従って，本稿では，以下その部分をオートポイエーシス的単位と呼ぶことにする。

オートポイエーシス的単位とは，以下の特徴を持っている[8]。

1) オートポイエーシス的単位は，作動によって，自律的にその有機構成の

維持を統御する。すなわち，オート（自己）をポイエーシス（創出）する単位である。またこれによって，他律的単位体とは区別される。

2）それは個体性を持っている。また不断の産出によって，有機構成の不変性を維持する。この同一性は独自のものである。ここでの意味は，自己維持だけでなく自己産出が可能であるということである。すなわち，再帰的に構造化するか基本要素の代替を意味している。繰り返しの産出によって変貌しながらも維持される同一性は，代謝機能によって維持されなければならない。それ故，社会システムを考える場合，ある部門または個人がいなくなったとしても，その技術，知識，記憶は，システム全体に生かされなければならない。

3）オートポイエーシス的単位を構成しているため，自己産出過程を通じて，部分として自ら境界を規定する。よって，環境に対して閉包を成している[9]。本来これは，観察者によって確定されるものではない[10]。しかし観察者の指定によって，着目するオートポイエーシス的単位が決められる[11]。

4）オートポイエーシス的単位は，入力・出力を持たない。これに関しては二義がある。1つは摂食・資源関係，もう1つは産出関係である。すなわち，環境からの攪乱に伴って，有機構成の維持のために，有機体の状態は変化しながらも同一性を維持する。このとき，攪乱によって産出関係が変更されることはない。すなわち，攪乱要因としての環境が歴史的な状況としての役割を果すことができるのは，攪乱の生起過程に関してだけであり，有機構成の産出の決定に関してではないのである。変更する場合は，オートポイエーシス的単位は，自らの作動を通じて産出関係を変更するだけである。すなわち，自己組織的かつ自己維持的なのである。よって，オートポイエーシス的単位を，その入出力によっては内部観察をすることはできない，ということも意味している。アロポイエティックな単位体の場合は，これが可能である。一方，摂食・資源関係では，入力と出力を持っている。

以上を要約すれば，生命とは，そのシステムを作動させる原理を自ら生み出すものであり，自律性，個体性，境界の自己決定，入出力の不在で特徴付けら

れる。この内，入出力の不在という点は様々な誤解を生んだ。しかし，オートポイエティックな産出関係に外部の入出力は影響することはない。

　(2) 生物学的システムは，(1)で述べたように自己維持的かつ自己言及的であるが，その神経システム等は自己言及的でしかない。すなわち，自己言及的とは，自身の構成要素の全ての状態の自己調整可能であることを指している。ところで，自己維持的であるというのは，自己組織化の作動上の閉鎖的循環連鎖が成り立つことである。よって，最初の自己組織化過程で次の段階の自己組織化過程の状態が規定されることになる。このように，構成要素の状態の循環的産出が構成要素の循環的産出過程に従うため，自己維持システムは必然的に自己言及的でもある。しかし神経システムや免疫システムは，ニューロンの発生等のオートポイエーシス的な産出もあるが，基本的に構成要素の産出では特徴付けられないため，自己言及システムではあるが自己維持的とは言えない。[12]

　ところで神経システムは，ニューロンを構成要素とする閉システムであり，内的状態と外的刺激を区別することなく純粋な関係として変容し有機体と相互作用している。神経システムにとっての環境は有機体であり，すなわち有機体の下位クラスに位置付けられ，そのオートポイエーシス的単位によって支えられている。[13] つまり有機体は，神経システムに対して撹乱要因であると同時に，その活動状態を規定し保護している。しかし神経は認知領域すなわち思考と直結しているので，生物学的システムの認知領域を拡大させ，その状態すなわち構造を変化させる。本章の初めに，有機体としての認知機能は「オートポイエーシス――生命の有機構成」でも「認知の生物学」でも後段に述べていると述べたが，前者でも神経システムの存在を前提としてその議論は成り立っている。

　オートポイエーシスとの関係は以下のように考えられる。有機体または人間等の生物学的システムと結びつくことで，神経システムは必然的に，有機体をオートポイエーシス的単位体として構成する諸関係に関与している。前述のようにこの結合によって，神経システムはニューロンの関係として構成され実現される。このニューロン間の関係性は，神経システムそれ自体にとっては内的

な方法で規定される。従って，神経システムは有機体のオートポイエーシスへの関与を規定する関係を一定に維持している。その意味で，ホメオスタティックなシステムとして機能することになる。個体発生においても，それに関与することによって，有機体の成長と共に決定されるニューロン間の関係性を自己言及的に連続的に創り出す。以上より有機体との関係は，非時間的に閉じたもので，個体発生，成長，衰退を通して，神経システムの構造は有機体の下位クラスとして従属している。

但し，神経システムとその周囲の連携は，観察領域にのみ発現するものであり，神経システムの機能の領域に発現することはない。

§4-2 特　　徴

前節のような自己維持的性質を持つオートポイエーシスには，目的論の不要性，実現の多様性，カップリング，認知等が付加される。ここでは，生物におけるオートポイエーシスについて，考察する。

(1) 構成要素間の関係性[14]

定義により，産出関係が構成要素を産出し，構成要素がオートポイエーシスとしてのオートポイエーシス的単位を特定する。同時に，オートポイエーシス的単位はこのような一連の過程によって産み出され存在する。すなわち，産出される構成要素がオートポイエーシス的単位を実現する位相を構成するよう規定するという構成の関係軸，産出される構成要素がオートポイエーシス過程に参加することによって規定され，特定の構成要素となるよう規定する特定の関係軸，構成・特定・秩序の関係軸にある構成要素の連鎖が，オートポイエーシスにより特定されたものとなるよう規定する秩序の関係軸，これ等によって関連し合っている[15]。このとき，構成要素は，以下のような関係を満たさなければならない。

1) 空間内で統一性を持った単位体として，内的に相互作用をしている。この内的相互作用は，指示的作動の連鎖である。オートポイエーシスのコード化

は，構成要素による産出過程の関係にのみ関与している。すなわち，情報のコード化ではなく，コードの内容はシステムの作動に先立っては何も決まっていない。構成要素の行為を通じてそのコードの具体的内実が定まる，と考えるものである。[16]

2) 機能不全という概念は存在しない。すなわち，作動自体が時間軸を持たないこととも関係するが，有機体の構造上の中間形態というのは存在しても，自らの作動結果として機能的中間状態に陥るということはない。何等かの構成要素が欠損した場合，他が補完的に代替し各段階で完全となるように機能する。

3) 化学反応のような過程は，オートポイエーシスではない。第2世代的自己組織化現象は，その境界も反応過程の認知も，観察者が識別するものであるからである。

(2) **目的論の不要性**[17]

一般的に，生命システムあるいは一般のシステムは何等かの目的を持つとされている。しかしマトゥラーナとヴァレラの所論によれば，如何なる目的と目的論もオートポイエーシス的単位の有機構成を特定するものではない。この目的論という概念は，観察行為と同じく記述領域に属する概念である。すなわち目的論は，観察者が，細胞や神経を開システムとして特徴付けるための方法論である。オートポイエーシス論は，新陳代謝という生体に遍在する機能を対象とした理論であり，その生成や連結を論じる際には，任意の部分を指定しなければならない。そのため前節で触れたように，糸口として，観察者の視点が必要なのである。しかし対象に目的を設定することは，個別システムを論じる場合，環境との相対化という全体的文脈の中でそれを考察したとしても，完全には知り得ないものであり，無意味である。また，オートポイエーシス論は，オートポイエーシス的単位自身の作動の積み上げから，システム全体を論じるという理論立てをしている。つまり，行為主体は，オートポイエーシス的単位やその複合単位体である。その意味では，外部から目的を付与するということ

は，それを論じるに用をなさない。よって，不要としている。

しかし人間のように知性を持った生物学的システムの視点からは，§3-4(3)の自己意識や§4-3に後述する合意領域による思考を伴って，目的論は生じざるを得ない。

(3) コード化

情報のコード化は重視しない，というのがオートポイエーシス論の立場であった[18]。すなわち，コードの内容はシステムの作動に先立っては何も決まっておらず，構成要素の行為を通じてそのコードの具体的内実が定まるという考えである。しかし，これは遺伝情報を否定するものではない。

彼等は，「遺伝システムや神経システムは，環境についての情報をコード化し，それを機能的有機構成のうちに再現する」という考え方を否定している[19]。確かに，環境情報のコード化や，それによってオートポイエーシスの有機構成が変更されるということは有機体ではない。オートポイエーシスの有機構成に関わる要因は，その構成要素だけである。また，環境情報についても，それは認知領域の問題であり，遺伝システムが直接関係することではない。その場合も「学習は，環境の表象を蓄積する過程ではない。神経システムの能力の連続的変化を通じて，産み出される作動が連続的に変容する過程である。想起は，アイディア，イメージ，記号等の対象を表象する固定構造の永続的維持を必要とはしていない。必要なのは，何等かの再現条件が与えられれば，再現上の要請を満たすかあるいは従前の繰り返しであると観察者が分類するような作動を作り出す，システムの機能的能力である[20]」とマトゥラーナが述べているように，反応の様式を反復学習するのであり，認知しようにも不完全かつ主観的にモデル化を行うのみでコード化し得るものではない。

「遺伝子や神経システムが有機体や行動をコード化する事例」として[21]，設計図のない建築例を挙げているが，行動のコード化は目的論が含まれていて初めて機能するものである。すなわち，設計図が想定されているのである。自己再生産や複製等は，設計図つまり遺伝情報がなければ不可能なことである。例え

第4章　オートポイエーシス論　173

ばイモリの卵を2分割したとき，何れからも成体が誕生するのは，全ての遺伝情報が全ての遺伝子に存在していることを示している。よって，オートポイエーシス論は，遺伝情報を否定するものではないと言える。同時に，コード化されるものは行動だけである。

 (4) **カップリング**[22]

1) 複数のオートポイエーシス的単位は，各々のオートポイエーシスの回路が相互に補正可能な攪乱の源泉である限り，同一性を失うことなく相互作用することができる。こうしてできるカップリングした複合システムがオートポイエーシスを維持する場合，それは構造的変容を遂げ，新たな単位体を構成する。すなわち，オートポイエーシス的単位相互のカップリングを通じて実現され，構成要素の産出関係によって規定されるシステムは，カップリングしたオートポイエーシスを通じてシステムを生み出す単位体と，産出された構成要素が一致しているか否かに拘わらず，この空間内でオートポイエーシス的単位となる。特に，ある単位体のオートポイエーシスが，それをカップリングによって実現するオートポイエーシス的単位のオートポイエーシスを包含するなら，それは高次のシステムとなる。このとき，構造的カップリングが成立していると言う。[23]これは，オートポイエーシスや同一性に変更はなくとも，必然的に構造の変容を伴うもので，反復的な外的攪乱に対応するための構造選択過程として実現される。[24]

2) オートポイエーシスの変化の回路が，何等かの局面で他のシステムの実現に参加することができるならば，オートポイエーシス的単位は，他のオートポイエーシス的単位の構成要素となることができる。このとき，要素的単位体となるオートポイエーシス的単位は，ただ従属するだけの単位体となり，要素的単位体のオートポイエーシス的作動は失われる。しかし大きなシステムがオートポイエーシス的作動をせず，ただハイパーサイクルのような作動を行う場合は，緩やかなネットワークを形成するのみである。つまり，このときは要素単位体のオートポイエーシスは，生きていることになる。

3) 複合システムの要素的単位体のオートポイエーシスが，観察者から見ればアロポイエティックな役割に従うかのように，構成，特定，秩序という諸関係の産出を通じて高次のオートポイエーシス空間を規定するとき，新たなシステムは，それ自体第二次のオートポイエーシス的単位体となる。[25] 第二次のオートポイエーシス的単位体が生じれば，構成要素となるオートポイエーシス的単位は，自己のオートポイエーシスの実現過程は，より高次のオートポイエーシス的単位体のオートポイエーシスの維持に必然的に従属する。高次のオートポイエーシス的単位体が自己再生産を開始するようになると進化過程が開始される。このとき複合単位体の進化の様式に，要素的単位体の変化は従属する。

4) 垂直的・水平的カップリングにおいては，階層関係という区分は存在しない。[26] オートポイエーシス的単位体である複合単位体の観点から考えると，要素的単位体は構成要素であり，複合単位体の機能の観点から考えると，要素的単位体は環境ということになる。すなわち，複合単位体という自己に，要素的単位体という環境は浸透している。また要素的単位体という自己は，複合単位体という環境に浸透している。複数の単位体が作動を通じて，互いを環境として浸透することを相互浸透と呼ぶ。

(5) **実現の多様性**[27]

個体発生の多様性は，オートポイエーシス的単位の多様性によっている。すなわち，オートポイエーシス的単位によって規定されている。さらに，生物学的に独立可能な単位体がオートポイエーシス的単位体として構成された後に，初めて再生産が生物学的現象として派生する。ここで再生産とは，自己再生産，複製，コピーの3種類がある。[28] 自己再生産とは通常の妊娠出産であり，複製とは一卵性双生児等を意味し，コピーとはクローン技術の応用等を指している。これ等もオートポイエーシスの一形態である。

(6) **認知**[29]

オートポイエーシス的単位体がカップリングするとき，互いに同一性を失うことなく相互作用することができる。このとき，相互作用領域は各単位体の認

知領域となる。そして認知は，オートポイエーシスの様式に従属する。すなわち，その有機構成に依存しており，また指示的機能を基礎としている。よって，何れかまたは双方のオートポイエーシス的単位体が変容するとき，認知領域も必然的に変更される。

1) オートポイエーシスを失わずに変容する単位体においては，その獲得する知識も必然的に変化する。特に個体発生の場合は，相互作用領域自体が連続的に変化する特殊なものであるため，指示的行為の目録自体が変更される。

2) カップリングによって特殊化されたコミュニケーションの相互作用の合意領域を，言語的領域と呼ぶ[30]。カップリングの箇所で述べた如く，各々のオートポイエーシス的単位体は，互いを規定することはできない。しかし言語的領域とは，上位の生物学的システムが発生することから生じる指示的機能に基づく合意領域であり，自律的合意行為を触発させる記述領域のことである。

3) 言語的に生み出された状態と反復的に相互作用することを通じて，独立可能な単位体は，合意的な区別を持つメタ領域を活用することが可能となる。すなわち，学習と記憶が生じる[31]。この時点から生物学的システムは，観察者として行為することもできるようになる。反復的相互作用は，一度機構が生じれば無制限に続けることが可能である。自己についての記述領域を獲得した独立した単位体は，観察者として自己観察領域を形成し内省することが可能となる。つまり，自己を相対化する視点を獲得することになるのである。また他者との交流も可能になる。しかし，自己に対しても完全な現実記述は不可能である。絶対的なものを仮定することは可能だが，その権限はオートポイエーシスの有機構成によって制限されるものであり，また制限されなければならない。よって，自己言及を繰り返し，自己との差異化を繰り返すことで状況の改善を試みるのである。

4) オートポイエーシスの作動には時間概念はなく現在において作動するものだが[32]，その制約を受けつつも言語的領域を獲得した独立を可能とした単位体は，時間概念を持つことができる[33]。

§4-3 考　　察

　§4-2の認知はカップリングの前提として必須の機能である[34]。神経システムの機能の延長に，自己意識的単位体には，思考や認知の機能が備わる。本節は，認知機能についての考察する。

　オートポイエーシス論は，産出という行為を基にした行為論的機能論である。従って，行為を促すための指示・方向付けが基本になっている。生物学的システムとしてのオートポイエーシス的単位体から俯瞰すると，神経等の各部分の効果器・受容器の刺激の交換は自己-指示的に機能している[35]。それが1個の単位体として成り立つのは，個々の部分的オートポイエーシス的単位体が閉鎖的自己言及領域を形成しているからであるからである[36]。

　(1) カップリングに関して，マトゥラーナとヴァレラは前節(4)の3)のように，構成要素のオートポイエーシスは，そのアロポイエティックな役割に従って高次の単位体のオートポイエーシスに従う，と考えた。しかし河本(1995)においては，3つの場合が提案されている[37]。①高次のオートポイエーシスに吸収され，要素システムはアロポイエティックになる場合。②下位のオートポイエーシスが生かされ，複合システムはネットワークを提供するだけの存在である場合。③高次も下位も，各々のオートポイエーシスが活かされる場合。この3つである。

　マトゥラーナとヴァレラがカップリングを，高次のオートポイエーシスに従うとしたのは，自己言及性が関係しているためである。このことは，オートポイエーシスとは新陳代謝という細胞レベルの機能であり，そこにおけるカップリングは多細胞器官へ統合されるという意味で用いられている。その意味で自己言及的でなければならない。また，これは生物学的理論であり，その範囲に限り成立する理論であることを意味している。一方，河本(1995)のそれは，有機体の表現では有り得ないことであり，他者との交流や社会への応用を指向したものである[38]。

ところで注意すべきことは，他者との交流が始まると，オートポイエーシス論で強調されている閉鎖性ではなく，独立した単位体としてのオートポイエーシス的単位体は，しばしば開システム的側面で特徴付けられる点である。しかし本質は変わらない。

(2)独立した生物学的システムとなると，前述の如く自己意識的となり認知やコミュニケーションによって，他者と交流することが可能となる。ところが自己意識と自己言及の領域は一致しないのである。他者への認知は自己意識の延長で行われる。その認知は，概ね4段階に分けられる。

1個の(内的に)自己言及的生物学的システムに他者との間で認知問題が発生し，選択問題になるまでを第1段階と見ることができる。ここで，独立した生物学的システム間の関係において，観察者として相手が生態学的地位の獲得に関する状態・諸関係を認識することを第一次記述と呼ぶ。これに対して，一方の認知領域が他方のそれを包摂することによって相手を方向付けるような行動を，第二次記述を言う。さらに第二次記述は，それを生み出す自身の活動状態と相互作用することで拡張される[39]。このことを前提として，方向付けが選択問題として具体化する場合もある。これは，指示の受け手側の認知領域に，送り手が意図するように選択情報を構成する場合である。指示行為を行う側の存在は，他方で自身の状態を変更する側が存在することを前提とし，この役割は交互に繰り返されるのである。しかし複数の他者がある場合，共進的応答が行われることは稀であり，必然的に指示のレベルは異なり，生物学的システムは絶えず個体発生的状況に置かれていると言える。マトゥラーナとヴァレラは，このとき言語は指示的ではなく内包的であると言う。しかし指示的であるが故に，言語的情報伝達は不十分である[40]。しかしまた，意思決定の観点から見るならば，充分な第二次記述が行われていれば内包的機能は認められると言える[41]。ところでこの段階では合意領域はないが，相互に支持的に作用する場合，指示機能に一致するような相互作用が成り立つ場合もある[42]。それが第2段階である。

第2段階は，言語的発話等による対話の第二次記述によって，合意領域が形成される段階である。マトゥラーナの初期の説明では，「行動を方向付けするものとしての言語領域には，似通った相互作用領域を持ち，互いに影響する複数の有機体が必要である。それによって，合意領域の相互作用から協調的システムが生み出され，そこから派生する振る舞いは双方にとって意味のあるものになる。……中略……人間の最大の特質は，それが言語的な認知領域で生じていることである。この領域は，その成因からして社会的なものと言える[43]」としている。ウィノグラードとフローレスも同様に「言語行為論は……中略……合理主義的伝統への挑戦となっている。なぜなら「言語は行為である」と捉えることは，言語(したがって思考)が，究極的には社会的インタラクションに基づいていることを示唆するからである。言語行為論は，言語を社会的創造行為として理解する出発点である[44]」と述べている。行為は言語に表わされることによって，より正確化されるのである。

この段階でコミュニケーションは，背景や文脈に依存することによって，指示‒応答はより一層明確化される[45]。すなわち，対話は，相互の複雑性を認識し，互いに自己の認知領域とも相互作用することによって，指示‒応答の系列が形成される。相互の複雑性を認識するとは，互いに部分的ではあるが類似の反応を取るようになることである。そのことによって，第1段階に比べ複雑性を減少させることができ，合意領域を形作ることが可能となる。生体にとって，これは，自己の同一性を失うことのない相互作用でなければならない[46]。またこの対話の第二次記述と相互作用することで互いに認知領域を拡大することができる。すなわち，第二次記述は原理的に無限に拡張される。

次の段階は，時間領域との相互作用によって，認知が行われる第3段階である。対話的相互作用を行う者同士または観察者も，経験を一定方向に秩序付ける記述を通して時間領域を生み出す。生物学的システムは，ここにおいて時間的存在となる[47]。つまり，生物学的システムの知覚を司る神経系は，自己の現時点作動的なオートポイエーシスに従っているが，自己の事前の状態・過程・経

験とも相互作用することが可能となるのである[48]。ここに，意味論的価値が生まれる。このことは他者に対しても同様に試みられる。しかし背景・文脈の全てを知ることは不可能である。また，他者との歴史を含む理解は，本来的に観察領域にあり，記述としてそれを認識しているに過ぎないのである[49]。よって，主観的に完全と判断する観察領域を形成するに過ぎず，誤解が生じることも[50]ある。[51]何故ならば，観察者という第二次記述をする者の能力と記述そのものに限界があるからである[52]。例え情報が利用可能でも，情報の概念とは，実際は考察対象となるシステム，状態，現象についての観察者の不確実さに対する認識概念であり，人々はそこにしばしば意味論的価値を与えるが，意味は背景と関係するものであり，情報と意味を等値として考えることはできないのである。よって，システム間現象の還元主義的解明は不可能なのである。

　不完全とはいえ，譲歩し合い共通理解に至ることは可能であり，それを通して文化的進化が可能となる[53]。この最終段階で生物学的システムは自己意識的であり，自己自体を客体化することができる[54]。これにより記述論理という基層や指示機能から部分的に解放され，合意に基づく文化領域を形成することができるのである[55]。基層や指示機能からの解放が部分的であるとは，文化や合意は共感領域の問題であり神経系本来の反応とは区別されるべきであるからであり，また生物学的システムである以上，自らのオートポイエーシスに制約されているからである。また第3段階と同様，情報処理の容量の問題があるからである。よって，誤解や共同幻想を完全に消し去ることはできない。但し文化領域が形成されれば，技術や知識の移転・継承が可能となり，サイモンの社会的遺伝子やドーキンスのミームを仮定する社会進化論的議論も成り立つ。

　ところで実現の多様性に関して，マトゥラーナとヴァレラの説明からは，人間の多様性は，個体発生における文化的物理的環境の差異と遺伝的変異可能性に基づく多様性にのみ依存するということになり，同一種に属する同等性は保証される。それにも拘わらず人間の多様性が指摘されるのは，そのような認識が記述される文化領域に依存して発生するからと考えられる。すなわち，人間

の多様性は，問題または環境への接近状況の差異に表われ，またそれを表わしているに過ぎず，本質的には主観によってもたらされるのである。共通の文化領域とはいえ，主観的観察領域・記述領域を基として成立している以上，真の文化的統一は有り得ない。また同時に文化に優劣を付けることはできない。そして文化の差異，誤解は合法的に認められなければならない。「文化的な相違は，同一の客観的実在を扱う異なる様式ではなく，各々根拠のある異なった認知領域を表わしていることによっている。異なった文化にいる者は，異なった認知的実在性の下で暮らしており，そこで生活していることがそれを繰り返し確認することに繋がる。……中略……唯我論の問題は，疑似的問題であるかあるいは本来的に存在していないかである。何故なら，それについて語るためには，主体依存的認知領域における相互作用の合意的システムであるところの言語を操れることが必要条件であり，これが唯我論の否定になっているからである」[56]。しかし文化の差異は，環境が適応的なものかと問うことと同じく，当事者は危険と認識する場合もある。

合意領域を拡大し文化領域を作り文化的統一を希求するのは，主観的認識・第二次記述という方法の拡張ではなく，その効用を欲するところにある。すなわち，全ての人々に同じ価値観，倫理的選択を生じさせるような共通の経験領域を作り出したいという願望は，理想とする社会を共有したいと思う人々を認め合うという人間の存在理由の1つであり，自己と関係者の利益と安定を獲得する道でもある。従って，認識の第4段階に至って，生物学的システムである人間は，社会システムの形成を意識しまた関与するのである。つまり人々は，自然環境の潜在的危険性や文化的差異による危険を回避する方法として，社会という凝集性を必要とし，またそのことによって文化領域を拡大してきたのである。

現実に社会化の初歩は，役割分担という形で始められる。これは，互いの意思疎通は指示-応答関係を基礎としたものであるが，役割という角度を持つことによって人間関係は単位化されたものとなる。このとき人々は，単なる指示

第 4 章　オートポイエーシス論　181

-応答の 2 者関係ではなく，単位としての完結性を求めるものである。これを本稿では，後述するように擬似家族的単位と呼ぶ。そのような単位は，連鎖してより大きな社会領域を形成するのである。また文化領域や合意領域の第一歩は，単位的関係の維持のために反応様式の定型化から始まる。これには言語的応答様式も含まれる。

　合意領域，文化領域等の用語はマトゥラーナ，ヴァレラ (1991) に従った。これ等の拡大は，第 2 段階までとは異なり，社会化過程を指している。さらに，主観的認識を基にしながらも，時間的存在として自己の履歴を持つことと共に，これ等の領域を持つシステムまたは単位体は，そこに客観的な基準を設定することも可能になる。すなわち，類似の反応はさらにカテゴリー化され，規則や規範が成立する。実際，言語の機能する世界は社会的に構成されたという意味での現実であり，そこに参加する人々の類似の反応が重複する領域でしかない。そこから規範が汲み取られるのである。それにより，第 3 段階までの偶発的・遅延的反応ではなく，調整され予測可能な行動を取るようになる。またその規則さえ変更できるようになるのである。しかしまた，文化の差異つまり異なる社会的領域は依然存在し，それによって異なる行動様式が存在する。

　先の擬似家族的単位に関して言えば，単位連鎖の集積は幾つかの異なった集団・社会に結集し，独自の高次の反応様式を備えるようになり，それが文化的差異として認知されるのである。上述の原子的単位における役割関係は同等であり，その集積としての単位体の機能関係も同等であるが，反応様式は最小の単位の時点から個性を持ったものとなる。何故ならば，構造である構成要素が異なるからである。また，その集積として社会を考えるとき，反応様式の定型化は，法律や取決め，言語的規制等を伴ってより独自なものとなり，社会自体の凝集性を維持するための装置となっているのである。よって，第 2 次の文化的差異と呼ぶべき現象も生じる。すなわち，社会的凝集性のための付加的維持装置として規則を捉える社会と，規範に従属することが優先される社会である。その意味でも，文化的差異は容易く埋まるものではない。

これ等を以て敷衍するに、マトゥラーナが社会システムもオートポイエーシス論の射程であると考えたのは、当然であったと言える。

§4-4　マトゥラーナの社会システム

前節の議論を基に、マトゥラーナは社会システムへの応用の可能性を以下のように述べている。但し、以下の考えはマトゥラーナ個人によるものであり、ヴァレラは同意してはいない。[57]

1) 社会システムに統合された生物学的システムのカップリングが、どの程度オートポイエーシスの実現を伴うのかは明らかではない。仮にオートポイエーシスの実現を伴うものならば、構成要素のオートポイエーシスが実現されることも偶然ではなく、こうした実現はシステムの作動そのものに不可欠である。それ故、構成要素のオートポイエーシスが実現されたり、構成要素の個体性や自律性が制限されたりする場合の特徴は、各社会システムの個別の事情であり普遍的なものではない。[58]

2) 個々の社会システムがオートポイエーシス的単位体であり、かつ相互作用しながら1つのシステムを構成している場合、全体もオートポイエーシス的単位体となる。その際、以下の諸点が注意される；(a)生物学的システムのオートポイエーシスを含まない社会システムは、存在しない。(b)社会システムの構成要素のオートポイエーシスの実現は、社会システムそのものを実現する。(c)個々の社会システムとしての社会の構造は、オートポイエーシス的な構成要素の持つ構造と、構成要素がシステムを統合する際に働く現実の諸関係とによって規定されている。(d)構成要素の構造がそれ自身の特性を規定し、構成要素の特性が社会の構造を実現する。(e)オートポイエーシス的単位体が、社会システムの構成に参加するのは、唯それが社会システムの構成に参加する限りにおいてのみである。すなわち、社会システムの構成要素に固有な諸関係を実現する場合だけである。[59]

3) 社会は、それが単位体として実現される領域を規定する。[60]

4) 人間がオートポイエーシス的単位体である限り，社会的有機体としての人間の行動は，全て自身のオートポイエーシスを満たさなければならない。[61]

5) 社会システムの構成を規定しているのは，繰り返し生じる同じオートポイエーシス的単位体の相互作用である。すなわち，構造的に安定化しているのは，必然的に相互作用が反復され文化領域が形成されるからである。[62]

6) 社会システムは本質的に保守的であり，それ故自らが帰属すべき特定の社会へ導かれる。[63]

7) 複合単位体としてのシステムの領域は，システムの有機構成を実現する構成要素の特質によって規定される。よって一部の構造が変化した場合，それは分離するか，別の方法によってシステムの統合を図るかの何れかである。[64]

8) 社会の実現に必要なのは，社会を構成しているオートポイエーシス的単位体が，自身を実現する現実の構造とは無関係に，ある種の関係を満たすことである。[65]

9) 社会における相互作用は，社会を特定の社会システムとして規定する諸関係を必然的に確立するものである。[66]

10) 生物学的システムである故如何なる人も，複数の社会システムの構成員になることができる。[67]

11) 社会の成員として成長するということは，構造的に社会システムに，カップリングして行くということである。[68]

12) 社会システム固有の相互作用に参加しながら，自身のオートポイエーシスが社会システムの構成要素に含まれない人間は，社会システムに利用されている人間である。[69]

13) あらゆる社会は合理的と思われるが，観察者にとっては住み心地の良いものではない。[70]

14) 人間の場合，二人が出会うとお互い相手の社会の観察者になる。[71]

15) 観察者による観察者のための社会は，無政府社会である。[72]

このようにマトゥラーナの社会システムは，生物学上のオートポイエーシス

の原理が直ちに社会に延長可能と仮定している。後述するようにビアもこの考えを踏襲している。

ところで，マトゥラーナが個人と社会の何れに重点を置いているかは，自明である。マトゥラーナの理想とする社会は，他者を従属させるための制度を棄却し，非階級社会を目指して，人間の生物的・文化的欲求を満たすものである。そのような非階級社会は生物学的存在であり，故に動的な安定性しか与えられず，絶えず修正されなければならない。[73)]個人に意義を置くことは，観察者の存在を重視することからも，構成員のオートポイエーシスが活かされる社会を想定することからも明らかである。しかし，個人に意義を置くという見方から創られる社会は，理想とすることは正しいが，絶えざる修正が必要でありある種アロポイエティックなものということになり，生物学的存在とは呼べないだろう。従って，生物学上のオートポイエーシスの原理を直接社会に延長することは，不可能なのである。上記の特徴からは，このように結論付けざるを得ない。次節では，別な観点からこのことを示そう。

§4-5　ヘイルの検証

マトゥラーナは，前述のように社会システムを，参加者の相互交流によって成り立つものか，そこから創発してくるものとして見做していた。マトゥラーナにとって社会システムとは，合意領域を経て実現されるものであった。しかし，§4-4の12)のように，単に利用されるような場合も例外かもしれないが，あり得る。一方ヴァレラは，社会システムへの応用には懐疑的で，賛同してはいない。マトゥラーナは，常に大きな体系を構想し，諸現象はその中に首尾一貫するという考え方をし，一方ヴァレラは，生物学や認知理論に特化し，局所的現象に関心が集中していたと，ヴァレラは語っている。[74)]

社会システムの性質は，そこへの参加者または構成員間の相互交流に依存して決まるものである。そしてその変更は，帰属意識，寛容，結束力等の相互交流の変更を通して為される。また社会システムは，個々の参加者に影響を与

え，その相互作用に制約を加える。さらにその影響性は，相互作用を進める参加者達を通して，創発的な社会システムの実現という形で反復的に実行される。一方参加者達は，§4-4の10)の如く多くの社会システムに参加することができる。その中で人々は，異なった相互作用領域で，一定の機能を果たすように振る舞っているのである。このように設定された，異なった領域における振る舞いの相違は，社会領域における個々人の活動に沿った役割として構成されるものである。これ等の役割は動的に記述可能であるため，参加者は，ある社会領域内の多重な役割から自らを差異化させながら，各種の役割を区別するのである。

ウィッテイカーは，オートポイエーシス論の応用法として2つの方法を提示している。すなわち，1つはルーマン等の方法で，単体単位体言及性(Sys-referentiality)であり，他は，ヘイルによる構成要素共同言及性(Syn-referentiality)である。[75]

ここでは，後者について考察する。ヘイルは，参加者間の相互作用から構成論的に創発する社会システムを現象論的に論じるという立場である。この方法は，個々のあるいは集団としての参加者に焦点を当てるものである。このとき社会は，創発性の現象として描写される。マトゥラーナの立場に近いこの方法は，オートポイエーシスと社会システムに関するルーマンの分析に替わる方法であるとウィッテイカーは述べている。[76]

ヘイルは，実体としての社会システムが事前に存在していると仮定することを，批判する。[77]すなわち，マトゥラーナと同様，社会システムは，人々が社会に参画し協力して創発していくという主体者としての個人の集積を仮定し，社会システムが実現されると考えているのである。但し，マトゥラーナが生物学的存在を賭けて参加する個人を意味するのに対して，ヘイルの場合は一面的に参加するとしている。

ヘイルは，社会の捉え方には3つの概念からの検証が必要だと言う。それは，自己組織システム，自己維持システム，自己言及システムの3点である。[78]

① 自己組織システムとは，一定の初期条件や制約条件によって特定の状態あるいは状態の連鎖として自生的に生じる過程である。② 自己維持システムとは，自己組織システムが作動的に閉じた方法で，互いに互いを産出するようなシステムのことである。つまり，初めの自己組織化過程が第2の自己組織化過程の初期条件になるよう，循環的に連鎖することである。③ 自己言及システムとは，構成要素の状態を，作動的に閉じた方法で組織化するシステムのことである。これ等は，初期のシステム論の曖昧な定義や用語法を言い直したものである。ヘイルは，この3つを基準として社会システムが何れによって特徴付けられるかを検討している。

集落の形成等は，意図的創出ではなく自生的な場合もあるだろう。そこで，自己組織的か否かに関しては，自生的か自律的かではなく，人々の相互作用過程やその結果を意味するか否かという観点から，それを否定している。

自己維持システムに関しては，社会は§4-3の文化の差異のように異なる社会が並列的に存在することから否定的である。また構成要素に離脱の自由があることから，永続性も疑わしい。つまり，社会を自己維持システムとして捉えることは，マトゥラーナの社会システムの10番目の特徴である，構成要素である人々は複数の社会システムに参加することができる，という事実によって否定される。実はマトゥラーナの社会システム自体，自己維持システムの基準から逸脱していると言わざるを得ない。つまり，§4-4の3)，4)は個人に存在意義を置いている。しかし，個々人が集合して構成される社会に，2)の前文ではオートポイエーシスを仮定している。生物以外のオートポイエーシスがあると仮定しても，自己維持システムの原則からは個人はアロポイエティックなものとなってしまう。すなわち，自己維持システムでは，構成要素の産出と状態の関係が規定される故，個人はアロポイエティックにならざるを得ないからである。また2)(b)の「社会システムの構成要素のオートポイエーシスの実現」は，3)，4)と共に，前節最後の考察と同様であり，社会をアロポイエティックなものと見做さざるを得なくなる。何れにせよ，『オートポイエーシス』の

オートポイエーシス的単位体に対する説明と社会システムに対する説明は矛盾し,「人間社会は生物学的システムである」という主張は成り立たなくなる[79]。

また自己組織システムと同様,生物学的に狭義に解釈するならば,自己維持システムとしての社会は,構成要素である人間を産出することはない,という点からも否定せざるを得なくなる。

そこでヘイルは自己言及性を検討する。生物のオートポイエーシスでは,「自己のオートポイエーシスの実現過程で,より高次の単位体のオートポイエーシスの維持に必然的に従属する[80]」か,アロポイエティックな役割を持つ構成要素となるかである[81]。但し,人々の状態の全てが規定されるということは有り得ないため,制限された自己言及である。また完全な自己言及が可能である場合,それは全体主義的閉鎖社会となり,各自が自由に観察者となり倫理的に社会を眺めることを不可能にする。場合によってはマトゥラーナの12)のように,構成員でありながらその存在を否定されるものもある。それ故,制限される必要がある。

そこで,ヘイルはそれを構成要素共同言及性と名付ける。これは,マトゥラーナ,ヴァレラ(1991)では,「高次のオートポイエーシスに従属する」という前者の立場を再考したものであり,十分に規定された性質を持つ構成要素がある場合,構成要素が連結して独立した単位体を形成するには,如何なる産出過程に参加しまた如何なる関係にあるのか,という問いに対する有効な解答の1つである[82]。

以上から,構成要素共同言及システムである社会システムと構成要素の関係を,以下のように結論付ける。①社会システムに参加する個人の自由は保障されており,参加しても個人の特性が損なわれることはない。②個人は,様々な社会システムに同時に関与可能である。③自己維持システムの概念とは異なり,社会システムは物理的構成要素を産出しない。④自己言及システムの概念とは異なり,社会システムが参加者の状態の全てを制御することはなく,社会に関与する場面のみ操作可能である。⑤社会システムの構成要素で

ある各個人は，全体環境に直接交流可能である。

このシステム論的検証から，生物におけると同様の厳密な意味でのオートポイエーシスは，社会においては否定されることになる。自己維持性の否定と自己言及性が制限されるからである。つまり，マトゥラーナのようにオートポイエーシス論を社会に直接拡張するという議論は，前節最後の考察同様，成り立たないのである。

従って，トイプナーが指摘するように社会システムへのオートポイエーシスの展開には，社会それ自体の独自のオートポイエーシスを考える，という考え方が必要になってくる。構成要素共同言及性は，そのための有効な方法なのである。

§4-6 オートポイエーシス論についての議論

これまで見てきた中で，幾つかの疑問点や限界が浮かんでくる。そこで最後に，オートポイエーシス論に対する疑念と社会システムへの応用の可能性を整理する。

(1) 有機構成

マトゥラーナは，以下のように述べている。「生命システムを，自己包摂的自律的単位体としている有機体の，完全な特徴付けを提示しようとする直接的試みから帰結されること，そして連続的かつ構造的変貌の下，不変性を維持すべきである構成要素における明確な関係性を作り出している有機構成の完全な特徴付けから帰結されること，それがオートポイエーシスなのである」[83]。すなわち，オートポイエーシスを描写する中で，基本であるオートポイエーシス的単位の構成論的有機構成の重要性を指摘している。ヴァレラも，生命システムはその有機構成によって定義されると述べている[84]。しかし，具体的に何が有機構成を為しているのかは示していない。

このようにオートポイエーシス的単位の有機構成は随所で強調されているが，有機構成が具体的に何かは，明らかにしていない。

① 本章冒頭の彼等の定義は，本稿の初めに引用した定義と同様，オートポイエーシス的単位を産出行為面から定義したものである。ヴァレラは，次のように過程からそれを説明している。「オートポイエーシスは，産出関係が過程の連鎖によって活発に産出され続けている間は，実在する単位体として，システムを構成する構成要素を産出し結合しあっている。このような活動を継続している間は，オートポイエーシスは，分子システムの中でさえ認められるものである。すなわち，連結過程によるシステムを構成する分子の構成要素の産出過程を通して一定に保たれ，かつ産出されたこれ等の関係を連結するという関係性が存在するとき，またそのときに限り，分子システムの中にもオートポイエーシスが生起する[85]」と述べている。自己組織システムとしては，分子システムに言及することは可能である。このことは，彼等の著書に分子レベルでの細胞内の例が与えられていることに対応している。しかし，（高次の）単位体における有機構成についての説明はない。

そしてまた，生命をアロポイエティックな自己組織システムとして論じることはできない。つまり，自己維持システムの場合は，「何が，このシステム（オートポイエーシス的単位からなる複合単位体）を，同一性を持つ単位体としているのだろうか。すなわち，それが不変の有機構成を持つように描写可能なシステムとして調節している産出の全ての関係性とは何か，ということである。そのようなシステムにおいては，任意の部分の変形があったとしても，オートポイエーシスを構成する産出関係によって定義される定常な有機構成を維持しようとすることによって，補正されるものである[86]」という説明と同様，上位単位から，任意の構成要素とその有機構成を指定しなければならない。しかし，明らかにはされていない。

② ビアは細胞内のオートポイエーシス的単位の有機構成として，生存可能システムモデルと同じ有機構成を仮定できると考えている[87]。しかしこれは，前述の生体内環境という点から，無意味である。生存可能システムモデルは，独立したシステムに対する機能を示すものであり，次元が異なるからである。

(2) オートポイエーシス論の射程

　オートポイエーシス論は，細胞レベルと神経システムの一部を論じたに過ぎず，中間の構成要素や神経システム・有機体の全体を論じてはいない。よって生物学の理論としては，それだけで有機体の全てを論じたことにはならない。細胞レベルでの定義付けは，生物学的単位体レベルに許容可能なものに変更されるべきである。神経系に関しては，ニューロンに関する部分的考察から一気に脳全体を超えて他者との合意領域や自己意識の問題に飛躍している。

　さらに，細胞レベルから連なる複合単位体と神経システム，そして有機体全体に関する統御・維持の機能の説明が欠けている。細胞レベルのオートポイエーシスの累積・連鎖から複合単位体としての中間構成要素が構成され，それ等も複合的に関係し合い有機体が構成される。そのとき下位のオートポイエーシスは，自己維持性と自己言及性から，アロポイエティックにならざるを得ない。また神経は，有機体の関数であると説明されている。このとき2つの問題が生じる。大局的かつ部分的機能と思考についてである。

　① 具体的に実現される生体レベルのシステムの構造と，中間的構成要素の機能と構造の関係は如何なるものか。それに対応する神経システムの役割はどのようになっているのか。つまり，彼等が神経システムの行為システムと呼ぶところの部分的機能と全体の調和に注目すべきではないのか，という問題である。中間的構成要素の独立した全体システムに対する機能と構造，それに対応する神経システムの役割は，構造上の「ダイナミックな配列」[88]としての部分を指している。構造上の有機体としての調和は，その背後に機能上の調和，機能の有機構成があるはずである。よって，アロポイエティックに全体に従う細胞レベルのオートポイエーシスは，中間的構成要素等の形成に伴って対応的に特化し，その部分的機能と全体の大局的機能に従属せざるを得ない。

　従って，大局的かつ部分的機能が論じられなければならない。何故ならば，オートポイエーシス的単位やそれからなる中間構成要素は，全て生体内環境にあって生物学的に独立した単位体とは言えず，独立した単位体の視点のみが自

己言及的に自らを語ることができるからであり，システム全体に平衡を成立さ
せるための大局的機能がなければ有機体は存続し得ないからである。

　すなわち，自己維持システムや自己言及システムという場合，現実に言及
し，下位の単位をアロポイエティックかオートポイエティックか何れかの様式
で従属させシステムを代表するためには，有機体自体・独立可能な単位体自体
に主体的地位を与えた議論でなければならないのである。マトゥラーナとヴァ
レラは「高次の単位体のオートポイエーシスの維持に従属する」と述べてい
るが[89]，これは，生体レベルあるいは中間構成要素におけるオートポイエーシス
について語るものであり，大局的かつ部分的機能を表わしている訳ではない。
「行為そのものだけが神経システムの機能的単位とみなしうる[90]」と述べるため
には，根拠となる部分的機能と部位を示すことが必要である。

　②中間構成要素の実現自体，多様であるため，それに特化した機能を帯び
ている。様々な中間構成要素から有機体が構成されるためには，様々な部分的
機能が有機的に構成され大局的機能を現すようになっていなければならない。
このように，細胞レベルの作動と中間構成要素段階，また独立して生存を可能
とする段階では，機能次元が異なっており，これ等が一体となってシステムが
構成されているのである。従って，システムとは，ある機能が複数の異なる機
能によって支えられるという関係を持った，機能的有機構成からなる独立した
生存可能な単位体である。何故このように言うかというと，大局的機能の一翼
でしかない中間構成要素自体が，独立して単位体となることは不可能であるか
らである。よって，システムが主体たる単位体として成立する場合，大局的機
能を完備していなければならない。

　③目的論にも関係することだが，人間の生体レベルでの思考についても問
題がある。つまり，主体的地位を与えられたシステムは，その意志を行動によ
って示すことができる。その際，システム全体に関わる大局的機能を通して行
為が行なわれる。神経システムを語る際，思考は想定されなければならない
が，マトゥラーナ達は神経内の伝達機能に重心を置いて説明している。そのた

め，社会領域の説明の箇所で飛躍するのである。

また，意志と神経，生体レベルでのオートポイエーシスの関係が明らかになっていない。時にこれ等は制約条件になることもある。というのは，思考や願望によって，オートポイエーシスの作動を攪乱させ，場合によっては死に至る衝動もあるからである。

(3) 死

正面から語られていない問題がある。それは死の問題である。外界からの圧力は，オートポイエーシスの作動を変更することはないが，オートポイエーシスを停止することはできる。

細胞レベルでのアポトーシスは，オートポイエーシスに関係付けて考えることができる。[91] 有機体内では，産出と表裏で同数に近い細胞死があることで，全体の調和と発展が図られているからである。

マトゥラーナ達は，自己言及を3次元まで想定して，蜂や昆虫の社会もオートポイエーシスからなる単位体であると説明している。では，そのような社会におけるレミングエフェクトも自己言及性から考えられるであろうか。実は，死は自己言及ではなく，逆説的に自己維持に関係しているのである。しかし，自己組織化でも自己維持でも扱われておらず，また自己言及ではその範囲外の問題で，直接扱うことはできない。では，構成員の死は社会的にはどのように捉えられるべきなのだろうか。社会が進化し続けまた後述する擬似家族的単位の連鎖等の関わりがある限り，§4-1(1)2)で述べたように，記憶と共に，その技術・知識はシステム全体に活かされなければならないし，また生きているものであると考えられる。§4-3に述べたように，合意領域は時間領域を包摂しているからである。

(4) オートポイエーシスの把握

ビアは，オートポイエーシスを生存欲・我欲と解釈している。ヴァレラがオートポイエーシスを生存可能性と同一視することとは，異なる。[92] その結果，メタシステムがオートポイエーシスを主張することを，病理的オートポイエーシ

スと言う。しかしオートポイエーシスという作動には完全という状態しかなく，病理的という状態はない。病理的と言うのは，結果からの形容詞である。すなわち，「(i)生存可能システムはオートポイエーシス的である。(ii)生存可能システムのオートポイエーシス的な機能は，そのシステムの全体とそのサブシステムのシステムⅠに一体化されており，他のいかなる所にも存在しない。(iii)したがってシステムⅡ，Ⅲ，Ⅳ，Ⅴのいずれかにオートポイエーシスをもついかなる生存可能システムは病理的にオートポイエーシス的である。そしてそのようなシステムは，必然的にその生存可能性に対して脅威を受ける」[93]と述べている。(iii)の部分は，行為を実体として捉え，かつその機能の中間状態の存在を想定しているが，生存欲という解釈通り，機能と構造を混同している。中間的なものがあるとすれば，それは構造上の中間形態である。

このように，行為論と構造論，機能論は直ちに連結するものではない。しかし結果においては，勘案しなければならない。

(5) 構成要素

① 細胞間に見られる現象と個体間に起こる相互作用は，次元の異なるものである。個体間の相互作用は，必要に応じて内集団等の濃淡様々な関係が作られる。すなわち，社会領域が形成され，その中で相互作用を開始する。しかしそれは，必然ではあっても死活問題に直ぐには繋がらない。

一方，有機体の構成要素は生体内環境に守られる故に，秩序関係が求められ，カップリングして高次の単位に結び付き従属する必要がある。

② オートポイエーシスの定義の持つ衝撃によって，社会領域への相互浸透を可能とする媒介物に関心がいったのも無理からぬ話である。ルーマンは，コミュニケーションがコミュニケーションを産出すると言った。コミュニケーションは，システムである生体間を行き来しても，生体の有機構成や産出方式を変更することはない。相互作用の媒介物としては都合がよいものであった。マトゥラーナ達も「観察者は，いくつかの領域と連動して相互作用することで自分の脳に生みだされた神経活動の連結状態と，まるでそれが単一の実体である

かのように相互作用することができ」、……「これらの神経活動が、相互作用を単一の独立した実体であるかのように再現する行為のモードを、観察者にひきおこすのである」と第二次記述の拡張について述べている[94]。これがルーマン流の解釈の一因であったかもしれない。しかし例え、「対話の第二次記述の全系列が、それじたいで一つの対話的な第二次記述になり、……系列そのものが聞き手を導いていく状態になり……方向づける[95]」かのように感じられるとしても、それは拡大された認知領域において指示‐応答の対応の精度が増すということであって、コミュニケーションがコミュニケーションを産出するのではない。第1章で触れたように、コミュニケーションは相互作用の道具である[96]。

言語領域のような共感領域では、思考はオートポイエーシスに制約されていることを忘れ、飛躍することもある。しかし本質的には制約されており、他者との相互作用も相対的なものである。但し、オートポイエーシスに制約されている故に、機械論的工夫で補い発展してきたのが人類の歴史である。すなわち、言語領域とオートポイエーシスの作動領域は異なっているのである[97]。

しかしここで、ルーマンに従うならば、有機体とコミュニケーションという2次元のシステムが存在することになる。コミュニケーションがコミュニケーションを如何に産出するのか、コミュニケーションの有機構成は何か不明である。コミュニケーションをシステムとして、その構成要素として人間がコミュニケーションを産出すると考えるのも無理がある。また、前述したように、コミュニケーションは社会的構成の中の一面的現実しか反映せず、真の意味での現実ではない。

特に今日のように情報技術が発達した社会においては、第二次記述の拡張自体が他者から提示される場合も多く、同時に短絡的に終結させられ、また不連続に飛躍させられる場合がある。すなわち、ルーマンの思惑は瓦解せざるを得ない。同様に、心的オートポイエーシス・システム、法律が法律を産出するといった議論も、比喩の範囲でしか成り立たない[98]。

単位体としてのシステムに相互浸透するものは、エネルギー等の他生産物も

ある。コミュニケーションは生産物の1つであり、同時に異なるシステムが合意に達するための1つの道具でもある。何故ならば、文化領域に触れた際、規範が形成されることに言及した。コミュニケーションは、規範や法律を作るための原始的道具だからである。

(6) 構 造

§4-5で触れたように、社会システムに独自のオートポイエーシスを認めなければならない。つまり、(1)①に関する議論はさらに拡張されなければならない。完全な自己言及が可能である場合、それは全体主義的閉鎖社会となる、と先述した。では、マトゥラーナ達は、何故「高次の自己言及システム（昆虫社会、国家）を形成する複合単位体」と述べているのだろうか。恐らく社会システムへの拡張は不確かなまま放棄されたからであろう。ここでは、(1)①、(2)の延長すなわちシステムとしての大局的機能の有機構成と主体に関する疑問点を述べる。

①『オートポイエーシス』の翻訳では、Componentに構成素という訳が付けられている。部分と全体という還元主義的色彩を避けるため、と訳者の河本(1995)は述べている。産出されるものはエネルギーや栄養分ではなく、構成要素たる細胞の産出である。すなわち、産出された細胞が次の産出ネットワークに参加するのであり、エネルギー等の物質が構成要素の有機構成に参加している訳ではない。先の(1)①、(3)とも関連して、そこには行為主体かあるいは焦点を当てる部分が存在していなければならない。このことは、還元主義的議論に組することでも避けることでもない。

構造論として、実現される部分とその総和としての全体、という観点を受け入れざるを得ないということである。マトゥラーナ達は、オートポイエーシス的単位をオートポイエーシス・システムと呼び行為主体と捉えるが、構造的には観察者によって焦点を当てられなければ判別し得ない部分である。すなわち、ヴァレラが言うように、「システム（オートポイエーシス的単位体）の境界の確立は、認知論的観点と呼ぶものとの関係を避けることができない。つまり

それは，過程や挙動そして見通しの集合であり，あるいはベイトソンやゴッフマンの意味での枠組みである。特には，ある種の価値観や関心事に関連している。またさらに，識別者の認知能力とも関連している。逆に言えば，差異は識別者の認知能力によって明らかにされる」観察者に依存した部分である。[101]

一方，行為主体として社会に参加するのは，有機体としての独立した存在である人間や動物である。これ等が，自己意識を持つ主体である。その体内には，臓器等の中間的構成要素も存在している。(2)②に前述のように，そこでは，細胞レベルの作動とは別の統合機能があり，それによって諸々の構成要素は，生体全体のシステム構成の一部の構造となって実現するのである。すなわち構造とは，単位体における諸関係であり，システムの構造とは，現実に作動している関係のことである。最下位レベルの極微の構成要素としてのオートポイエーシス的単位は，生体内環境に守られない限り生存できず，また自己言及性から，そこに主体的地位を与えることはできない。また生体内環境にある中間構成要素が，大局的機能と全体的構造を獲得することも不可能である。[102]すなわち，そのような構造としての中間構成要素は，特化された部分機能と対応的に存在しているに過ぎないのである。

社会システムで考える場合，規模が大きくともそれがある社会の中間構成要素である単位は，直ちに独立することは難しいことになる。独立して生存することができないのならばシステムではなく，あるシステムまたは単位体の構成要素に留まらざるを得ない。一方，小規模でも独立して生存が可能な単位体は，必要な大局的統合的機能の有機構成があるならば，システムとなることも可能である。

このように考えると，オートポイエーシスのための有機構成が明示的でないことと，生体内環境に依存して存在しているという意味，さらに(1)(2)そして上記の議論から，大局的機能の完備性とその有機構成に対応した構成要素の有機構成が示されていない故に，オートポイエーシス的単位さらにその集積をオートポイエーシス・システムと呼ぶことは誤りであると言える。

社会システムではヘイルのように、生物学的システムである人間を結節点として、それを最下位レベルの構成要素と考えるべきであろう。このように考えると、中間構成要素やシステムの境界は自明になる。また、生物学におけると同様、社会的オートポイエーシスを考えるべきことも明らかになる。但し、主体として振る舞える者は、複数かつ多次元に存在することになる。

② 河本(1995)は、マトゥラーナとヴァレラはオートポイエーシスを構想する際に、システムの階層構造という既成概念をなかなか放棄できなかったと述べている。[103] しかし生物学的オートポイエーシス的単位体を想定する場合、構造的にもその内部に階層構造は認められない。あるのは、構成要素またそれ等の統合である中間的構成要素だけである。

社会の場合も単位体毎のまとまりを考えることができるが、社会関係における階層構造は、システム的には再帰構造として現れる。但し再帰水準毎に、独立した単位体としてのシステムが現れてくる場合である。このことにより、生体には階層構造はなく、1つの再帰水準から成ることがわかる。社会において問題になるのは、構造の面からのみカップリングを捉え、階層構造を成していると見做すことである。機能的にシステムではない単位体を、ある水準に置く場合、システムの生存可能性は、全体として失われることもあるからである。それ故、社会に一般的に見られる階層は脆いのである。社会の脆弱性は、個々のシステムがカップリングして再帰構造を形成していないことに、その一因を見出せる。

③ 中間構成要素への発生と分化、そして有機体の成長は、遺伝情報によっている。これと、システム全体を単位体とする機能、そして個々の構成要素を産出するオートポイエーシスという遍在的微細な機能、これ等が観察可能な生物(組織)の現象としての構造をもたらしている。有機体であろうと社会システムであろうと、この要因と結果を把握しなければならない。しかしながらオートポイエーシス論は、オートポイエーシスに特化して論じた理論であり、他は欠落している。

§4-7 社会システムに向けて

(1) 社会システムにおける目的論

　目的論の不要性ということが論じられているが，細胞レベルで論じているからであり，そこでは没我的作動が繰り返し行われていることは否定できない。神経系の部分においても同様である。しかし神経系全体のレベルでは，合意，共感，自省作用の中心として内在的目的は存在している。内在的目的というのは，人間は外界から動機づけをされるにせよ，それを受容するか否かは自己の認識領域で判断するものであり，それによって目的は内的に形成されるからである。それは，神経システムが閉鎖系であり，外界刺激に対して反応するだけではなく，内部的にも能動的に反応することによって，外界の刺激に対処することができることと対応する。よって，人間という生物学的単位体は自己決定的システムであり，同様に高次システムを論じる際には，自己決定性という性質を付与しなければならない。

　そのような人々を構成要素とする社会システムでは，他者との交流を通して社会領域に共通目標が内在的に形成され保持される。さらに，個人の目標と絡んで，各構成要素は様々な社会に選択的に参加するのである。よって，目的論は必然的に生じるのである。

　目的を内包するシステムは必然的に内動的力を持つものであり，自律的単位体となることができる。

(2) 大局的機能の有機構成

　オートポイエーシスの有機構成やシステムの構造は相補的であるという指摘は，オートポイエーシス論では一貫している。それ故，オートポイエーシス的単位の連鎖によって，構造が実現するとしている。[104] しかし，それ以外に先に指摘したように，システムの大局的機能の有機構成も重要であることは否めないことである。但し，何れが本質かと言えば，オートポイエーシスの有機構成である。何故ならば，機能が空中に表出することはなく，オートポイエーシスの

第4章 オートポイエーシス論

連鎖と集積から創発するものだからである。しかし，これ等は相補的でなければならない。オートポイエーシスの連鎖と集積が，高次のシステムに統合されるための構造自体が不明になるからである。

では，次章で述べる生存可能システムモデルの基礎としての大局的機能の有機構成については，オートポイエーシス論からは言及されているのだろうか。ヴァレラは，オートポイエーシスの連鎖と集積のみで独立した単位体を語ることは，カテゴリーミステイクであると言う。[105] 何故ならオートポイエーシスは，産出という機能のみを表わすためのものだからである。その上で，大局的機能の有機構成を認めている。すなわち，オートポイエーシス的単位がシステムの有機構成の別名ではなく，また生命システムが自律的システムの代表でもないと述べている。[106] 従って，自律性の自由度を以って，社会をシステムと見做すことも可能であり，システムを同定する基準がシステムの有機構成とその活動に連動することと，システムの有機構成と活動が規定する空間において同一の空間を占めるような自律的システムに具現化することは可能なのである。[107] ここで，同一空間を占めるとは，閉包を完成することである。単位体を構成する故，構造上の閉包が構成され現象学的領域が特定されることは当然であるが，「あらゆる自律的システムは有機構成的に閉じている」という閉包システムの命題として，機能上も完成されるとヴァレラは述べている。[108] 故に，第3章でも指摘したヴァレラの自律的システムは，この文脈から以下のように言い換えられる。「自律的システムとは(何等かの)有機構成の上で閉じている。従って，自律的システムの有機構成は，次の2つの性質を持った諸過程によって特徴付けられる。その諸過程とは，①互いに関係し1つの円環を構成しており，この円環では，諸過程が反復的に相互依存し過程自体が産出され実現されている。②システムを単位体として構成(実現)し，過程自体が存在する空間領域内において認識可能にする」[109] というものである。

以上から，大局的機能の有機構成は自律的システムには認められ得るものであるということができ，ヴァレラはビアのモデルを含め，サイバネティックス

や様々な学問領域から提案されたシステム概念の可能性を容認している。但し，閉包さえ構成されていれば良しとするもので，当然ながら具体的に有機構成については言及していない。

生命システムのオートポイエーシスとは，境界が設けられるという点と，大局的機能の有機構成自体もオートポイエーシス同様攪乱によって変形しないという点で類似している。つまり，攪乱を閉包システムの過程における乱れとして扱うことができるような，同一性が保たれなければならない。しかし，単位体としてのシステムの有機構成とオートポイエーシス論が融合する可能性については，否定的である。何故ならば，オートポイエーシスは生命の論理であり，生物以外への適用，また社会独自のオートポイエーシスの概念を許容することも，ヴァレラにとっては認められないからである。また，閉包さえ構成されていれば有機構成の内容は問わないとしたのも，生物学者であってシステム論者ではないという立場からであり，何れにしても距離を置いた姿勢であることに変りはない。[110]

ところで，社会システムの大局的機能の有機構成が生物と異なる点は，自生的に必要機能を持つか否かである。しかし不足していたとしても，人間の自己決定性により，補うことは可能である。その中で，大局的機能の有機構成の完成型として生存可能システムモデルに至る可能性は否定できない。

(3) 「自 己」

ビアは，システム機能の1つに自己言及性を挙げている。[111] つまり，自己言及システムとして，システムは実現されると考えていることになる。字句通りに解すれば，これは構成要素の創発性を否定することになる。しかし，「システムが閉包を完成するが故に，生存可能システムは自己言及的なのであり，自己観察を含む観察システムとして機能している」という意味であり，第5章に述べる機能の完結に力点が置かれている。[112] 一方後述するように，各構成要素は家族的単位を各々構成し，相互扶助的に連結してシステムに創発を与える存在である。ところで，第3章に前述したミンガースの分類に見るように，「自己」

システムというシステムの性格付けは，様々に与えられている。性格付けと言うのは，例えばマトゥラーナとヴァレラがオートポイエーシス・システムと言うとき，それは産出作動で特徴付けられるシステムということを指しているように，ある特徴的な一面を全体の特徴に敷衍するということだからである。そこで，最後に，「自己」システムという区分に触れておきたい。

　社会システムの1つであることから，自己意識性や自己観察性が生じることは明らかである。自己影響性は，攪乱に対する補償行動であり問題はない。考察すべきは，自己組織性，自己維持性，自己言及性，オートポイエーシス・システムである。オートポイエーシス・システムはマトゥラーナの主張であり，オートポイエーシスの集積でシステムを特徴付けられるというものである。社会システムをこの特徴付けのみから語ることは困難である。

　また，自己調整や自己操縦，自己構成といった概念は，自己組織性その他の下位概念であるため省略する。またヘイルの考察から，自己維持システムが自己組織性と自己言及性を包摂することも明らかであるため，自己維持システムについて考察する。

　前述のように自己維持システムという性格付けを否定し，ヘイルは，社会システムに対して，構成要素共同言及性という性格付けを行った。すなわち，社会システムは個人の自由や特性を奪うものではなく，社会に関与する場面のみ操作的である。また，個人は，様々な社会システムに同時に関与可能であり，全体環境にも交流可能である。そして何よりも，社会システムは物理的構成要素を産出しないという点が，自己維持システム就中自己組織化の概念と矛盾すると言う。

　社会に参加する者は，人間としての全存在を捧げている訳ではなく，一面において構成要素となっているに過ぎない。ヘイルの意味で，社会システムは，構成要素共同言及システムである。すなわち，構成要素から見る場合，システムは何かということが言及可能であるということである。但し，共同でなければ言い表せないため共同言及なのである。しかしこのことは，自己言及性を全

否定するものではない。システムに関与する場面のみ操作的なのだから，システムの側に立てば不完全もしくは一面的自己言及的なのである。また，課題に則した能力や熟練が伴うのであるから，すなわち後述するように人材を産出するのであるから，物理的産出ではないが不完全自己組織的とも解することは可能である。つまり，併せて不完全自己維持的であると言えよう。構造的カップリングがある場合も，それは不完全自己維持である。産出時は自己組織的だが，次章で述べるように産出されると下位主導に作動が始まる故，下位から見る場合はやはり構成要素共同言及的となっているのである。

ところで，構成要素共同言及システムは，共同に規定可能な範囲を言及するということであり，構成要素側からもシステムからも，全ての状態を言及することはできない。仮に，3つの基本単位から下位システムが構成されており，各単位は1つの内集団的単位から成ると考えよう。すると，構成要素の人数分だけ言及が生まれるのだが，その固定的見解は内集団的単位に集約され，それ等の集積の内共通部分がシステムを語ることになる。このことはメタシステムも同様である。つまり，構成要素共同言及システムは，民主的社会を描写する妥当性はあるが，システムへの参加という局面で個人を規定した上での議論であり，かつ半透明性の原理によって言及の範囲は自ずと狭められているため，参加者が言及するシステムは，距離に従い実像とは掛け離れる可能性もある。これ等より，システムに画一的性格付けをすることは，正確性を欠くことになる。

このような議論の背景には，主体の視点の欠如がある。「自己」への語らいは，システムやそこに参加する者達によって特徴付けられるものでなければならない。しかし，多くの「自己」システム的論及は，外部観察者の視線で語られている。

一方，社会システムでは多くの人々がシステムに参加する故，実現される中間構成要素やシステム全体の風土によって様々な認識や経験が生まれる。個人の趣向によっても差異があるが，常にシステムや個々人の周囲の身近な原子的

単位からも影響を受けている。前述のように，原子的単位を指向することから，社会化が始められるからである。これ等より，個々人や，第二義的には中間構成要素そしてシステム等は何れも現実に主体なのである。ヘイルは関係性が自己であると言うが，様々な関係性の中に置かれた多くの構成要素が各々主体であり，また構成要素共同言及的に語られる中間構成要素やシステムそれ自体にも主体を認めなければならない。そしてそれ等も共同言及に参加している故に，合意や規則に至るのである。そのような共同言及の連鎖とシステムによって形成された自己を各自が自覚するとき，構成要素が自身の立場でシステムを言及し，システムが構成員を構成要素として認識することが可能となる。言い換えれば，システムに適合的な人材の産出過程の中で構成要素として位置付けられるとき，全てのレベルの構成要素は主体となり，またアイデンティティの象徴としてシステムを主体化することができるのである。

　以上のことを可能とするためには，社会的産出装置として，次節で述べる擬似家族的単位を，各自が周囲に構成しなければならない。すなわち，社会の中での自身の位置と他者によって自己の存在がある，ということを確認するためである。

　擬似家族的単位内には，次節で述べるように大別して3つの役割——当事者的役割，保護者的役割，メタシステム的役割——がある。第1章では当事者-保護者関係を基本関係軸と呼び，両者を支持し促進する関係を——一般には認識されていないが——メタシステム的役割と述べた。それ等を三角形と考えると，3つの役割を同時に担当するために三角形の重ね合せの中心に自己が位置し，非自己的三角形を含めそれ等の重なりがシステムの構造を埋めている場合で，第5章で述べる大局的機能上の果すべき役割を自己的・非自己的三角形を含め他者との連携の中で見出しているとき，その主体を「自己」と言うことができるのである。[113] 大局的機能の有機構成と産出そして構造の三面からシステムを捉える場合，このように言える。このとき互いに重ね合せられた各「自己」は，各三角形の中で循環的自己言及的状況にあると言えるが，システムか

ら言及される立場ではない。[114]

　自己組織性に関して，今田(1986)は拡張的に論じている。すなわち自己組織システムは，「外(環境)からの影響がなくともみずから変化させることが前提となっている。それ故，環境決定的でもなく，環境適応的でもなく，自己決定的ないし自己適応的である」という見解を示している[115]。また，「自己組織性という言葉には，社会が変化するのではなく，個々の人間が社会をつくり変えていくニュアンスが含まれており，この言葉は社会が変動の主語になるのではなくて，人間が主語であり，社会はあくまでも目的語にすぎないことを的確に表現している」と説明している[116]。すなわち，社会における自己組織性は，環境の変化に伴い偶発的に行われるものではなく，意図的・意思的自省作用によって内発的に展開されるものという視点に立っている。この立場は，第2世代の自然現象としての自己組織化現象とは区別されなければならないだろう。自己組織システムは本来自然の自生的現象を表わす用語であり，しかしながら上述の解釈は多分に第3世代的である。それは，自生現象では目的論は不要であったが，上述の説明では目的内在的システムを想定しているからである。

　また，現実に自己調整機能の遂行過程において，環境変化を直接的に感知している社会・組織構成員による組織学習を通して，自己組織化が誘発されるという場面も考えられる。ミンツバーグは，各構成員が環境と対峙しながら職務を遂行する過程で，各自が経験的学習を重ね，それが共有され組織学習となり，さらにそれが創造的戦略に転じ自己組織化がなされるであろうと述べている[117]。組織内部の自省作用による意図的改革の場合でも，現行欲求水準に対する不満が共通認識に至り，変革が行われることはしばしば見られることである。すなわち，外部環境からの攪乱が原因なのか，自己決定性が中心なのだろうか。人間社会においては双方共有り得ることである。

　今田(1986)は，機能主義の復権という文脈で，慣習的行為，合理的行為に並んで自省的行為を挙げている。この中で，管理行為は，目的-手段という行為図式で表わされる合理的行為に相当する。さらに，システム次元の構造・機

能・意味の螺旋運動を，行為次元の慣習的行為，合理的行為，自省的行為の螺旋運動に取り込むことが，個人の次元が社会次元を取り込むことであると言う。つまり，構造が行為を規定すると共に，行為によって規定され，構造自体の自己言及が可能となるからである。このような自省的自己言及性が保たれるとき，初めて管理次元ではなく自省による社会統合が成り立つと述べている。

今田(1986)の立場からは，管理論の各々は退けられるべきことになる。また，パーソンズや前項に観るように準拠枠を設定することとは正反対であり，人間に主体を置いている。但し，行為が構造を規定する故，構造の自己言及が可能となるとは，ヘイルの構成要素共同言及であり，自己言及ではない。このことは自省的自己言及という表現に現れている。これを可能とするのは，本稿の立場からは，相互扶助的なオートポイエーシス的単位によらなければならない。すなわち，システム全体に遍在するオートポイエーシス的単位とその連鎖内の関係から，各自に自省が生じ，それ自体システム内の社会領域に反射され反復されることで，次の全体的目標が生まれるのである。

また，制度的単位体を志向しているのではないことはわかるが，慣習的行為，合理的行為，自省的行為という人間を主体とした行為の螺旋運動から社会システムを捉えたとして，如何にして螺旋運動は社会システムに連動して行くのだろうか。また，そのような社会システムに閉包が認められるのだろうか。今田(1986)の仮定する社会は，多数の個別的社会単位を前提とする議論か，あるいは自身の属する共同体におけるシステム運動論なのか，何れかであろう。システム次元の構造・機能・意味の螺旋運動における構造と機能が明確でないため，意味自体が不明確になっているが，それを自己の行為に感得するということは，運動論における自己と社会システムの在り様を指していると思われる。そのような社会では，境界は運動論の及ぶ範囲に限定されざるを得ない。また，理想とする社会の骨格は不明であり，システムを規定するものは個々人の自省と関係性に委ねざるを得ない。すなわち，道徳の及ぶ範囲ということになる。システム機能の有機構成と境界を提示しなければ，社会は規定できない

からである。

　規則や管理に依らず，今田(1986)の言う主体が自己に内在するメカニズムによって自己を変革することとは，システムの中に擬似家族的単位のような相互自律化を進める機能の遍在を認めなければならない。つまり，行為とシステムの螺旋運動を活かすには，擬似家族的単位の重複と連鎖に拠らなければならないのである。[118]

　では，本稿の立場の社会システムの適用範囲では，如何に考えられるだろうか。大局的機能が実現される範囲であれば，考察可能である。従って，後述するように，社会自体が下位水準のシステムや単位体に単に乗っただけの単位体であるならば，その考察に意味はない。社会システムという場合は，それ自体に，第1章で触れ次章で述べる生存可能システムとしての大局的機能が実現されていなければ，曖昧にならざるを得ないのである。

　また，前の章から度々自律性ということを述べてきた。自律的調整や自律的正則等は，機械的製造や販売以外では，社会の中では本来的に擬似家族的単位が重複し連鎖することを意味している。行為とシステムの螺旋運動からなる社会システムを成立させる要諦は，自省と調整を如何に整合的に行うかに掛かっているからである。この意味で，擬似家族的単位を社会的オートポイエーシス単位として捉えることは意味があり，また後述のようにその単位による産出等の性格が規定され得るのである。

§4-8　社会的オートポイエーシス

　構成要素の産出関係は，構成の関係軸，特定の関係軸，秩序の関係軸で結び付いている。[119]秩序関係の軸は2つの意味を持っている。第1は，オートポイエーシス論で述べられることと同じく，生体内環境にある限り癌化することは許されないということである。第2は，有機体そしてシステム全体とのバランスの中で更新されなければならず，カップリングによって高次の構成要素あるいはシステムへ向う際も，調整の範囲内で行われなければならないということで

ある。つまり、細胞レベル以外に、器官や部位のレベルそして有機体レベルにおいても、秩序関係が維持されていなければならないのである。それが、高次システムのオートポイエーシスに従属し自己言及的システムであるとマトゥラーナ達が述べる理由でもある。このことは、社会システムにおいても同様である。但し、自己言及性で社会を特徴付けることではない。各個人は自由意志を持っているからである。

　有機体においては、全ての構成要素は生体内環境に閉ざされていて、独立的ではないと前述した。しかし生物界には、特殊な生物もいる。単細胞生物である。これより、分子の中にさえオートポイエーシスを考えることは可能であるとするヴァレラ的考察も成り立つように思われる。しかし、同一次元で考えることはできないが、有機体の最小次元の構成要素を細胞であるとすると、その次元で完成している生物が存在するということは、細胞レベルの特殊性が浮かび上がってくる。事実、オートポイエーシス的作動は、細胞レベルでのみ行われる行為であるからである。よって、社会におけるオートポイエーシス的単位も、極微の構成要素をヘイルの意味で人間とするとき、それを取り巻く最小の単位と考えることができよう。[120]

(1) **擬似家族的単位と構造上の位置**

　社会システムにおいて、オートポイエティックな最小の構成単位は何であろうか。本稿では、それを家族、もしくは任務・業務・課題に直結する者同士からなる家族的単位も併せ擬似家族的単位と呼ぶ。その場は、家庭のような相互扶助関係の中にのみ築かれるものである。すなわち一般に家族とは、「社会化に必要な経験の蓄積をする」場であり、特殊な紐帯とも言うべき「感情融合」を伴い「集団形成の仕方」も独特なものである。[121] よって、内部崩壊以外に壊すことのできない単位である。[122] 同様に社会化を促進する単位として擬似家族を、「内集団、われわれ集団、職場集団」[123] 等において一般的なそれ等とは別に、利害を超えた紐帯的感情を伴い課題遂行において指導的関わりと支持的行為を果す家族的で不可分な単位を意味するために用いる。[124] 一般に、個人的人間関係に

は，同一世帯内の関係，親戚関係，近隣関係，友人関係，参加団体関係の5つの次元があると言われている。[125] しかし擬似家族的単位はこれ等の内課題や任務に特化した中で，当事者と保護者的補助・促進者を中心として，さらにメタシステム的役割を含み生存可能システムモデルを模して分担する単位である。[126] このような役割分担がある点が，一般の内集団とは異なるところである。また，当事者・保護者的な関係が，基本単位の性質の基調であると理解することは，後述の議論にとっても有益である。

この内少なくとも当事者と保護者的補助・促進者は，同一の単位体に所属することが望まれる。任務・業務・課題を共有するためであり，§1-4(3)の例の如く課題等によって生じる同一性で分けるべきだからである。保護者的補助・促進者と言うのは，擬似家族的単位の全員が相互に補助・促進的役割を果すものであるが，特に（アシュビーの意味で）拡大された自己と言うべき存在の者[127]——誰にもそのような存在はいるであろう——の意味である。また，同一の単位体と言うのは，個人は複数の単位体に係わることができ，その中で問題の認知と補助・促進の取組みを何処に重心を置いて行うかによって，擬似家族的単位の性格付けがされるからである。その他のメタシステム的人々は，2人が個人的判断に陥るのを防ぐために双方にとって必要な役割の人々である。しかし第1章で触れたように，一般に基本関係軸は認識するが，メタシステム的役割の人々まで含めて単位として把握すべきことは，その果している役割の重要性と共に認識されていない。第3章で指摘したように安定するためには，A＋Bという真の意味で「拡大された自己」が形成されなければならないのである。

このような単位に限定する理由は以下による。前述のように社会領域の形成は必然的であり，様々な内集団が形成されることは個人の関わりとして否定できない。しかし，個人が難局を乗り越える場合の親子関係に見られるような，指導・支持・育成を以って，課題を克服していくという家族的場面と同等の場に限定しなければ，システムの生存に必要な人材育成には繋がらないからである。しかしそれだけでは不十分で，メタシステム的補助装置を必要とするので

ある。このような関係は，例えば参加団体関係ではQCサークルや研究室，消防団等の中に見出だすことができる[128]。すなわち，一個人の育成ではなく，1章で触れたように単位の全員が相互学習しプロセスを共有し成長するものでなければ，オートポイエーシスの産出関係を満たさないのである。これにより個人の許容量は拡大され，管理ではなく納得と自省を促すことになり，システムの自律性に基礎を与えることになる。

　家族を単位とする場合，役割分担は大局的機能を満たすのだろうか。現実は，如何なる大家族であっても，システム機能を完備するものではない。理解者すなわち補助・促進者は当事者に対しては頼もしいものではあるが，2人だけでは家庭と同様に脆弱である。擬似家族的単位とするには，この2人を取り巻く役割が必要である。すなわち，生存可能システムモデルと同様の役割分担の輪を以って単位とするのである。しかし，それは個人的かつ主観的なものであり，また次章図5-8のようなメタシステム的役割の完備は課題遂行までの一時的なものかもしれず，個々の家族・擬似家族的単位は単位体とは言い難いものである。しかし，家庭は，家計的・社会的に独立した単位体と見做される。けれども，家族や擬似家族は，慣習や規則を遵守することで単位として社会の内部に留まらなければならないものである。このように，家族や擬似家族は特殊な単位なのである。

　すなわち，特殊性の所以は，機能的役割分担が未完成であるにも拘わらず「独立している」ことに求められる。単位体としての独立は不可能であるが機能の完備を指向することから，家族は，生存可能システムモデルの不足の機能を，絶えず地域社会や学校，職場等に求めなければならない。それ故，社会的最小単位として社会と繋がりその中に位置付けられ，秩序関係が保たれるのである。そしてまた，§5-5で述べるように，他の単位との関係の伸展を必要とするのである。

　家族的単位は，他者を設定することによって不足の機能を補い，単位体を志向する。例えば，子供の友人問題がある場合，業務単位にその子供が置かれ友

人は部分環境になる[129)]。親や保護者は子に対して指導的役割を持ち自省と成長を促すものである故に，管理単位になる。場合によっては，管理単位的役割を果す者が複数であってもかまわない。教師や別の友人が意見集約係としてシステムⅢになるとすると，祖父母や隣人が当事者・保護者の調整役としてシステムⅡの役割を果し，同時に将来的展望や裁定役としてシステムⅣⅤの役割を学校が受け持つという分担の場合が考えられる。また，仕事上の場面では，家族重視の家庭の場合，夫が業務単位に妻が管理単位になるかもしれない。仲人や祖父母あるいは恩師や友人がシステムⅡを勤め，システムⅢには職場の同僚が分担することも考えられよう。さらに，親戚がシステムⅣに当るかもしれない。システムⅤには，兄弟が位置する可能性もある。職場重視の場合では，家族は全員夫と同じ業務単位的位置に置かれるかもしれず，管理単位とメタシステムは会社関係者という場合もあるだろうし，法律や慣習・世間を置く場合もあるだろう。先に注意したのと同じく，業務単位的立場の者が複数であってもかまわない。

　先に，同一の単位体における問題の認知の仕方や取組みによって，擬似家族的単位の構成関係は決まると述べた。すなわち，家庭重視の例では家庭という単位でそれを考えており，職場重視の例では職場にそれを求めるという構図で捉えられ，そのようにここでは例示した。また，複数の単位体に関わることができる故，擬似家族的単位の各々も複数のそれに関わることになる。どちらかを重視するという考え方は，何れかの地平に立つということであり，何れも捨てがたいのであれば双方に関与することになる。現実には，複数の擬似家族的単位に関わることが必要であろう。そして複数の擬似家族的単位は個人を接点に混在し，またあるときは合理的に接合され利用されている。すなわち，混在しているとしか感じられないときは，本人にも個々の単位の接合は重荷としか認識できず，合理的に整理できるときはその接合関係を理解している場合である[130)]。つまりそのとき，基本単位，メタシステム関係を重複させながら入れ替え，自己の位置を確認しながら課題に取り組むということであり，その場合1

つの局面を打開することで他の課題も克服し得る可能性がある。前節で，自己とは3つの役割を自らの中に持つものと述べたが，人間として生きるということは，(問題解決のための)単位の連鎖の接点に存在しなければならないということである。

　何れにせよ，先に6つのまたは単純に3つの役割から成ると述べたように，当事者は業務単位，指導的・家族的存在は直接責任者として管理単位の位置に就き1つの基本単位を構成し，周りの人々でメタシステム的機能を補うという構図で擬似家族的単位は成立する。ここで，少数で複数の役割を兼任し合う場合もある。また，三角形の単位全員が，当事者に置かれる場合もある。しかし人数が増えても，直接的な補助・促進の立場の者は管理単位に，他はメタシステムに廻るだけで，生存可能システムモデル的な役割分担であることに変りはない。[131]

　このように，指導・支持・指示・育成等の役割を巡り，(擬似)家族は相互補助・促進関係にあり，その役割は非固定的に交互に入れ変わるものである。その背景には，信頼関係があるということは言うまでもない。また当事者と補助・促進者の関係は，一時的なものではなく個人的に長期間に醸成された関係である。それ故，交互的に常に成り立つものである。さらに，対社会関係自体も交互的で，それ故，社会とは相互扶助の関係体としての広がりを持っていると言える。すなわち，ある部署にできる擬似家族的な単位関係は，交互に重複しその部署そしてシステム全体を埋めつくしていることが望ましい。それ故，各自は，当事者，保護者，メタシステム的機能を交互に担当するのである。それによって，家庭が社会に従属すると同様，秩序関係軸と役割の補塡によって，擬似家族的単位が最小の社会化過程の場と考えることができるのである。すなわち，相互補助・促進の関係がシステム全体に及び，それによって形成された自己を各自が自覚するとき，構成要素が共同でシステムを言及しシステムが人々を構成要素として認識することが可能となるのである。このとき初めて，所属単位体のアイデンティティが共有される。

すなわち，人々は広義の社会の一員にであることを自覚する。前節で「自己」を確認するのは，擬似家族的単位の三角形の重ね合わせの中心にいることが1つの条件であると述べたのは，この意味である。ここで6つの役割と呼ぶものは次章図5-8を見れば明らかであるが，図4-1では前節で3つの役割と述べたようにまとめて示した。当事者・保護者的立場は各々，メタシステム的役割に匹敵する重要性があるため，3つの役割と簡略化することは間違いではない。また重複する個々の立場を表すには，メタシステムを1つにまとめ三角形にする方が便利である。[132)]「三角形の重複」する箇所にいる自己とは，図4-2の重なりにいると考えれば判り易い。何れかに偏る場合は，個性であるが弱みでもある。また，図4-2の各三角形は，任意の状況・任意の問題において1つ作られる関係である。よって，図4-2は3つの状況における，当事者を巡る人間関係を意味している。ここで重複部分にいる自己以外の各々2つの立場を占める人間は，同一である必要はない。

特に，現実の家族関係におけるその関係と職場でのそれが連続していると感じたとき，1つの現象として会社主義という概念も生まれたのである。会社主義が生まれた理由は，企業が独立単位体でありシステムではなかったためである。システムの場合は，閉包が完成されていても，理論的には無限に続く再帰

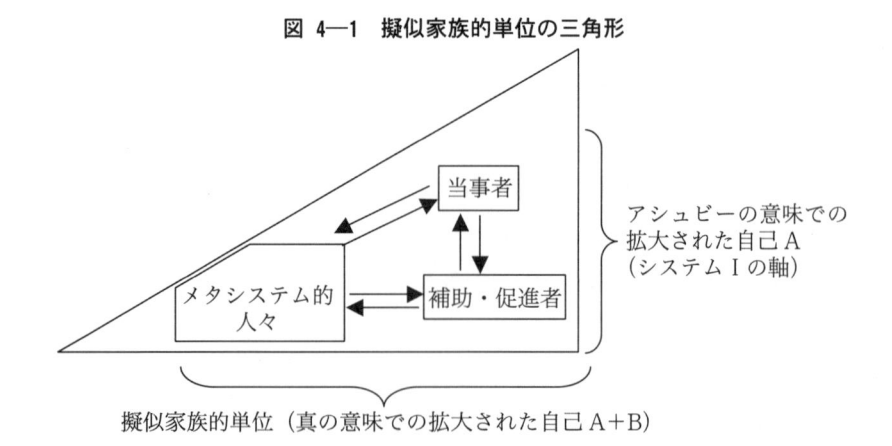

図 4—1 擬似家族的単位の三角形

第4章 オートポイエーシス論　213

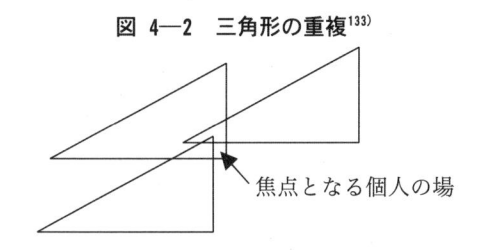

図 4—2　三角形の重複[133]

　　　　　　　　　←焦点となる個人の場

論理によって，自らを構造化するような上部構造を模索する。また並列的取引関係においても，カップリングするよう相手を選別するか対外的システム化を試みる。この2つの方向は，オートポイエーシスの論理に正則するものである。しかし，個別の独立単位体が多数ある状態では，構成要素の自省基準とアイデンティティの対象は，所属する単位体の範囲に限定されざるを得ない。そのような状況は，現在も続いているのである。

　以上より，社会におけるオートポイエーシスの単位として家族・擬似家族的単位を仮定できる[134]。上述の議論を生物学的オートポイエーシスと対比させると，以下のようになる。

　生物学的オートポイエーシス的単位やその構成要素は，生体内環境に守られている。同様に，家族・擬似家族的単位の構成要素である個人は自律的かつ自立可能なものであるが，個人差があり未熟・不完全であることを知っている[135]。そこで，情操を伴いながら社会化し自己の能力を発揮するためには，相互扶助的単位を必要とする。しかしその家族・擬似家族的単位も個人的かつ主観的であり，充足的な自立的単位体ではない。それ故，連鎖することで，あるべき場で位置を確認しなければならない。また連鎖することで，生体における内環境を形成するのである。これ等のことは，社会化が必然であるように，次章で述べる大局的機能の有機構成への接続を含めて自律的に行われるものである。

　生物学的オートポイエーシス的単位は，観察者が焦点を当てることによって浮かび上がるものである。家族は法的社会的には1つの単位である。しかし，家族や擬似家族的単位が，独立した単位体であろうとすれば，生存可能システ

ムとしての諸機能の有機構成を満たさなければならない。しかしながら、充足できないため、他者の存在を仮定しあるいは実際に設定し補助を受けることで生存が保たれるのであり、その都度社会における自己の位置を確認することになる。個人も、擬似家族的単位内での関係と中間構成要素・システム内での位置そして関係、すなわち関係間の関係を自覚することになる[136]。それにより、各自の課題に対し扶助的役割は交互的に分担され、単位内の誰もが問題に直面した当事者になり克服することができる。その際、システムの中心は基本単位であるため、当事者達は基本単位となりメタシステムを設定しなければならない。メタシステムの設定や秩序関係の位置付けができない者達は、社会の周辺の存在にならざるを得ない。

生物学的オートポイエーシス的単位は、隣接する他の単位との秩序関係を維持しながら、中間構成要素の実現に創発的に機能するものである。同様に擬似家族的関係性は、現実の家族関係の枠を越えて幾重にも拡大される。その際、地域性や所属するシステムの風土に同化しつつその中での役割を果すように機能する傾向がある。つまり、アイデンティティを共有することから社会化が始められる。従って、例え真の家族関係が崩壊していたとしても社会の構成員は全員が、参加離脱が自由な複数の非公式な擬似家族的単位に所属し課題に対処することが可能なのである。また支持的立場に立つ場合もあり、メタシステムに仮定される場合もある。さらに個人的嗜好で周辺的存在を好んだとしても、完全に疎外的生活を続けることは不可能であり、何処かで何等かの擬似家族に係わり合いを持たざるを得ないのである[137]。

(2) 産出物

家族や擬似家族的単位は、何を産出する単位なのであろうか。それは、当面の課題に対して、自らを規定する関係を維持するのに必要な人間的・社会的要因を決定するための諸条件——信頼、使命、向上心、リーダーシップ、希望、生甲斐、帰属意識、職務遂行能力等——の生産を通して、使命感を持った人材、技術・技能等である。家族・擬似家族的単位はそのための場である。また

様々な包摂的な社会システムは，場のための存在である。つまり，任務・課題等の観点から，家族的単位は連続的に社会システムに繋がっているのである。しかし，構造としての産出物が上位の必要性を満たすだけではなく，効率的にそれを達成するために結合関係が境界の壁を乗り越えて構成されることも必要なのである。

　希望や喜び，悲しみや憎悪，恥や感謝といった感情は，産出物にはならない[138]。擬似家族的単位は社会化過程の初歩的段階である。そこでは，具体的な指示-応答関係が基調となっている。感情は個人の思考に原型を与えるものであり個人的には原動力になる場合もあるが，社会においては社会領域に付帯し，現象学的領域を形成する際の基調にはなっても，指示-応答関係を表わす産出物にも生産物にはなり得ないからである。思想や哲学または製品等はどうだろうか。思想や哲学は，人材に付帯するか技術を包括するものであり2次的である。悲劇や価値も同様である。また製品等は産出に伴う結果であり，本稿では生産物と言う。

　では何故，これがオートポイエーシス単位となり得るのだろうか。システムの構成要素は職位によって参加するだけではない。各自は，立場的にも単位的にも不完全なため三角形における役割の重複を余儀なくされており，それ故自己を互いに客観的に認識し課題や任務に即した対応を学ぶ場を必要としている。一方§4-7に述べたように，閉包を完成する機能の有機構成においては，基調となるべき現象学的領域は定められるので，各自の反応様式は自ずと規定される。但しそれは，大局的機能の有機構成という閉包が主体として規定するものではない。社会化過程を促す擬似家族的単位においてである[139]。その上で対応を学ぶとは，指示-応答関係の延長として解釈や理解の方向性が規定されている上で，それを用いる技能や技術を身につけることであり，転じて人材として輩出されることである。またこのとき反応様式が規定されているので，期待行動の範囲は想定されている。このことは，微視的立場の個々の構成要素にとっては特殊技能の修得を伴い困難なものであるかもしれないが，システムの側

から大局的に見れば，人材の輩出とは微小な産出なのである。しかし，一度その方向性が示されると，擬似家族的単位は必然的に連鎖するものである故，相互産出的な組織的学習となり，システム全体の構造変動を伴うような変化をもたらす可能性があるのである。[140]

　すなわち，本稿は産出という行為とモデルという大局的機能とそれ等の実現としての構造という三面で組織を捉えると述べたが，大局的機能は構造の配置と機能に関与し，産出は新陳代謝という微視的構造の差異化に関係するものである。それ等の結果が構造に現れるのである。

　クラブやクランで家族的依拠を代替するという議論もあるが，掟や規則によ

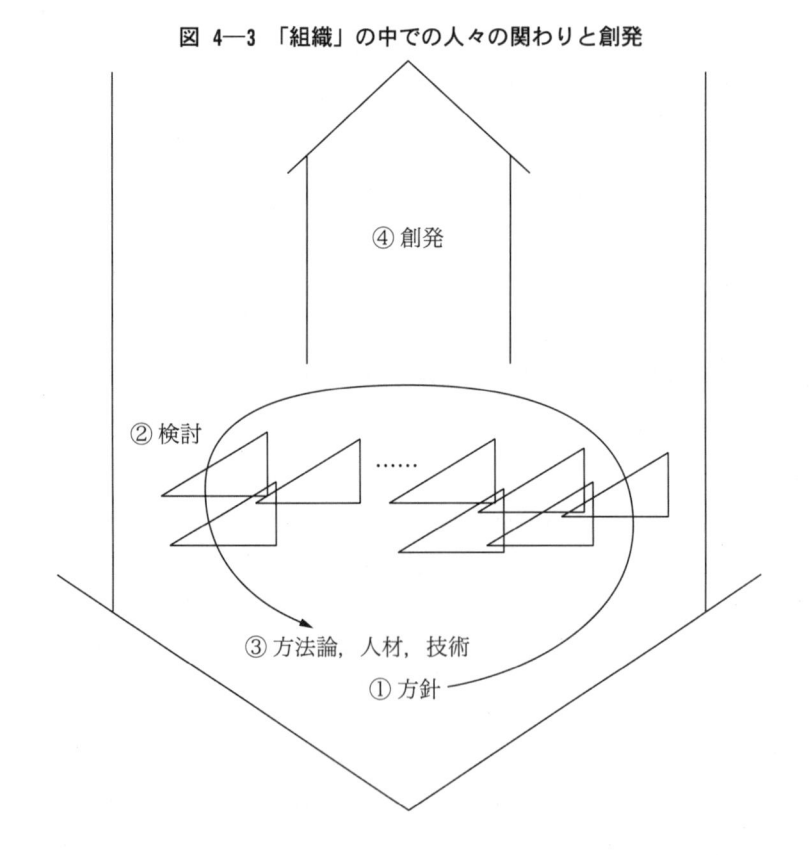

図 4—3 「組織」の中での人々の関わりと創発

④ 創発

② 検討

③ 方法論，人材，技術

① 方針

る非日常的空間・行動様式を家庭に置き換えることはできない[141]。クラブ等は，独自の集合的充足を求め，システムとは別の独立単位体にまとまる傾向があるからである。一方，恒常的な規則のない中で，信頼と短期的集中，長期的幇助を繰り返し，適応的学習を行う場が家庭(さらに擬似家族的単位)である。その中で，特殊な感情が醸成されるのである。

マトゥラーナやビアは，社会システムは生物システムであると言った。比喩的にはそう言える。しかし生物的ではあっても，現実の生物システムではない。ヘイルは，社会システムは現実に人間を産出することはできないと言った。その意味ではオートポイエーシスを否定することになる。字句通りに言えばその通りだが，自己を刷新することで成長していると考えるべきである。

図4-3は，産出の有り様を模式的に示すものである。社会もしくは組織体の内的刺激つまり必要性が伝達されると(①)，各自が咀嚼し理解して(②)，それに合わせた技能や方法論が産出される(③)。転じて人材が産出されると解することもできよう。それ等の累積が社会表面に創発するのである(④)。

(3) 産出関係

個人は複数の擬似家族的単位に関与し，ときに補助者となりまた補助を必要としながら，擬似家族的単位によって方向付けられている。このような非公式組織の一種であるが職務遂行上の咀嚼・支持機能を持ち生存可能システムとしては機能が不足している擬似家族的単位によって，構成の関係は既に定められている。すなわち，自らを規定する関係を維持するのに必要な人間的・社会的要因を決定するための産出と生産の場としての擬似家族的単位に関与することである。

特定の関係は，新たな構成員が構成の関係としての同一性を確立し，各々がこの関係を維持する役割分担者として交互に他の構成員の成長に関与することである。次章§5-5(2)で後述するように，単位内の合意領域を前提とする故，課題毎に変化しつつも反応様式には一定の傾向性が生じる。その意味で保守的であると言える。しかし特定関係の軸，すなわち新規参入者に関しては，産出

過程に障害を生じない限り一切の制約はなく，様々な個性・背景を持った者の参加が可能である。

秩序の関係は，経験則を活かしながら複数の関係性——同レベルの擬似家族的単位間の関係，中間構成要素との関係，システム全体との関係，社会との関係——において，この能力を持つ人材の更新，成長のダイナミックスを決定し秩序が維持されている円環を統合することである。すなわち，熟練者，適合的人材の輩出の速度が全体的必要性に一致し，中間構成要素自体も適合的に更新されるように制御されることである。

以上より，生存可能システムにおけるオートポイエーシス的単位の定義として，以下のように言うことができる。オートポイエーシス的単位としての擬似家族的単位は，構成要素である人間を，当事者能力を持った人材として産出する過程の円環として，有機的に構成された単位(擬似家族的関係)のことである。このとき構成要素は，咀嚼・学習・動機付け・支持の相互作用を通じて，相互の自己能力を更新する過程の円環を絶えず再生産し実現し，プロセスを共有しなければならない。またその円環を具体的単位として構成し，その家族的関係において，構成要素たる個人は円環が実現する位相的領域を特定することによって自らが存在する。かつ，構成要素は円環過程において自省することができ，またそれによって現在の自己があるということを自覚しなければならない。

すなわち，「更新する過程の円環を絶えず再生産し実現し」とは，課題毎に新たな単位——少なくともメタシステム的役割については——を構成することを意味している。「プロセスを共有し……個人は円環が実現する位相的領域を特定することによって自らが存在する」とは，自己を認識し得るように擬似家族的単位の重複が行われていることである。また公式組織ではないが個人の成長にとって必要な単位であり，実現されなければならないものである。

上述の定義は，調和的人間関係がある場合に限定しているように聞こえる。事実，単位構成においては調和的関係を基準に行われることが一般的であろ

う。そして同一の単位体に所属することを前提としながらも，課題を共有し得ない者もいるものである。しかしある文脈においては，背反的感情を持った個々人の単位が連鎖する場合もあり，また次章で述べるようにシステムの内部はオートポイエーシス的単位の連鎖で埋め尽くされなければならないのである。さもなければ，合意領域の拡大と自己の差異化に限界を設け，またシステムから遊離した構成要素がシステムに参加していることになるからである。

このようにして経験則が蓄積され，交互的に構成要素の成長が計られる過程は循環的に継続され，相乗的に集約され中間構成要素，システムに反映される。また，擬似家族的単位は自省の場でもある。システムに遍在する擬似家族的単位内の関係から，各自に自省が生じ，それ自体システム内の社会領域に反射され反復されることで，システムの行動が修正され，次の目標や課題が生まれるのである。

注
1)　本章は，河本英夫訳『オートポイエーシス』(1991) と原著の *Autopoiesis and Cognition* に主によっている。
2)　マトゥラーナ，ヴァレラ(1991)，pp. 70-71。但し構成素とは，構成要素の意味である。
3)　河本(2000 a)，p. 101。破壊は§4-6(3)に該当する。
4)　本稿 p. i 。
5)　マトゥラーナ，ヴァレラ(1991)，p. 170。
6)　Keen と Scott-Morton が，「経営者の重要決定は，そのほとんどが，彼等自身，あるいは組織全体にもよく理解されていない曖昧な問題ということが多く，彼等の個人的判断が鍵となる」と述べた事態と同様である(1978, p. 58)。つまり，ある状況に，観察者は，好まずとも被投されているのである。
7)　Maturana(1978), p. 31.
8)　マトゥラーナ，ヴァレラ(1991), pp. 73-75。ここでは，一般のシステムという用語と区別するために，「単位体」と呼ぶことにする。先の機械と同義である。
9)　但し最終節で述べることだが，生体内環境という支持的環境の中にあるのであり，一般の意味での閉包や境界ではない。
10)　しかし観察者の視点を前提にしている。

11) このことを河本(2000a)では「観察者自らを括弧に入れる」と呼んでいる(p. 275)。
12) マトゥラーナ，ヴァレラ(1991)，p. 180, p. 144(「ニューロンのオートポイエーシス」)。
13) マトゥラーナ，ヴァレラ(1991)，p. 176, p. 144。
14) マトゥラーナ，ヴァレラ(1991)，pp. 87-89。
15) マトゥラーナ，ヴァレラ(1991)，p. 86。
16) マトゥラーナ，ヴァレラ(1991)，p. 237。一般にコード化という場合は，結果から見た事態の記述，という目的論的コード化が想定されるが，オートポイエーシスは逆である。すなわち，作動によるコード化と科学的コード化とは別である。科学によるそれは，観察者からの記述であり，結果の一致から逆算したものであり，結果の一致から逸脱するものが何を根拠に行為しているかについては，判別の方法を持たないものである。しかし，構成要素から論じたコード化とは，没我的作動になる。
17) マトゥラーナ，ヴァレラ(1991)，pp. 80-82。
18) マトゥラーナ，ヴァレラ(1991)，p. 88。
19) マトゥラーナ，ヴァレラ(1991)，p. 235。
20) Maturana(1970), p. 45.
21) マトゥラーナ，ヴァレラ(1991)，p. 237。
22) マトゥラーナ，ヴァレラ(1991)，pp. 117-124。Varela(1979) p. 50. オートポイエーシス的単位におけるカップリングという意味であり，生体システムにおいては階層構造を産み出すカップリングは存在しない。再帰構造的なカップリングは社会システムにおいてのみ生じる。
23) オートポイエーシス機能を行う部分をオートポイエーシス的単位と呼んだが，複合単位体を形成する場合，それ等は構成要素であるため，オートポイエーシス的単位体と呼ばなければならない。
24) Varela(1979) p. 33.
25) Varela(1979) p. 52.
26) 河本(1995)，pp. 254-256。
27) マトゥラーナ，ヴァレラ(1991)，pp. 98-101。
28) マトゥラーナ，ヴァレラ(1991)，pp. 101-109。
29) マトゥラーナ，ヴァレラ(1991)，pp. 129-142, pp. 174-177。
30) マトゥラーナ，ヴァレラ(1991)，pp. 195-208。
31) マトゥラーナ，ヴァレラ(1991)，pp. 208-212。
32) マトゥラーナ，ヴァレラ(1991)，p. 154, p. 191。
33) マトゥラーナ，ヴァレラ(1991)，pp. 188-195。これに関連してヴァレラは，スペンサー・ブラウンの『形式の法則』に従い，オートポイエーシスを数式で

説明しようと試みた。すなわち，特殊な記号を用いたその意図は，認知機能の出発点を区別するため，それによってあらゆることを差異化しようという試みだった。区別することをさらに新たに区別する，という自己差異化の定式化を用い，Varela(1975)では再参入を定式化した。そこでは，自らに指示を出すという意味で，自己指示あるいは自己報知が，自己言及性の1つとして考察された。しかし，自律性を，自己言及性のパラダイムの1つとしている。またVarela, Goguen(1978)では，システムが閉包を完成させるための基礎付けを与えるものであった。何れも *Principles of Biological Autonomy* に収められているが，全てを数式で表わすことは不可能であることを明らかにする，という皮肉な結果に終った。すなわち，ヴァレラ自身がオートポイエーシスを過程と捉えているにも拘わらず，記号間の関係に集約し得ると過信したためである。よってそれ以降は，試みられていない。

34) マトゥラーナ，ヴァレラ(1991), p. 138。
35) マトゥラーナ，ヴァレラ(1991), p. 181, p. 201。
36) マトゥラーナ，ヴァレラ(1991), p. 183。
37) 河本(1995), pp. 250-251。関連は，マトゥラーナ，ヴァレラ(1991), pp. 122-129。
38) §4-4 の2)に接続している。
39) マトゥラーナ，ヴァレラ(1991), pp. 196-198。但し自己言及的とは，マトゥラーナ等に従った。
40) マトゥラーナ，ヴァレラ(1991), p. 203。
41) 指示的言語は意思決定の観点からはⅠ型情報であり，内包的言語はⅡ型情報である。すなわち，前者は，受け手にとっての決定問題が所与で，その問題に関する新たな情報が利用可能な場合の情報を指す。後者は，ある情報を基に受け手が自己の決定問題を作る場合の情報である。意思決定を行う場面ではⅡ型情報の方が一般的であろう（宮澤(1971)）。本文で充分な第二次記述と述べる理由は，このとき方向付け作用が充分であれば可能という意味であり，さもなければマトゥラーナ達の言うことは正しい（マトゥラーナ，ヴァレラ(1991), p. 203)。
42) マトゥラーナ，ヴァレラ(1991), p. 204。
43) Maturana(1970), p. 41, p. xxiv.
44) ウィノグラード，フローレス(1989), pp. 16-17。フローレス等は，サールを参照して，字義的な言語行為だけでなく，発話意図には，陳述的，指示的，関与的，表現的，宣言的等の意図が込められると述べている。
45) マトゥラーナ，ヴァレラ(1991), pp. 204-208。
46) マトゥラーナ，ヴァレラ(1991), p. 136。
47) マトゥラーナ，ヴァレラ(1991), p. 212。

48) マトゥラーナ，ヴァレラ(1991)，p. 157，p. 214。
49) マトゥラーナ，ヴァレラ(1991)，pp. 154-155。
50) マトゥラーナ，ヴァレラ(1991)，p. 215。
51) マトゥラーナ，ヴァレラ(1991)，p. 204。
52) マトゥラーナ，ヴァレラ(1991)，p. 189。
53) マトゥラーナ，ヴァレラ(1991)，p. 217。
54) マトゥラーナ，ヴァレラ(1991)，p. 216。
55) マトゥラーナ，ヴァレラ(1991)，p. 217。
56) Maturana(1974), p. 464.
57) 但し，後半の説明は(独立)単位体の描写に主眼が置かれている。
58) マトゥラーナ，ヴァレラ(1991)，p. 35。オートポイエーシスには個体性があるということである。
59) マトゥラーナ，ヴァレラ(1991)，pp. 36-37。オートポイエーシスによって，性格が規定される。
60) マトゥラーナ，ヴァレラ(1991)，p. 38。定款，目的，使命，ニッチ等によって規定される。
61) マトゥラーナ，ヴァレラ(1991)，p. 38。殉死や自殺は，その限りではない。
62) マトゥラーナ，ヴァレラ(1991)，p. 39。互いに確認し学習するとこで安心と必要性が確かなものになる。
63) マトゥラーナ，ヴァレラ(1991)，p. 39。オートポイエーシスを護るという観点からは，自ずと保守的であると言える（§5-5）。しかし帰属する社会が想定されるというのは，制度的に定められるということではない。この項目は，擬似家族的単位の連鎖による創発が仮定されていると言える。
64) マトゥラーナ，ヴァレラ(1991)，p. 40。システムのカップリングでも考えられる。
65) マトゥラーナ，ヴァレラ(1991)，p. 40。マトゥラーナの意に反し，生物におけるオートポイエーシスと社会におけるそれは，別であることを意味している。故に社会的オートポイエーシスが定義されなければならないのである。
66) マトゥラーナ，ヴァレラ(1991)，p. 40。社会システムには固有の規則が必然的に生まれる。
67) マトゥラーナ，ヴァレラ(1991)，p. 41。しかし相矛盾する社会システムもある。よって，後述の擬似家族的単位によって，主として参加する社会システムが定まっていなければならない。
68) マトゥラーナ，ヴァレラ(1991)，p. 41。個人は構成要素としてシステムに参加する。成長とは人材化・熟練することである。ここでのマトゥラーナの説明は，個人を活かすということに力点が置かれている。本稿の立場では，本章と第5章に後述する擬似家族的単位を構成し自己差異化を繰り返すことで，これ

69) マトゥラーナ，ヴァレラ(1991)，p. 42。次章で述べる「自己」を放棄した個人という意味である。
70) マトゥラーナ，ヴァレラ(1991)，p. 43。秘匿事項・個人的事情が存在する場合があるからである。よって主観的に判断される。(独立)単位体の観察者すなわち何等かの責任者は，一方では非合理な運営，そして他方では盲従する様を見なければならず苦痛であろう。第7章で述べる。
71) マトゥラーナ，ヴァレラ(1991)，p. 43。構成要素との交流は，互いの社会との個人的カップリングである。ワイクより拡張的である。
72) マトゥラーナ，ヴァレラ(1991)，pp. 43-44。無政府社会とは感情が支配する社会である。密告・粛清等が行われるが，感情の軋轢に終止符が打たれることはない。§5-5(5)後半の特殊な単位体でのみ成立する状況である。
73) チリでの経験からこのように考えたのであろう。
74) ヴァレラ(1999)，pp. 81-82。
75) Whitaker(1995)参照。本節は主に Hejl(1984)，pp. 60-78 に依った。
76) ウィッティカーによれば，初期パーソンズと前期ルーマンは同等に扱えるという。パーソンズのそれは構造-機能主義と呼ばれ，理論構築に際し経験的包括性を犠牲にしない準拠枠を準備し，それに基づいて社会システムが形成されるべきであると説いた。これは，政治，経済，心理学等を包括するという野心的な試みであった。構造-機能主義とは，構造が，システムを構成している要素間のコード化された関係性に対応し，機能が，行為者間並びに環境との相互作用を，システムの維持という観点から表わすものとして，その双方を勘案するという分析として提示された。その際，構造変動も伴うものとされた。構造-機能主義は，社会が個人に対して優位であることも，社会システムが個人の行動に還元されることも否定する。つまり，個人と社会を，主意主義的行為論によって結合することにあった（但しパーソンズ(1974)では，行為の準拠枠の原初形態にとって不可欠なものではないと述べている(p. 535)）(本稿第2章注16参照)。その根底には，実証主義によって損なわれた人間の持つ本質的な能動性や創造性を，回復することにあった。しかしパーソンズの意図した行為の主意主義は，機能主義と社会システム論を接続させるに従い，自己否定を意味するようになった。つまり，目的，条件，手段，規制という行為の準拠枠という人間の行為が社会制度を支えているという図式が，実証主義に基づく社会システムの規範要素に取って代わられる事態になったからである。原因は，功利主義的自由が容認された場合，社会を支える秩序を崩壊させる危険があったためである。よって，個人的価値よりも共通価値が優先されなければならないと認識し，個人に還元されない創発特性を仮定せざるを得なくなった。パーソンズの取った方法は，権威的社会的価値体系を設定し秩序維持をすることだっ

た。そのために，価値体系が社会システムに内在化する過程としての権威の制度化を説いている(パーソンズ(1989) 5 p. 190, (1982) 3 p. 232)。つまり権威とは，「社会メンバーの行為を集合的目的の達成という観点においてコントロールする制度化された権利」としている。一方，権力は，「権力を集合目的の利益のために事をなさしめるある社会システムの一般化された能力」と定義している。すなわち，これ等は同義である。しかし，各個人に還元されない価値体系という考え方は，すなわち行為主体の行為を規制する規範に対して，行為主体のフィードバックを認めないという立場では，社会秩序を再生することは不可能であったからだ。結局，社会システムの創発特性は秩序維持の問題にすり替えられ，意図したことは瓦解せざるを得なくなった。特に，社会目標を達成するための能力としての権力の概念は，最早個人の自由は保障されないという事態も含んでいる。

　ルーマンが機能-構造主義を提唱した理由は，パーソンズの構造-機能主義の脆弱さ，特に構造概念のそれに対してであった。そのため，機能によって構造を問う必要，つまり構造を制御する機能の必要性があるとし，機能-構造主義を提唱したのである。何故脆弱かと言えば，意味概念を中心に据えていなかったからである。ルーマンは，意味概念を社会システムの中心に置くということで，機能主義の復興を目指した。社会学が意味の問題を中心とし，システム論がバーレルとモーガンが言う様に機能主義的色彩を強めているため，両者の結合を意図したとされる。すなわち，意味を機能で問うという方法を以って，機能主義で社会システムを包摂し得ると考えたのである。ルーマンによれば，パーソンズは，ウェーバーの意味論的行為論を継承しながら，その社会的行為の意味図式を骨抜きにしてしまった。つまり，管理行為の典型である。意味を行為の属性として扱ったからだ。そこでルーマンは，社会システムの意味作用を，システム・環境間の差異の安定化によって複雑性を縮減する機能であると定義した。複雑なシステムを，差異化によってその複雑性を縮減し認知するということである。これは，構造や存在以前に，機能によって意味を問うことを意味している。つまり，意味の機能化である。では，構造は如何様になるのだろうか。構造は，社会選択と制御の装置である。つまり，一定の可能性を選択して他の選択を諦めるという制御を行い，行為を一定のものに保つこと，これが構造概念である。先の，複雑性の縮減を行う社会過程ということになる。しかし論点は，後期ルーマンつまりオートポイエーシス論以降のルーマンの所論にある。

77)　Hejl(1980), pp. 147-162. (1981), pp. 170-185.
78)　Hejl(1984), pp. 62-63.
79)　マトゥラーナ，ヴァレラ(1991)，p. 58。
80)　マトゥラーナ，ヴァレラ(1991)，p. 123。

81) マトゥラーナ，ヴァレラ(1991), p. 122。
82) マトゥラーナ，ヴァレラ(1991), p. 128。
83) Maturana(1980), pp. 11-32.
84) Varela(1979), p. 7.
85) Varela(1979), pp. 26-27. 過程という見方は，時間概念と個々の構成要素の役割を説明することである。そのため『オートポイエーシス』では，ネットワークを一括りにしたのであろう。
86) Varela(1979), p. 26.
87) ビア(1987), p. 422。
88) Varela(1979), p. 11. §4-4 2)(c) 7)と同様，オートポイエーシスの有機構成と構造以外に，全体の機能上の統合に触れる箇所もある。
89) マトゥラーナ，ヴァレラ(1991), p. 123。
90) マトゥラーナ，ヴァレラ(1991), p. 184。
91) マトゥラーナ，ヴァレラ(1991), p. 125。「オートポイエーシスの消失」「同一性の消滅は死である」。同様に Varela (1979), p. 41。
92) Varela(1979), p. 48.
93) ビア(1987), p. 409。
94) マトゥラーナ，ヴァレラ(1991), pp. 197-198。
95) マトゥラーナ，ヴァレラ(1991), p. 206。互いのII型情報が相互にI型情報として作用することである。
96) つまりは，心的オートポイエーシスというシステムも存在しない。
97) Varela(1979), pp. 50-51.
98) 例えば，福井(2000), 河本(1995)。後述の擬似家族的単位内においては，その様に形容することも可能であろう。
99) マトゥラーナ，ヴァレラ(1991), p. 174, p. 172。昆虫社会は第3次の自己言及システムであると説明している。
100) 例えばルーマン(1984), (1993), (1995), (1996)。または佐藤(1997)。但し同様に，法システムが法システムを産出する，という立場のトイプナー (1994) は，法を作り，執行する人間の主体性を認めている。しかし，法に関する者も全て法システムに含まれる要素である，という立場に立っている。すなわち，法という構成要素が構成要素たる人間を動かしているということになり，違和感を禁じえない。
101) Varela(1979), p. 85.
102) 胎児は母体の構成要素ではないため，何時か分離して生存可能となることができる。しかし規模が大きくとも臓器は分離すれば生存不可能である。
103) 河本(1995), p. 255。ここでの議論が§3-3への解答である。
104) 例えば Varela(1979), pp. 41-42。

105) Varela(1979), p. 55.
106) Varela(1979), p. 57.
107) 本稿§3-2最後を参照のこと。Varela(1979), p. 206.
108) Varela(1979), p. 58.
109) Varela(1979), p. 55. ヴァレラは自律閉鎖システムの例として，言語的相互作用とコミュニケーションを挙げているが，間違いである(同p.57)。前述の様に，構成要素を明示できないからである。尚上述の引用は，「組織的閉包の研究における中心的関心の1つは，(制御や制約を具現化するような)入力も出力も伴わないシステムを構想し，自律的構成を描き出すこと」に対応している。
110) それ故，第2・3章は本章をバイパスして第5章に接続するのである。
111) §5-2-1(5)で後述。すなわち，オートポイエーシスを指向しながらも，何がオートポーエーシスであるのかが不明だったためと思われる。現業のシステムⅠではなく，本稿のように擬似家族的単位を考えれば自己言及性を特徴にすることはなかったであろう。但し，擬似家族的単位内では相互に自己言及が可能である。
112) Beer(1983). しかしながら，その説明の箇所にオートポイエーシスが紹介されており，マトゥラーナ達の意味で用いている。その意味では誤用と言わざるを得ない。因みに同論文は，個人レベルもしくは単位体レベルの潜在性に焦点が当てられており，その中で自己は3段階に把握されている。§4-8のためにこれに触れておこう。第1は身体レベルであり，第2が相互観察システムとして調整可能であるという段階である。最後は潜在性の実現段階であるが，個人にとってはそれは不可知なものから導出されることもあるため，超越的事象との接点が存在するとしている。本稿の立場では，第1は個人であり，第2・3は擬似家族的単位を構成することに対応する。しかし単位連鎖による外部世界への接続によって，盲目的かつ自省心の不要な超越的事象は解消される。すなわち，次節は，ビアの言う潜在性が奪われる現状に対する解答である。
113) 当事者，保護者的補助・促進者のみを捉えて一対一の指導主義とするのは現実的ではない。成長するためには何れもメタシステム的人々を必要としている。
114) すなわち，擬似家族的単位は§4-8に見る様に竹内(2002)の言う意味での場になっているのである(同p.10)。また「今在る」擬似家族的単位内関係から見れば，大局的機能の有機構成として生存可能システムモデルは「在るべき」機能関係なのである。
115) 今田(1986), pp. 147-148。
116) 今田(1989), pp. 137-151。

117) Mintzberg(1983), 但し企業戦略に関する議論であり，それ以上の自己組織化には言及してはいない。
118) 今田は行為の類型として，慣習，合理，自省を上げる。これ等は後述する擬似家族的の単位の3つの頂点の機能に類比して考えることもできよう。つまり，単位毎の性質からこれらの行為もバリエーションを持つとすることもできる。例えば慣習は当事者の行為として，意欲的行為と情緒的行為等の変形も考えられ，保護者の行為としての自省についても制御や計画的行為等の変形も考えられる。しかし重要なことは，各自を中心として3つの頂点は重なるということである。つまり，(例え弱い個人であっても)擬似家族的単位という身近な装置によって，(強い意志を必要とする)行為とシステムの複線的螺旋運動は，主体の行為論として考えることが可能となるのである。
119) マトゥラーナ，ヴァレラ(1991)，pp. 90-91。
120) パレートも社会システムの分子は個々人としている (p. 13)。
121) 濱口(1975)，pp. 129-130。
122) 家計の破綻により分裂する場合もあるが，それは表面的理由であり真の理由は感情的決別である。
123) 濱口(1975)，p. 130。
124) このような設定は，①単なる友人関係，②独立単位体間システム間に見られる交換取引，とは異なるためである。交換形態は旧くは封建型の交換が主であったが，現在は契約型と信頼型が多い。信頼型は契約に基づかず善意と信頼に依存するもので，ルーマン(1990)が言う社会的複雑性・不確実性の縮減メカニズムとして機能する。しかし信頼に基づいたとしても交換形態である以上，打算的なものである。ここで言う紐帯的感情を持つ存在とは，打算ではなく自己にとって不可分な自己的存在である補助・促進者と当事者つまりA＋Bとそれを取り巻く人々からなる単位を，擬似家族と呼ぶことにした。当然ながら，それには強弱や有無があり，不公平な場合もある。次章で論じる。
125) 濱口，嵯峨座(1992)，p. 139。
126) 補助・促進者と当事者以外は場合によっては，他の単位体に所属していてもよい。6つの役割は，次章を見れば明らかだが，生存可能システムモデルと再帰的に同等である。前節では3つの役割と述べた。
127) 第3章図3-1におけるAである。
128) 技術を軸に，大学や中小企業の関係もそうあるべきである。つまり，ここで言う単位は，家族，友人関係，職場，共同体における人間関係の希薄化とは，逆方向を指すものである。
129) 生存可能システムモデルの諸機能は次章で述べる。
130) 例えば，子供の社会的行動が理解できず，あるとき驚かされるということ

がある。これは，子供には子供の擬似家族的単位があり，自らのそれの延長として接合しているということを大人は理解できないためである。
131) 本稿の社会的オートポイエーシス的単位としての擬似家族的単位は，寺本等(1993)の関与者・当事者2名のスパイラルモデル(同 pp. 162-164)やバーナードの言う2人以上の協業とは異なる。寺本等のモデルは，一時的選択問題における検証を目的としており，2名の関係も一時的なものである。バーナードの「システム」も単位を現すものではなく協力関係でしかない。擬似家族的単位は，メタシステム的機能自体の補助的性質とその欠損を前提に，社会に繋がる状況を示すものである。
132) メタシステムの中の4つの役割は，次章で触れる。また本稿では，役割を三角形に略記して表示する。
133) 図中のシステムⅠ軸は，次章のシステムⅠを個人的に模するということである。
134) Varela(1979), p. 41 より可能。
135) 後述する Gadamer より，自分自身(の可能性)についての知識は完結することはないからである。
136) Varela(1979), p. 6. アシュビーが，変数間に有機構成があると述べたのと同様，システムの構成要素であることを自覚することである。
137) 次章で触れるように例外もある。
138) パレートの残基，派生体である(パレート(1987) p. 42)。個人にとっては原動力となるが，基調を成しつつも単位が作り出す現象学的領域に吸収され付帯するものである。
139) つまり単位は，個人を巡り，アシュビーの超安定系の階段機構と同等に作用し合っていることになる。
140) 次章で再述する。
141) 濱口(1998)。間人という考え方は，役割や機能を無視している。また存在の不確かさを表すことにもならない。また間庭(1990)も各自の役割が不明である。

参 考 文 献

［1］ Ashby, W. R., *An Introduction to Cybernetics*, Chapman & Hall, 1956.
［2］ Beer, S., *The Heart of Enterprise*, John-Wiley, 1979.
［3］ Beer, S., "The Will of the People," *The Journal of the Operational Research Society,* vol. 34, No. 8, 1983, May, pp. 797-810.
［4］ ビア，S.『企業組織の頭脳』啓明社，1987。
［5］ Gadamer, H. G., *Truth and Method*, Seabury press, 1975.

[6] 濱口晴彦『社会学序説』早稲田大学出版会, 1975.
[7] 濱口晴彦, 嵯峨座晴夫『大衆長寿時代の老い方』ミネルヴァ書房, 1992.
[8] 濱口惠俊『日本研究原論』有斐閣, 1998.
[9] Hejl, P., "The Problem of a Scientific Description of Society," in Benseler, F., Hejl, P. and Kock, W. eds., *Autopoiesis, Communication and Society : The Theory of Autopoietic Systems in the Social Sciences*, Campus Verlag, pp. 147-162, 1980.
[10] Heil, P., "The Definition of System and the Problem of the Observer : The Example of the Theory of Society," in Roth, G. and Schwegler, H., eds., *Self-Organizing Systems : An Interdisciplinary Approach*, Campus Verlag, pp. 170-185, 1981.
[11] Hejl, P., "Towards a Theory of Social Systems : self-Organization and Self-Maintenance, Self-Reference and Syn-Reference," in Ulrich, H. and Probst, G. J. B., eds., *Self-Organization and Management of Social Systems : Insights, Promises, Doubts and Questions*, Springer-Verlag, pp. 60-78, 1984.
[12] 福井康太『法理論とルーマン』勁草書房, 2002.
[13] 今田高俊『自己組織性』創文社, 1986.
[14] 今田高俊「自己組織性の意味：コミュニケーション的行為の地平」『社会学評論』Vol. 40, No. 2, pp. 137-151, 1989.
[15] 河本英夫『オートポイエーシス』青土社, 1995.
[16] 河本英夫『オートポイエーシス2001』新曜社, 2000.
[17] 河本英夫『オートポイエーシスの拡張』青土社, 2000.
[18] 河本英夫「オートポイエーシスにもとづく研究評価論」科学技術庁, 1996.
[19] Keen, P. G. W. and Scott-Morton, M. S., *Decision Support Systems : An Organizational Perspective*, Addison-Wesley, 1978.
[20] 間庭充幸『日本的集団の社会学』河出書房新社, 1990.
[21] Maturana, H. R., "Neurophysiology of Cognition," in Garvin, P., ed., *Cognition : A Multiple View*, Spartan books, pp. 3-23, 1970.
[22] Maturana, H. R., "Cognitive Strategies," in von Forester, H., *Cybernetics of Cybernetics*, University of Illinois, pp. 457-469, 1974.
[23] Maturana, H. R., "Biology of Language : The epistemology of reality," in Miller, G. and Lenneberg, E., *Psychology and Biology of Language and Thought : essays in Honor of Eric Lenneberg*, Academic press, pp. 27-64, 1978.
[24] Maturana, H. R., "Man and Society," in Benseler, F., Hejl, P. and Kock, W. eds., *Autopoiesis, Communication and Society : The Theory of Autopoietic Systems in the Social Sciences*, Campus Verlag, pp. 11-32, 1980.

[25] マトゥラーナ, H. R., ヴァレラ, F. J.(管啓次郎訳)『知恵の樹』朝日出版社, 1987。
[26] マトゥラーナ, H. R., ヴァレラ, F. J.(河本英夫訳)『オートポイエーシス』国文社, 1991。
[27] Mingers, J., *Self-Producing Systems: implications and Applications of Autopoiesis*, Plenum publishing, 1994.
[28] Mintzberg, H., *Sutructure in Fives, Designing Effective Organizations*, Prentice-Hall, 1983.
[29] 宮澤光一『情報・決定理論序説』岩波書店, 1971。
[30] 大庭健『他者とは誰のことか』勁草書房, 1989。
[31] 大澤真幸『行為の代数学』青土社, 1999。
[32] パレート, V.(北川隆吉, 廣田明, 板倉達文訳)『社会学大綱』青木書店, 1987。
[33] パーソンズ, T.(佐藤勉訳)『社会体系論』青木書店, 1974。
[34] パーソンズ, T.(稲上毅他訳)『社会的行為の構造』木鐸社, (1) 1976, (2) 1986, (3) 1982, (4) 1974, (5) 1989。
[35] ルーマン, N.(大庭健, 正村俊之訳)『信頼-社会的な複雑性の縮減メカニズム』勁草書房, 1990。
[36] ルーマン, N.(土方昭監訳)『社会システムのメタ理論』新泉社, 1984。
[37] ルーマン, N.(佐藤勉監訳)『社会システム理論・上』恒星社厚生閣, 1993。
[38] ルーマン, N.(佐藤勉監訳)『社会システム理論・下』恒星社厚生閣, 1995。
[39] ルーマン, N.(土方透, 大沢善信訳)『自己言及性について』国文社, 1996。
[40] 佐藤勉編『コミュニケーションと社会システム』恒星社厚生閣, 1997。
[41] スペンサー＝ブラウン, G.(山口昌哉監修, 大澤真幸, 宮台真司訳)『形式の法則』朝日出版社, 1987。
[42] 竹内昭『〈自己言及性〉の哲学』梓出版, 2002。
[43] 寺本義也他『学習する組織』同文館, 1993。
[44] トイプナー, G.(土方透, 野崎和義訳)『オートポイエーシス・システムとしての法』未来社, 1994。
[45] Ulrich, H. and Probst, G. J. B. eds., *Self-Organization and Management of Social Systems: Insights, Promises, Doubts and Questions*, Springer, 1984.
[46] Varela, F. J., "A Calculus for Self-Reference," *Int. J. of General Systems*, 2, pp. 5-24, 1975.
[47] Varela, F. J., *Principles of Biological Autonomy*, North-Holland, 1979.
[48] Varela, F. J., "Autonomy and Autopoiesis,"in Roth, G. and Schwegler, H., eds., *Self-Organizing Systems*, Campus Verlag, pp. 14-23, 1981 a.
[49] Varela, F. J., "Describing the Logic of the Living," in Zeleny, M., ed.,

Autopoiesis : *A Theory of Living Organization*, Elsevier, pp. 36-48, 1981 b.
[50] ヴァレラ, F. J.他(小泉俊三訳)「自己と無意味」『現代思想』12, pp. 166-188, 1984。
[51] Varela, F. J., "Reflections on the Circulation of Concepts between a Biology of Cognition and Systemic Family Therapy," *Family Process*, 28, pp. 15-24, 1989.
[52] ヴァレラ, F. J.(河本英夫, 永井晋訳)「オートポイエーシスと現象学」『現代思想』4, pp. 80-93, 1999。
[53] Varela, F. J., Maturana, H. and Uribe, R. "Autopoiesis : The Organization of Living systems, Its Characterization and a Model," *Biosystems*, 5, pp. 187-196, 1974.
[54] Varela, F. J. and Goguen, J., "The Arithmetics of Clousure,"*J. of Cybernetics*, pp. 291-324, 1978.
[55] Varela, F. J., Thompson, E. and Rosch, E., *The Embodied Mind* : *Cognitive Science and Human Experience*, MIT press, 1991.
[56] Whitaker, R., "Self-Organization, Autopoiesis and Enterprises," ACM SIGOIS Illuminations series, (http://www.acm.org/siggroup/ois/auto/Main.html), 1995.
[57] ウィノグラード, T., フローレス, F.(平賀譲訳)『コンピュータと認知科学を理解する』産業図書, 1989。
[58] 山口昌哉「主体を含む複雑系の数理モデル」京都大学数理解析研究所, 1992。

第5章　オートポイエーシス的生存可能システム

　社会をシステムとして成立させるためには，前章でのヘイルのオートポイエーシスへの接近で明らかなように，ミンガース等が整理したシステムの性質分けのみでは不十分である。前章最後に，構造，機能，産出行為の三面から組織を捉えるべきであると述べた。社会的単位体全体に現れる大局的機能は，全体の構造を付随させるものである。様々な準拠枠では，語られることのなかった機能が，システムには必要なのである。

　第1章で本稿の立場として，社会組織には，社会的単位体，独立単位体，システムの3種類があると述べた。社会的単位体は，1つのまとまりであると認識されるが，他者に依存しなければ存在し得ないものである。独立単位体は，他者から独立的に生存可能な組織体である。但し，後述の機能が顕在化していない組織，またはそのような単位あるいは単なる単位体を再帰構造の中に含んでいるものである。これに反してシステムとは，神経系の個別機能に相当する大局的機能があり，他から独立して生存可能な組織体である。再帰構造的にも，各水準毎に生存可能なシステムから構成される。そのようなシステム全体，さらに個々のシステムを生存可能システムと呼ぶ。

　この接近法は，機能面からシステムを言及することである。一方，「自己」と形容するシステムの性質付けは，各々1つの角度からシステムの構成要素間並びに全体システムと構成要素間の関係を説明する方法であり，構造面へのカテゴリー的接近法である。しかしその考察は，現実の組織構造に起因するものではなく，自己組織化等の自生的現象に由来する抽象的性質付けから発しており，前章の考察の通り現実に則したものとは言えない。現実は，より煩瑣であり変り得るものである。また，前章のオートポイエーシス論は，有機体体内の微小な産出行為に焦点を当てる方法であった。しかも，社会への直接的適応は，ヘイルの考察からも判るように，困難が伴うものである。これ等は，シス

第5章 オートポイエーシス的生存可能システム　233

テムの実現あるいはその説明のため，修正され融合されなければならない．そのような場が，生存可能システムモデルであると考えたい．

元よりこれは，ビアによって提唱されたモデルであり，オートポイエーシスと融合することの可能性もビアは触れている．しかし，それを示すことも，システムの性質付けからモデルの占める位置を明らかにすることも行っていない．そこで本章では，両論の接点を求めてオートポイエーシス的生存可能システムモデルについて考察する．

§5-1　大局的機能

(1) 神経系の大局的機能，すなわち行為システムは，生存可能システムモデルでは5つのサブシステムに同型写像される．すなわち，自律的にシステム全体の目的を実行する機能を分担するという意味で，生存可能性の基本単位を表わすシステムⅠ，またその振動抑制機能であるシステムⅡ，システムⅠの行動を統轄し調整するシステムⅢという機能，認知領域に関する機能であるシステムⅣ，最後に閉包を完成し同一性を維持するという機能のシステムⅤ，この5つの機能である．これを実現化する構成要素は，個別単独で生存することは不可能であり，その意味でこれ等は相互に連結し補完的な関係にあり，それ自体で有機構成が作られていなくてはならない．さらに，第1章で触れたように完全連動体でなければならない．

諸機能を神経系との比較で説明すれば，以下のようになる[1]．システムⅤに相当するのは皮質であり，システムⅣという機能に当るのは間脳，大脳基底核，第三室である．システムⅢに相当する機能は中脳，橋，延髄，小脳であり，脊髄機能すなわち副椎骨神経管連鎖の交換神経系はシステムⅡに当る．また副交換神経系から各身体部位への末梢神経の機能に相当するのが，システムⅠという機能である．

これ等の内，脊髄は副交換神経幹を包摂するものである．すなわち，副椎骨神経所謂副交換神経系と交換神経系は，身体各部に対して正反対の指示を出す

ことで，生体内環境の安定を創り出している。つまり，相互に調整を行っている。具体的には，副交換神経系はコリン作用性の刺激を出し，交換神経系はアドレナリン作用性の刺激を行っている。各々，アルチルコリン，ノルエピネフリンという化学物質を生成するが，これ等は身体各部に対して正反対に作用する。つまり，一方が促進的・刺激的であるならば，他方は抑制的・弛緩的に働くのである。これによって身体各部位は，弛緩，伸縮，緊張を作り出す。この働きは，交換神経と副交換神経が，交通枝と呼ばれる神経で連結されているから可能となるのである。よって，各部位に対して自律的に交互的であり，何れか一方のみが作用するということはない。このように，身体各部は，2つの指令系統を持っていることになる。

ところで，脳に連結する脳神経は12対ある。この内，第1，第2，第8の脳神経は，各々嗅覚，視覚，聴覚に関係する。第3，第4，第6の脳神経は，眼球と瞳孔の運動を司る。第5，第7脳神経は顔面に，第12神経は舌に広がっている。第9，第10，第11神経は，胃，心臓，肺から口腔に至るまでの内臓器官に関係する。これ等脳神経の核は，延髄の中にある。この内，副交換神経は，奇数番の神経と第10脳神経に結び付いている。また一部の副交換神経は，迷走神経とも呼ばれ，各部位に張り巡らされている。その迷走神経が第10脳神経である。各器官は交換神経系により部分的かつ自律的に制御されているが，その制御は副交換神経系によって完全なものとなっている。すなわち，オーバーシュートすることなく局所的にかつ自律的に制御されるのである。

システムⅠに相当する副交換神経系による指示-応答は，遠心性神経によって各部位にもたらされ，求心性神経によってフィードバックされている。これは，椎骨1つ1つに身体各部位が対応するように，分散化されている。また，求心性神経からの情報は，副交換神経幹を上り延髄に到達する。一方，システムⅡに当る交換神経にも，各器官からの感覚情報が直接流入しており，脊髄を上り延髄に集約される。迷走神経からの情報も，直接延髄中の脊椎核に集約される。同時に，延髄からの調整情報は，脊髄，副交換神経幹等によって，遠心

第5章 オートポイエーシス的生存可能システム 235

性神経を経由し各器官にもたらされる。つまり，調整機能の発揮は，副交換神経と交換神経と同様，抑制と促進の双方の刺激によって，各部位に伝えられる。このように，延髄そして橋，第四脳室尖等脳幹細網構造の一部は制御中枢であり，幾つもの局所的・自律的制御情報の調整機能がある。これがシステムIIIという機能である。

また，第1，第2，第8，第12脳神経は外部刺激を覚知する機能があり，間脳，大脳基底核等に接続している。各感覚器は例えば光量によって瞳孔は収縮し，その収縮という刺激によって，神経系に変化がもたらされるのである。これをマトゥラーナ達は，純粋な関係と呼んだ。さて，そのような認知に関わる機能を一括してシステムIVと言う。前章で触れたように，単なる指示-反応という個体内応答から社会領域の形成まで，その原因となる純粋な関係を作る外部刺激は様々である。ここで注意すべきは，マトゥラーナ達は内的・外的相互作用と呼び，大局的機能としてシステムIIIとIVを分けないが，ここでは内部的諸関係と外部刺激や認知に関する相互作用を分けて考えるという点である。それは，オートポイエーシスの維持という観点からは，内外の刺激を分ける必要はなく，それに対応的に構造を変更することと，攪乱にはオートポイエーシスを変更する効力はないということを明らかにすればよかったからである。しかし前章後段で触れたように，攪乱はオートポイエーシスを終焉させる場合もある。よって，対応的に構造を変更することによって，危機を回避し死を免れなければならない。§4-3で触れたように，マトゥラーナ達が社会領域の説明する際，飛躍する感があるのは，対応的に構造を変更させるための大局的機能の説明が省略されているためであり，また説明対象をシステムIの範囲に留めているからである。

システムIVという機能には，本能として自律的に調整される働きと，上位のシステムVの機能の1つである思考に発展的に結び付く問題が関係しており，その観点から外部刺激を見なければならない。このことから，マトゥラーナ達は，外部情報のコード化という言葉は観察者の相互作用を表す概念であり，オ

ートポイエーシスにとっては不要であると述べているのである[3]。このことは，§4-2(3)で述べたように，オートポイエーシス的単位次元の論理であり，すなわち，環境情報をオートポイエーシスの有機構成の中に再現するということはあり得ない。しかし，有機体やシステムにとっては，相互作用の様式は必要なことである。何故なら，独立した単位体としての生体システムは，相互作用の表現を反復的に作り出すことによって，互に観察者になることができるからである[4]。従って，神経システムにコード化されるものは何かという問いへの答えは[5]，反応や応答の仕方ということになる[6]。システム総体としての，そのための予備的機能がシステムIVである。

　システムIIIとIVという2つの機能の関係は，以下のように補完的である。延髄に集約された情報は，大脳皮質や間脳へ送られるが，その経路は多数存在する。通常の求心性の情報は運動皮質に送られるが，覚醒情報のような警報の類は，そこから分れた求心性側枝を通り上行性細網構造に運ばれ，中脳から乳頭体へ送られる。この一連の流れは抑制的であり，内部的諸関係と外部認知問題が整理される。すなわち，脳弓から一巡して乳頭体で振り分けられる。覚醒情報として皮質にもたらされるべきものは，前視床から帯状回皮質を通って上行される。また皮質からの指示も乳頭体に送られる。つまり，上行性細網構造や脳弓，視床下部は，皮質に対するフィルターの役割を果しているのである。そのため，システムIIIとIVの機能は，視床下部で交差する。何故なら，脳弓は海馬体から始まる線維束であり，その脳弓脚は側脳室に繋がり，脳弓柱の没部は乳頭体から視床下部に至り出部は脳梁幹の下で脳弓体に移行するからである。そしてこの位置は，先述の粗い別け方では，システムIIIとIVという機能が集中する場所であるからである。脳神経が平衡を保っていられるのは，これ等の機能によってもたらされているのである。すなわち，視床下部は，神経のそして有機体のホメオスタシスの中心的役割を担っているのである。

　皮質は，様々な感覚活動と運動活動の指示と応答の中心である。その機能は，ホメオスタティックなシステムIIIとIVという機能自体のホメオスタシスを

第5章 オートポイエーシス的生存可能システム　237

保ち，有機体の自律機能全般に渡っている[7]。そのため幾重もの濾過と制御階梯，そして結節から成っている。そのため求心性-遠心性経路とは別に，副行経路も用い，身体各部位に働き掛ける場合もある。しかしシステムⅢとⅣという機能の上部にあるという観点からは，内部感覚事象，内部運動事象，外部感覚事象，外部運動事象，これ等による6つの相互関係のバランス維持，という役割に集約することもできる。それがシステムⅤという機能である。

また，様々な刺激を基に，第二次記述が行われる。それが思考である。ここに至って，有機体は，環境情報をコード化することは不可能だが，環境と自己に関する主観的なモデル化は可能である。但し，第二次記述を行う能力がある場合に限られ，一般に有機体について言えることは，前述の反応様式だけである。「神経システムの有機構成に従う歴史的プロセス」[8]である学習によって，有機体は安定を獲得するが，それは環境情報の再現ではなく，反応様式の発現なのである[9]。

思考に関する問題も皮質で行われ，それには行動の選択を伴う作用がある。§4-6(1)③で述べたように，思考は，有機体・生物学的システムとしての人間の行為に体現され，またそれ以外知りようのない働きである。さらに自律的調整が必要とされるような死活問題ではなく，共感領域の作用であり個体差が生じる作用である。

これ等が，前章後半でオートポイエーシス論に欠けているとした大局的機能である。但し，極めて単純化した議論であり，有機体の描写にはほど遠い。末梢神経や迷走神経の先に，構成要素の実現として，各部位・器官があり，神経系の機能の有機構成によって，実現される生体の構造全体をもって有機体となっているのである。すなわち，システムⅠに相当する筋肉等の動きは，システムⅤの意識による作動とシステムⅢまでの無意識の挙動とが多数並列的に行われ，また併せて外界の状況をシステムⅣによって捉え，システムⅤで判断するという同時多数の反応を生体は並行的に行いながら，同一性を失うことはないのである。また，ある部位の反応は次の行動を意識・無意識に促し，途切れる

こともない。このように，前章最後に引用したヴァレラが述べるように，生体の有機構成の行う諸過程は相互作用する円環となっており，反復的過程の相互依存的関係によって，過程自体が産出され実現されているのである。すなわち，§1-4(3)で述べたように，多数の反応はそれ等を個々の単位と捉えることもでき，かつまた全体が連携し関連体を成している。つまり，擬似家族的単位の連鎖が連携し有機的に作動しており，その結果が生体の恒常性を維持する機能の有機構成に集約的に現われるのである。しかし観察者が外部から知ることができるのは，その機能の有機構成の結果である生体の構造上の整合的な行為だけなのである。但し，生体の場合は擬似家族的単位自体の行為や刺激の産出の基礎に，各々有機体としての生物学的オートポイエーシスがあることを忘れてはならない。[10]

マトゥラーナ達のオートポイエーシス論では，オートポイエーシスが制約条件になっていたが，本稿では，これ等大局的機能と産出行為そして構造の三局面の調和が，有機体を成立させる要因であり制約条件であると考えたい。

(2) オートポイエーシスの集積と自己言及性で有機体を特徴付けるマトゥラーナとヴァレラにとって，それ以外の視点は重要ではない。例えば，「生物学的現象を静力学的，もしくは非オートポイエティックな力学的観点で説明する一切の企ては」，「観察者によって抽出された静力学的ないし非オートポイエティックな力学的プロセスと，生物学的現象との関係」の「両者を同時に捉えている観察者によって示される」ものであり，「失敗に終わる」，と構造論と単位体としての行動論の視点を退けている。[11] そして「ひとたび(オートポイエティックな)有機構成が確立されれば，それは，独立した力学的現象学のサブ領域，つまり生物学的現象領域を規定する」として，オートポイエーシスは全てに優先し，またそれのみで全てが説明可能であると述べている。[12] つまり，「その結果，生物学的領域は十分に規定され自己包含的に完結し」，「補足的な概念は不要」であるとしている。

しかし，オートポイエーシス的単位から複合単位体が構成され，その反復で

第5章 オートポイエーシス的生存可能システム　239

有機体が存在していることと，その結果没我的構成要素から構成されたものとしてそれを捉える，という自己言及性は矛盾している。すなわち，オートポイエーシス論の視点は，有機体が構成された場合，有機体の視点に立って自己言及的に構成要素を無名なものとする。つまり，有機体のオートポイエーシスに下位の構成要素のオートポイエーシスは従属すると言う。それにも拘わらず，最下位でのみ定義されるオートポイエーシスという連綿とした作動によって，有機体は規定されるとする。そのため，「有機体」という表現に創発特性や大局的機能が隠されてしまっており，また「有機体のオートポイエーシス」という表現がオートポイエーシスの意味を曖昧にしてしまっている。従って，大局的機能が明示されなければならない。

　大局的機能の仮定は，構成要素をアロポイエティックなものとせず，また円環の維持のための上部構造を設定することである。すなわち，前章最後のヴァレラの指摘と同様，オートポイエーシスの「有機構成に必要不可欠な円環の補助[13]」や「円環が保持される方途[14]」が必要なのである。それは，神経系の有機構成と構造としての組織である。しかし，構造は，成長・老化によって変化し，かつ疾病等による中間形態を取る場合もある。また社会システムへの適用を志向する場合，実現の形態は様々となり，中間形態か完全型か定められない。よって，不変な機能である大局的機能の有機構成として神経系の構造的要素に着目することは，理に適っていると言える。

　但し，上述のモデル化可能な大局的機能とは，神経系の構造上の諸関係に完全に一致するものではなく，同型写像によって得られる原理的機能である。椎骨毎の末梢神経や身体部位と上述の各機能との対応関係は，一致性が高いように見える。しかし，システムⅢとⅣの関係のように入り組んでいる場合もあり，一対一では対応しない。さらに，社会システムにおいては，第1章の例のように複数の構造が1つの機能を担う場合もあり，神経上の機能構造関係の一致性のような場面は少ない。すなわち，上記の大局的機能は，「部分が単位となるシステムを構成している」のではなく，また「部分を単位に分割すれば」，

それ等の「関係が破壊される」ような相互依存的関係を抽出したものである。[15]
マトゥラーナとヴァレラは、そのような大局的機能に関して、「機能はそれを実現する構造をもち、構造は作動領域において機能によって要素間の関係の集合として規定される」[16]と述べている。その上で、「機能している神経システムの構造的要素はいまだ規定されていない」[17]とし、「神経システムの行為システムを、具体的に統合すること」[18]の重要性を指摘するに留まっている。従って、神経の解剖学的単位ではなく、その行為システム、すなわち大局的機能に注目しそれによって、有機体の統合、円環の維持が行われていると考えることは意味のあることである。

ところで、神経システムの構造的要素は規定されていないという指摘は、マトゥラーナ達自身が、生物学に忠実であるためと思われる。また、延髄と交換神経系の関係は、社会システムにおける管理や制御という発想からは、理解し難いであろう。それ故、神経システムの構造的要素を中心に論理展開するのではなく、オートポイエーシスに従属すると考えたのである。すなわち、解剖学的要素であるニューロンは行為の産出を通じて特定され、神経系全体はオートポイエーシスの有機構成によって閉鎖的に維持されると言うに留まっている。[19]しかし、有機体のオートポイエーシスに従属するということは、一面アロポイエティックな性質付けをするということであり、「神経システムは、……独立した実体であるかのような自分自身の内的状態と相互作用する」[20]ということと矛盾する。そのためには、「神経システムの機能的有機構成」に、「形態学的、機能的な位相関係を維持しながら自己を自己自身の上に投影」する必要がある。その意味で、構造的要素を考えなければならない。[21]

上述の諸機能との対応で述べるならば、例えば、システムⅢという機能は、「行動が変化しても内的関係を一定に保つ調整のプロセスが進行」[22]するという内部調整機能であり、システムⅣは、「有機体は未来の必要をみたすために、非予言的な変化のもとで働かねばならず、変化は有機体に生じる連動した活動によって連続的に選択されていく」[23]という将来の問題に関与する機能である。

また、それを予言的に拡張し、第二次記述を行うのは、システムVである。それはまた、観察者の論理としての第二次記述という基層から独立し、「自己記述領域の新たな現象として自己意識[24]」を持ち、本来目標のない有機体に目標を認識させることができる。よって皮質は、「外的に規定される状態変化の歴史にも内的に規定される歴史にもカップリングすることになる[25]」のである。しかしシステムVの原初の機能は、行動を統合するための最上の活動形態を常に産出し得るか否かである。

　ヴァレラの指摘では、単位体が成立するためには、システムを規定する有機構成が閉包を構成する必要がある。これは、システムの安定性という古典力学から受け継いだ第1世代的概念に一致している。第3章で触れたように、システムとは諸変数の間に有機構成が存在するとアシュビーが述べたことに対応している。しかし、第1世代的安定性の概念は、Ashby(1960)第19章に見るように、動力学的安定性であり、ここに言う有機体もしくは第3世代的システムにおける自律性と安定性とは異なるものである。何故ならば、動力学的安定性が通用する範囲は、生体内の機能の相互依存関係のような強固なシステムではなく、アロポイエティックな対象に限定されるからである。[26]

　以上より、神経系の構造的要素をモデル化することは妥当性があろう。それをサブシステムと言い、それ等の機能を持つ独立可能な単位体を生存可能システムと呼ぶ。また、そのような機能の基質を生存可能システムモデルと言う。

§5-2　生存可能システムモデル

§5-2-1　サブシステム

　生存可能システムモデルは前述のように、大局的機能として5つのサブシステムからなり、これが効率性のための条件であり、転じて生存のための条件を意味している。[27] ここでは、社会システムにおける機能としてサブシステムを考察する。

　社会システムの1つである生存可能システムは開放系ではあるが、環境との

関係は，従来のシステムと異なっている。すなわち，生物におけるニッチと同様，システムにとって必要な環境つまり部分環境を構成し，それと相互作用をすると考えるのである。また部分環境がそれを包摂する環境と相互作用することで，システムにとっての緩衝材となっている。システムの脆弱性はそれによって補われている。開システムとして，部分環境との相互作用を行い社会領域を形成するところが，閉鎖性を前提とするオートポイエーシスとは異なる点である。[28]すなわち，図5-1の部分環境がEである。図のOは業務単位，Mは管理単位という機能を表わしている。

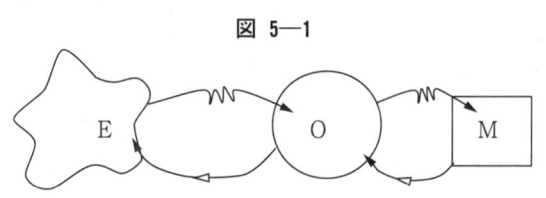

図 5—1

システムの原型は，この3つ揃えで認識されるべきものである。管理単位と業務単位を基本単位と呼ぶ。ビアがオートポイエーシス的であるべきとするのは，システムIという機能を構成するこの部分である。すなわち，自己革新と下位の再帰水準を作り出し新たなタスクに特化させること，具体的な業務を行うことが基本単位の機能であり，それ故オートポイエーシス機能を表わし得ると考えたのである。しかし前章の議論から明らかなように，オートポイエーシスの単位である擬似家族的単位はシステムの全ての部分に遍在している。つまり，当事者・保護者関係のような基本単位機能とその補助的役割は交互に受け持たれているのである。ビアが特にシステムIに注目するのは，現業に直結するからであり，当事者・保護者関係の拡大投影と同等と考えたからである。

また神経系で言えば，管理単位は1つの椎骨レベルに当り，業務単位は身体部位に相当する。多数ある場合は，副交換神経幹がシステムIであり，各椎骨毎に管理単位があると考えることができる。また業務単位との連結は，遠心性神経と求心性神経に相当し，それは身体の各部位と考えることができる。よって，身体の部位が並列的に動くのと同じく，並列的に各々の作動を行うと考え

第5章　オートポイエーシス的生存可能システム　243

ることは妥当であろう。基本単位は，通常下図のように，埋め込まれた関係になっている。このことから，管理単位は，直接環境と相互作用することはできない。神経レベルの機能であるからである。また，単純な場合は，システムⅠが1つの基本単位から成る場合であるが，基本単位が並列的に幾つか連結してシステムⅠが構成されることもある。

　ビアの最初の説明は，人体にとっての3つの主要な相互作用，筋肉と器官，神経系と環境との関係を説明することであった。この類似性による説明が可能となる理由は，同型写像が可能であるからである。このことが説明されたのは，1984年のオペレーショナルリサーチ学会誌に掲載された'The Viable System Model: its provenance, development, methodology and pathology'においてであった。

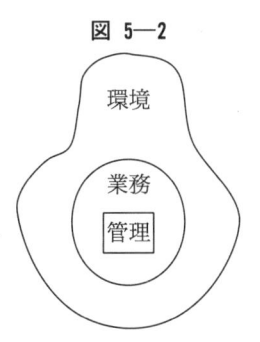

図 5—2

　ところで図5-1の ─▷▶，─⋀▶ は調節装置を表わし，各々多様性増幅装置，多様性削減装置を意味する。ここでは多様性とは，管理単位，業務単位，環境の各々に相当する実体が生成する行為と現象の全てであり，可能な状態の数と定義される。アシュビーの必要多様性の法則に沿って多様性の均衡を図ることを多様性工学と呼んでいる。[29]

　図5-1は各々を分離して描いたが，本来は図5-2のように，管理単位は業務単位に，業務単位は部分環境に埋め込まれている。その部分環境は一般の環境に包摂されている。それ等の間でも，多様性交換がなされている。

　ここで各サブシステムという機能に触れておこう。図をシステム全体で見る

図 5—3

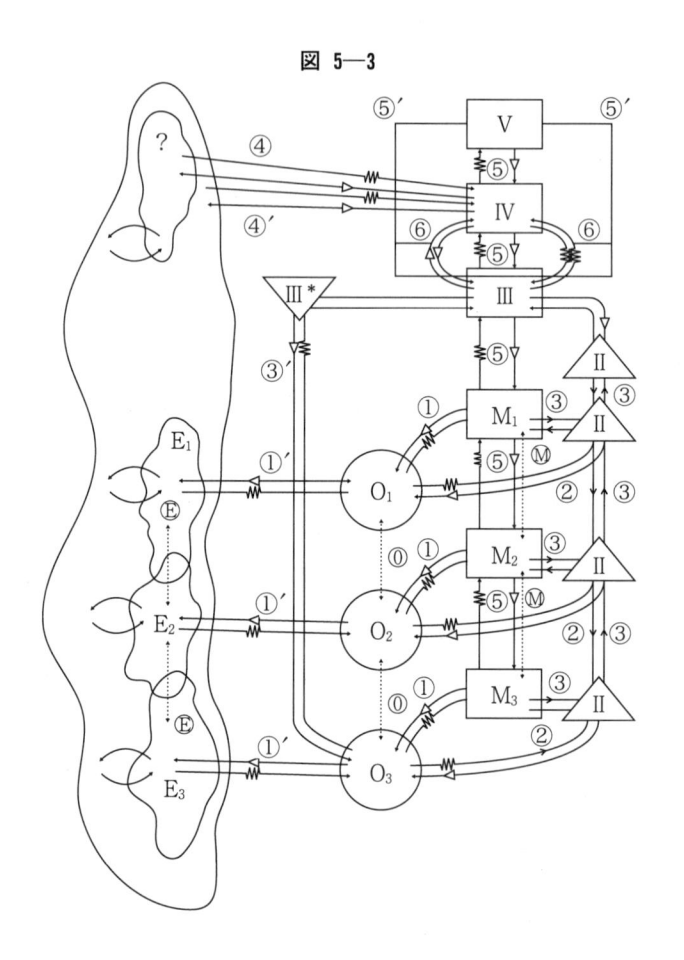

と図5-3のようになる。

　サブシステムの詳細は，以下の通りである。[30]

　(1) システムⅠの基本単位は，焦点を当てているシステムの基本活動を遂行する単位の実体であり，[31]社会システムにおいて基本単位は，現業を行うプロフィットセンターである。製造業の場合は，システムⅠは生産単位に実現される。つまり，製造に係わる諸力からなるチームである。しかし社会システムの規模が大きくなると，単位構成の仕方は様々になる。例えば，地域的に基本単

第5章　オートポイエーシス的生存可能システム　245

位を考える場合もあれば，業務毎に考える場合もある。特に業務単位は，直接に環境と接するため，内部的・業務的問題の処理に限定して機能する。管理単位の実体は，業務単位の構造を飛び越えて環境に連結することはできない。図5-6で見るように，1つ下位の再帰水準のメタシステムを包含するからであり，図5-2の関係であるからである。また，管理単位が問題処理について適切な能力を有する場合のみ業務単位に介入し，通常は業務単位の自律性を妨げないような多様性交換に留まっていなければならない。

　システムⅠにおいて，管理単位はその部分環境の多様性の全てを処理する必要はない。業務単位が処理し得なかった多様性を処理するだけでよい。図5-3では，部分環境間に経路(E)，業務単位間に経路(O)，管理単位間に経路(M)と描いたが，これ等はシステムⅠ内部で自律的に多様性を吸収し合うことを意味している。すなわち，業務単位が処理し得なかった部分環境の多様性の全てを管理単位が処理することもないのである。自律的に吸収された後の残余の多様性のみである。つまり，神経系の構成要素相当の構造間にも秩序関係があり，皮質に依らずとも行動上，分散的決定と制御が行われていることと同様である。

　各基本単位は強弱の差こそあれ相互依存し，各々の活動における自律性が保たれていることが望ましい。相互依存しているとは，互いに観察をしていることを意味している。自律性とは，例えサブシステムとして全体の中に埋め込まれていても，自らの主導でしかしシステム全体の目的(全体の目的すら後述する様に，システムⅠが関連しているのであるが)によって定められている行動の範囲内で振る舞う自由，という意味である。すなわち，他の構成要素の挙動に自らの活動を関連付けて，全体の業績と凝集性さらに基本単位自体の行動を改善しているのである。その結果，各基本単位は凝集的にシステムⅠを構成し，自らの活動を遂行し結果をシステムⅢに報告する義務を持っている。

　メタシステムはシステムⅠに対して，以下のような機能を持っている。①各基本単位が，システムⅠとしての単一の実体に凝集することを可能とするこ

と。②基本単位の作動と遂行状況を常に監視し，必要な資源を供給すること。③基本単位内の問題には，極力直接係わらない。一般的に，基本単位は自律的なものであり，メタシステムは基本単位間の相互関係にのみ関心を向ける。

(2)システムの各部分は，一般の組織の場面で考えるならば，必然的に利害が対立するものである。利害対立は，不安定を引き起こしシステムに振動をもたらす。これを除去するために，生存可能システムはシステムⅡという機能を必要とする。すなわち，基本単位間の利害対立の解決，システムⅠの実体全体の不安定性・振動の解消という機能を持っている。

一般に，システムⅠにおける葛藤は，実際には各基本単位がシステムⅢ相当の構成要素の提示する目標に忠実に従う場合に発生することが多い。よって，中央指令軸とは別の，調整経路が必要となる。理由は，業務単位間の自律的かつ非公式な多様性吸収(O)では充分ではなく，経路①で行う場合は公式的過ぎるからである。また管理単位と業務単位の間に問題がある場合があるからである。従って，第三者的機能としてのシステムⅡという機能が要請される。前述の交換神経的作用である。

よってシステムⅡは，システムⅠへの限定的多様性処理を行う調整センターである。つまり，システムⅠが同モデルの一部分である以上，管理単位はメタシステムと交渉を行わなければならない(経路⑤)。このとき業務単位の潜在的活動も，メタシステムにおいて合意された目的の範疇に収まっていることが望まれる。一部の基本単位が突出することは，避けなければならないからである。神経系において，部分の反応や行為が局所的に制御されているのと同様である。そのため，各管理単位・業務単位間との調整が必要となる(経路②，③)。また全般的に，各基本単位間の振動抑制のため必要とされる。一般的には，システムⅡは，各管理単位のための多様性増幅装置であり，各業務単位に対しては多様性削減装置として機能する。業務促進を促す場合は，逆に機能する。つまり，コリン作用性・アドレナリン作用性の刺激の双方を用いるのである。また，これ等の経路の必要性は，「神経システムの有機構成の重要な特徴

第5章 オートポイエーシス的生存可能システム　247

は，そこで生じた新たな連動する活動の機能として，神経システムが必然的，連動的に変化していくこと」という指摘通り[35]，システムとして完全連動体となるためである。

ところで，業務単位から見る場合，システムⅠとⅡは何れが上位の調整機能または制御機能となるだろうか。これは，交換神経的機能のⅡが下位に，副交換神経的機能のⅠが上位と感じるはずである。Ⅱの機能はフィードバック的限定機能だからである。

最後にシステムⅡがコミュニケーション等によって新たなモデルを提示し均衡解に達する様子を模式的に示しておこう。すなわち，前節で不可能としたアシュビーの自己組織化の定式化への1つの解答である[36]。但し残念ながら模式的，という範囲を越えるものではない。仮に基本単位内に葛藤が存在するとする。考え方の前提として，可能な状態の数を多様性と呼ぶのではなく，より良い結果をもたらすモデルを提示できることを，多様性が大きいと呼ぶとすれば，以下の議論は多様性工学的にも成り立つ。

$S_{M,O}$ を業務単位が想起する管理単位の戦略集合とする。$\geq_{M,O}$ を $S_O \times S_{M,O}$ 上の選好関係とし，業務単位が想起する管理単位の選好順序とする。また $\geq_O$ は $S_O \times S_M$ 上の選好順序である。管理単位についても同様の定義がされるとする。このとき，両者の間には，

$G_O \equiv (S_O, S_{M,O}, \geq_O, \geq_{M,O})$

$G_M \equiv (S_{O,M}, S_O, \geq_{O,M}, \geq_M)$

で定義されるハイパーゲームが存在しているとする。両者の戦略が仮に，

・CN：互いに協調する。
・DO：業務単位が管理単位よりも優位に立つ。
・DM：管理単位が業務単位よりも優位に立つ。
・FE：互いに譲らず，争う。

の4つであったとする。このとき，業務単位，管理単位の選好順序が，次のように想定されたとする。

$$DO \geq_{M,O} CN \geq_{M,O} FE \geq_{M,O} DM$$

$$DM \geq_{O,M} CN \geq_{O,M} FE \geq_{O,M} DO$$

すなわち，業務単位は上式を，管理単位は下式を，各々モデルとして持っているということになる。これ等は，適当な効用値を用いて行列表示するとき，次表の内部モデルを持っているとしよう。

(O)	C	F
C	5, 3	1, 5
F	3, 1	2, 2

(M)	C	F
C	3, 5	1, 3
F	5, 1	2, 2

このとき，業務単位と管理単位が互いに譲らずに争うことが，均衡解になる。[37)] このことは，例えば極論だが，管理単位が科学的管理法等を使い作業能率を高めようとし，業務単位が非公式組織化し作業水準を固定化しようとする等葛藤がある場合に該当する。あるいは予算配分を巡って部門間に葛藤がある場合や，購買意欲を喚起して部分環境内の衝突を鎮めるという業務単位の役割にも，同様の問題を見出し得るだろう。またそれ故，部分環境を内部組織化するのである。

またワイク(1997)の説に従うならば，業務単位も管理単位も互いに組織化が進んでいるが，互いに環境であるという場合もある。この不幸は，相手の選好順序を互いが知らないことに起因している。あるいは知っていたとしても，相互不信によって，自己の利益を優先させようとすることによって引起される。(2, 2)という解は，互いに利得が小さい。よって，システムIIとIが調整しなければならない。それにより，真の利得表が得られ，(5, 5)という最大均衡解が得られる。第2章注でワイクの示さなかった組織化のモデルは，このモデルの中では形式的にこのように示すことができる。

(M-O)	C	F
C	5, 5	1, 3
F	3, 1	2, 2

(3)実体としてのシステムⅠは，基本単位の完全な集合体としてその相乗作用と効率性を上げなければならない。また，システムⅠの内部の相互作用を観察し，内的ホメオスタシスを保つ機能がなければならない。そのため，システムⅢという業務統括部のような機能を必要とする。従って，システムⅢは，内部・現在問題の全てに対処する機能である。具体的には以下の事柄である。

①システムⅠ，Ⅱでは解消し得ない振動もある。システムⅠの自律的活動の総体は，システム全体に対して柔軟性を要求し同時にシステムの葛藤を増大させることにも繋がるからである。基本単位全体の自律性と全体としての安定との間で，絶えず均衡の維持を計るのがシステムⅢという機能である。そのため，システムⅡの機能自体もⅢの範囲下にあるということになる。

②システム全体の凝集性を保つこともシステムⅢという機能である。そのためには，以下の点が要請される。(i)システム全体の内部調整機能，(ii)システムⅠの方向性の明示である。(i)は基本単位への間欠的監査機能であり，図5-3ではⅢ＊で表わされる。中央指令軸だけでは，基本単位に関する十分な情報を得ることは不可能だからである。ビアが，半透明性の原理と呼んだのは，システムⅢの中央指令軸の置かれた状況を指すものと言える。(ii)は，管理単位への中央指令軸(経路⑤)で伝達される。

2つの場面が考えられる。1つは，基本単位が機能不全になった場合の介入である。その場合は，基本単位から作動の権限を委任されることになる。もう1つは通常の場合で，システムⅢが権威を顕示することではなく，全ての基本単位が，その最大化された自律性が自ずとシステム全体に従うように凝集性を保つことである。そのために必要な資源の配分を行うことも，システムⅢの役割である。

③メタシステムの提示する目標を達成するために，現在の活動を管理することもシステムⅢの機能である。システムⅠ，Ⅱに対する調整は，メタシステム的観点からの正負のフィードバック機能である。システムⅢのみがメタシステムの一部として，システムⅠのホメオスタシスの維持の任を担っている。そのため必要な資源配分を行う。すなわち，創発性-内的秩序の維持という作用が，システムⅢの特性であると言える。

システムⅢという機能を，その経路特性で示すと以下のようになる。(i)内部環境に要する情報の受信器すなわちメタシステム的制御装置として，システムⅠへ指令を伝達する機能(⑤)，体性情報の最上位のフィルターとしての機能(⑤)，システムⅤのための賞罰結節と覚醒フィルター，(ii)システムⅡからの濾過情報の唯一の受け手(③)，(iii)システムⅡがシステムⅠに対し交換神経的に作用するのに対して，副交感神経的情報回路としての機能(③′)である[38]。賞罰結節や覚醒フィルターとは，システムⅠの構成要素全体が閾値を超えてしまう場合で，システムⅢには制御できないとき，Ⅰの警報をシステムⅤが直接制御する働きを指す。つまり，覚醒情報を訴える機能が覚醒フィルターであり，システムⅤのその機能の伝達が賞罰結節である。前述の上行性細網構造が覚醒フィルターに当る。指摘した通りシステムⅢとⅣの機能は，この点で交差している。後述のように，将来計画の実施等には軋轢があるためである。また，収集された情報は，システムⅤの感覚中枢に該当する部分に記録される。

システムⅠに対する制御という観点から見ると，モデルにおける制御は分散型となる。同モデルは「企業の核心は人間である[39]」と言うように，構成要素を圧迫することなく自律性の範囲でシステムとしての行動をとる工夫なのである。システムⅠは，生体で例えると，ニューロンの円環作用のように相互作用することが望まれる。すなわち基本単位の各要素は，相互作用の中にあり絶えず他からの影響を受け反応しなければならない。それ故，内部環境の中で本質的に固定されたものは，同モデルでは想定されない。実現されるシステムでも同様のことが期待される。調整作用を促進・抑制するためにシステムⅡが必要

とされ，効果を上げるためにシステムⅢが必要とされる。円環的関係であるからその制御は分散的なものとなり得る。例えば，脳の中にも主ニューロンというものは存在しない。発生中の胚にも主細胞というものはない。もしシステム内に何等かの一貫性のある振舞いがあるとするならば，それはサブシステム間，基本単位間の競合と協力から生まれてくるものである。システムⅢが行うことは，その範囲内の調整でしかあり得ない。ここまでで内部・現在問題は全て閉じている。

(4)システムⅣは，外部・将来問題に対処する機能である。すなわち，生存可能システムを取り巻く環境について，未来を予想し，成長と変化，機会と脅威に関する情報収集とそのモデル化する機能である。この点が，先の脳神経とは異なっている。外部刺激の受容だけではなく，皮質の役割を一部負っているのである。モデル化とは，(i)システムⅣ自体のモデルの提示，(ii)現在の生存可能システム全体の置かれた状況のモデルの提示(経路④'による)，(iii)将来，焦点を当てるべき問題環境のモデルの提示(経路④による)である。しかし前章で述べたように完全なコード化は行えない。あくまで主観的なモデル化である。システムⅣの機能を，前述の内部感覚事象，内部運動事象，外部感覚事象，外部運動事象これ等の6つの関係性のバランス維持という観点から，ビアはスイッチ中枢と呼んでいる。[40]

この予測や予感といったことは，時に人間の予見や意識を超える場合もあるだろう。しかし，生存可能システムとその環境さらに包摂環境に関して，自己意識を持ち中間的であってもモデルを提示しなければならない。モデル化は，外的視点と，システムの潜在性や緊張関係，柔軟性等実現可能性に関する内的視点からなされる。具体的には，如何なる種類の計画化か，責任者は誰か，時期，優先順位，将来の成長分野，現在の能力で到達可能な水準か，当面のニッチの評価等，多岐に亘る予測である。[41]よって計画段階から，ホメオスタティック経路を用いて，システムⅢに連携されているのである。このことがシステム全体の行動を必要とし，システムⅠの作動の基礎になる。それをシステムⅡが

調整する。このような一連の行動に繋がらなければならない。従って，(ii)の内部モデルに関して言えば，モデルは行動の構成要素であると言える。他の構成要素と同様，それ等は経験を積むに従い，自己意識的に検証され再構成される。またこのことは，同モデルでは，均衡状態を論じても無意味であることを意味している。システムは，それが生存可能である根拠として，常に安定領域を変化させ続けていなければならない。第1世代で言われた均衡状態に到達するということは，停止または死を意味しているからである。またこれに関連して，システム内の各サブシステムさらに基本単位の実体において，それ等の適応や有効性を最適化するという考え方は，無意味なことだと言える。可能であるならば，ビアが工夫する様々な経路特性や定理・公理等は不要となる。しかし現実には不要ではない。将来の発展や生存の可能性は莫大であるから，最適解を見出す方法は事実上存在しないのである。

(5) システムVは，生存可能システムの閉包を完成する役割を果たす。閉包とは，ビアによれば次のことを意味する。(i) 言語上の充足的完結。(ii) 自己言及的かつアイデンティティの確立である。その意味で，(iii) 機能的完備性を意味する。すなわち生存可能システムは，その論理がそれ自体の上で閉じていなければならない。先に触れた覚醒フィルターからの情報に関して言えば，感覚中枢と運動中枢が脳の両半球として閉じるように，システムVの指令を出すための運動板と受理する感覚板つまりIIIとIVは，ホメオスタティックな循環路を形成していなければならない。すなわち，システムIIIとIVのモデルを，システムVはその内に持っているのである。しかしシステムIII-IV間の多様性交換については，その自主的な交渉であるホメオスタティック経路(経路⑥)に多くを委ね，システムVはそれ等の自律性の監視(経路⑤′)に留めるべきである。また賞罰結節を通してアルゲドニック(賞罰)・ループから，システムVに集められるシステムIからの直接の警戒信号に対しても，その応答は，システムIII等を経由するものか直接の場合はシステムIの自律性を妨げない程度でなければならない。[42]

システムVまでで，生存可能システムの閉包すなわち作動的閉鎖性が構成される。それ故，システムVは最大の多様性吸収装置であり，最大の多様性生成装置でもある。

大局的機能の有機構成の例は第1章にも掲げたが，同一企業で比較すると図5-4，5の様になる。ここでCSはコーポレートストラテジーセンター，CCはコーポレートコミュニケーションセンターである。メタシステムの各々が，複数のセンターからなっている。すなわち，複数の部門によって1つひとつの機能が分担されているということであり，現実に複数の機能を以って生存のための機能が分担されるということを意味している。

市場構造への対応のため，事業部制からカンパニー制に移行しても，大局的機能の有機構成には変化はなかった。しかし機能の発現としての構造は変化している。大切なことは，図5-4同様図5-5のように機能の有機構成が維持されていることである。

図5-5において，基本単位（システムIの各々）に対し，メタシステムが支持的に働くことが前提となっている。すなわち，ビアの言う意味でシステム自身を産み出す部分を指示するのだから当然とも言える。またこれが，下位の自律性を守る理由である。[43]

(6) システムVまでで閉じている故，生存可能システムの構造面の発展は，水平的発展としてシステムIの構造の発展と垂直的な再帰構造化による以外にない。水平的発展の例は次章のセブン-イレブンが好例である。再帰構造とは，上述の機能の有機構成からなる構造が1つの水準であり，同様の有機構成が基本単位の中に，入れ子型に生じ構成化されることである。構造的には，上位水準にあるシステムも下位水準のそれも各々独立したシステムであるが，機能的には結合関係にある場合，1つに連結してシステムと捉えることができる。社会システムにおいて，産出によって生じる場合は複製である。しかし，既存のシステムが垂直的カップリングを通して，1つのシステムになることもある。

再帰論理的には有機体は1次元である。何故ならば前章で触れたように，器

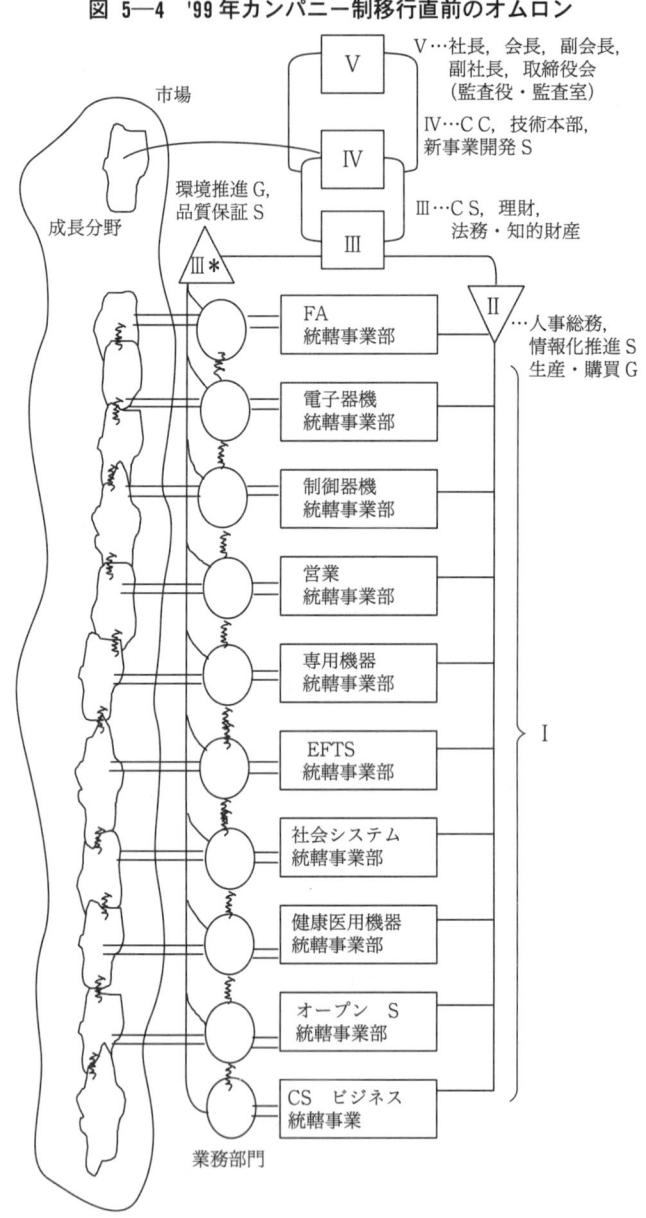

図 5—4　'99年カンパニー制移行直前のオムロン

Ⅴ…社長，会長，副会長，副社長，取締役会（監査役・監査室）

Ⅳ…CC，技術本部，新事業開発S

Ⅲ…CS，理財，法務・知的財産

環境推進G，品質保証S

Ⅲ*

市場

成長分野

FA統轄事業部
電子器機統轄事業部
制御器機統轄事業部
営業統轄事業部
専用機器統轄事業部
EFTS統轄事業部
社会システム統轄事業部
健康医用機器統轄事業部
オープンS統轄事業部
CSビジネス統轄事業

Ⅱ…人事総務，情報化推進S生産・購買G

Ⅰ

業務部門

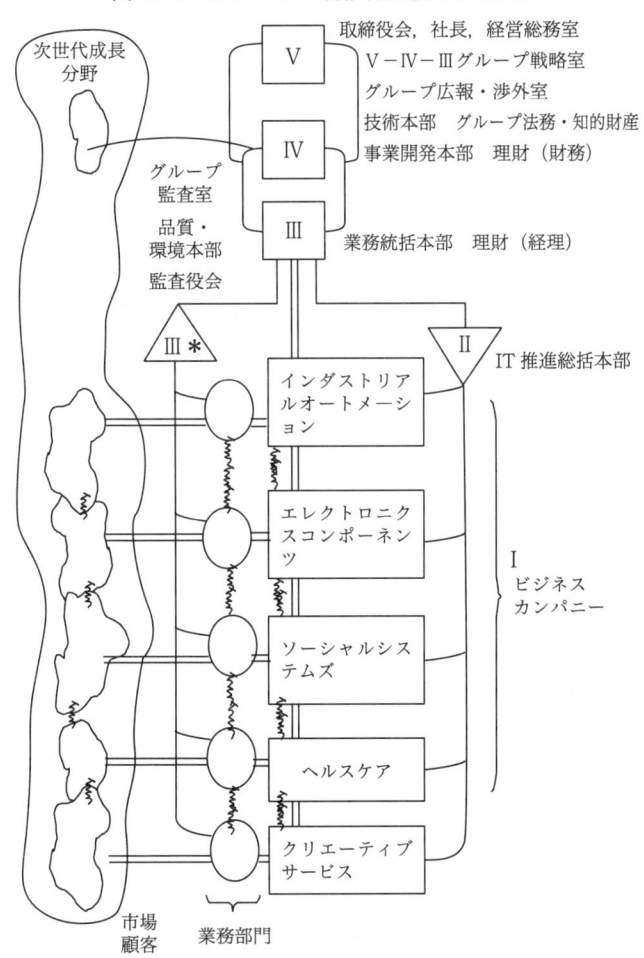

図 5—5 カンパニー制移行直後のオムロン

取締役会，社長，経営総務室
Ｖ−Ⅳ−Ⅲグループ戦略室
グループ広報・渉外室
技術本部　グループ法務・知的財産
事業開発本部　理財（財務）
業務統括本部　理財（経理）
IT推進総括本部

Ⅰ ビジネスカンパニー
- インダストリアルオートメーション
- エレクトロニクスコンポーネンツ
- ソーシャルシステムズ
- ヘルスケア
- クリエーティブサービス

次世代成長分野
グループ監査室
品質・環境本部
監査役会
市場顧客
業務部門

　官や臓器は身体から独立し得ないからである。逆に，独立して生存可能であるか否かを問わない故，システム論では創発性を強調するため階層性が用いられたのである。しかし，システム論で言われる階層性は有機構成を示すこともなく，再帰性に比べて利点のある論点ではない。

　一方，独立単位体が水平的にも垂直的にもカップリングすることもある。し

かし，第7章最後に述べるように，独立単位体の場合はシステム的構成がない故に，階層構造となる。すなわち，社会的単位体を包摂することが多い。システムから成る場合にのみ再帰構造は成立するのである。

図5-6の例をオムロンで示そう。図5-7は図5-4の事業部制時代の下位水準の1つ，社会システム統轄事業部の例である。やはり機能の有機構成は維持されている[44]。前記注の説明のP工場は，草津工場等である。これ等を見ると，システムⅠの部分が上位水準・下位水準に対して二面性を持っていることがわ

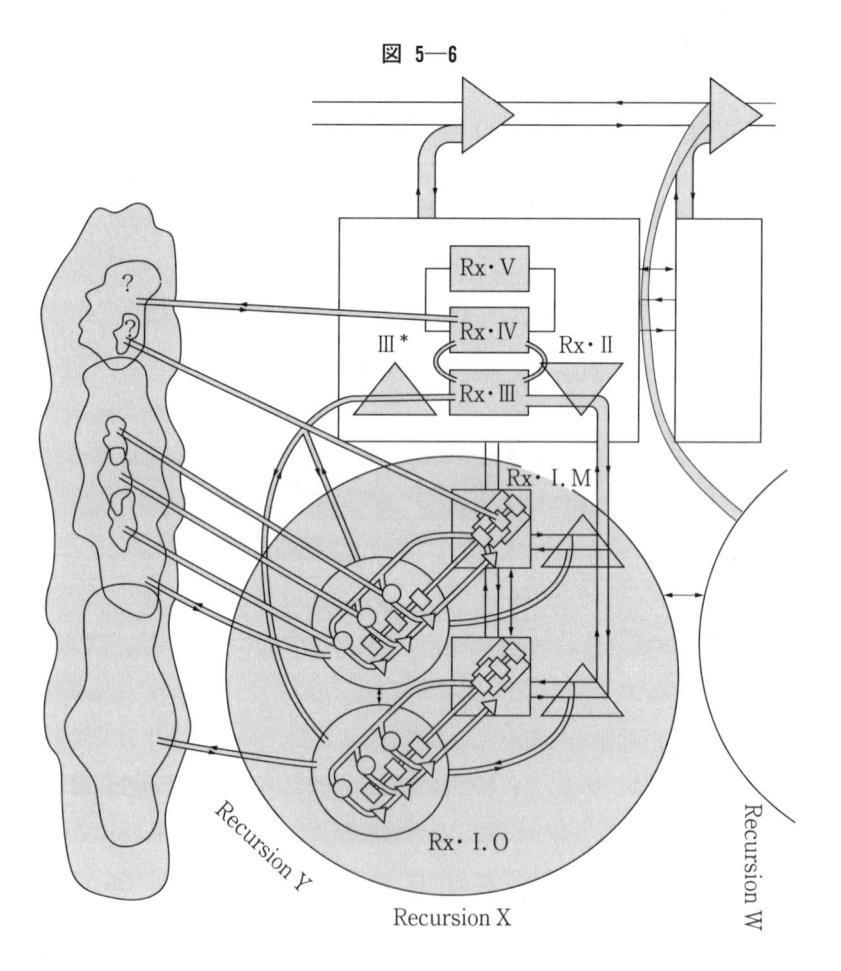

図 5―6

第5章 オートポイエーシス的生存可能システム　257

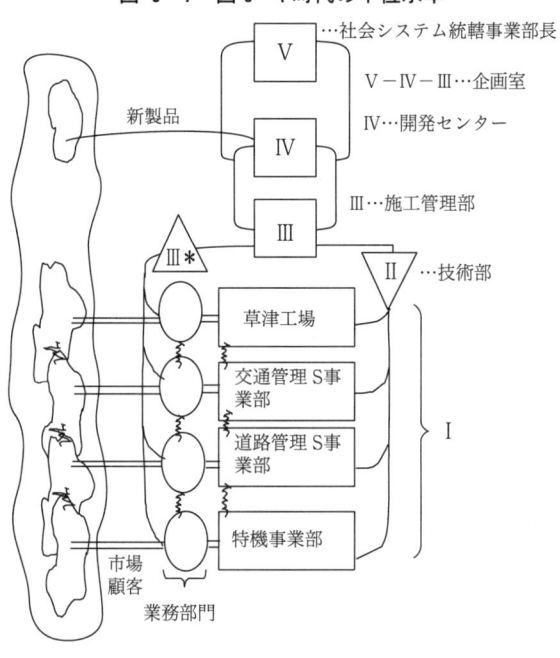

図 5―7　図 5―4 時代の下位水準

V…社会システム統轄事業部長
V−Ⅳ−Ⅲ…企画室
Ⅳ…開発センター
Ⅲ…施工管理部
Ⅱ…技術部

草津工場
交通管理S事業部
道路管理S事業部
特機事業部

市場顧客
業務部門

[45)]
かる．

§5-2-2　注　意

　本節では，生存可能システムとして考えられる組織の陥り易い脆弱な面をまとめる．生存可能システムモデルとは，組織体の生存のために必要な諸機能を，各サブシステムとして分担することによって構成された概念である．しかしシステムとして組織が安閑と生存し続けるものなのかというと，脆弱な面もある．実現したシステムが機能不全に陥るのは，以下の場合が考えられる．

　(1) 生存可能システムモデルから逸脱するような構造上の特徴を認めてしまう場合，生存は不可能になる．例えば，システムⅤの上にさらにメタシステムを設ける場合等が考えられる．

　(2) 異なる再帰水準間での調整が不調となる場合．このとき，各水準毎の生存可能性の確保も困難となる．本来再帰水準を越えて，1つの生存可能システ

ムとなっていたものが，ある水準が独立的行動を取る場合は，別なシステムにならざるを得ない。ある場合は，分岐して別のシステムとなることもあるが，分岐行動ではない場合は，互いの生存は危うくなる。

(3) システムⅠに対して，メタシステムが優越性を示そうとする場合，システムは生存可能性を喪失する。あるいはその逆の場合も，それが過度になれば同様である。各サブシステムの自律性の完全な解放は，全体の安定性・凝集性よりも，個々の関心領域に執着させる結果となり，システム全体の生存の危機を招くことになる。ビアがオートポイエーシスを生存欲と考えたのは，この理由による。[46]

(4) 何れかのサブシステムが欠落している場合またはメタシステムが1つになっている場合は，機能が硬直化し機能不全となる。例えばメタシステムが1つしかない場合，これはメタシステムによる専制体制を生むことに繋がる。システムⅢが欠落していれば，システムⅠは解体し，システムⅣが欠落していれば，将来の展望は開けない。

(5) システムⅤが，その生存可能システムのアイデンティティを代表し得ない場合も，システムは生存不可能となる。つまり，そのシステムの存在意義は何か，ということが不明確になってしまうからである。

(6) システムと環境，サブシステム間における経路が，理想的な多様性・情報の流通に対応しない場合も，生存は危うくなる。すなわち，必要多様性の法則の成立に必要な，増幅-交換-削減といった機能が不完全になる場合である。経路容量が不足すれば，凝集性も自律性も保てなくなり，何れかのサブシステムが肥大化する可能性もでてくる。

ビアは，上述のような危険性があることを重ねて注意している。[47] 例えばシステムⅤ等のメタシステムが強権的になるとしたら，システムⅠは萎縮して，システム全体が軍隊的組織になるだろう。つまり，創造性を発揮する場をシステムⅠは持たなくなり，完全に受身な存在となってしまう。またある基本単位のみが利益を上げ，メタシステムも資源を優先的に供給する場合，他の基本単位

第5章 オートポイエーシス的生存可能システム 259

は生存可能ではなくなるだろう。それによりシステムIは，崩壊するか1つの基本単位のみのシステムIに生まれ変わることになるだろう。1つの基本単位のみ発展・存続させることが理に適っていると判断される場合もあるだろうが，前述の様々な多様性交換に関する記述からもわかるように，それは，他の基本単位を犠牲にすることであり，一般的には正しくはない。

　ビアはサイバネティックスに，効率的組織の科学という定義を与えた。社会組織には生物界と同様，80-20の法則という法則性があることも知られており，通常非効率なものである。上述のような非効率な組織に対する考え方として，それを廃止することの方が効率的と思われる場面も多い。しかし，それを廃止し構成要素を再構成するという意思決定は，システムⅢ-Ⅳ-Ⅴによるマネジメントセンターの判断によらなければならず，一律の基準を設定し得るものではない。

§5-3　原　　理

　前述のような生存可能システムモデルは，実現に際しては，それだけでは効率的に機能しない場合がある。そのため，ビアは幾つかの諸原理を要請する。但し，ビアが企業を例に上げているため，ここでも説明は企業経営の場が中心である。

　(i)半透明性の原理：如何なるシステムも，観察対象を完全に知ることはできない。しかしブラックボックスという程，不明という訳でもない。[48]

　経営的には，以下のような意味を持っている。[49]管理者は組織の細部までの完全な知識を持つことはできず，逆に知る必要もない。また再帰水準の次元が異なるほど不透明度は濃くなるが，制御対象システムのアウトプットを理解している限り，詳細を検討する必要はないということである。ビアは，管理者が扱うシステムは，半透明なボックスであると言い，初期サイバネティックスのブラックボックスと区別する。但し，第1世代と同一の接近であり，管理で言うところの管理階層が増えたという状況を指しているに過ぎない。それ故，管理

者達は特に上位に進むにつれて，下位に対して不透明度が強くなり，そしてまたその数が増えることも指摘している。この原理は，マトゥラーナ達の観察の不完全性という事態と一致している。

(ii) 組織の第1原理：「管理単位，業務単位，部分環境の各々の多様性は，システムⅠ内を流通するにつれて等しくなる傾向がある。このことは労力と費用の支出を最小限に達成されるよう，設計されるべきである」[50]。

システムⅠの各要素の多様性は，（環境の多様性）＞（業務単位の多様性）＞（管理単位の多様性）の順になっている[51]。管理者が管理するとは，これ等の間に等号関係を成り立たせることである。よってサイバネティックス的には，欲求やニーズ，目的についての議論を避け，図5-1に見るように必要多様性の法則が成り立つように，経路上に多様性増幅装置と削減装置を設計することが必要となる。

管理者の役割の1つとして図5-3の経路①の削減装置に相当するものに，フィルターシステムやマニュアルの規定をビアは挙げている。また①の増幅装置としては，会議の招集，ニューズレターの発信，地域別機能別のスタッフの展開等が考えられる。さらに，経路①′の削減装置として世論調査が，また増幅装置としては広告政策等が考えられるとしている[52]。

ビアは，さらにコミュニケーション・フローに着目し，次の2つの原理を要請する。

(iii) 組織の第2原理：「管理単位，業務単位，部分環境間で情報を伝達する4本の経路の各々は，特定の時間内において多様性選択に必要な情報を伝達するために，起点となる要素が時間内に生成しなければならない多様性よりも，大きな容量を持たなければならない」[53]。

経営管理的には，システムⅠにおける4本の経路は，情報の過重に耐えるものでなければならない，ということである。すなわち，動態的状況においては，人々は情報の意味を求めるものであるが，一方で単位時間あたりの多様性生成の速度は増加する。よって経路はその本来の設計において，情報の意味よ

りも量に対応するようになっていなければならない。これも観察不完全性に関係している。

(iv) 組織の第3原理：「多様性の識別が可能な所与の経路上において，情報は境界を越えて横断するときに変換される。このとき変換装置の多様性は，少なくとも経路の多様性と同等でなければならない[54]」。

経営管理上この変換装置の役割は，システムⅠの中の基本単位間また基本単位内の言語の翻訳というだけではない。情報の濾過と縮約という義務も負っている。もし管理者が，業務部門の直面した出来事について，その多様性を削減することなく機械的に取締役会に報告するならば，変換装置として機能していないことになる。後段の意味，すなわち情報の濾過・変換という多様性の削減は，現実の多様性に対する理解能力が変換装置にはあるということである。

以上の原理は，システムⅠの要素について述べたものであるが，そのままサブシステム間の関係に当てはまる。例えばシステムⅣは，生存可能システムと問題環境との間に必要多様性の法則を成立させなければならない。そのとき増幅装置と削減装置は具体的に何であると言えるだろうか。また経路容量は十分であろうか。また変換装置は，環境の特異性を十分理解し得るだろうか。これ等は皆，組織原理の問題である。

(v) 組織の第4原理：「組織の3つの原理は，遅延断絶なく恒常的に維持されなくてはならない[55]」。

従来の経営管理上の手続きは，状況の一面的説明に依っているように思われる。逆に第4原理は，システムとしての安定性のため，恒常的調整を求めるものである。ビアはこの原理を，図5-3の経路⑥の説明の箇所で述べているが，システムⅢとシステムⅣは企業の持つ経営資源を巡って争う関係ではなく，共に戦略策定室あるいはマネジメントセンターを構成し，全システム的見地から調整の任に当ることが望ましい。さもなければ，この原理は守ることができないからである。転じて，4つの組織原理は，システムⅠの要素間以外にも適用可能であると言える。

次のビアの公理は，内部・現在問題における原則である。

(vi) 経営管理の第1公理：「全てのシステムⅠによって処理される水平的多様性の総和は，生存可能システムとしての凝集性を保つため，6つの垂直経路上で処理される多様性の和に等しい[56]」。

経営管理的に言えば，従来の組織図が責任を割当てるための道具であったのに対し，この公理は，モデルが業務部門の自律性を保証するものである，ということを示すための原則である。

水平的多様性の総和とは，組織の第1原理に述べた，環境-業務単位-管理単位間の多様性交換である。6本の垂直的経路とは，図5-3で言えば，経路(E)(O)(M)と⑤③③′である。経路(E)(O)(M)は，システムⅢとは無関係に，要素間の相互作用による多様性吸収を表わしている。例えば(M)は，管理単位にいる者は隣接部門の業績を学ぶにつれ，必然的に互いの多様性を削減することを表わしている。(E)(O)(M)をもってシステムⅠは1つのチームとなるのである[57]。

経路③③′⑤は，システムⅢによる，振動抑制的経路，業務的活動監視経路，メタシステム的介入である。これ等は，システムⅠをメタシステムの中へ埋め込むための管理的活動である。つまり，統合的実体としての企業の諸目的を前提とするとき，(E)(O)(M)で吸収されない残余の多様性に対処するための多様性吸収機構であり，それ故意図的設計を要するものである。

自律性の保証と言えるのは，水平的多様性処理と経路⑤あるいは③③′⑤が対応するならば，システムⅢはⅠに対し抑圧的ということになるが，垂直な6本の経路に対応しているからそう言えるのである。逆に，水平的多様性処理が，(E)(O)(M)と均衡する場合はどうだろうか。そのときは，企業は分裂するであろう。

次の2つの公理は，システムⅠ-Ⅱ-ⅢとシステムⅢ-Ⅳ-Ⅴというように，システムを分けて考える場合，後者をマネジメントセンターとして性格付ける問題である。就中システムⅣとⅢの役割と権力の所在の問題を指している。

(vii) 経営管理の第2公理:「経営管理の第1公理において,システムⅢによって処理される多様性と,システムⅣによって処理される多様性の量は,均衡すべきである」[58]。

この公理は,システムⅣの戦略策定室の中心としての重要性を述べた原則である。システムⅣにシステムⅢと同等の多様性処理を負わせる理由は,企業環境の変化の変化率が変動している点と,システムⅣはスタッフではなくラインであるということを意味している。すなわち,システムⅣは,システムⅠが置かれる環境を包摂する環境と多様性交換を行っている(図5-3経路④′)。また将来の方向も模索している(経路④)。そこでは経済予測,全社計画,市場調査,研究開発等が含まれ,サブシステムに対して具体的創発性の提示が行われる。またラインであるということは,開発担当の取締役か戦略策定室の構成員であることを意味している。

さて,仮にシステムⅣが適切に設計されていないとするならば,システムⅤの役割も曖昧なものとなり,図5-3の経路⑥も不用になるであろう。そのとき,システムⅠ-Ⅱ-Ⅲまででシステムは完結する。しかしこのような企業では将来の発展は望めない。先に,生存可能システムをシステムⅠ-Ⅱ-ⅢとシステムⅢ-Ⅳ-Ⅴと分けて説明した。実はシステムⅢは現実の企業においては梃子の中心であり,その意味で現実には権力はシステムⅢの周辺に集まるものである。故に実現においては,分担される必要がある。

以上より公理の真意は,システムⅢ-Ⅳ間の高多様性交換に耐える全システム的均衡のための,システムⅣの強化にある。さらに,ⅢとⅣが対立関係にあることは望ましくない。よって図5-3の経路⑥は,ホメオスタティックな経路でなければならない。しかしゲーデルの定理とクレムソンが述べているように,システムⅢ-Ⅳ間の自主的交渉だけでは解決に至らない場合もあるとビアは述べている[59]。システムⅤの役割は,このような解決不能な問題に介入することである。

よって次の公理が要請される。

(ⅷ) 経営管理の第3公理：「システムⅤによって処理される多様性は，経営管理の第2の公理によって処理され得なかった多様性に等しい」[60]。

システムⅤは，自意識的モナドとして閉包を完成しアイデンティティを顕示するものであるが，それは権力の保持者ではない。システムⅤは，経営者は元より，場合によっては株主，投資家，労働組合等の代表，さらにシステムⅠとⅢの責任者を含む広い層で構成されることも考えられるからである。しかし，システムⅡとⅣの責任者を含めることはないであろう。また，Conant-Ashbyの定理によって，システムⅤはシステムⅢ，Ⅳのモデルを持っていなければならないが[61]，弛緩時間があるためシステムⅤにⅢ-Ⅳ間の多様性の全てを吸収することはできず，残余の多様性の処理しかできない場合もある。しかし公理の意味することは，他の公理通りに各サブシステムが機能していれば，システムⅤは残余の多様性を処理するだけでよいということを意味している。

では如何にして，システムⅤはⅢ-Ⅳ間のホメオスタティック経路を監視するのだろうか。ビアは，生産性，潜在可能性，業績等，システムⅣからもたらされる理論上の可能性と，システムⅢから伝えられる現実の業績の比率を測定することでこれを行うと言う。これが，公理が要請される理由である。しかし実際には，メタシステムⅤ-Ⅳ-Ⅲの複雑な関係はこれ等の公理を超えている。すなわち必然的に，再帰的生存可能システムの凝集性に導かれる。

図5-6に関連して，次の2つの原理が成り立つ。

(ⅸ) 再帰システムの定理：「ある再帰水準における生存可能システムは下位の生存可能システムを含み，上位の水準においては他の生存可能システムに包摂される」[62]。

図5-6を見る如く，再帰水準Xの業務単位 $Rx \cdot I.O$ は，1つ下の再帰水準YのシステムⅠを含み，水準Xの管理単位 $Rx \cdot I.M$ は，水準YのシステムⅡ-Ⅲ-Ⅳ-Ⅴになっている。同様に再帰水準WにおけるシステムⅠの管理単位は水準Xでのメタシステムであり，水準Wの業務単位は水準XでのシステムⅠである。

第5章　オートポイエーシス的生存可能システム　265

このように，生存可能システムモデルは，組織に鳥瞰図を与えると共に，システムの本来的性質の1つである階層的両面性を構造的に組み入れている。従って具体的に現実の組織を診るときは，上下の再帰水準まで含めてモデルとの対応を考える必要がある。

図5-6に関して，次の法則が成り立つ。

(x) 凝集性の法則：「再帰水準Xのシステム III が処理するシステム I の多様性は，再帰水準Yのメタシステム全体によって処理される多様性の総和に等しい」[63]。

再帰水準を超えた凝集性の維持は，全ての構成単位の責務によって達成される。これより，経営者の役割の1つは，業務部門の自律性と全システム的凝集性とを止揚することであると言える。

また，再帰システムの定理と凝集性の法則により，これまで述べてきた諸原理は，再帰水準を超えて成り立たなければならないことがわかる。図5-6の再帰水準XとYにおいて，これを考えてみたい。再帰水準XのシステムI，すなわち水準Yにおける生存可能システムは，凝集性とは生存可能システムの諸目的の範囲内に自らの自由を維持することである，という制約については理解しているとする。また再帰水準Xにおいて，システムIの管理単位の多様性と業務単位の多様性は，組織の第1原理によって，等しくなる傾向を持っている。このことは，再帰水準Yにおいては，組織の第2原理の成立を促すことになる。また水準Xでも第2原理は成り立っている。

ここで，システムIは2つの役割を持っていることに注意すべきである。すなわち，水平的領域における行動と，垂直的領域における行動である。水平的とは，水準Yにおける生存可能システムに対してである。これは，一面で水準Xでの事態を考える必要はないということである。しかしある場合，水準XにおけるメタシステムIIIを考える必要もある。つまり水準Yに視点を移せば，水準XのシステムIの管理単位は，Yの業務単位に対しメタシステム的に作用しているからである。つまり，XのシステムIIはY全体に水平的に，

XのシステムIIIは垂直的に，YのシステムIの多様性を削減するのである。このことは異なる再帰水準の生存可能システムの比較において，重要な点を喚起することになる。すなわち，入れ子構造を取る故に下位水準の生存可能システムの方が，1つ上位の生存可能システムより，全体に流通している多様性は大きいということである。そのため，管理上，水準Yのメタシステムつまりxにおける管理単位での多様性の削減が必要となるのである。[64]

今，下位水準の生存可能システムの方が，上位の生存可能システムより多様性が大きいと述べた。この多様性には，文化的・習俗的多様性も含まれる。再帰水準を越えて構造的にカップリングするとき，すなわちシステムIが複製を行うのであるから先導するのはメタシステムであるが，完成に導くのは上の文脈からわかるように，多様性の多い下位システムの役割となるのである。[65] 本章は，生存可能システムモデルの説明が主眼である。経営の場での実際を考える上で，ビアは便宜上，管理・制御という視角から語っている。しかし，システムとは役割を伴った1個の実体である。よって，第1世代のような管理や指示・制御の系統ではなく，その判断は相互に自律的な主観的判断の連鎖でしかあり得ない。そのため，先導も完成もそれを行う機能の問題であって，管理の権限の問題ではない。要素的機能とその実体としての構成要素は，自己の成立のためには，相互に他を必要としており，水準を越えてその連携がなければシステムは完成されないのである。

さて，水準XにおけるシステムIの垂直的領域を考えよう。管理単位によって削減された業務単位の多様性は，システムI全体としてシステムIIへ送られ，濾過されてシステムIIIへと運ばれる。このとき，経営管理の第1, 2公理が満たされなければならない。

さらに上の水準Wを考えるとき，システムIにおける組織の第1原理を成立させるためには，水準Xにおける経営管理の第3公理の成立が不可欠となる。以上から，主要な公理と原理は再帰的システムの凝集性のため，水準を超えて成立しなければならないことが知れる。また水準を超えるとき，幾つかの

公理と原理は表裏の関係にあり，生存可能システムを生き永らえさせるための二重三重の工夫であるということもわかる。

§5-4 考　　察

　図5-3の生存可能システムモデルは，その部分が所謂組織図に見られる現実の個別の部門・階層に対応するものではない。つまり構造が一致することは，実際には有り得ない。しかし機能面で，生存可能システムとして見做し得る組織もあるであろう。すなわち，ある部門もしくはその一部または複数の部門が，あるサブシステムの機能に対応し，全体として生存可能システムモデルに合致する場合である。ここでは，実現される構造に関して前節を整理する。

　上述の各サブシステムに相当する機能を備えたそのような組織の全体的特徴として，以下のことが望まれる。

　(1) 全体の調和と個々の自律性が保たれていなければならない。これは，外的攪乱に対してホメオスタシスを維持すると共に，内部での制約と自由度は凝集性を保つ範囲とし，自律性を活かすことが大切であるということである。ビアが組織の第一原理に言う如く，多様性の均衡を達成するとき，極力負担を掛けずに調整がなされていることが望ましい。

　(2) システムIにおいて，これ等は水平的かつ垂直的に相互作用する部分が，システムの組織として凝集し合う能力を持たなければならないということを意味する。すなわち，生存可能システムは多様性吸収過程を通して，水平的にも垂直的にも相互依存関係が保たれていなければならない。このとき経営管理の第1公理によると，水平的多様性の総和と垂直的多様性の総和が等しくならなければ，(1)に述べた全体の調和を保つことはできない。図5-3は1つの再帰水準におけるシステムを示しているが，異なる再帰水準間においても依存関係が求められる。このことは凝集性の維持を意味する，多重再帰の凝集性の法則に述べられる通りである。何れの場合も，必要多様性の法則に従って各部分は機能する。

(3) 内部・現在問題のシステムIIIと外部・将来問題のシステムIVに対して，経営管理の第2公理が成り立つ。またシステムV，IV，IIIの間に経営管理の第3公理が成り立つ。(2)，(3)の特徴より，生存可能システム型の組織は分散型制御の組織ということになる。すなわち，各サブシステムが全体の調和の中で，自己決定権を持つことになる。

(4) 情報とは，組織を維持するための結合媒体である。ビアは，アシュビーは経路容量の議論をシャノンの通信路容量を巡る議論から導き，それによって，シャノンの定理10は，必要多様性の法則の特別な場合に過ぎなくなったとしている。情報に関連して，組織の第2，第3原理が，そして3つの原理に対して組織の第4原理が成り立つ。

(5) システムIの説明の箇所で，必要な環境を構成すると述べた。このように生存可能システムは，ニッチ的環境を持っている。

(6) 生存可能システムモデルは，任意の組織の改善案を提示するものである。

(7) (1)〜(6)の特徴は，再帰論理的にも成立することが望まれる。すなわち，再帰システムの定理が成り立たなければならない。

(8) 生存可能システムモデルは，(i) 組織の構造化の1つ方法，(ii) 生存可能性を議論するための1つの言語，を提供する道具である。

上述の再帰論理または再帰水準とは，前節同様以下の事柄を指す。すなわち，システムIが生存可能性のための基本単位であり，システムII，III，IV，Vはそのメタシステムである。ここでメタシステムとは，再帰水準が1つ上位にある相対的自律的生存可能システムのことを意味する。すなわち，第1章で述べた同型システムの入れ子構造の階層化における，1つの水準のことである。具体的に図5-3を1つの水準として考えるならば，その1つ上位のシステムとは，システムI全体を業務単位として，そしてシステムII，III，IV，Vを管理単位として，また図5-3のシステムIの部分環境の全てを1つの部分環境として，1つのシステムIが全て包摂されているように成り立つシステムである。すなわち，環境も再帰的に階層化しているのである。同様にある水準のシ

ステムIは,その管理単位に下位の水準のメタシステムを包含し,業務単位はその中に下位の水準のシステムIを包摂している。

有機体論に既に組み込まれている視点は,2点あった。すなわち,(i)有機体システムの各要素,各部分は,独特な構成関係を有している。これがサブシステムの構成関係に相当する。(ii)有機的に構成されたネットワークは,1つの団塊を形成し,システムは多階層的に構成されている。これが再帰論理である。これは,一般システム理論の単純多階層システムとは異なる。単純多階層は,階層組織と同型であるが,ここでいう再帰的多階層化は,個々の水準におけるシステムが,上位水準のシステムの構成要素となっているという場合である。

このような上方・下方へのメタ化の論理は,理論的には無限に続くものであるが,社会システムを考える場合,有限である。図5-6は,3つの水準における包摂関係を表現するものである。前述の説明と図により,生存可能システムにおいては,その制御あるいは調整は分散化され,権限は分権化され,また各水準のサブシステムの経験は蓄積されるという,生きたネットワークとなっている。また前章の安定性の議論で見た通り,水準を越えて凝集性が確保されなければならない。

何故,再帰水準という概念が生じるのだろうか。それは,生存可能システムは自然界における有機体が新陳代謝を繰り返すのと同様,経験を積みながら絶えず構成要素を改変し,再構成を繰り返す必要があるからである。[66] 単なる階層性によらず,再帰構造でなければ,再構成や再結合は不可能であり,また先述したように,生存可能性の条件であるサブシステムを再現することはできないからである。

第1章に例示した企業の中には,生存可能性が確保されないものもあった。それは,再帰構造はあっても,ある水準ではサブシステムが欠如していたからである。逆に第6章で見るように,単一水準しかない企業でも生存可能性が確保されている企業もある。よって何れが本質的条件かと言えば,サブシステムという機能が揃うことである。

§5-5　オートポイエーシス的生存可能システム

前章最後に，社会的オートポイエーシス単位は，当事者と保護者的補助・促進者を中心にメタシステム的機能を補った，生存可能システムモデルを模した擬似家族的単位であると述べた。このように考える理由は，当事者-保護者的関係はそれを基本単位とすると，両者の関係の安定と課題の遂行のために必ずメタシステム的機能を要請し，生存可能システム的機能形式に至るからである。またこれまでの議論から，システムの大局的機能の有機構成は必然であるからである。すなわち，以下のように定義された。

オートポイエーシス的単位としての擬似家族的単位は，構成要素である人間を当事者能力を持った人材として産出する過程の円環として，有機的に構成された単位(擬似家族的関係)のことである。このとき構成要素は，咀嚼・学習・動機付け・支持の相互作用を通じて，相互の自己能力を更新する過程の円環を絶えず再生産し実現しプロセスを共有しなければならない。またその円環を具体的単位として構成し，その家族的関係において，構成要素たる個人は円環が実現する位相的領域を特定することによって自らが存在する。かつ，構成要素は円環過程において自省することができ，またそれによって現在の自己があるということを自覚することができる。

これは，図5-8のようにシステム的役割を持つように考えられるが，以下の理由によって単位体とは呼称されない。① 機能的に充足的でない場合もあり，また前章で交互的と説明したように，② 重複的であり課題毎に観察者もしくは当人達によって位相関係が認識される故に，③ 課題毎であるため一時的関係の場合もある故，④ 独立して生存可能ではないため，単位体とは言えない。①は，前章で3つの役割と述べたように，メタシステム的役割を1~2人で担当する場合もあるからである。②は，人間としての成長は重複の接点に存在することと前章で述べたように，場面毎に多くの役割を持たなければならない。この点がシステムの機能とは異なる点である。④は家族と同様単位体ではない

故に，それを取り巻く「社会」に従属せざるを得ないからである。それ故内部関係と同様，個人をして他の単位やシステムに対して，信頼を前提に繋がる方途を模索し，またそれを更新させなければならないのである。

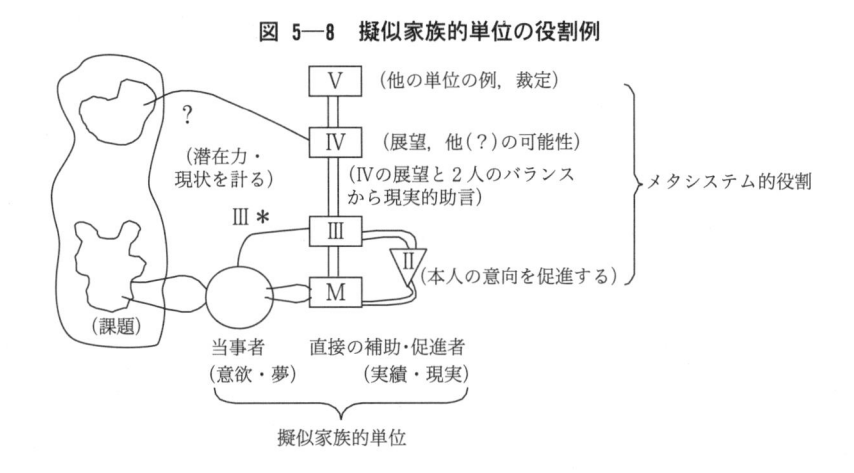

図 5—8 擬似家族的単位の役割例

```
                    ┌─V─┐ (他の単位の例，裁定)
                    │   │
           ?        ├─IV─┤ (展望，他(?)の可能性)    ┐
     (潜在力・              (IVの展望と2人のバランス  │
      現状を計る)             から現実的助言)         │ メタシステム的役割
              III*  ├─III─┤                        │
                ●   │   │                         │
                    │ II │ (本人の意向を促進する)    ┘
   (課題)          └─M─┘
         当事者      直接の補助・促進者
         (意欲・夢)  (実績・現実)
                 └─擬似家族的単位─┘
```

すなわち，個人は，交互に擬似家族的単位に支えられ，課題を作りまたそれに答え，能力を向上することで信頼を得て構成要素として存在するのである。上図は，前章で6つの役割と述べた充足的な単位の例である。

これ等を擬似家族的単位とし，前章の神経系における指示-応答系列と同様のやり取りが行われる。例えば，相談(O) → 動機付け(M) → 報告(O) → 指導(M) → 相談(O) → 指示(M) → 取組み(O) → 現実的助言(III) → 遂行状況検討(III*) → 具体策提示(II) → 可能性展望(IV) → 報告(O) → 指導(M) → 個人的承認(V) → 報告(O)等といった応答系列が繰り返される。またこの系列は人と課題に応じて，幾重にも交互的に行われる。一方，システムは，この関係形成がシステム内に充満していることと個々の可能性を信じ，また単位連鎖がシステムの基盤となっていることを評価して，新たな課題を配分する。これ等の集積が，信頼のシステムとしての生存可能システム全体を維持しているのである。

しかし，擬似家族的単位は，システムにのみ遍在するということはない。擬似家族的単位は，独立単位体，社会的単位体の中にも人のいる所なら何処でも形成され存在する。しかし，前章で述べたように擬似家族的単位は基本的単位として課題に対処し，その際システムになろうと試みる中でそれが実現され，また安定化を図る故，上位の構造に接続するのである。その意味で，不完全な再帰構造化の試みであり，システムの原始形態であると言える。それ故，オートポイエーシス論と生存可能システムモデルは，不可分の関係にあるとして考察し得るのである。

そこで，システムにおける，オートポイエーシス的単位である擬似家族の位置付けを考察する。

(1) 大局的機能との関係

構成要素である個人を当事者とする要請あるいは事態は，多くはシステムからもたらされる。しかしそれも，ある構成要素たる人間から発している。何故なら，生存可能システムの機能の有機構成は閉包を構成しており，刺激や動作の起源は内部的であるからである。[67] すなわち，個人を当事者にする要因は単位体内部から生じるのである。[68] そこでモデルと構造と行為の関係を考察したい。

神経系の大局的機能を表わすものが生存可能システムモデルであり，機能が顕在化されるためには，キーパーソンを中心とした幾人かのあるいは多数の人々の連携がなければならない。それ等を包み込んで，仕事・任務を中心に，中間構成要素たる部署部局が実現されるのである。つまり，§6-2(4)で後述するように，キーパーソン自身の周囲にも擬似家族的単位の連鎖があり，その集積が機能軸を作動させ構造を動かしているのである。しかしキーパーソンは，人為的に任命される場合もあり，また擬似家族的単位の連鎖の中で創発する場合もある。何れにせよ単位連鎖は，機能軸を囲み支持することによって公式な職位に接続することになる。例えば，方針が作られ戦略が実行される。それが運動を起し，各部局では対応する方策を作り適応的な人材や技能を修得し配置する。その中で，不足な部分，意識を方向付けるために擬似家族的単位が必ず

個々人の周囲には形成され，前章図4-3のように単位が連鎖する中で課題を消化しようとするのである。すなわち，個々の構成要素は，課題や方針を契機に単位内関係によって，必然的に方向付けられることになるのである。このことは，また当事者に当る各自も課題毎にキーパーソンになるのであり，前出の大局的機能に直接関わるキーパーソンも同様である。

図 5—9　あるシステムⅣにおける関係（システム化を目指しても機能に欠損がある）

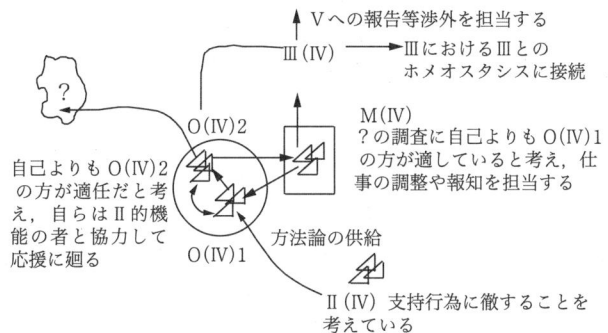

↑Ｖへの報告等渉外を担当する
Ⅲ(Ⅳ) ──→ⅢにおけるⅢとのホメオスタシスに接続

？
O(Ⅳ)2
自己よりもO(Ⅳ)2の方が適任だと考え，自らはⅡ的機能の者と協力して応援に廻る

M(Ⅳ)
？の調査に自己よりもO(Ⅳ)1の方が適していると考え，仕事の調整や報知を担当する

O(Ⅳ)1
方法論の供給

Ⅱ(Ⅳ) 支持行為に徹することを考えている

（擬似家族的単位の形成は実際はより複雑で，機能上の担当を越えて作られる）

具体的には，中間構成要素は独立した単位体には成れないが，あたかも単位体として成立させるかのように擬似家族的単位は協力して，機能の充足化を図る傾向がある。大局的機能上の果すべき，役割を自己的・非自己的三角形を含め他者との連携の中で見出しているとき，その主体を「自己」と言うことができると前章で述べた通り，これは本能的行動である[69]。基本単位のみから成るシステムがある場合，それは自らの必要性からメタシステムを作り出す，ということと同様である。また評価される部署への所属願望，他者からの賞賛，上位からの評価は，人間の本能的欲求であるからである。それ故，構成要素である各個人もその支持的擬似家族的単位も中間構成要素に対して，本能的に単位体化の方向で働く。また中間構成要素レベルにおいても，構成要素や擬似家族的単位はシステムをシステム化するために機能するのである。後者の方が遥かに

容易い。競合する類似のサブシステムがなく，上位をシステムにまとめることが全てのサブシステムにとって，安定化に繋がるからである。というより中間構成要素の単位体化の努力は，システム全体を単位体化することにのみ開花するのである。そのためには，公式関係以外に現実の部門等サブシステムやシステムの境界を越えて，単位化が各所で行われていなければならない。またこの本能的欲求の故に，反応の様式化に従うことや，システムや中間構成要素に愛着やアイデンティティを抱くのである。すなわち，システムや中間構成要素の実現は，擬似家族的単位の連鎖の創発の表象であると言える。同時に，サブシステムの実現は，システムの側から規定される機能を担当するかのように，期待行動の範囲内に連鎖からの創発は留まるべきである。ヘイルの構成要素共同言及性は，このようにして成立する。[70] しかし逸脱が生じるため，本章で述べた原理等に整合させる必要があるのである。

　先述の原理や公理に関して以下のような一致を見ることができる。すなわち，擬似家族的単位は，常に基本単位に当事者と保護者的補助・促進者がいるという構図に置かれ，その機能の未完備性故，サブシステム等に構造化されるときは，そのサブシステムに対して様々な原理や公理を要請するものである。仮に，3つの基本単位からシステムⅠが構成されており，各単位は1つの擬似家族的単位からのみ成るとしよう。基本単位1の業務単位は部分環境に対して充分でない故，管理単位やメタシステムの補助を必要とする。従って，組織の第1原理を自動的に成り立たせる。また基本単位2，3における挙動を相互に観察することで対応を模索している。これが組織の第2原理に繋がるのである。但し，一般的に擬似家族的単位は，家族のそれと同様に小規模のものでありまた機能が未完備なものである。それ故，基本単位の各単位が1つの擬似家族的単位で満たされるという上述の仮定のようなことはなく，幾つかの単位が複合しているはずである。何故ならば，再帰システムの定理から，擬似家族的単位の機能の未完備性に矛盾するからである。[71] それ故，連鎖するためには単位間の調整を，公式なシステムⅠ等の介入を含めて必要とし，秩序化するのであ

る。その他の原理・公理に対しても，構造上擬似家族的単位を設定することは，矛盾することではない。

　さらに，再帰システムの定理によって，各サブシステムの基本単位内の様々な擬似家族的単位は，単位体化を指向するであろうことは容易に想像されることである。[72]これは基本単位にも言えることだが，単位体化を指向するとは独立化するということではなく機能的完備性を追求するということである。従って，メタシステム的機能を他所に求め，それによって中間構成要素内に自らを位置付け結果的に中間構成要素への凝集性が得られるのである。擬似家族的単位の場合は個人的な関係性の中で，同様の機能配置を求めるものであるから，幾重にも重複し自己-他者関係を強化することになる。

　また中間構成要素の実現化の中での多数の擬似家族的単位は，重複しながら大局的機能へと創発することが求められる。他単位と接続しながら，自ら単位体を指向しつつ産出を継続することから，構造上の創発と戦略上の創発の双方に繋がるのである。それによって，システムは単位体としての統合的機能が実現する構造が与えられるのである。前章で述べたように，システムを単位体として実現し，過程自体が存在する空間領域内に自己自身の作動によって有機構成を完結させ構成する作用が，システムにはある。[73]それは，このような基盤があるからである。つまり，同様な現象学やその交差を作り出す背景，そして原型的領域を共有する構成要素やその擬似家族的単位が多数存在し，それ等がシステムの方針や戦略に方向付けられていることと，個々の産出が創発性に接続することの両面が必要なのである。[74]

　逆に，擬似家族的単位の産出速度が，後述するように全体の制約条件になっている。前章で述べた通り産出とは，人材と技術，技能等であり，その産出物のみがシステムや中間構成要素から注目され，擬似家族的単位が表に出ることはない。そのため，機能の有機構成そしてそのキーパーソンに当る人間は，公式的には最小構成要素たる個人を保護するように機能し，擬似家族的単位はそれを支持する以外はない。何故なら，システムが継続する限りその関係は交互

的で，結果的に各自が補助・促進されているからである。またシステム内では，擬似家族的単位は任務に直結する者同士から構成され，それがシステム・中間構成要素内に遍在していることが望ましい故，基本単位等機能上の構成単位の負担を軽減し効率性を確保するように機能することが必要である。何故なら，本章で前述したように，システムⅠがシステムのプロフィットセンターであるからである。一方，擬似家族的単位は，人材・技能の産出のみに関わる個人的な単位だからである。そのため，様々な原理や公理を要請したのである。システムⅠが最前線の任務を担当するため，システムⅠ内の擬似家族的単位は技能修得等，具体的な事柄に特化したものに必然的になっていく[75]。逆に，システムⅤの擬似家族的単位は，抽象的ということはなく，時に他の単位体やシステムにも通用する普遍性を持ち，またシステムⅠにも当てはまりかつ間欠的に助言できる具体性を持たなければならない。システムⅡの場合は，擬似家族的単位が構成によっては，非公式組織のように機能する場合もある。システムⅠⅡを横断的に構成する場合もあるからである。

　一方個別の単位によって現象学的領域が生まれ個が規定され，それがフィードバックされ集積されて，機能の完備性と構成要素の完全連動体として，中間構成要素の機能上の役割が規定される。しかしながら，システムのある機能を具体化する中間構成要素の実現において，凝集化の方向付けのために，さらに大局的機能上の果すべき役割を特殊な角度を以って現すということではない。すなわち図5-9のように，中間構成要素における再帰の下位水準におけるシステムⅠに相当する部分の単位連鎖の基本機能が，中間構成要素自体がシステムに対して期待される機能の特殊な具現化に昇華しているのである。中間構成要素に集う構成要素たる個人やその擬似家族的単位の連鎖が，サブシステムとしての特別な作用の仕方を意図的に作り出している訳ではない。具体的な事柄に特化したものに必然的になっていくと前述したように，後述するように個々の産出は微視的なもので，その集積がサブシステムの機能を出現させるのである。

　同時に，自己的・非自己的三角形を含め他者との連携の結果，付随的に習俗

が形成される。仮に各サブシステムが同一の習俗を持つことがないならば，それ等のシステムⅠに相当する部分の基本機能担当者等が作り出す現象学的領域の影響は，何れのサブシステムにおいても無視し難いものとなると言うことができよう。

　以上より，適応的人材の輩出という産出行為，その場である擬似家族的単位，大局的機能としての生存可能システムモデルの諸機能，システムの実現としての構成要素と生存可能システムという構造，これ等のバランスの中に，システムという機能の完備性の完全連動体が産み出されており，その上で生存可能となっているということがわかる。

(2) 個人・習俗・反応様式

　中間構成要素毎に，予め創発する人材や技術に関しては何等定まってはいないが，期待される行動の連携は単位とその連鎖の中で想定され規定される傾向にある。様々な個性・背景を持ちつつ各構成要素は，自己的・非自己的三角形を含め，それ等の重なりが構造を埋めているため，自己に期待される行動は何かということを感じている。構成要素がコースに沿った行動を取ることと単位が遂行過程を選択・指導することで，その後の反応パターンが規定され，その集積が個別の大局的機能に繋がる中間構成要素独自の機能へと実現化される。しかし，原子的擬似家族的単位から大局的機能に直接接続することは稀である。上位への集積の延長の先に，修正を受けながら実現されるものである。しかしまた単位体の構成要素である限り，接続への指向は本能的なものであり，止めることはできない。

　それ故結果的に，産出される人材の新奇性の度合いも規定されていることになる。個々の産出は微視的なものと前述した通りである。つまり，個々の構成要素からすると基準の高い課題であっても，システム側就中擬似家族的単位の連鎖からは期待行動の帰結の1つひとつを協同的に遂行するのみであり，その途上の産出も期待行動の範疇で考えられる人材の1人ひとりに留まるのである。何故ならば，例え構造変動を伴うような連続的産出が行われようとも，

個々の産出はシステムや中間構成要素の安定性の範囲内で行われなければならないからである。しかしこのとき他の役割の者，特にメタシステム的役割の者は，自信を付けさせるような賛辞を送ることが大切である。各自の人材化という新陳代謝の連環がシステムの土台であるからである。同時に，規定外の反応は削除され修正される。

　しかしながら，本来の産出行為からスピンアウトした製品，成果，歴史等様々なものがその中間構成要素を象徴するようになり，同時に風土や慣習，アイデンティティが，個々の大局的機能を表象するかのように考えられるようになる。これ等の関係は，擬似家族的単位が作る現象学的領域が，個々の構成要素の反応様式を規定することに通じている。このようにして，システム毎の大局的機能と各構成要素さらに擬似家族的単位の関係は，定められたものとなっていく。

　ところで，人間によるシステムであるから，システム内は多次元の非公式な社会領域が形成されている。すなわち，構造としては多くの公式部門等の中間構成要素がある。しかし，個人が，全員をそして全業務をまた各自の背景を理解することは不可能である。時に，任務に応じて部局横断的に構造が変更され，それによって人工的に人的交流は変えられる場合もある。また，個々の構成要素は，相互理解可能な者同士からなる非公式な複数の内集団を形成している。内集団内関係の中で，任務に直結し状況を咀嚼し支持する者同士からなる身内的存在つまり擬似家族的単位を作り，学習を行いプロセスを共有することによって，課題を克服するのである。このとき家族的基本単位は，システムⅡやⅢ*のようなメタシステム機能を外部に設けその支持を受けながら，システム全体における自らの位置を確認し，またシステム全体の目標や中間構成要素の目標に合わせ，所属する中間構成要素全体の学習・発展に均衡する速度で，交互的な自己更新を促進して行く。生存可能システムのオートポイエーシスに従うとは，つまり実体としてシステムを生存させているのは，生物学的システムと同様，このような下位の様々な存在が，システムや公式的中間構成要素の

第5章 オートポイエーシス的生存可能システム 279

指示する範囲において，要請される更新過程を維持しているから言えることなのである。

また，ここに有機体と人工システムの溝を埋める理由がある。有機体と生存可能システムの違いは，構成要素の利用における効率性である。意識するとしないとに関わらず，機能遂行上の有機体の構造には無駄がなく，全てが効率的に利用されている。つまり，構造と機能は一致している。サイバネティックスを効率的組織の科学，すなわち有機体の科学と定義したビアにとって，理想のモデルであった。しかし第3章に触れたように，現実の組織・社会というものは猥雑で非効率なものである。しかも，第3次自己言及システムとマトゥラーナ達が言う蜂の世界においてさえ，80-20の法則が成り立っているのである。まして人間社会では，この法則を免れることはできない。従って，真の意味で有機体と呼べる範囲は個体でしかないということになる。では，大局的機能を担当するキーパーソン達，そしてそれを補佐する者達以外は，無用な存在なのだろうか。本稿が，社会的オートポイエーシスを要請する理由はここにある。すなわち，キーパーソンであろうと如何なる人間であろうと，合せ鏡のような擬似家族的な存在を常に必要としているのである。さもなければ，次の円環過程に参入することができず向上することができないからである。従って，一見無駄なように思える存在の人々にも，擬似家族的単位に参加する限り存在価値と潜在性を認めなければならないのである。効率性は，飽くまでも組織的生産性に関する指標であり，構成要素の動員率ではない。

人材の産出が期待行動の範囲であると述べた。では，システムにおける劇的革新は，どのようにもたらされるのであろうか。それは，例えば先に例に掲げたオムロンや第1章のキリンのように，多数の統轄事業部を分野毎のカンパニーに人為的に移行させるときや，システムIVが新たな技術・製品開発に成功する場合，また次章のセブン-イレブンのように情報システムを入れ換える場合である。あるいは配置転換，事業所の開設廃止等の場合も，それに該当する。[76)]それに伴い人材産出のための反応様式は，一時的かもしれないが，弛緩時間を

短縮し早期に安定させるため――第3章の諸原理に一致するよう――に変更せざるを得ないからである。このような構造変動は大域的な戦略として捉えることができる。それに対応して微視的戦略の基礎である擬似家族的単位は対応的行動を取らなければならず，微視的な対外的カップリング等の再構成によって突破力を持った者が参入する場合もあり，影響を及ぼすであろう。さらに，構造変動に伴う反応様式自体の改定もあり，内的基準においても新奇性は許容されるものである。これは，どのようなシステムでも起こり得る。しかし，Ⅳにおける新規技術の創出は，副作用的または偶発的発見の場合や突然の場合もあるが，蓄積技術は順次なされたものであり，それに伴う課題毎の技術・人材の産出は，一般には擬似家族的単位の連鎖やその周辺にとっては，様式改定も含めて，期待行動による予想の範疇内なのである。

　しかし，擬似家族的単位の三角形が重複しない部分においては，期待行動以外の新奇性が生まれる可能性もある。それは，システムⅤにおける単位の三角形の場合か孤立を好む場合である。前者は第6章で触れるように，相互重複せずに役割固定的に単独で複数の三角形を作る場合であり，後者は，後述するように個人的嗜好によって社会的に孤立する場合である。

　さて，システムにおける自らの位置を確認すると述べた。これは，相互作用の中で自己自体を客体化することである。図5-9のような役割分担は自然発生的な場合であっても，客体化を伴っている。一方，人々の相互作用の多くは言語行為に負っている。擬似家族的単位とその集積が，動機付けや学習，自己更新を何故促進し得るのかというと，個別に用いられる言葉が実在に関する直観と符合しているためであり，それを使う目的が人間の物理的存在と行動に強く結び付いているからである。しかしこの符合は，反応様式の規定化と同様，システムの伝統の中での言語使用の結果に過ぎないのである。何故ならアイデンティティを共有するからである。それ故，擬似家族的単位の言語と認知は社会的でなければならず，それは社会や伝統そしてシステムへの関与を示すものであり，課題や任務を通じてシステムに整合的でなければならない。それ故，さ

らに，人間を被投しときに企投するものである。つまり時として，客観的基準なしでも機能し象徴として機能することもある。例えば，あるシステムに帰属する擬似家族的単位間で交わされる会話は，多分に帰属心や優越感を象徴するものであろう。如何に言語が行動を規定し，行動が言語を規定するか，特に行動の可能性空間を生成する働きを持っているかに注意しなければならない。認知領域は言語領域を形成し自省作用をもたらし，カップリングも言語を通して開始されるものだからである。

また，前章で述べたように主観的認識を基にしながらも，システム内存在として自己の自覚と擬似家族的単位間の関係，さらにその集合的単位または中間構成要素は，様々な客観的な基準を設定することも可能とする。すなわち，類似の反応・言語行為が類型化され，規則や規範が成立するのである。つまり，小畑(1991)の言う言語行為の複線化として，当座の行為としての言語だけではなく，規範が定められるのである。[77] 実際，言語の機能する世界は社会的に構成されたという意味での現実であり，当座の行為である。しかしそこに参加する人々の類似の反応が重複することから規範として受け入れられるのである。それにより，全体に対して調整され予測可能な行動を取るようになるのである。そこに，社会や単位体の風土や慣習，アイデンティティが生まれる理由がある。これ等は個人の行動や中間構成要素の反応を規定するものである。

同様のことは擬似家族的単位の観点からも言える。少なくとも同一の単位体において，擬似家族的単位の内当事者-保護者関係を持つと前章で述べた。現象学的領域の交差する中に社会の営みが生まれるのであるから，同一システムあるいは中間構成要素での単位は，それが多数存し重複していればこそ，社会化過程の原型的領域を生み出すことができ，個人や各家庭は独自性を追及しながら同一の歴史や文化，アイデンティティを享受することができるのである。[78]

(3) **進化圧と産出圧**

社会的オートポイエーシス的単位としての擬似家族は，その全体が更新した

としても，外見上は旧いそれと違いはない。また「自力で達成される服従（自己克服）を完成した人間」[79]と表現されるように何等かの課題を克服する人物に関心が向きがちだが，個人を背後から支えているオートポイエーシス的単位が存在し，その補助によって人間の成長があると捉えるべきである。何故ならば，前章で述べたように構成要素の生得の個性によって現象学が規定されるのではなく，オートポイエーシス的単位によって内集団の風土や現象学が規定され個人の反応形式の主要因になるからである。[80]

個人か擬似家族的単位かという焦点の歪みは，社会全体の進化圧と個人・中間構成要素を巡る秩序関係の軸との関係が調整されたものではなく，本来的に調整は困難なことに由来する。マトゥラーナ達は，社会的進化圧すなわち競争を否定する考えを支持している。つまり，対社会においては個人は社会に隷属すべきではなく，個別の自律性に基づいて行動する権利があり，生物学的オートポイエーシスが守られるべきであるというものである。従って，個人としては自己の生物学的オートポイエーシスのみが独立した単位体としての制約であり，他の制約を受けるべきではないという立場である。[81]しかし，生物学的オートポイエーシスと社会的オートポイエーシスは，一致するものではなく，また競争の否定に直結させることはできない。

個人と帰属する集団，または社会は各々自律的であると同時に，放縦へ移行する自由度を持っている。それ等は，個別の競争の原因となっている。社会がシステム化されていない故に，多くの団体・企業はシステムではなく独立単位体として存在する場合もあり，そのため他者との関係を考慮することなく，法的規制の範囲内で自己の生存欲の拡大は自由に行使される。[82]すなわち，時としてそれは，合意領域に形成された取決めを突破するものであり，その欲求は本能的なものである。すなわち，不均一な進化圧を生じさせる原因は，結託や協定を伴いながら個別の欲求を追及することにある。その結果，新たな独立単位体やシステムを誕生させ，個人や単位体の発奮する契機ともなる。しかし他方では，合意に基づき秩序関係を遵守すべきであると感じている。

第5章 オートポイエーシス的生存可能システム　283

　一部の自我の拡大は，独立単位体間，中間構成要素間，個人間そしてその混合の秩序関係を乱す原因であり，個別の擬似家族的単位が秩序関係の軸を社会にまで延ばすことを不可能とさせ，地域社会や職場等の中間構成要素のレベルあるいは帰属する単位体の範囲に矮小化させて整合せざるを得ない状況を作り出している。しかも社会自体が様々な要素から成り，その全てと自己の相対化を図ることも困難なことである[83]。すなわち，相互理解が可能な範囲が狭められ，社会は個人に対して薄弱な存在として現れざるを得ない。つまり，部分的に接木した秩序関係の先に垣間見えるのみである。その結果，広義の社会に対しては，盲従するか反抗するか無関心にならざるを得ないのである[84]。逆に，自己に場を提供する単位体に対し同一性を見出し，中間構成要素や擬似家族的単位に親近感を感じ，単位体に対する帰属心は感じても社会への広がりは希薄になるのである。しかし同時に，間欠的に法や規則の存在を認識せざるを得ない場面もあり，あるいは擬似家族的単位の指導によって，構成要素は逸脱行動を取ることは制限されている。

　この事態はシステムでも起こる。そして2つの方向性に向う。少なくとも独立したレベルの単位体として生存可能性のための方途を見出すことと，そのための資源の利用である。1つは次のことを意味する。単位体としての凝集が，構成要素共同言及的にアイデンティティを希求し得るか否か，そしてシステムVが代表してそれを具現化し得るかに掛かっている。すなわち，第1章でも触れたように，機能と構造は一致することは稀なため，複数部門による機能の体現に合成の誤謬を生じさせないように凝集性を維持しなければならない。すなわち，内的秩序関係を維持する方向である[85]。他方は，競争という進化圧さらに付随する刺激は不可避なものであると自覚し，凝集性を維持しながらそれに対抗するために，前項(2)で触れたように反応様式の変更や新規の参入者を受け入れながら，人材の産出圧を連動させることである。何故ならば，他に従属することを避けるためである。産出圧により，システムとその各中間構成要素において，秩序維持的に産出を継続することで内的に連動する活動の機能として，

システムは必然的に連動的に変化していくことを可能にする。そして産出圧が進化圧に勝るとき資源は有効に活用され，システムは置かれた分野で進取な存在となることができ，かつ対社会的秩序関係も維持されるのである。[86] しかし，これ等は相俟って対外的に摩擦を引起す原因ともなる。すなわち，新たな競争が誘発されるのである。つまり，幾分かの刺激・競争というものは，自らが原因となって作り出しているのである。

これより，個人もシステムも，自己の欲求にも起因する社会的進化圧を回避することはできず，必然的にそれに対応せざるを得ないのである。また，個別の欲求が社会自体を動かす一因になっている以上，社会を単独の社会システムとして見做すこともできないことになる。幾つものシステムや独立単位体そして単位体が，並列的にかつ(不均一に再帰あるいは階層)構造的に存在するのが，社会の実像である。独立単位体や社会的単位体によって社会への接点が失われ独自の論理が形成されると，前章に触れた会社主義に家族も含めて従属せざるを得なくなる。[87] つまり，進化圧とそれによる淘汰は，社会の秩序関係よりも強く影響しているのである。

(4) 再帰構造

カップリングが生じるとき，上位のシステムのオートポイエーシスに要素単位のオートポイエーシスは吸収される，とマトゥラーナ達は言った。しかし，これでは生存可能システムとはなれない。つまり，結果的にオートポイエーシスは消滅してしまうからである。また生体におけるカップリングと社会のそれは同等に考えることもできない。意思・感情・主体が存在する故である。

生存可能システムにおいて，再帰水準を越えて下位水準が産出され，垂直的な構造的カップリングが生じる場合，あるいはシステムⅠに新たな基本単位が水平的にカップリングする場合，また別々の生存可能システムが並列的にカップリングする場合，マトゥラーナ達本来の意味でのカップリングによるオートポイエーシス概念は成立しない。各水準に遍在する擬似家族的単位のみがオートポイエーシスという機能を持つからである。さらに複製という2次的オート

ポイエーシスも，人為的な行為だからである。

　2次的産出は，§5-3(x)で述べたように再帰の上位水準が主導するものである。しかし，下位水準が一度成立すると事態は一変する。このことは，アシュビーのA+Bの説明に一致している。すなわち，「変数間に有機構成が存在する」とアシュビーが述べる如く，相互作用の可能な産出空間の中で，諸要素の現実的な有機構成化は，下位の一連の擬似家族的単位の相互作用を含む拡大された相互作用によって制約されるのである。すなわち，下位水準に新たなシステムが産出され構造的カップリングが生じるとき，下位のオートポイエーシスの秩序関係の維持に，上位水準の凝集能力は従属するのである。

　このことは，同一水準の1つの生存可能システム内でも言える。システムⅠが業務を遂行し，メタシステムは補助装置であるからである。逆に，システムⅠは，設定すると前述したように，メタシステムという補助装置を必要としている。補助装置とする理由は，メタシステムがシステムを本来的に作り出しているのではなく，システムⅠ(同時に下位水準)のタスクの生産を中心にシステムは作動しているからである。生存可能システムは自律的であると述べた。自律的であるということは，権限委譲がなされかつ方針通りに遂行されているということである。社会の場面でこの文脈を考えると，第一線の単位連鎖に多くの権限を持たせ，その自律的判断，意思決定の下で業務を行うということである。よって，「高次の単位体のオートポイエーシスの維持に必然的に従属する」[88]という表現は，凝集性の在り様を示しこそすれ，下位の単位体の自律的在り様とは異なるのである。

　また，生存可能システムモデルの図解において，下位の再帰水準は，上位の水準に包摂されるように描かれている。このことは，前述の如く，生成の段階では上位水準が主導することを意味する。

　「歴史を通じた構造的カップリングの結果として，歴史は生体システムの構造と環境の構造の双方に取り込まれる。譬え双方が構造確定システムとして必然的に，局所的に定められた過程を通じて現在の中で作動するとしてもであ

る。システムや現象が存在するに至った経緯を説明するには，歴史を見てゆく必要がある。しかしこれは現在のシステムの作動や現象の説明には関与しない」[89]。「観察者が後天的・先天的行動を区別しようと思っても，実際に発現した段階では，何れの行動も同様に現在の神経系や有機体の構造によって決定されていることを発見するだろう。この点では両者は区別不能である。後天的・先天的行動の違いは専ら，それを担う構造が確立されてきた歴史の中に存在しているのである」[90]。2つの引用は，生成の段階での上位水準の主導的役割を意味している。つまり，生産物であるタスクの生成，使命の連鎖等と，擬似家族的単位の作動結果としての人材産出・育成，またその方法や組織文化等はこのとき遺伝される。また後天的か先天的かという区別が不能ということは，下位水準の作動が創められると，最早何れがシステムの中心か判別が付かない程，下位水準依存的に上位水準の奉仕が開始されるということを意味している。すなわち上位水準の凝集能力は下位水準に従属すると前述した通り，下位水準のシステムとその中の擬似家族的単位の秩序関係の軸は，§4-8(3)に述べたように，システム全体との関係も視野に入れて上位に繋がるのである[91]。

また，再帰構造化・カップリングは，擬似家族的単位の習俗の保守性に反して，1つの水準を構成するシステムになるときは，新奇性が創発される可能性があることも意味している。また，このとき擬似家族的単位とその連鎖は，水準を越えて形成されなければならない。

下位水準もそして同一水準内のシステムⅠも，上記の引用通り自らの由来・出自を認識している。生存可能システムモデルの概念図から，下位水準にとって上位水準は，外的世界のようにも見える。しかし水準間の関係は，対峙的関係ではなく臨在的関係にある。「歴史が我々に属しているのではなく，我々が歴史に属しているのである。我々は自己観察を通じて自分を理解する遥か以前から，……中略……歴史における一瞬の花火に過ぎない」ことを知っているからである[92]。また，「我々が歴史的存在であることがその本質である。歴史的に存在するということは，自分自身についての知識が完結することはないという

意味なのである[93]」という事情で，上位水準そしてメタシステムの補助を必要としている。その中で擬似家族的単位は，さらに詳細に反応様式の規定化等を伝授する。そしてさらに上位の水準を考えるとき，メタシステムはシステムⅠの1つの管理単位である。この関係は循環論理として続いている。すなわち，何れの擬似家族的単位すなわちオートポイエーシスも，またその集積連鎖のオートポイエーシスも犠牲にならず生きることができる。メタシステムには別のタスクがあり，そこにおける擬似家族的単位の産出する人材や技術も別次元であるからである。これ等の再帰論理を想定すること，そして被包摂構成要素のオートポイエーシスを生かすように，構造上も構造的カップリングが為されるということが，本来のオートポイエーシス論と本稿の異なる点である。

(5) 独立単位体についての覚書

オートポイエーシス的生存可能システムに関する主な特徴は，上述の点である。対する独立単位体の主な特徴を示し，システムの重要性を示しておこう。

① 独立単位体には，大局的機能はないことが多い。それによる擬似家族的単位の創発の結果とは無関係に，中枢において，強力なリーダーシップを発揮して凝集性の維持が試みられる[94]。これは，本章で述べたように機能不全という形でシステムにも関係することである。

大局的機能がない場合，各部門毎に内的に発生し増幅される刺激に対する反応がオーバーシュートするか，全体もしくは一部が弛緩することがあり，主力・非主力といった部門毎の格差が大きくなり全体の効率性は悪くなる。システムとは，部分では生存不可能な故に，機能の分担による統一体への融合によって相互の生存を確保するという特徴がある。一方独立単位体には，中心部では統轄機能があるが不十分で，互いに一方的依存体質による相互依存関係という現象を生み，全体を圧倒する場合がある。あるいはその逆で，先のリーダーシップによる統制が過度になる場合もある[95]。

一方現業を担当する各部門に権限と責任を分散させ，全体としては資金・人事等で統轄し，しかし有機的に統一されていない状態のものもある。すなわ

ち，内実がカップリングしていない単位体群である[96]。このとき，部門毎に単位体化を指向するほど独立性・閉鎖性が高くなる。その結果，非効率となる。次の②③は①に直接起因する。

②①の前半の意味で，依存関係が様々な内集団を生む場合がある。この場合，擬似家族的単位が生じても内集団に吸収されることになる。これは，自己と自己の中間構成要素・単位体の利益を護るためである。よって，単位連鎖の継続と機能の有機構成を担う中間構成要素の創発の一致はあり得ない。人為的部門と内集団の系列や離合が混在するだけである。それ故，系列毎の派閥化や権力闘争の火種となる。

③独立性・閉鎖性は，全体の派閥化と同様自己の生存欲に基づいて，部門等の中間構成要素の単位体化を促進することにも表れる。つまり，単位体での①の後半の実現である。それ故，第１章の例のように，擬似家族的単位の連鎖は部門毎に分断され，単位体全体に単位連鎖が継続的に充満する可能性はなくなる。その場合，情報操作も行われる。①②と相俟って，効率性の悪い組織を作り維持することになる[97]。

④効率性を確保するために，指示-応答の基本原則が貫かれる。すなわち，前近代的軍隊と同様，個の積み上げによって組織が構成されるという原則に立つ。それによって構成要素たる各個人は，合意領域との複線的応答関係や納得からではなく，判断を上位に託し指示を待つようになる。このことにより，様々な組織形態を取ろうとも，単位体内に管理過程の系列が生じる。すなわち，単位体全体は，構成要素共同言及性ではなく，自己言及性で特徴付けられるようになる。この理由と①により，擬似家族的単位は弱体化し，ボトムアップ型の運動や戦略は減少する。しかも③や②が付加されると，管理過程は統一性を失い変容される。結果的に，効率性は損なわれることになる[98]。

⑤独立単位体は，システムの機能の閉包とは異なり，単位体全体を構造的に閉鎖した社会にする。すなわち，④の求心性を維持した構成員には，経済的誘因にも支えられ，世界の頂点は現在所属する単位体であるという一体感が生

第5章　オートポイエーシス的生存可能システム　289

じる。それにより，家族や関係者も承認する中に，会社主義が生まれる。同時に，外部環境に対して擬似家族的単位を設定する者は少なくなる。

⑥独立単位体は，構造的閉鎖社会を維持するために，中枢的組織を中心に，単位体の多階層化・分業化によって構造の完全性を指向する。あるいは自らを構造化の中に位置付けようとする。この場合，周辺の単位体は緩衝材的役割を負わされ利益は少ない。故に所属単位体により，構成員にも様々な格差が生じる。

一方社会的単位体は，初めから利潤を産むことを目的にしないこともあり，一般的に弱い形で①③④と⑥で特徴付けられるであろう[99]。現状維持を前提とし，生産活動は微弱なものであり擬似家族的単位を必要とすることはない。

システムと独立単位体に属することあるいは構成することは，何れが容易いことであろうか。安心と責任を引き換えに判断を預け，単位体または階層の一員になることの方が容易なことである。それ故，独立単位体を築いてきたのが人類の歴史であるとも言えよう[100]。

最も困難なことは，本来社会的単位体であるにも拘わらず独立単位体として活動することである[101]。このとき①の過剰反応と③④⑤⑥は強化され，②は棄却される。構造は，独立・社会的単位体とは異なり，擬似家族的単位の連鎖で満たされ[102]，⑥は粘着的に強化される[103]。生産を伴うように転換する場合は，構成員の負担は徐々に軽減され，独立単位体に変貌することも可能である。しかし何等の生産を伴うこともなく人材の産出のみが維持される場合，オートポイエーシス・システム論が仮定した生物学的状況に近似した状況となる[104]。絶えざる外部供給を必要とし，また構成員は自ら自己言及的状況を受け入れ，体制を維持しようとする[105]。その場合，中枢への求心力の強化と共に，単位の反応様式は単位毎の自発的なものではなく所与として画一化される[106]。これにより，様々な個性は排除される。また単位体への新規参加者の参入障壁を設けることがある。同質性や協調性という資質が求められるからである。しかし，背景等の共通項の一致で主観的に判断され，外見上の差異を排除することはできても規格

化は不可能である。しかしながら，反応様式の画一化によって，同質性は徐々に形成される。[107]

このような違いから，システムと非効率的な独立・社会的単位体とのカップリングは，システムにとって負荷の掛かるものとなる。故に，外部システム化を働き掛けなければならないのである。

(6) 不幸の原因

社会におけるオートポイエーシス的単位を擬似家族に求めることは，不公平な結果が生じる場合もある。前述のように，秩序関係の軸をシステムの内外に多く求める擬似家族的単位，さらにその重複した連鎖に関わっているならば，自己の意思と相俟って産出は，進化圧・単位内期待の高まりと比例して達成される。そしてそのとき単位内の特定関係の軸は，相互向上的に連携することも可能である。このことがシステムの全ての部分で調和的に行われているのならば，システムは凝集性を維持しながら，各部分の構造・事業とも連続的に発展・変更することが可能となる。最後に，システムにおける(5)の単位体化の危険性に触れておこう。

現実の組織における多くの擬似家族的単位には，部分組織内部に留められ遠望が効かない場合もある。特に，独立単位体におけるように部門毎に分断されることもある。それ故，前述の諸原理と共に，部門を越えて連携することが求められるのである。しかし，上位システム自体が独立単位体に変貌する場合もあり，構成員各自の自覚と努力にも個人差がある。このような場合，産出圧が進化圧に追いつかなくなることもある。ある場合は，システム全体で誰も認識しないうちに事態が深刻になることであろう。すなわち，社会的オートポイエーシスがシステムを支えきれなくなり，全てが独立単位体か単位体になる場合であり，大局的機能の有機構成も失われる。

さらに中間構成要素において，一部の擬似家族は対応でき，別の単位は対応できないということもあり得る。そのとき表面上は，解決策を見出せない中間構成要素が目立つことになり，対応できない擬似家族的単位を多く抱えるか，

その連鎖が途切れている中間構成要素は，メタシステムによるアルゲドニック・ループの間欠的な干渉を招くことになる。結果的に，本来職場や学校，地域における擬似家族的単位は自然発生的なものだが，その組換えを余儀なくされるであろう。また設定されるメタシステム的役割の者が，補助ではなく過度に干渉することで，本来の産出に繋がらない場合もある。これ等のバランスは，前章で見たように三者で均衡するほど当事者の存在は大きいのである。

また，本節(1)に述べたように，個人的支持基盤自体は自ら作った現象学的領域の中に位置し，その集積として部門部署等があるため，転じて単位の基調は所属するシステムや部門から反射され，それによって慣習や風土が維持され，内的刺激が比例することで全体的に産出圧が抑制・促進される。産出とは本来的に自己差異化であり，基調を与える側からは敢えて異質や新規参入者を受け入れることである。しかしそこに過度の規制が科せられる場合は，抑圧的な状況にならざるを得ない。[108]

逆に個人レベルから作り出す不幸もある。それは，社会的地位等の公式的関係のみに依存することである。さらにまた，単位の重要性を認識できず，重荷や義務と感じ，メタシステム的役割等を設定せずに内集団に終始する場合である。つまり，保護者的補助・促進者と当事者のみで本来の役割を果さず内集団に終始するか，または各単位の問題意識が低く単なる手続き等に終わるような場合である。新たな技術，製品，規則，方法論を伴う人材の産出，またはそれ自体の産出を，連鎖的にかつ相互学習的に行わなければならず，単なる内集団は意味を持たないのである。何れの場合も，抑圧的風土と同様，システムを単位体に変容させる危険がある。

このように，産出圧は単位内期待に比例する故に，本人の意識の高低・努力も然ることながら，擬似家族的単位が理解可能な秩序関係が大域的なものか，また問題意識が高いか，産出への構成関係が整っているか否かによって，結果的に産出圧は個人や部門の業績の違いとなって現れてくる。その結果，個人に対するシステム内の賞罰・昇進降格が，非調和的に行われることに繋がる。す

なわち，1人の意識のみではなく，全体が作り出す意識のレベルや努力・危機感が一定に高くなければならないのである。やはり，現象学的領域が規定されているという条件は大きいのである。

　しかも，他人の目は，個人や部門の成功・不成功という結果に向けられ，過程を評価することはない。構成員の陰の努力や過程への真の賛美と理解は，家族と擬似家族的単位そしてその連鎖内でしか分ち合えないものなのである。[109]

　ところで，一番の不幸は，家族とも縁を切り適切な擬似家族的単位の一切から脱落することである。個人レベルでは全ての単位から孤立する者は，同一の社会に留まる限り，異質な存在にならざるを得ないのである。また，本来結ぶべき人々以外と別次元の単位を構成する人もいる。個人は，問題意識において擬似家族的単位を選択する自由があるため，積極的に変更することも複数の擬似家族に所属することも可能である。しかしシステム外の別次元の擬似家族的単位に重心が移るならば，別の単位体の構成要素となる可能性が高くなる。例えば，第7章で触れる道南バスの末期の労働組合のようにである。これは，法的に認められる行為であるが，組織としては分裂の危機を招くことになり，事実そのようになった。

　以上より，個人が単位構成に参加し，個々の擬似家族的単位とその連鎖の秩序関係の軸がシステムの内外に接続し，大局的機能の有機構成を創発させない場合，そして有機構成が各単位の産出を維持しない場合，不安定を招くことになるのである。すなわち，(5)の(独立・社会的)単位体となる場合である。

　以上の議論から，オートポイエーシスを社会システムの中で実現する方法は，生存可能システムの中に実現されるということが明らかとなった。そして生存可能システムも擬似家族的単位というオートポイエーシスを必要としているのである。

注
　1)　本節は主に，ビア(1987)第8章によっている。

第 5 章　オートポイエーシス的生存可能システム　293

2)　マトゥラーナ，ヴァレラ(1991)，p. 175。本稿§4-1。
3)　マトゥラーナ，ヴァレラ(1991)，p. 88。
4)　マトゥラーナ，ヴァレラ(1991)，p. 176。
5)　マトゥラーナ，ヴァレラ(1991)，p. 165。
6)　マトゥラーナ，ヴァレラ(1991)，p. 237。
7)　III-IV間の関係の模式図は，ビア(1987)，p. 205 に与えられている。
8)　マトゥラーナ，ヴァレラ(1991)，p. 208。
9)　マトゥラーナ，ヴァレラ(1991)，p. 223。
10)　社会システムにおいても，擬似家族的単位を構成している個々の生体には生物学的オートポイエーシスが存在し，その意味ではやはり生物としてのオートポイエーシスも制約条件であることに違いはない。
11)　マトゥラーナ，ヴァレラ(1991)，p. 127。
12)　マトゥラーナ，ヴァレラ(1991)，p. 131。
13)　マトゥラーナ，ヴァレラ(1991)，p. 176。
14)　マトゥラーナ，ヴァレラ(1991)，p. 174。
15)　マトゥラーナ，ヴァレラ(1991)，p. 228。
16)　マトゥラーナ，ヴァレラ(1991)，p. 225。
17)　マトゥラーナ，ヴァレラ(1991)，p. 225。
18)　マトゥラーナ，ヴァレラ(1991)，p. 226。
19)　マトゥラーナ，ヴァレラ(1991)，p. 183，p. 193。但し§1-4(3)の様に行為連携を単位と考えることも必要であろう。
20)　マトゥラーナ，ヴァレラ(1991)，p. 193。
21)　マトゥラーナ，ヴァレラ(1991)，p. 194。
22)　マトゥラーナ，ヴァレラ(1991)，p. 220。
23)　マトゥラーナ，ヴァレラ(1991)，p. 221。
24)　マトゥラーナ，ヴァレラ(1991)，p. 230。
25)　マトゥラーナ，ヴァレラ(1991)，p. 155。
26)　故に，第3章のアシュビーの安定性・自己組織化の議論は，形式的なものであったのである。
27)　本節は主に Beer(1979)の第6章から第10章を参照した。
28)　独立した単位体としてのオートポイエーシス的単位体では，生産物，エネルギーに関しては開システムとなっていなければならない。
29)　Espejo, R., Schuhmann, W. and Bilello, U., (1996) p. 60. 多様性とは以下のように定義される。1) 静的な場合；$V = m\dfrac{n(n-1)}{2}$ 但し，V：多様性，n：要素の数，m：要素の一組毎の関係数。例えば，5人からなるグループにおける，全員の1対1の会話の多様性は，20 である。2) 動的な場合；$V = z^n$ 但し，

V と n は,1) と同様である.z:各要素の可能な状態の数.例えば,3つのライトが点滅するときの多様性は,状態が2,要素が3なので,8となる.但し,本稿では数学的議論は行わない.

30) ところで,生存可能システムモデルとその各サブシステムという機能は,Holland(1992)の言う複雑適応系とそのエージェントの性質に類似している(pp. 186-194).すなわち 1) 複雑適応系は,並列的作用する多くのエージェントのネットワークである.2) 複雑適応系の制御は,分散化されたものである.3) 複雑適応系には多くの組織化のレベルがあり,どのレベルのエージェントもそれより高いレベルのエージェントの構成要素となっている.4) 複雑適応系は,経験を積みながら,絶えずその構成要素を改変し再編成を繰り返している.5) 全ての複雑適応系は,未来を予感している.そして内なる世界モデルを基に,絶えず予測している.6) 複雑適応系は,一般に多くのニッチを有しており,ニッチの1つは,そのニッチを満たすように適応したエージェントによって利用されている.7) エージェントに可能な最善の策は,他のエージェントのやっていることと関連させながら,自らを変え,改善していくことである.このように説明されている.システム II を除けば,ビアの所論との一致性がわかる.

31) ビアは現業を行うというアイデンティティの観点から,それ自身を生み出す部分と述べている.これはオートポイエーシスとは異なる.

32) Beer(1981).

33) 以下管理単位,システム I 等の記述は,管理単位相当の機能を現す実体または構成要素等の意味に用いている.

34) 生体における手足の挙動は,互いが制約になっている.よって,熟練とは連動させることである.

35) マトゥラーナ,ヴァレラ(1991),p. 221.

36) 第3章アシュビーの自己組織化に対応する.但し自律的自己拡大ではなく,システム II の調整による.

37) $(s_o{}^*, s_{M,o}{}^*) \in (S_o \times S_{M,o})$ が $G_o \equiv S_o, S_{M,o}, \geq_o, \geq_{M,o})$ の均衡解であるとは,S_o の任意の要素 s_o について $(s_o{}^*, s_{M,o}{}^*) \geq_o (s_o, s_{M,o}{}^*)$ が成立しかつ $S_{M,o}$ の任意の要素 $s_{M,o}(s_o{}^*, s_{M,o}{}^*) \geq_{M,o} (s_o{}^*, s_{M,o})$ が成立することである.同様のことは,G_M の均衡解についても言える.Bennett(1977)(1980),木嶋(1996).

38) 但し,③′であり,システム I の副交換神経とは経路を異にしている.

39) Beer(1979),p. 42.

40) ビア(1987),p. 202.

41) システム I による事象生起の実際に関するアクチュアルと IV による事象生成の潜在性と顕在性の傾向を捉えるリアルの双方の視点を持つ必要がある.

42) Beer(1979),pp. 406-408. pp. 386-387. Beer(1994 b).システムがシステム的

である所以は，自律的に行動する故である．しかし人間の社会であるため，完全に管理を否定する訳ではない．例えば賞罰結節を用いて，直接システムVがシステムIを規制する場合もある．またメタシステムが業務単位に制約を課す場合もある．前例のハイパーゲームで，業務単位の想定するゲームが5×3あるいは7×3であったとしよう．それを支配とは別に，3×3のゲームに制約する場合，その制約は業務単位に対する一種の管理である．このことは管理単位に対しても当てはまる．つまり，前述のゲームによる説明は，多様性をより多い利得をもたらすモデルを持っているか否かと解したが，それを業務単位が取り得る可能な状態の数と考えた場合，両者を裁定する働きとして制約は必要である．過度の自由度は，全体の凝集性を失わせるからである．

　基本単位間の連携が悪く，互いの出方がわからない場合もある．双方の基本単位が利得を高める方法は2つある．1つは前例と同様，相手との相互作用を通じて相手の内部モデルを学習し予測する方法である．しかし，学習による方法は情報処理の負荷が懸かる．よって，利害対立を調整する上位機能を創造することが第2の方法となる．生存可能システムにおいては，2番目の方法の方が自然である．理由は，生存可能システムにおいては，システムIのみが存在する場合でも，組織の第2・第3原理が満たされ合意領域が形成されるならば，自ずとメタシステムを設定するよう機能するからである．調整機構を設定する場合，自己の利得の最大化に専念することが可能になる．自律性とは，この場合さらに基本単位間での多様性交換を考慮することである．その上でシステム全体の最適化を達成することができれば，下位システムつまり基本単位にとっては情報処理の負担が少なくてすむ．生存可能システムか組織かの分かれ目は，ここにある．調整機構に十分な能力がなければ，システムを想定してもそれは階層組織となり管理を主体とすることになってしまう．調整能力が十分ならば，組織の第1・第2・第3原理が満たされ，システムとして機能する．調整とは，度合いの問題として管理に転じるものである．管理の本質は目的遂行のためであり，転じては管理的凝集性維持とも言える．しかしこれは自律的凝集性とは別物である．よって管理問題の本質は，凝集性の維持と自律性の発揮のバランスということになる．

43) オムロン株式会社(旧立石電機株式会社)の創業者立石一が1930年京都市下京区に彩光社を設立したことに始まる．個人で取得していた実用新案製品の製造販売を始めたが売れ行きは不振を極めた．

　1932年，0.05秒で撮影できるレントゲン写真用のタイマーの製作で事業は軌道に乗った．その後'33年，大阪市都島区東野田に立石電機製作所を創業した．僅か3人でのレントゲン写真撮影用タイマーの生産であった．しかし誘導型電圧継電器を一般の配電盤用の電圧継電器に改良し，配電盤メーカー用に誘導型限時継電器等の開発も行い，継電器の専門工場として自立することができ

た．生産が軌道に乗ったのは'36年に，大阪市西淀川区に自前の新工場を建設・移転してからである．しかし生存可能システムとしては不完全であった．社長の立石がシステムⅤとⅣさらにⅢを担当した状態が続いた．中間形態のままの病的な状態である．図5-1と同様，基本単位1つという状態であった．

'41年10月，マイクロスイッチ国産化の要請を受け，'43年12月に成功した．このときの研究開発が，戦後，オートメーション機器のパイオニアとしての礎となった．'43年に入ると第2次大戦の戦火は強まり，京都御室に分工場を建設することになった．建設途中の'45年5月に空襲で東京出張所が焼失，同年6月には大阪本社工場の全施設を焼失した．生産確保のために京都分工場の建設を急いだが，京都分工場が完成したのは終戦の日だった．以来同社は，京都を本社として事業活動を進めることとなった．

'54年部門毎の独立採算制に移行し，翌年には立石電気販売株式会社と株式会社立石電気研究所を分離設立した．さらに分権制を採用し，生産面でも機種別専門工場方式を取り独立採算方式とした．分権・独立採算制と中央集権制を組み合わせた方式をプロデューサー・システムと名付け，生産会社をＰ工場と呼んだ．これによって各工場長が生産と労務管理に専念することができた．このことは，システム的には理想的な状態である．同モデルに従えば決定と権限はある程度分権されるべきである．

さて，生存可能システムモデルの文脈で述べてみよう．各Ｐ工場や立石電気販売が，生存可能システムモデルで言うところのシステムⅠに当たる．立石電気研究所がシステムⅣに相当した（現在は事業開発本部）．本社機能がシステムⅢやⅡであり，社長自身がシステムⅤである．システムⅡの1つとして，'63年から始まった立石販売学校がある．戦略策定室には，中央研究所やCIプロジェクトチーム等が加わった．これによって，独立採算方式によってシステムⅠの自律性の高いシステムを体現したのである．発展の礎はシステムⅣとシステムⅤ，そしてそれを実現したシステムⅠにあった．特にシステムⅣは，'55年の防衛庁の戦闘機国産化計画に沿った高性能マイクロスイッチの開発，自動販売機，硬貨真贋鑑別機，車輌検知機，電子卓上計算機等，新機軸を絶えず産み出した．時代は高度成長期に入り，電化の波が後押しする形となった．しかし同社の中心は，品質第一主義のシステムⅠであった．システムⅤについては，立石の会社は社会に奉仕するために存在するというメセナ志向を持つものとして，'55年に制定された，「われわれの働きでわれわれの生活を向上し，よりよい社会をつくりましょう」という社憲に集約されている．

社憲の下に以下の経営理念がある．すなわち，①品質第一を基本に，より良い製品・サービスを提供し，顧客満足を最大化する．社会の発展に役立つ新たな価値を創造するため，絶えざるチャレンジを行う．②株主からの信頼重視企業価値を高め，収益を適正に還元し，株主からの信頼と期待に応える．共に働

く社員の一人ひとりを、個人として尊重すると共に、その成果に対し公正に評価し、処遇する。良き企業市民の実践世界の事業拠点における良き企業市民として、積極的に社会に貢献すると共に、地球環境や資源の保護に努める。③倫理性の高い企業活動法令の遵守はもとより、高い倫理観を持って企業活動を行うと共に、経営の情報開示と透明性に努める。

44) 同社の再帰構造を考えても、社憲に裏打ちされていることが分かる。すなわち、社会的貢献と仕事を融合させることによって、オムロン自身を社会システムの中に再帰構造化させようという試みが見て取れる。また人類の発展は科学、技術、社会の円環論的結合であるとするSINIC理論も追加され、技術と経営の融合を図っている。

　再帰構造の具体例は、技術と組織形態の二面から考えられる。技術的には、システムIVの技術開発を社会的必要性の先取りに特化し、自動感応式電子交通信号機、自動改札機、キャッシュディスペンサー、無人駅等を実現させた。またサイバネティックスの展開の1つとしてそれを健康工学と名付け、各種の測定装置を開発し、健康産業という新たな分野を拓いたことが挙げられる。組織的には、P工場をネオ・プロデューサー・システムに展開したことである。すなわち、グループの地方分散化である。これによって国内的には過疎化という事態に対応しようとしたのである。具体的には、飯田電工、三島製作所、草津制作所等である。また身体障害者の社会復帰支援の一貫として設立されたネオPの中にはオムロン太陽電機株式会社もある。SINIC理論を21世紀型に展開した宣言書GD 2010では、自律・分散、共生、ソーシャルニーズ創造が普遍的なオムロンのDNAであると述べている。それはオムロンの辿った歴史でもある。なお90年には社名をオムロン株式会社とし、第3の創業と位置付けている。何れにせよ、システム的発展を志していたことがわかる。同社の組織をモデルに乗せると図5-4のようになる。

45) 図5-4、5-5のシステムIIIである統轄事業部・業務統括本部等は、名称が第1章の図1-9松下電器本店事業部に似ているが非なるものである。何故ならばオムロンの場合は、図5-7のP工場や事業部の水準に重点が置かれており、それを統轄するIIIは決して管理的なものではないからである。管理的機能はこの水準の各管理単位に任されている。故に本社水準のシステムIIIの機能は、事業計画や進出分野の検討が中心となっている。一方松下の場合は、本店に損益コントロール機能が集中していたため、下位水準に自律性を持たせることはなかったのである。つまり、形状はモデルに一致しているが、管理体制の効率化以外の何ものでもなかったのである。

　また、第1章図1-12のカンパニー制松下電器だけは基本単位間に多様性吸収経路がなく、同図1-5日清や図1-6キリンそして本章図5-5オムロンにはそれがある。これは、日清の場合は事実上日清製粉から派生した複数部門であ

り，キリンは生産本部や物流本部・酒類営業部等基幹部門が中心であるが，基幹技術・価値は本社が提供することで，統制機能ではなく凝集機能が発揮されているからである。オムロンの事業開発本部の機能も同様で，知的資産の利用が計られている。松下は基礎技術の完成後の製品別組織であるため，人的交流も含めて経路がないのである。

46) 第1章の例を参照のこと。
47) Beer(1979), p. 261.
48) Beer(1979), p. 40. ビアは「制御の第1格言」と呼んでいる。
49) ここでの経営的意味付けは，クレムソンの解釈に準じる(Clemson (1984))。
50) Beer(1979), p. 97.
51) Beer(1979), p. 95.
52) Beer(1979), p. 98.
53) Beer(1979), p. 99.
54) Beer(1979), p. 101.
55) Beer(1979), p. 258.
56) Beer(1979), p. 217.
57) 擬似家族的単位の三角形が，各管理単位・システムⅡ・業務単位・Ⅲ＊等の構成要素間で成り立っており，その連鎖の発露が大局的機能の連鎖に表れているということである。
58) Beer(1979), p. 298.
59) Beer(1979), p. 311.
60) Beer(1979), p. 298.
61) Beer(1979), p. 352.
62) Beer(1979), p. 118.
63) Beer(1979), p. 355. 第4章の拡大された自己は(ix)(x)によっている。
64) ケストラー(1983)は，システムは全体的に秩序維持志向が働くと述べている。すなわち，「全体であり部分でもある」という2重性の上に立ちながら，上の階層の方がより大きい自由度を持っておりその上で階層関係の中で全体と部分を相対化すると言う(p.99)。しかし下位に離脱志向もあるはずである。実際，独立するとはそういうことを指している。一方，生存可能システムモデルでは，独立も含む下位水準の自律性が主となる。下位水準の自律性が，システム全体の生存可能性を作り出しているからである。では，下位水準の自律性を活かしながら秩序維持が可能となるのか。または，凝集性と自律性は如何にして実現されるのか。すなわち，上位水準から考えると下位の自律性を活かすことが効率的であり，下位から見ればこれは自己実現に繋がる。しかし自由度については，ホロンのように上位が大きければ下位水準は操作されることになり，下位の自律性が主であるということに矛盾する。

実は，再帰論理は，ホロンの階層性とは異なる概念である。ホロンのような2重性という概念的工夫——第3章で触れたように，河本(1995)が第1世代にホロンを入れたのはこの理由であろう——ではなく，焦点を当てた水準自体が上下の水準を含んでおり，同一水準内のシステムⅠからメタシステムに向うこと自体が水準を越えることを意味している。よって，下位の生存可能性を優先する中での意味付けも下位水準から自律的に行われ，創発した意味が認識される部分として上位の水準に体現されるのである。必然的に凝集的となる。

65) 社会システムの場合，生体のような再生産や，構成要素が完全に一致するようなコピーもない。

66) 例えば一群の細胞が組織を構成し，組織の集合体が器官となり，器官の連関が一個の生物を作っている。これ等は再帰的に連続している。また，独特の構成関係を有するとは，脳のニューロンを考えてみればよい。言語中枢を形成するニューロン群もあれば，運動皮質や視角皮質を形成するニューロン群もある。それ等がネットワーク的に連結し，1つの頭脳を作っている。

　社会システムにおいては，その構成が生存可能システムモデルのようになることが，構成関係ということである。また学習，進化，適応は，本来異なる概念である。しかし外界との接触によって，ニューロン間の連結に強弱をつけ学習するように，社会的システムも必要に応じて，構成要素の修正と再結合を繰り返している。

67) カップリングしたシステムの一方が発展する場合，他方もそれに対応しなければならない。合意領域を含めた複線的指示-応答が基本であるため，公式的システム間，微視的レベルのカップリングである擬似家族的単位によって情報がもたらされる。このとき一方のシステムから行為的支援はあるが，他方のオートポイエーシスはそのシステムの構成要素によって維持されている故，具体的な行動の詳細はそのシステムの内部において作られ伝達される。その過程で，各中間構成要素や個々人には刺激として発せられ，単位の変更を含む新たな産出行為が開始される。このことは後述する進化圧と産出圧とも関連する。

68) 人間は複数の単位体に所属することも可能なため，固定的視点では外部からもたらされた試練と感じることもある。しかし絶えず内部的課題なのである。

69) 各個人は，恥という感情や完成化への願望を伴うものである。

70) このような関係性をもってシステムと個人を語るならば，ビアも生気論的な議論を必要とはしないだろう。Beer(1994 d)．

71) 1つの単位が単一の擬似家族的単位からなる場合は，例えば小規模の店舗やベンチャー企業等に見られる。

72) 再帰システムの定理は，単位体システムの上部にも仮定される。つまり，次章で述べる外部関係のシステム化と同様に，上部構造のシステム化を要求する。何故ならば，同定理に従えばシステムの安定は，システム内に再帰構造化

されなければならないからである。
73) Varela(1979), p. 56.
74) 現象学的領域が単位を作ることはないが，慣習や風土を与えている。
75) 前章で触れたように，QCサークルのような具体的な擬似家族的単位の中で実現される。
76) 新学部設置等の構造変動を伴う場合も該当する。
77) 小畑(1991), p. 65。
78) この論点は本章最終項で再述する。
79) ジョセフ・キャンベル『千の顔をもつ英雄』。
80) Varela(1979), p. 42.
81) マトゥラーナの社会システムを見れば明らかである。
82) このような状況下で，他者との関係を自律的に規定することは，現時点では不自由に感じられるだろう。
83) 例えば国際社会には，少なくとも主権国家，国際機関，非政府組織や企業といったノン・ステートアクター，地域共同体の4つの要素が存在する。個人やその所属する単位体は，帰属に応じて何れかの下位に分類され，それによって1つの同一性の基盤が提供されその上で他を観察せざるを得ない。同様のことは会社社会や地域社会といった分類にも見られる。
84) 伝統的組織が生き延びることができるのは，盲従する者が多いからである。
85) 所謂内部の論理はシステムにおいても存在する。
86) 内的秩序関係のみならず外的関係を保つところが独立単位体との違いである。一方独立単位体は，第7章最後に触れるように，同一性と管理と排他主義が融合し会社主義的色彩となる。
87) 第7章参照のこと。
88) マトゥラーナ，ヴァレラ(1991), p. 123。このことは§4-2(4)に参照し，§5-1(2)で指摘された通り曖昧である。ヴァレラの意味で生存可能性と解釈すれば成り立つが，本稿の立場からは機能の有機構成である。
89) Maturana(1978), p. 39.
90) Maturana(1978), p. 45.
91) メタシステムの支持がなければ，§5-2-2(4)のような接続できない事態になる。
92) Gadamer(1975), p. 245.
93) Gadamer(1975), p. 269.
94) 第6章の例とは異なり，次の②③により単位連鎖から遊離することによって，一層遊離することになる。その結果，②③は加速される。擬似家族的単位の連鎖を前提としなければ，リーダーシップ論は成り立たないのである。
95) 情報の多寡と職位により権威を維持することを指している。つまり，④の形

となる。但し，本節の議論は，§7-6(2)で実際の視点から再述する。
96) ビア(1987)，p.409で言う個別の生存欲によって全体が圧倒される病理的状態である。
97) 同一の機能を分散させることになるからである。
98) 支援単位がない故，外部の多様な価値観に触れる者の中には組織内脱落者を生むこともある。このような者は，真の自己言及的体制が作られることはないと確信しており，外部環境との内集団に心理的重心を置くであろう。しかしそれは直面する課題への解決策を明示することはないのである。
99) 公益法人や地方自治体，学校等，利潤追求を主眼としないものが考えられる。この場合，①のリーダーシップは必ずしも必要とはしていない。また⑥は，独立単位体が新規事業の創出という多角化，さらにその補完・相乗効果を目的としているのに対して，業務の分割と職位の創出に主眼を置いている。
100) 古代における国や村の成立と同じく，信頼と保守の範囲で自己完結的単位体化を計ることの方が容易いからである。しかし，規模や活動範囲が拡大すると，個人におけるカップリングと同様に単体で完結することは難しく，組織内外の資源を必要とするようになる。独立単位体では，開システムとして取引が円滑化することは，閉システムとしてアイデンティティに影響を与える。故に，組織内に刺激が生じ，時に定款や構造の変更が行なわれる。
101) 第7章の後半に触れる階層構造に参加した衛星企業の幾つかのように，逆は容易い。また一般の独立単位体が，このような状況に陥ることは少ない。これは例えば，鎖国状態の軍事国家等，本来社会的単位体なのに，自己完結的に独立状態を獲得しようとする場合である。このような組織に触れる理由は，歴史的にこのような体制が多かったからである。但し，今日学校等が事業収入や資産運用で収益を改善するのは，その限りではない。
102) すなわち，上位への信頼と下位への指示連鎖，水平方向への依存関係の相乗効果を上げようとする。特に⑤の会社主義は，このような特殊な単位体においてのみ完全な形で成立する。但しこの特殊単位体における単位は，④を促進させるために指示-応答軸を中心とするもので，メタシステム的役割が欠如する場合もある。一方独立単位体では，健全な懐疑主義者もおり，実際は構成要素共同言及の範囲でしか成立しない単位体を制度として見做すことで，安心と利益を得ようとするものであり，理念と現実には乖離がある。しかも誰もがそのことを承知している。
103) 注99)の関連で言えば，内部における業務循環による利益の創出という側面もあるが，対外的接点の増加装置である。よって個別の単位体が窓口になるが，境界を越えて一体的・総力的対応を行うのである。しかし，現実は閉システムを完成させるための対内的工夫として作用する。
104) 論点は生体と同じく何等の生産を行わないということである。しかし，組

織としての目的は存在する。ビアやマトゥラーナ，ヘイル達が指摘した自己言及性は，このような単位体でのみ成立する。すなわち，御恩と奉公的心情と共に，忠誠心を表すために構成員自らが自己言及的一体性を要求するのである。そのため，強力なリーダーシップを許容する。つまり，会社主義の完全形の一方的側面が自己言及性と言うことができる。しかし注98)のような脱落者もおり，マトゥラーナの社会システムの15番の性質を成立させる対応が随所に生じる。すなわち，特殊単位体の擬似家族的単位は，そのような性質を帯びた支援単位となる。

105) 指示系列の下位にいる構成員は，外部供給を促進すると共に自ら供給者の立場に立つこともある。また，外部供給者に対しても自己言及性の範囲の拡張を試みるであろう。但し外部供給者は，新規参入者にならない限り擬似家族的単位の員数とされることはなく，通常は一方的供給が要求される。

106) 閉システムとしてのアイデンティティの維持のため，権威と権限が分離されることはない。それ故この体制では，絶えざる組織構造の変動を伴いながらも，責任は指示の系列によって下位に伝達される傾向がある。例えそれが自己に到達しても，体制に非を唱える者は稀で，秩序維持を受け入れる。外部からは隔絶された独自の価値観によって，中枢・上位構造の維持に目的が合理化されるからである。注104)にも拘らず98)の状況は続くため，§1-2(3)で触れた階層化は必然であり，また合理化の手段として利用される。またそれ故特に下位における構造変動は，求心力の維持装置として活用される。但しそのような権威は，当該単位体内部においてのみ効力を有するものでしかない。逆に通常の独立単位体では，注100)，102)の意味で外部の権威を受容するが，特殊な単位体では外部権威を認めることはない。

107) ある個人・部門による成功例は普遍性のあるものとして語られ，組織内の競争が④の裏付けとして促進される。このような内的刺激と過剰反応の連鎖は加速され構成員は消耗するが，(外的)危機を提示することで一定の方向性が維持される。それによる緊張感は，局面毎に様々な形で創り出される共同幻想を皆で共有することで緩和される。

108) 前述の大局的機能との関係における習俗と一致する。また，次章の例のようにモデル上の機能関係が変わらない場合でも，構成要素等の構造やその関係性を含む内外環境の変化によって，生存可能システムは絶えず更新されていかなければならない。これが可能となるのは，先の単位連鎖と共同言及制によって，システムに自己性を認めることが可能だからである。

109) §4-8で述べたように，家族単位か擬似家族的単位をオートポイエーシス的単位とすることにより，真の不幸を招く者は自己の立つ地平を自ら捨てる者自身であるということが言える。自ら家族関係を絶つ者は，本人のみならず家族全員から可能性を奪う者である。しかし残された家族が擬似家族的単位

を設定できれば危機を回避することができる。また愚かなことは，メタシステムを設定することを怠り，当事者と補助・促進者のみでまとまる者達である。本人の意識に拘わらず，これは単位ではなく，小さな内集団を作ったということでしかない。

参 考 文 献
[1] Ashby, W. R., *An Introduction to Cybernetics*, Chapman & Hall, 1956.
[2] Ashby, W. R. *Design for a Brain*, Wiley, 1960.
[3] Beer, S., *Cybernetics and Management*, University press, 1959.
[4] Beer, S., "Toward the Cybernetic Factory,"in von Foerster, H. and Zope, Jr. G. W. eds., *Principles of Self-Organization*, Pregamon press, pp. 25-89, 1962.
[5] Beer, S., *Decision and Control*: *The Meaning of Operational Research and Management Cybernetics*, John-Wiley, 1966.
[6] Beer, S., *Brain of the Firm*, 1 st edn., Penguin press, 1972.
[7] Beer, S., *Platform for Change*, John-Wiley, 1975.
[8] Beer, S., *The Heart of Enterprise*, John-Wiley, 1979.
[9] Beer, S., *Brain of the Firm*, 2 nd edn., John-Wiley, 1981.
[10] ビア，S.（宮澤光一他訳）『管理社会と自由』，啓明社，1981。
[11] Beer, S., "The Viable System Model: its provenance, development, methodology and pathology," *The Journal of the Operational Research Society*, Vol. 35, pp. 7-26, 1984.
[12] ビア，S.（宮澤光一監訳）『企業組織の頭脳』，啓明社，1987。
[13] Beer, S., *Beyond Dispute*: *The Invention of Team Syntegrity*, John-Wiley, 1994 a.
[14] Beer, S., "Cybernetics of National Development" in Harnden and Leonard eds. *How Many Grapes Went into The Wine*, John-Wiley, 1994 b. pp. 317-340.
[15] ビア，S.（関谷章訳）『企業組織のシステム診断』杉山書店，1994 c。
[16] Beer, S., "May the Whole Earth be Happy: Loka Samastat Sukhino Bhavantu," *INTERFACES*, 24: 4 July-August, pp. 83-93, 1994 d.
[17] Bennett, P. G., "Toward a Theory of Hypergames," *Omega*, 5, pp. 749-751, 1977.
[18] Bennett, P. G., Dando, M. R. and Sharp, R. G., "Using Hypergames to Model Difficult Social Issues: An Approach to the Case of Soccer Hooliganism," *J. of the Operational Society*, 31, pp. 621-635, 1980.

[19]　Burrell, G. and Morgan, G., *Sociological Paradigms and Organizational Analysis*, Heineman, 1979.
[20]　Clemson, B., *Cybernetics : A New Mangement Tool*, Abacus press, 1984.
[21]　Espejo, R. and Watt, J., "Information Management, Organization and Managerial Effectiveness," *J. of the Operational Research Society*, vol. 39, no. 1, pp. 7-14, 1988.
[22]　Espejo, R. and Harnden, R., eds. *The Viable System Model : Interpretations and Applications of Stafford Beer's VSM*, John-Wiley, 1989.
[23]　Espejo, R., Schwainger, M., eds. *Organizational Fitness : Corporate effectiveness through Management Cybernetics*, Campus Verlag, 1993.
[24]　Espejo, R., Schuhmann, W., Schwaninger, M. and Bilello, U., *Organizational Transformation and Learning : A Cybernetics Approach to Management*, John-Wiley, 1996.
[25]　Espejo, R., Schwaninger, M. and Associates, *To Be and Not to Be, That is the System, A Tribute to Stafford Beer*, Carl Auer-Syateme Verlag, 1997.
[26]　Flood, R. L. and Jackson, M. C., *Creative Problem Solving*, John-Wiley, 1991.
[27]　Gadamer, H. G., *Truth and Method*, Seabury press, 1975.
[28]　Harnden, R. and Leonard, A., eds., *How Many Grapes Went into the Wine : Stafford Beer on the Art and Science of Holistic Management*, John-Wiley, 1994.
[29]　Holland, J. H., *Adaptation in Natural and Artificial systems*, MIT press, 1992.
[30]　今田高俊『自己組織性』創文社，1986。
[31]　ケストラー，A.（田中三彦，吉岡桂子訳）『ホロン革命』工作舎，1983。
[32]　木嶋恭一『交渉とアコモデーション』日科技連，1996。
[33]　Maturana, H. R., "Biology of Language : The epistemology of reality," in Miller, G. and Lenneberg, E., *Psychology and Biology of Language and Thought : essays in Honor of Eric Lenneberg*, Academic press, pp. 27-64, 1978.
[34]　マトゥラーナ H. R.，ヴァレラ F. J.，（河本英夫訳）『オートポイエーシス』国文社，1991。
[35]　小畑清剛『言語行為としての判決』昭和堂，1991。
[36]　リンカーン，I. S.（寺本義也他訳）『組織理論のパラダイム革命』白桃書房，1990。
[37]　Varela, F. J., *Principles of Biological Autonomy*, North-Holland, 1979.
[38]　ワイク，K.（遠田雄志訳）『組織化の社会心理学』文眞堂，1997。

第6章　セブン-イレブンの事例

　第1章で，生存可能システムの動的な面を捉えなければ，モデルの真意を損ねると述べた。そこで本章では，生存可能システムの例としてセブン-イレブン・ジャパンを取り上げ，その戦略の遂行過程を考察する。具体的には，第4章で述べた社会的オートポイエーシスである擬似家族的単位を各自が持ち，プロセスの共有化それによる組織的学習が行われているか，またそれが生存可能システムとして信頼醸成装置になっているか否かを検討する。さらに，システムとしての外部環境への働き掛けを行っているかを検討する。すなわちシステムは，独立単位体ではなく，カップリング対象にシステムを要請するということを検討する。

　イトーヨーカ堂本部ビルに株式会社ヨークセブンが設立されたのは，1973年のことだった。これが，'78年にセブン-イレブン・ジャパンと改称し，我が国のコンビニエンス・ストア業界の首位を独走する，同社の始まりである。資本金は1億円だった。'74年，第1号店が江東区豊洲にフランチャイズとして出店された[1]。その後年間平均300店の出店を行い，2002年8月には9,314店になっている。営業収益も88年に1,000億円を突破した。経常利益は25%増の成長を続け，'97年に1,120億円の経常利益を上げた。現在，資本金は172億円，昨年度の営業収益は3,659億4,300万円だった。SEVEN-ELEVEN, INC.，セブンドリーム・ドットコム，セブン・ミールサービス，ユニオンリース等を子会社に持ち，イトーヨーカ堂グループのコンビニエンス事業の中核として同グループを代表する企業である。

　しかし元は，北米で4,000店舗以上の小規模小売店舗セブン-イレブンを展開していたサウスランド社からイトーヨーカ堂が，コンビニエンス事業をフランチャイズ方式で展開するためのエリア・サービス及びライセンス契約を締結してのスタートだった。我が国には，コンビニエンス事業という形態がなかっ

たからである．サウスランド社に接触した理由は，以下の3点である．①日本では，何百という小売店舗をチェーン化し管理する技術は確立していない．②管理方法確立のためには，長年にわたる試行錯誤と経験の蓄積が不可欠だが，当時の我が国小売業の直面した課題，すなわち大規模小売店舗法の緊急度から考えると，初めから効率的な方法を開発するには機を逸していた．③アメリカでは，同分野に長い歴史があり，管理方法が確立している．この3点であった．

しかし'90年に入って，技術・経営的に支援を受けた関係は逆転した．すなわち，サウスランド社が倒産の危機に瀕し，それを，セブン-イレブン・ジャパンを中心にイトーヨーカ堂グループが再建したためである．結果的に，'91年セブン-イレブン・ジャパンは，サウスランド社の株式の70%を取得し，傘下に収めた．それが現在のSEVEN-ELEVEN, INC.である．

元来サウスランド社から導入した手法だったが，独自の商品構成や多品種少量生産・販売という個人のニーズへの対応を，情報・通信技術の進展に連動させOFCを初めとする全員の努力の結果，我が国の実情に合せて手直しし，独自の業態を発展させたと言っても過言ではない．例外は，セブン-イレブンという商標とコンビニエンス・ストアというコンセプト，そして粗利益分配方式だけである．独自の業態に行き着くまでは，サウスランド社のようにガソリン販売を行うことはなかったが，生鮮3食品や米国式ファーストフード販売等の試行錯誤を経験した時代もあった．しかしながら，商品構成，品質管理，衛生管理等，日本のコンビニエンス・ストア業界はセブン-イレブン・ジャパンを中心に独自の発展を遂げ，新たなライフスタイルを提示したと言うことができよう．

本章は，セブン-イレブン・ジャパン(以下セブン-イレブン)を事例に，生存可能システムモデル上での経営戦略の展開と組織・構成員の在り様を考察する．[2] すなわち，システムとしての同時的対応は如何にして可能となっているのか，生存可能性の中心であるシステムⅠの活動はどのように確保されている

のか，これ等が考察の中心となる。

§6-1　セブン-イレブンの特徴

　セブン-イレブンのシステム機能の有機構成は，創業以来後掲の図6-1で一貫している。その組織風土は会長の鈴木敏文によって作られたものと言っても過言ではない。同社が目指してきたことは，システムとしてのセブン-イレブンの確立であった。生存可能システムとして，それは絶えず更新されていかなければならない。そのため，繰り返し語られることは，品揃え，鮮度，クリーンネス，フレンドリーサービスの基本4原則の徹底であり，現場の具体的事実を全体で把握することが求められている。

　具体的には以下の諸点が上げられる。①イトーヨーカ堂グループの中核という位置付け。フランチャイザーとフランチャイジーのための利益中心主義，業績主義の徹底。よって，業績の上がらない幹部には降格人事もある。②そのため，オペレーショナルフィールドカウンセラー(以下OFC)は店舗経営の効率化に集中する。③リアルタイムに情報を管理している。しかしPOSの各指標はオーナーが利用するために，単純化したものだけを扱う。④店舗経営者との距離を縮めるためのあらゆる努力をする。⑤コミュニケーションを密に取る。その中で組織的学習を繰り返す。⑥③④⑤と相俟って，システマティックな運営を行っている。これは組織構造上の工夫，品揃え，外部取引業者にまで及ぶ。以上の経営姿勢に表われている。

　上述の特徴の一端に触れておく。OFCには，商品開発への要望等を述べることよりも，第一義的に店舗経営の改善が要求される。これは，店舗経営者主導で発注を行わせたり，返品を認めないという姿勢にも表われている。つまり，構成要素としての専門性が高いということの証拠である。OFCと並んで重視されているのが，候補店への説明を行うリクルートフィールドカウンセラーである。また⑥のシステムとしての運営に欠かせないのが，③の情報管理である。そのために総合店舗ネットワークシステムが，数次にわたり構築され

た。その中で，POS が導入された。POS によって，単品管理が可能となったため，実際扱っている商品は2,400アイテムもある。当初参照したサウスランド社が，レジスターで情報管理し，仕入もベンダーに依存し，廃棄品も返品可能としていたのとは比べるべくもない。利益中心主義，業績主義は，1つには総合店舗ネットワークシステムによって支えられていると言える。但し，データの加工，需要予測等には活用されていない。

社内外のコミュニケーションは，システムとしての凝集性維持の基本である。人間から成る生存可能システムの特徴は，一見情報処理システムとは対極にあると思われるコミュニケーションにも依存するものである。

社内会議は，毎週前半に集中的に持たれている。月曜日には，マネージャー会議が9時から行われ，その後11時からは役員会，午後に出店会議とゾーンミーティング，夕刻商品検討会が持たれる。火曜日には9時から OFC 会議，その後分科会，ゾーンミーティングと続き，ディストリクトミーティングで終わる。

特に重要なのは火曜日の OFC 会議である。店舗経営者との距離の短縮，すなわちダイレクトコミュニケーションこそは，セブン-イレブンの目指すものである。POS による数値管理の裏付けは，対話による納得と実績による実証と確信によっている。そのための OFC の配置・活動であり，毎週の OFC 会議である。つまりこれ等は，直接1万店以上もの店舗管理はできないが，1人で1万の加盟店を同時に管理するように，セブン-イレブンがシステムとして行動することを求めるものである。すなわち，OFC は，各受持ち加盟店でカウンセリングとミーティングを行いながら，システムとして同社を成り立たせるため，システムⅠの管理単位として機能していることになる。よって，毎週の OFC 会議の内容は，経営思想や文化に触れることはなく店舗経営に直結することに限られている。また「セブン-イレブンファミリー」[3]を毎週配布するのは，店舗経営者に帰属意識を持たせるためである。これ等のことから，同社をシステムとして見ることは無理のないことと思われる。

年2回開催される，IYグループ経営方針説明会も，グループ経営に関する事項に特化している。またセブン-イレブンの組織構造も同社の効率性と店舗経営をバックアップする体制になっている。

以上の議論を経営の観点からまとめると，同社の真の特徴が見えてくる。それは，[1] フランチャイズ方式と利益中心主義，[2] ベンダー等外部システム化，[3] 情報管理，[4] 店舗管理・商品戦略，[5] 組織的学習，転じて社会的オートポイエーシスである。すなわち，上述の特徴は，⑥の同社を生存可能システムとして成立させる工夫でもある。以下本節では，[1] のフランチャイズ方式と利益中心主義について述べる。理由は，システム思考という観点を度外視しても同社の特徴として考えることが可能だからである。その他は，次節で述べる。

(1) **フランチャイズ方式を採用した理由**

セブン-イレブンが設立される前夜，60年代・70年代前半の日本経済は高度成長期に当り，名目GNP伸び率は，年10%を超えていた。特に生活必需品や家電製品等の大量生産型の耐久消費財分野で，個人消費が拡大した時期であった。時代の潮流は，大規模店舗，セルフサービス方式，チェーンオペレーションによる多店舗化という現象を生み，人口増加地域へと店舗展開が行われた。このようなスーパーは，小規模零細・多段階型流通機構の近代化を推し進めると同時に，年率30%を超える高度成長を享受したのである。

しかし'73年の第一次オイルショックにより拡大路線にもブレーキが懸かり，市場環境は激変した。経済的混乱と共に大店舗を巡る問題が各地に続発したのである。同時に，小規模小売業者も売れ行きの鈍化に苦しんでいた。背景には，豊かな大衆消費社会の中で，人々の意識・消費行動が変化し始めたことがある。すなわち，9割もの人が中流意識を持つようになり，モノの消費からサービスの消費へ，という傾向が顕著になった。必然的に，商品選択も多様化・高級化し，商品寿命は短くなった。

このような中，イトーヨーカ堂は，コンビニエンス・ストアに注目した。し

かし当時アメリカにおけるコンビニエンス・ストア業態とは，長時間営業，小規模，生活必需品の販売，住宅地に隣接し大規模小売業者を補完するもの，という認識が持たれていた。つまり，スーパー等が近隣の中小小売業者を席巻した後，タイムリー・コンビニエンスという消費者ニーズに応える形で生じた業態で，単独では成り立たないものと思われていた。

　我が国においては，スーパー等の大規模小売業自体の発達も不十分であり，従来の小規模小売業自体がコンビニエンス性を備えているという考え方が主流を占めていた。すなわち，家族経営に頼った営業時間の短い小規模店で，500アイテム程の品揃えに限定されていた小売業の段階で，大型店の補完が可能と思われる程，小売業自体が未発達かつ意識も乏しかったのである。

　そこで，小売業自体の生産性とサービスの消費という消費者ニーズに応えるために，そして併せてビジネスチャンスを摑むために，コンビニエンス・ストア展開が意図された。しかしイトーヨーカ堂の当時の店舗数は33店であり，この周辺に展開し補完するというのでは事業展開としては小規模に逸することもあり，フランチャイズ制を取ることとなった。しかもイトーヨーカ堂自体がレギュラーチェーンを展開するよりも，速度，資金両面からフランチャイズ制の方に利があったのである。[4] しかしフランチャイズ制にも難があった。日本の小売業の抱える問題，すなわち労働生産性の低さ，人材不足，多数の卸業者との取引等の問題である。加盟店のオーナーもしくは経営者の独自性とレギュラーチェーンのような管理体制を如何に作るか，これが最大の問題であった。そしてこれが，カウンセリング体制の整備に向った理由である。創業の理念では，既存中小売店の近代化・活性化，そして共存共栄が謳われている。販売方法・推奨商品の受け入れ，卸業者との煩雑な取引の簡素化，粗利益配分の明快さを以って，巨大なフランチャイズ方式が維持されている。しかしこの点がセブン-イレブンの最大の弱点であり強みであると言える。同時に，出発時点から我が国独自の事情の中で，独自の方式が取られたのである。

　フランチャイズへの加盟の制約になったものは，次に説明するチャージ料の

高さに対する抵抗感と共に，卸売業者から小売店への圧力，乗っ取りへの恐怖心等様々があり，100店加盟に辿り付くまで2年6カ月を要した。しかしその後，徐々に違和感も薄れ，1,000店達成はそれから3年半後に達成された。その間，次節で述べるように様々なシステム化と共に，参加者自らが生存可能システムとしての同社を作り上げる試行錯誤を繰り返した結果，一定の方式を産み出すことに成功したのである。

(2) **粗利益配分方式**

利益中心主義である故に，フランチャイズと本社の利益配分では，粗利益配分方式が取られている。これは，サウスランド社から引き継いだ方式である。[5]

一般にロイヤルティの徴収方法には，売上高配分方式と粗利益配分方式そして定額方式がある。この内セブン-イレブンでは粗利益配分方式が取られた。すなわち，売上高から売上原価を引いた粗利益から，チャージ料と呼ばれる本部ロイヤルティを差引いたものが加盟店収益であり，さらにここから加盟店費用を引いて加盟店利益となる。同社にはAタイプとCタイプという店舗があるが，このときAタイプは40％をチャージ料として収めるのに対して，Cタイプは60％と定められている。[6]

当初コンビニエンス業界で粗利益配分方式を採用したのは，セブン-イレブンのみであった。他社は売上分配方式を採用していた。しかしセブン-イレブンの独走体制が確立するに従い，他社も粗利益配分方式を採用するようになった。そこで，粗利益配分方式の優位性について触れておきたい。

第1に，粗利益配分方式は他の方式に比べ利益を重視している点に，その優位性がある。つまり，売上や規模重視よりも利益重視の発想が基底にあり，正に利益中心主義に適っているのである。同社の発足当初，我が国の企業が重視していたのは，シェアや売上であった。その意味で，サウスランド社の発想には違和感があったに違いない。第2に粗利益配分方式は，利益中心の方針を本部も加盟店も共有し易いという利点がある。つまり，粗利益最大化という単純な目標を共通することが可能な方式であり，一体感も生まれ易い。第3に，よ

り高い粗利益の商品を積極的に販売する基礎となる点が挙げられる。つまり，本部は高い粗利益商品を開発・推奨し，加盟店は方針に従って販売するという単純な構図が，信頼の下行われることになる。第4に，各加盟店毎に値引きプロモーション等の工夫を行い，混乱を来すということはなくなる。つまりセール期間は，本部の支持通りに行い，季節性商品は期間終了後廃棄，という単純化が可能となる。

具体的には以下のようになる。表6-1，2はあるCタイプの店の一カ月の実績である[7]。表6-1のカテゴリー別ベスト10は，売上高もオーナー総収入（但し売上ベース）も一致性が高い。勢い加盟店ではデイリー品中心の品揃えを考えがちである。

表 6—1　カテゴリー別分析

売上高ベスト10（千円）

	カテゴリ	売上高	構成比
1	米飯	3667	14.5%
2	ソフトドリンク	2941	11.6%
3	麺類	2295	9.1%
4	デリカッセン	1827	7.2%
5	雑誌	1814	7.2%
6	ペストリー	1390	5.5%
7	デザート	1120	4.4%
8	牛乳乳飲料	1114	4.4%
9	アイスクリーム	1047	4.1%
10	調理パン	858	3.4%
	合計	18073	71.4%

オーナー収入ベスト10（千円）

	カテゴリ	総収入	構成比
1	米飯	475	16.4%
2	ソフトドリンク	473	16.3%
3	麺類	314	10.8%
4	デリカッセン	240	8.3%
5	雑誌	183	6.3%
6	ペストリー	168	5.8%
7	アイスクリーム	144	5.0%
8	デザート	144	5.0%
9	牛乳乳飲料	137	4.7%
10	調理パン	114	3.9%
	合計	2392	82.5%

表6-2のFFとは，米飯，麺類，調理パン，その他のことである[8]。表6-2の(a)の部分は，売上高と粗利の構成である。すなわち，粗利額とオーナー総収入の金額比から，チャージが60％懸かっていることがわかる。FF・デイリーの合計と非デイリーの構成比から，表6-1同様の品揃えを希望することは理解できる。しかしデイリー品には廃棄問題が付きまとう。(b)の部分の廃棄つまり不

表 6—2 売上・利益構造分析（単位：千円・%）

	FF計	デイリー計	FF・デイリー計	非デイリー計	総合計	
売上高	6,892	5,806	12,698	12,637	25,335	
構成比	27.2%	22.9%	50.1%	49.9%	100.0%	(a)
粗利額	2,280	1,818	4,098	4,178	8,276	
オーナー総収入	915	729	1,644	1,676	3.320	
不良品（売価）	448	173	621	0	621	
不良品売上比	6.5%	3.0%	4.9%	0.0%	2.5%	(b)
不良品（原価）	300	119	419	0	419	
オーナー粗利	615	611	1,226	1,676	2,902	
構成比	21.2%	21.1%	42.2%	57.8%	100.0%	

良品を勘案して構成比を計算すると，42.2：57.8と逆転する。すなわち，販売量が少ない非デイリー品であっても，オーナー粗利益は高く品揃えを怠ることはできないことになる。同時に，仕入のシステム化やPOSシステムのような，廃棄量を減らす方策を考えなければならないことになる。

§6-2　システムとしてのセブン-イレブン概観

本節では，前節で指摘した特徴の［2］ベンダー・物流等外部システム化，［3］情報管理について述べる。これ等は，同社をシステムとして考察する上で貴重な示唆を与えてくれる。但しシステムの動的側面ではなく，第1・2世代システム論的静的関係要件である。

一方第3世代的に，生存可能システムとしてのセブン-イレブンは，図6-1のように表せる。システムとして考える場合，その境界は，図のように各フランチャイズ店までである。本節では図解に留め，その上でメタシステムの機能から［2］，［3］について述べる。生存可能システムとしての考察は，本来動的に捉えるべきものなので，次節に後述する。

(1) **図解**

同社の組織図と図6-1は多少異なる。少々説明をしておこう。システムⅤ

は，現在は会長であり，副会長，社長はその補佐に過ぎない。システムIVは主に3つの本部から構成されている。財務本部は資産運用を行う証券部と資金部からなる。またリクルート本部は，在来店をフランチャイズにすべく調査・交渉，基礎訓練を行う部門である。販売促進部を含む商品本部は，新商品の共同開発を行う部門であり，やはりシステムIVとして外部・将来問題の一翼を担っている。弁当の開発を行う食品部が，その中心である。その他，キャンペーン活動の中心である企画部もこの機能を表している。

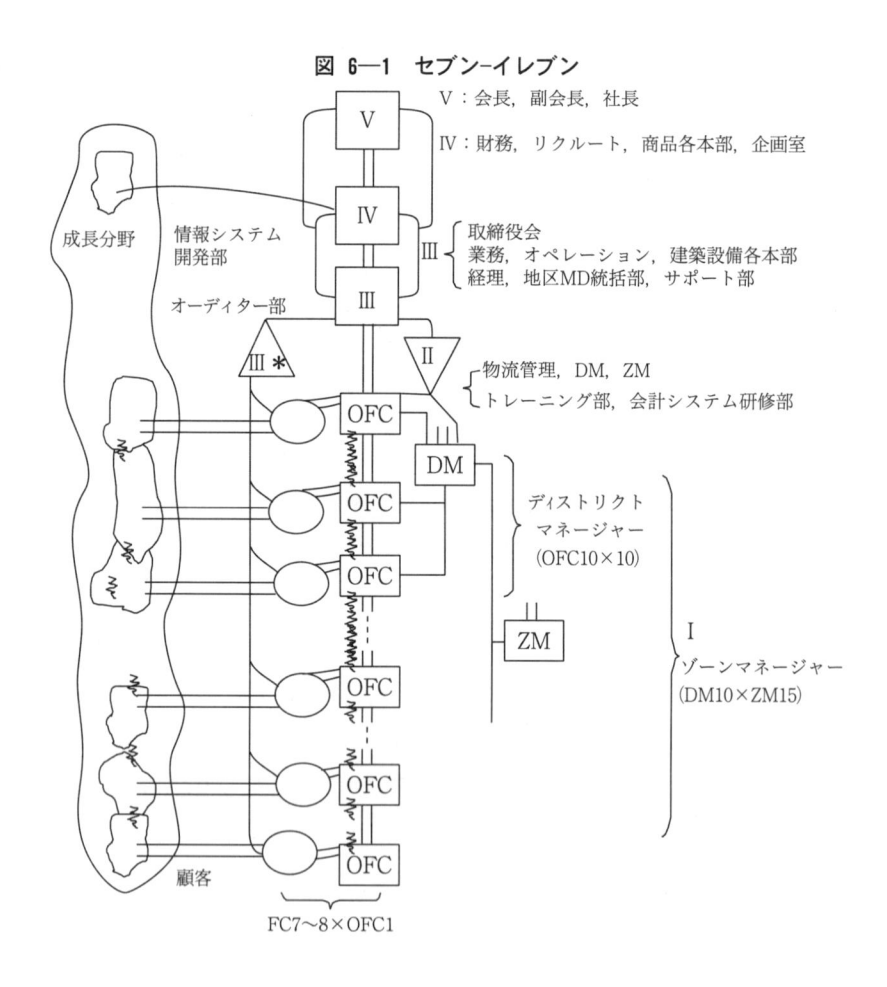

図 6—1　セブン-イレブン

V：会長，副会長，社長
IV：財務，リクルート，商品各本部，企画室
III：取締役会
　　業務，オペレーション，建築設備各本部
　　経理，地区MD統括部，サポート部

物流管理，DM，ZM
トレーニング部，会計システム研修部

ディストリクトマネージャー
(OFC10×10)

I
ゾーンマネージャー
(DM10×ZM15)

FC7〜8×OFC1

図6-1のサポート部はオペレーションサポート部に対応する。オペレーション本部に所属し顧客からの苦情処理係である。オペレーション本部は，OFC等の統轄本部であるため，システムⅢの機能を担当する。地区MD（マーチャンダイザー）統括部は商品本部所属であるが，オペレーション本部と商品本部を繋ぐ部署であり，システムⅢの機能の一翼を担うことになる。業務本部は，法人としての法務，総務等からなり，社員教育を行うトレーニング部も組織図ではここに含まれる。但しトレーニング部は機能上システムⅡである。人事部も業務本部に属しているが，社員に対する人事部であり，システム全体に関する人事ではない。

また組織図では，システム管理本部は会計システム研修部と経理部そして情報システム開発部からなっている。この内，会計システム研修部は，システムⅠの内特に各加盟店のサポートであるためシステムⅡに，経理部は全社の経理担当なのでシステムⅢに配置される機能である。また情報システム開発部は，通常業務はアウトソーシングしているが，システムⅢ＊としてPOS開発と改善・利用であるため，そこに配置した。すなわち，Ⅲ＊は，組織上は情報システム開発部とオーディター部に対応する。後者は現場で在庫管理を担当する部署である。廃棄ロス問題に対応している。

システムⅠは，OFCそして各店舗の経営者，従業員である。ゾーンマネージャー（以下ZM）以下，デストリクトマネージャー（以下DM）は，システムⅡⅠ双方の機能を有する特殊なものである。

また，各本部長には取締役が着いている。これによって，同社の特徴であるが本部が1つのチームとして有機的に機能するよう，意思疎通が図られている。その意味で，取締役会もシステムⅢの機能の一分を果すことになる。翻って言えば，トップである会長の鈴木，社長の山口，副会長の工藤，専務の伊東，就中鈴木敏文に権限が集中していると言える。[9]

(2) システムⅠ

システムⅠの特徴として以下の諸点が挙げられる。(i) OFCが7～8店舗を

まとめることで，事実上 DM, ZM と共に管理単位として機能している(図6-2参照)。同様に，7〜8店舗のフランチャイズが業務単位である。加盟店では，経営者，従業員共チーム構成員として連携して働くことが求められている。(ii) 各基本単位間には，一見して，多様性の交換経路は存在しない。OFC 情報は本部と DM に集約されるが，各フランチャイズ間には交流は一切ない。これは，労務管理的に巧妙な方法である。情報は OFC と POS へのアクセスに集

図 6—2　システム I

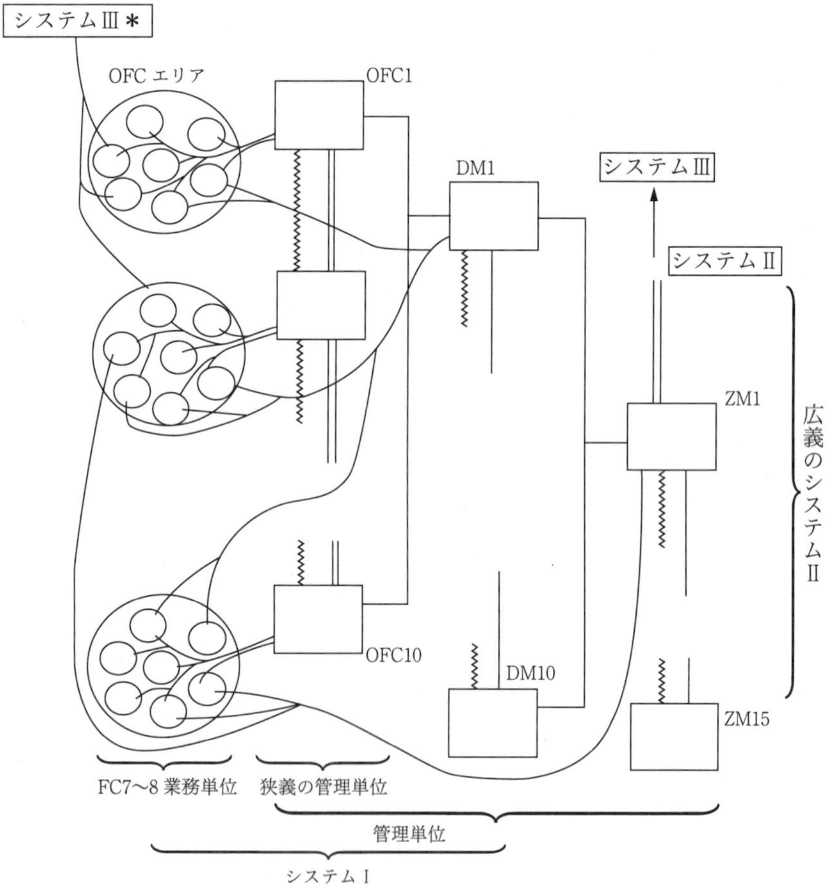

約され，現場での販売効率の低下を防いでいる。(iii) ZM までがシステム I だが，これ等は 3 段階の管理階層を成している訳ではない。ZM, DM については後述する。社員の身分を有するシステム I すなわち OFC は，約 1,500 名いる[10)]。恐らく再帰構造を持たないシステムとしては，基本単位の規模では最大級のシステム I を有するシステムと言える。(iv) フランチャイズ方式を維持しまた裾野の広げることで，メタシステムに利益をもたらしている。(v) 経営的に上手いのは店舗オーナーは社員ではないという点である。店舗の死活は本人の問題であるが，OFC が管理単位として支持しており，またそこに頼らなければならない体制を作っている。各店舗経営者は，棚卸，POS データ，新規商品情報等を本部から得る。これによって，各加盟店は現実に売れ筋や経営努力を実感することになる。このことも管理単位やオーディターへの信頼に反射してくる。(vi) 伝統的にアウトソーシングを進めてきたため，本部人員はシステム I とほぼ同数までスリム化している。

(3) 同社の特殊性

同社の特徴は，ZM, DM の存在とフランチャイズ制である。新入社員のトレーニング用の直営店も弱冠あるが，ローソン，ファミリーマートに比べれば少ない。また粗利益方式のチャージ料も各々の32％, 35％に比べ高く，加盟店の負担は重い。言い換えれば，伝統的集金ピラミッドの上に本部が乗っていると言うこともできる。具体的に ZM 等管理単位の在り様は，業務単位間の自由な交流を妨げ多様性の吸収を禁止することと引き換えに，本部がバックアップ体制を整えた結果もたらされた形態と言える。つまりある意味では，自由度を制限しなければ効率性は確保できない，という不信感から構築されたシステムとも言える。この結果を悲観的に捉えるならば，一面的には各加盟店経営者は OFC に依存し，廃棄予算の範囲の自由度しか店舗経営に反映し得ないという状況とも解される。

しかし本来，生存可能システムモデルが生まれた背景にある神経系そして生体システムの各部位は，制約的存在であり限られた自由の中で自らの業務を行

うものである。つまり，自律的な垂直的多様性交換経路を設けない理由は，店舗経営の行き詰まりを防ぐ工夫と考えることもできる。すなわち，加盟店経営者の資質と経験は様々であるという現実に抗し，各基本単位を独立した販売・プロフィットセンターとして位置付けさせるというセブン-イレブンシステムにおいては，この形態が効率性を確保する最善の方式であったと解される。このようなシステムIの実現は，同社の文化であるとも言える。

　しかし問題なのは，管理単位たるOFCに課せられた責任は重くなるということである。必然的に，OFC会議の内容も特化されざるを得なくなる。すなわち，システム的には業務単位間の交流はなく，業務単位内構成要素つまり各店舗とメタシステムとの垂直経路はPOSという形で代替されている。OFCからシステムⅢへの応答は，DM等にも伝達される。しかし業務単位内外の自由な多様性交換がないため，水平的多様性は多くなる。各OFC経由で集約される多様性は，DMに集中する。つまり，業務単位間の多様性交換は，地域毎に業績を把握するDMにおいて業績数値の集計が行われ，地域特性と成功事例さらに前年度比を通してOFCにフィードバックされ，カウンセリングという形で業務単位内の各加盟店に戻される。またZMが間欠的に直接介入を指示し自身でも指導する場合もある。

　同時に，OFCもその責任を共有している。何故ならば，各業務単位内に位置する各店舗にも多様性交換はなく，これ等を各々前年度比以上にし，エリア全体すなわち自らの業務単位全体を各DMが掌握する地域内平均以上にするという責務が，最低条件としてOFCにはあるからだ。そのため，エリア特性を活かした商品選択を推奨し，成功事例を業務単位の特性に合せて応用しなければならない。業務単位内の各店舗，業務単位間に管理単位経由以外の多様性交換がない理由は，各加盟店は独立に経営されており，自由な多様性交換は本来的に必要ではなく，突詰めればOFCとそこで働く者のみが運命共同体であれば良いからである。つまり，OFCは7店の各々に対しチームリーダーでなければならない。また，前年度比以上と地域内平均以上という基準は，システ

ム的には上手く働いている。すなわち，OFC までの各基本単位が同一の意識を持つことによって，全体が発展するからである。ここにおいて業務単位内の業績格差は，エリア・地域変更等を通して一定になるように調整される。突出する基本単位が現れる場合は，ZM が成功例として推奨し何れかの地域の次の目標となる。

　従って，OFC と DM には水平・垂直の多様性の交差路に位置し，二重の役割を演じなければならない。すなわち，OFC は第一義的管理単位であり本部側にいながら，業務単位とその構成要素に対する公式・非公式な情報の直接の通報者であり，店舗内のチーム化の促進者，または経営者の補助者として機能する。DM は，ZM と共に第二義的管理単位であり，システムII 的に業務単位の構成要素に間欠的に介入し活動を促進させ，OFC にはシステムIII のように直接指示を与える。またそれを支えるために ZM が存在するという仕組みになっている。同時に ZM においても，上述の調整と発展の機能連鎖の中に身を投じているのである。すなわち，10 人の OFC を束ねる DM が存在し，その DM を 10 人づつ統轄する ZM が 15 人存在している。よって ZM にも二重性が加わる。それは，ZM も管理単位の一員として業務単位や OFC に介入するのだが，第一義的基本単位の自律性を妨げないように，その介入は実質的にシステムII 的介入であり，DM に対してはシステムIII のように指示・調整を行うからである。すなわち，ZM 15 人でシステム I を代表し，業績不振の基本単位に対して効率性促進のために間欠的に介入し，それにより DM を補佐し結果的にゾーン全体の効率性を確保するという見方もできる。この時，OFC に対しては交換神経的に作用し，DM に対しては副交換神経的に作用するのである。この関係は，DM が基本単位に関与する場合にも成り立つ構図である。

　何れにせよ，店舗経営者と OFC，DM，ZM が利益中心主義のシステムを作り出しているのであり，メタシステムはその補助機関に過ぎないことは明らかである。システム I の機能は，戦略実行時により鮮明になる。

(4) メタシステムの機能

メタシステムの機能は，システムⅠの活動の円滑化を如何に確保するかということである。第1章で幾つかの企業を概観したと同じように，同社本部でも各サブシステムの実現は一元的ではない。サブシステム内の機能に分散的に実現されている。

ここでは前節では説明しなかった，[2] 外部ベンダーのシステム化と [3] 総合店舗ネットワークシステムの構築について述べる。これ等は，本来的にメタシステムの機能であるからである。

① システムⅢの地区 MD 統括部，システムⅡの物流管理部の機能：

外部ベンダー等のシステム化は発足当初からの課題だった。日酒販や松下鈴木のように初めから推奨ベンダーになることを承諾した業者は少なかった。イトーヨーカ堂との取引には応じてもセブン-イレブンとは応じないという業者が多かったのである。というのは全て買い取り制で返品しないこと，支払いは期日通り本部が行うという好条件だったが，小口配送，定時配送，欠品ペナルティ等が理解されなかったためである。大量販売が軌道に乗ってきた当時，卸売業者にメーカーからの梱包を，壊して小分けさせるというのは常識では考えられなかった。

さらに，セブン-イレブンは年中無休であり，24時間営業を旨としている。これは取引先にも定時配送を要請することに繋がる。コンビニエンス・ストアのような小規模店では，納品直後の陳列に時間を懸けることは許されない。そのため各店舗パート従業員を含め20人規模の体制を取っている。その意識を高め，教育的指導を OFC が行っても，納品時刻がわかっていなければ，体制の組みようがない。また欠品の粗利保証の問題もあった。しかし当時の物流業界は，高度成長で隆盛を極めたものの，ドライバー任せでシステム的対応のできる業界ではなかった。

創業当時の取引先は，イトーヨーカ堂からの引継ぎで，80社程であった。当時は電話受注とセールス受注のみであり，加盟店からの発注はそれ等多数の

取引先に対して行われるため，業務は煩瑣を極めた。しかも加盟店からの受注業務は増加の一途を辿り，その上小ロット毎の配送のため効率は悪かった。

　我が国の物流機構は特約制を基本とし，メーカーと卸売業者の帳合は縦割りに細くなっていた。そのため，あるメーカーが他のメーカーの部品を利用するためには，自身の系列の卸売業者と他のメーカーの卸売業者の双方を通さないと入手できない仕組みになっていた。これでは効率が悪いため，セブン-イレブンは特約制度を越えた卸売業者再編に取り組んだ。

　100店舗達成を期に，ベンダーの集約化が行われた。それまでの80社から1店舗当り35社にした。そして加工食品，雑貨の発注ロット縮小と小ロット配送の交渉を進め，首都圏では生鮮品の共同配送を開始した。当初，共同配送の対象となった商品は，麺類，漬物，鮮魚等のチルド商品であり，これ等の商品のメーカーは小規模な処が多く，本来多店舗配送の手段を持っていなかった。そこで，余裕のあるベンダーの既存設備を利用して共同配送に取り組むようになったのである。また，'80年には牛乳の共同配送を始め，'81年には加工肉，雑貨，'82年にはフローズン，'85年には化粧品の共同配送が各々開始された。その間，'81年には牛乳と生鮮共同配送の統合，'82年にはそれに加工肉共同配送を統合させた。

　このような共同配送によって，1店舗1日当りの配送車輌の平均台数は，当初の70台/日から，'76年には42台/日，'85年には20台/日へと減少していった。その後，'90年には12台/日，現在は10台/日以下まで低下し，かつ納品時間も厳格に管理できるようになった。[11] このように，取引企業の事情に引き摺られることの非効率を避け，外部企業自体の再編成を促すことによって，一種のシステム化を完成させていった。

　取引間の協力体制作りは，商品開発の面にも及んでいる。'79年には，米飯ベンダーの経営体質の近代化を図るため，大手米飯ベンダーを中心に日本デリカフーズ協同組合を結成させた。元来米飯，惣菜等の分野は中小企業に担われ旧態依然としたままで，大手も参入を躊躇していた。表6-1, 2を見ても明ら

かなように，米飯，惣菜はコンビニエンス・ストア商品の1つの核である。78年の東京サンド株式会社食中毒事件が，協同組合結成の直接の契機ではあったが，それ以降様々な協同組合化が進み，また原材料の共同購入，商品の共同開発等が行われてきた。

セブン-イレブンが一定の成功を収めてくると，様々な大企業が提携を持ち掛けてくるようになる。例えば味の素が製パン事業に進出しようと味の素フローズン・ベイカリーを設立した時期と，セブン-イレブンでの山崎製パンの販売量が横這いになった時期は，同時だった。セブン-イレブンはそれを奇貨とし，フランソワ，味の素，伊藤忠商事を促し，東日本フレッシュベーカリーシステムという共同会社を設立させた。また'86年プリマハムはセブン-イレブン向け惣菜会社としてプライムデリカを創業した。その後中小のハム加工株式会社を吸収し，わらべや日洋，富士フーズ，武蔵野と並ぶセブン-イレブンの加工食品の供給先になった。このプライムデリカは，その後非山崎製パンのセブン-イレブンオリジナルのチルド洋菓子，ペストリーの供給先になった。

その他，商品戦略として，各社特に化粧品，菓子類，ゲームソフト等のメーカーがセブン-イレブン販売用商品を作るようになり，仕入先の多角化と安定化が確保された。

② システムIII*としての情報システム開発部の機能：

セブン-イレブンの総合店舗ネットワークシステム開発は数次に及んでいる。外部システムとしての物流・ベンダーの近代化と共に，内部システムの近代化に必要な要件である。

総合店舗ネットワークシステム化の第一歩はスリップ・オーダー方式と呼ばれ，200店舗に近づいた頃導入された。これは，店内の商品陳列と同じ順番に並べられたセブン-イレブン発注表と呼ばれる50頁程の小冊子に，商品数量を記入して回収担当者に手渡す方法である。回収担当者は加盟店を回ってスリップを集め，地区事務所からデータを入力し，本部のコンピュータに伝送する。本部は，加盟店別発注データを卸売業者別にソートし，一括してオーダーする

という手間の懸かる方法だった。しかしそれ以前の加盟店から卸売業者へ個別発注するという方法に比べれば，受発注の簡素化が計られ，システムIIの機能を本部が持ったと言える。コンピュータハードが未発達であった時期としては，人海戦術併用の集中管理方式は効果があった。しかし加盟店が増加する中で，発注から納品までのサイクルタイムの短縮化，欠品処理，在庫圧縮という諸問題を解決するには無力であり，発展を阻害する要因ともなり兼ねない状況になっていった。

セブン-イレブンは，'78年には分散処理へ梶を切る。当時としては先進的なことだった。ターミナルセブンシステムと呼ばれる方式である。これは，バーコードをペンライトで読み取り，ターミナルセブンというデスクトップコンピュータから電話回線を通じて直接本部に伝送するという形態だった。特徴は，素人でも操作可能で，発注業務の迅速化，簡素化，正確化が可能となったことである。これが実質的な第1次の総合店舗ネットワークシステムである。同時に，それまではイトーヨーカ堂のコンピュータを利用していたのだが，野村コンピュータシステムへデータ処理の移管を行った。

ターミナルセブンシステムによって，廃棄ロス，商品回転率共向上し，加盟店も自律的に販売希望を反映できるようになったが，可能な限りリアルタイムにシステムIの行動を把握することが，次の課題となった。すなわち，発注時点，販売時点，納品時点の情報をサービス向上に役立てるためのシステムが必要，という判断に至ったのである。ターミナルセブンシステム導入から4年の'82年，POSの導入が始められた。[12] これが第2次の総合店舗ネットワークシステムである。[13]

同社のPOSシステムとは，ターミナルコントローラと呼ばれるクラスター端末と2台のPOSレジスタから構成され，キーイン方式ではなくバーコード自動読み取り用スキャナのレジスターによって，ターミナルコントローラに登録されている該当商品の価格，購買日時等が売上データとして記録されるようになっている。同時に，客層情報も把握できるようになっており，これ等各種

情報を伝送する小売業総合情報システムであった。これにより，当時1店舗当り平均3,000点(現在2,400点)の商品の個別管理，約2,000点の本部推奨商品，同数の死に筋商品の廃止，機会損失の削減等が図られるようになった。

このPOSデータの利用を加盟店に進めるのもOFC等の仕事であるが，現実には加盟店毎に差が生じる。そこでより使い易い方法としてEOBが導入された。[14] これは重さ300gの発注端末で，初めにターミナルコントローラに接続し，発注を行おうとする陳列棚のボタンを押すと当該陳列棚に関する商品データがコピーされ，それを持って実際に棚を見ながら発注業務行うことができるというPOSの携帯型である。さらに，最低発注量を下回るような発注ミスに対してはエラーメッセージを発するよう工夫されていた。何れにせよこの時点までに，陳列棚の配列順とデータの配列順は一致するよう管理され，各加盟店をセブン-イレブンというシステムの端末として機能するように構成しようとしていた，ということがわかる。

しかし真にシステムとして機能するためには，双方向でなければならない。そのため'85年から，双方向多目的POSレジスタに置き換えられた。これにより，特注品の予約注文，テレビ受信料，電気，ガス，生命保険等の料金徴収代行も行えるようになり，社会的認知度も上昇した。一連の変革でグラフィック情報端末の導入までが，第3次の総合店舗ネットワークシステムと言える。

さらにカウンセリングの効率化と大量データ処理のために，第4次の総合店舗ネットワークシステムを'87年から開始した。これは'91年のISDNネットワークの導入までの一連の改革である。具体的には，店舗設備機器の稼動監視等8つの業務を同時に処理するストアコンピュータ，販売動向，商品情報等をアドバイスするためのグラフィックオーダーターミナルと呼ばれるノートパソコン，検品スキャナーとしてのスキャナーターミナルからなっている。またノーダウンコンピュータが稼動し，万一の故障からもシステムを守る仕組みができた。

第5次の総合店舗ネットワークシステムは，'97年から始められた。[15] これは，

衛星通信を利用し本部，店舗，取引先まで網羅するもので，商品情報等を動画で配信する他，ATMの設置，料金収納代行サービスの種類の増加も可能となった。地上回線と衛星通信の利用で，従来のISDNのみの場合に比べ情報量は45倍にそして通信コストは2割削減することができた。これにより，真にリアルタイムに反応するシステムとして，本部と加盟店が繋がったと言える。つまり，生存可能システムに神経系が通じたのである。システムIII＊のオーディター部，管理単位としてのZM，DM，OFC，システムIIIの業務本部等が同時連鎖的に結合できるようになった。

ここまでの改革で，外部取引先のシステム化と内部のシステム化が一応の完成をみたと言ってよい。

③擬似家族的単位：

如何なるシステム，独立単位体にも，擬似家族的単位は内部発生する。セブン-イレブンも例外ではない。それ等の相互支持的機能がシステムの機能の有機構成と構造上の役職・機能を支えているのである。そのとき擬似家族的単位の三角形は，交互的な役割分担をするものであった。後述の各店舗では，分担は完全に交互的かつ閉鎖的に行われる。よって，新奇性は乏しいが受け入れ易い産出が行われ，かつ波及性も強く店舗を越えた改革に繋がるのである。

しかし前章で，重複が少なく新奇性の高い三角形も存在すると述べた。システムVにおける単位構成である。ここではそれに触れておこう。会長の鈴木個人の位置は，通常次の三角形で表わされる。[17]

ここで三角形A下の矢印は保護者的補助・促進者とメタシステム的役割は

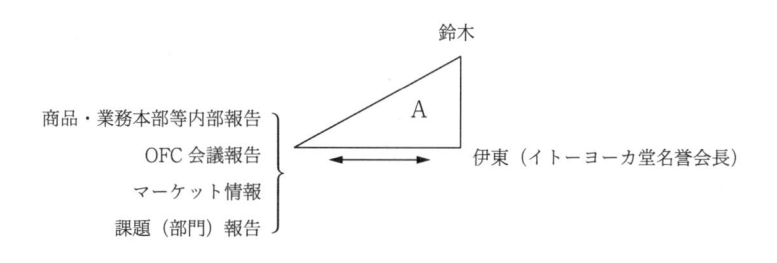

```
                           鈴木
商品・業務本部等内部報告  ┐    ／|
      OFC 会議報告       ├   ／ A |
       マーケット情報     ┤  ←――→  伊東（イトーヨーカ堂名誉会長）
       課題（部門）報告  ┘
```

交互に入れ替わるということを示すためである。またシステムⅡ〜Ⅴまでの内部情報は，前章図5-8との対応ではシステムⅡ的役割を果し，OFC会議等の報告は，それがシステムⅠの集約であるため，システムⅢ的に利用している。またマーケット情報はトーハン勤務経験の故かシステムⅣ的に用いている。課題(部門)報告はシステムⅤ的な役割を果している。ここで注意すべきなのは，保護者的役割にもメタシステム的役割にも，同社の副会長の工藤や社長の山口が就くことはないということである。彼等は社員の一員であり，鈴木個人にとってはメタシステムの一員ではないのである。取締役会が組織図上は最上位に掲げられているが，システム的にも個人的にも，これが同社の社風の一端を表わすものと言える。[18)]

また課題(部門)報告をシステムⅤとして扱うのは，以下のような三角形を個人的に想定しているからである。

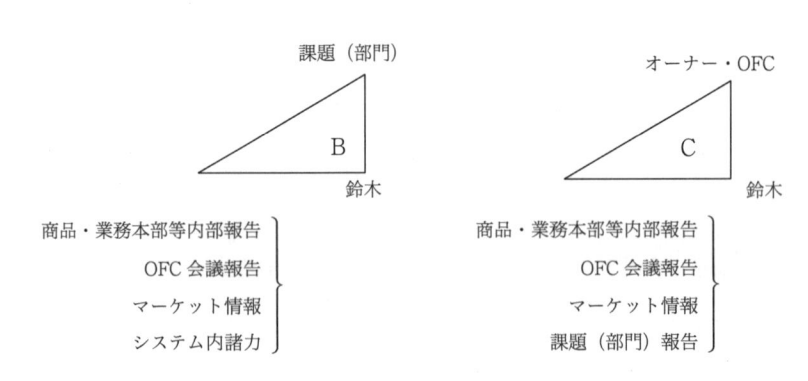

```
         課題（部門）                    オーナー・OFC
              |\                              |\
              | \                             | \
              |  \                            |  \
              | B \                           | C \
              |____\                          |____\
                 鈴木                            鈴木
    商品・業務本部等内部報告 ⎫         商品・業務本部等内部報告 ⎫
    OFC 会議報告            ⎬         OFC 会議報告            ⎬
    マーケット情報          ⎭         マーケット情報          ⎭
    システム内諸力                     課題（部門）報告
```

Bは，課題が当事者になっており，何等かの戦略実行の初期段階を指している。何等かの戦略は，課題(部門)を入れ替えながら，常にBの形式から開始される。同社はトップダウン型に見られるが，実際を見れば当事者は各課題に直面した者であり，それを支援しているに過ぎない。しかしシステムⅤ的役割にシステム内諸力を動員すること，そしてそれができることがトップダウン型なのである。しかしまた，本稿でシステムとして取上げた理由は，個々の事象・問題で生存可能性を引き出すには，神経系において刺激が反応連鎖すると

同様の取組み・体制を引くことが重要だからである。同時に，人材産出のためには，当事者を当事者的立場に置かなければならず，また鈴木自身が保護者的立場に立つという意味で，一般のトップダウンとは本質が違うことを指摘しておきたい。

Ｃは日頃鈴木が希望し現場のシステムＩが心情的に頼りにしている三角形であり，これまで述べてきた実際に対面する単位とは異なっている。無数の当事者の頂点が存在することになるが，情報技術の進展で可能としている。Ｃは機能上の対等意識の現れである。Ｂとの関係で言えば，これは戦略実行過程の鈴木個人の単位である。よって，課題(部門)がメタシステム的役割の中に位置しているのである。これ等に各自の三角形が重なって，実際の機能軸が作動し構造が動かされているのである。

前章で説明した擬似家族的単位の重複とは異なり，Ａのように固定的なものもあり，鈴木の単位は孤立的である。Ｂを開始する場合の新奇性は，この重複の希薄さから生じている。周囲の者には期待行動を知ることができない，ということが新奇的であるということであり，ＢＣの位置を占めることがトップダウンの本質であり異端ではない証拠である。

§6-3　生存可能システムの戦略

残された問題は，店舗管理，商品戦略というシステムの動的側面の描写である。前節で触れた情報通信手段の改善は，システムとしての凝集性と一体性の基礎となるものだが，動的戦略においては，強固な前提が設けられている。それは，如何に稚拙なオーナーが店舗経営を行っても，最低限の利益は確保できるよう，事前調査が入念に行われているということである。その上で戦略としては，以下の２つに分けられる。すなわち，システムⅣの商品本部が提案し関連企業が開発する商品群を投入する商品戦略と，毎週火曜日に行われるOFC会議で提案される活動報告による改善戦略である。後者の会議は，POSによって情報は常に得られる故情報の共有化が狙いではなく，生存可能システムと

しての実行プロセスの共有化が目的である。つまり，店舗経営の成功例の同時的共有と普及，そしてさらなる改善を行うことにある。同時に，人材の輩出としての擬似家族的単位の活性化である。

以上より，セブン-イレブンの経営戦略は，商品開発と店舗管理の2つに大別できる。但し前述したような，総合店舗ネットワークシステムの構築・更新，また外部ベンダーのシステム化のように，トップ主導の包括戦略 M_s もある。通年で，おでんを置くようになったのも M_s' と言える。しかもシステムの観点からは，これ等は，個別には語り得ない。全てが連動する中で，相互に影響しながら進展するからである。よって，途中で変更を余儀なくされる場合もある。商品開発と店舗管理としての前述の味の素，フランソワ等を巻き込んだオリジナルチルド洋菓子開発は，戦略 M_s' だった。[20] プライムデリカとの提携は，初めからトップの承認を得ていたので，創発戦略 I_s である。ここで考察する2つのケースは，商品開発戦略 I_s と店舗管理戦略 I_s' の場合である。後者は通常の業務であり，特に戦略と呼ぶべきではないと言えるかもしれない。しかしこのケースは，単純な店舗管理から商品戦略へと転換し，後に戦略 M_s' または M_s に転換する可能性を秘めているため，ここで取上げることにした。

経営戦略とは，闘うべき相手が存在して戦うものではなく，ニーズに応え市場を喚起し，新たな無形のウォントに解を与え続けることである。これは休む間もなく続けられ，かつ内外で相互作用し合うことが望ましい。システムとして，部分環境を引き付けるものだからである。

§6-3-1 商品戦略

現在，セブン-イレブンの各加盟店で販売される商品の大半は，オリジナル商品か専属販売商品で占められている。しかし，このことは余り知られてはいない。すなわち，前節(4)①で触れたように，各メーカーが競って，コンビニエンス・ストア用の商品開発を行っている現状にある。無視できない集客力がある証拠である。

よって，毎週新規推奨商品がOFC会議に提示され，各OFCは自己の担当

エリアの加盟店での目標販売数量を決める。その中に，テスト商品が幾つか含まれている場合がある。テスト方法は，各加盟店でのテスト販売方式と先行販売方式の2つがある。このことは後述する。

同社の商品戦略では，例えば下図のような上層部の擬似家族的単位の連鎖から始められる[21]。前記のBと同様課題(部門)が当事者であり，この場合商品本部である。この後システムIII, IV, Vの連携で，関連会社に試作品の発注が行われる。前述のように，システムにおいては擬似家族的単位の連鎖は，システムの境界を乗り越えて構成される。と言うのは，公式的にはこの関係は後掲の図6-3に接続するからである。それによって，外部関係のシステム化，カップリングが行われるのである。

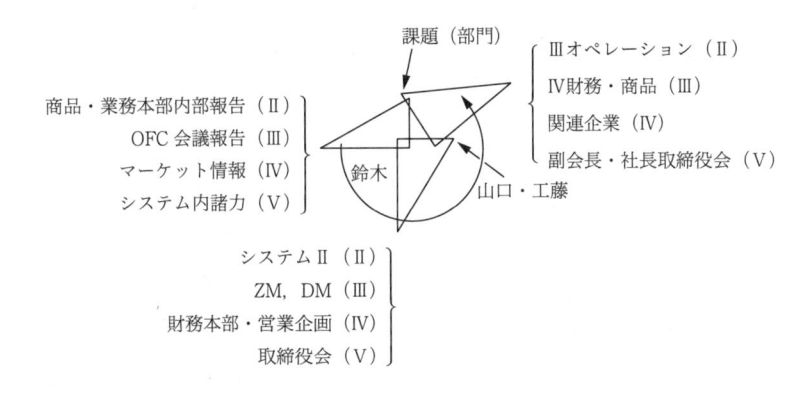

```
                        課題（部門）
                              ↓
                                    ┌ Ⅲオペレーション（Ⅱ）
   商品・業務本部内部報告（Ⅱ）┐    │ Ⅳ財務・商品（Ⅲ）
   OFC 会議報告（Ⅲ）          │    │ 関連企業（Ⅳ）
   マーケット情報（Ⅳ）        │    │ 副会長・社長取締役会（Ⅴ）
   システム内諸力（Ⅴ）        ┘    
                    鈴木         山口・工藤

                      システムⅡ（Ⅱ）  ┐
                      ZM, DM（Ⅲ）     │
                      財務本部・営業企画（Ⅳ）│
                      取締役会（Ⅴ）    ┘
```

さて，新規推奨商品は，菓子・玩具等の週3という日保ちの良い商品もあれば，FF・デイリーのようなカテゴリーもある。2002年9月16日のそれは139商品であった。この中には，メーカー側のパッケージ変更に伴う商品や季節商品もある。その各商品は，システムⅠに対し，分類，発注責任，粗利等が明示されている。例えば2002年9月より販売された「こだわりおむすび炭火焼松茸」は，わらべや日洋に発注したもので，売値180円，原価126円，粗利30.0%と算定されている。情報分類は手巻きおにぎりで，発注責任は各店舗の米飯・調理パン担当者の責任であるということも示されている。その他，調

理法や輸送便計画，週3商品に関しては商品寿命予測，特徴，販売対象者情報等もOFCに知らされる。その中には，十五夜用の月見団子も2種類用意されており，内1つがイトーヨーカ堂グループオリジナル商品である。その商品は，2002年9月21日限りの商品であるため，便・鮮度は1日，オリジナル商品であるため粗利は約3割となっている。その他同日のオリジナル商品には，ジョルジュ・デュブッフによるボージョレーヌーボー等の特別発注品も含まれている。これが可能となったのは，既述のように第5次総合店舗ネットワークシステムが完備したからである。

加盟店テスト販売方式では，例えば日清食品の具多というカップラーメン3種類は，通常原価218円粗利26.8%であるところ，テスト期間4週間は特別原価208円で粗利30.2%と，メーカー側の協力によって導入定着を図っている。その他の商品でも導入定着期間は特別原価を採用しており，生産側より販売側の優位さがわかる。

先行販売方式の1例をキリンまろやか酵母という商品で見てみよう。ビール類の市場動向は，発泡酒が投入されたことで変化してきている。'99年9月ではビール65%発泡酒45%の販売比率であったものが，2001年3月では逆転し45：65になっている。その後ビールの販売比率は同社では40%台を推移してきた。しかし，半オリジナル商品であるキリン樽生を積極的に売り込んだ加盟店では，前年比を上回る販売成果を上げることができた。そこで，さらなる差別化によって市場開拓を試行することが期待された。これ等を半オリジナル商品と言うのは，その後キリンは販路を拡大したからである。

10℃以下のチルド管理と酵母作用によって，香味変化を防ぎ保存日数の長期化を可能にするという目的で「キリンまろやか酵母」が開発された。香味変化は25℃以上では3日で始まるため，鮮度を差別化の鍵と考えた訳である。

この生ビールの販売テストは，予定定価240円のところ238円にして，2002年7月から東東京ゾーン各加盟店で9週間続けられた。この間，最高気温が週平均で30℃を下回ったのは第7週のみで，比較的高温が続いた。しかし，全

国平均ではビールの平均販売総数は，前年比100％に達した週はなかった．東京でも第5週のみが前年比に達したのみだった．

9週間にわたるテスト販売の結果，同商品の平均実績は13.8本/日，1位のスーパードライの20本/日と3位のキリン一番搾り500mℓの8.3本/日に伍して売筋商品になる可能性が示された，と同社は判断した．そこでOFC会議を通じて，オーナーに売筋商品であることを指導する，ウォークインやゴンドラ販売も実施する，各加盟店で試飲会を実施する，単価の観点から死に筋の発泡酒を排除して売場を確保すること等の取組みが確認された．

このときの情報の流れは，下図6-3の①から⑨のようになっていた．この①～③は前図の鈴木を起点とする三角形に一致する．①で，試作品の打診と原価計算が行われ，②，③でシステムVによって承認され，テスト地その他の詳細を詰めるため④に戻される．具体的には，取締役会で検討し業務本部で実施要綱を決める．再度，テスト価格等の打合せのためシステムⅣに戻され，メーカーとも確認し，⑨で実行へ移される．

一方，結果は東東京ゾーンから会議に懸けられ(1)，同時にデータは業務本部へ送られ(2)，(3)販売数量・商品寿命等がⅣで検討され，最終決定が行われ同時にメーカーに委託される(4)．(5)の決定を受けて業務本部が詳細な販売方法等

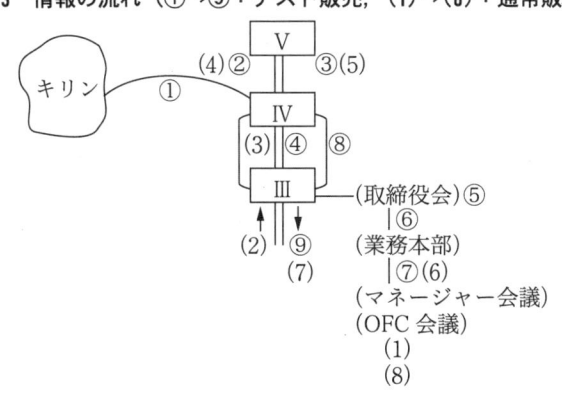

図 6—3　情報の流れ（①→⑨：テスト販売，(1)→(8)：通常販売）

を提示し，各種会議でも報告される(6)。全国で実行され(7)，その結果が会議で報告される(8)。このような一連の流れの中で修正されるのである。

戦略的には，開発主体のキリンとの関係から I_s である。セブン-イレブンには再帰構造はないため，$\uparrow I_s$ ではない。このような内部手続きを経て販売が開始された。しかしその他多くの商品については，ベンダーが試作品を持参しており，商品本部はその中から選択すれば事が足りる状態である。

§6-3-2 店舗管理

店舗管理は，管理単位としてのOFC，その上長としてのDM，ZMの仕事である。これは毎週火曜日に開かれるOFC会議で報告される。前述したように，これはプロセスの共有化であり，その意味で現在進行形の取組みの普及と改善を互いに計ることを目的としている。

一例として，2002年4月から8月に懸けてのあるエリアの店舗管理の試みを回顧する。これは，エリアの粗利益向上のために，幾多のゾーン・ドメインで様々に試みられていることの1つである。

(1) 加盟店の状況

あるOFCが新に担当したエリア状況は，以下の表6-3ような状況であった。特に7番目の加盟店の改善に注目した（以下No.7)。何故ならば，同店は，15年の契約期間の終了更新時が迫っていたからである。同店は，教育・共有ツールは活用されており，そのため担当制は一応あった。しかしパートミーティングは，定期的には行われてはおらず，全員が出席したということもなかった。他店でも，口頭以外，オーナー・アルバイト共意志疎通の希薄な店が多く同エリアの問題であった。No.7を含めて，必然的に取組みは遅れ，他の成功事例に追随する形にならざるを得ず，しかも不十分であった。最後に，No.7は優良店として更新か，終了かを決めなければならなかった。

No.7の店舗概要としては，近くにセブン-イレブン他加盟店があるが，駅から徒歩15分のインサイド住宅立地であり，かつ社宅・独身寮が4軒と比較的恵まれた環境にあった。そのため，夜間売上構成比は52%と高かった。し

表 6—3　2002年4月時点各店舗状況

店舗概要	店番	1	2	3	4	5	6	7
	タイプ	A	A	A	A	A	C	C
	免許品	酒・煙草	煙草	なし	酒・煙草	酒・煙草	なし	酒
	主体者	店長	店長	店長	オーナー	店長	オーナー	オーナー
	4月平均日販	711	547	567	432	898	831	767
	前年比	120%	99%	90%	100%	110%	94%	95%

かし売り損じになる等，夜間が手薄であった。

　業務に関しては，以下の特徴があった。①業務単位の長であるオーナー夫妻のリーダーシップが高く，基本4原則が守られている。②昼，夕刻，深夜のリーダーが決められている。各リーダーが同一シフトの従業員間のコミュニケーションを図っている。③パートタイマー間の発注分担が決まっており，オーナーが発注を行うことはない。全員何等かの担当になっており，問題意識が高い。④情報・教育ツールを活用しているが，シフトの異なる従業員間のコミュニケーションは未熟だった。⑤OFCは，オーナー，従業員全員ともコミュニケーションが取れる状況にある。以上から，形式的には融和しているかのような状況が作られていた。問題点としては，各自はパート毎に個々に働き，店舗がチームのように一丸となっていないことであった。何故なら，全員出席するミーティングは，年間数度，予約活動のためのみに持たれるという状況であり，仮説・検証ノートも未熟であった。そして売上が前年度割れが続いたからである。しかし，No.5も同様に数度のミーティングを持つ程度であり，その他の店舗ではパートミーティングが開催されていないことや，情報・共有ツールが活用されていないことに比べ，同エリアでは比較的良好で改善する余地を秘めていた。

(2) 概要

　同エリアの1日の来店者数で各カテゴリーの1日の販売数を除した販売効率は，図6-4の通りである。

図 6—4 エリア内各点販売効率（左；4月，右；6月）

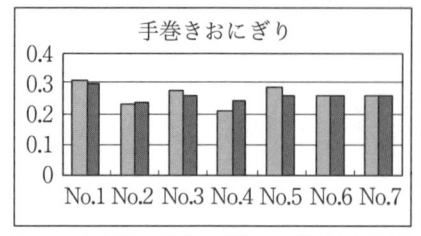

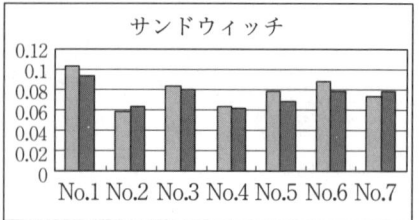

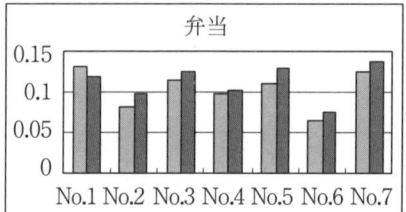

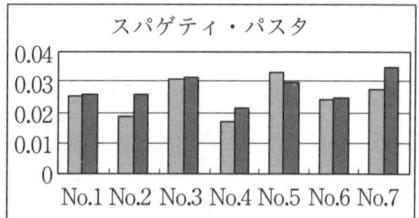

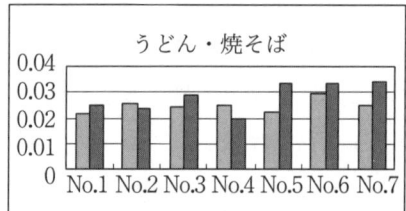

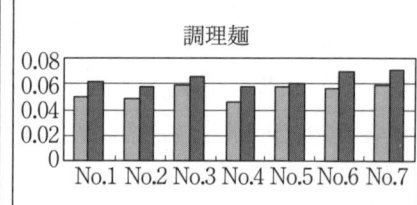

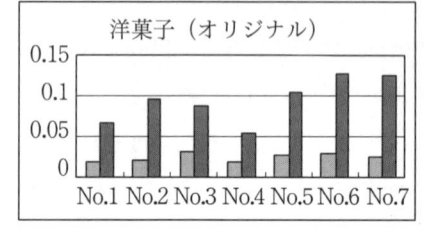

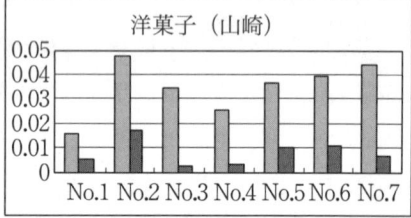

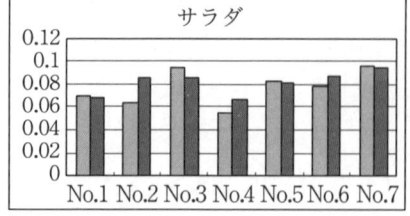

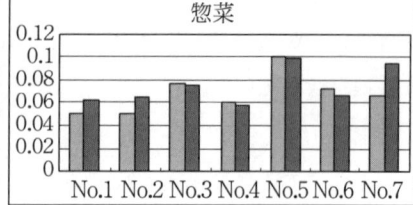

DEA分析等の効率性分析を用いずに，このような単純な手法を用いた理由は，セブン-イレブン自体がPOSデータを加工するという利用はしていないためである。[22] この図の4月時点を見る限り，No.7は先の特徴と共に一般的な実績であることが伺える。一方No.1やNo.5は，ミーティングが開催できないことから自律性は高くないが，立地的に恵まれていることが推察し得る。

(3) 店舗改善

　この管理単位が着目したのは惣菜だった。サラダ，調理麺，弁当の販売は比較的上位なのに，No.7が扱う惣菜数は前年比半分の状況であったためである。理由は，①担当エリアの店舗別年齢層を見ると，独身寮が近い故，No.7利用者では50歳未満の構成比は8割で他を圧倒しており，米飯との対で販売できる可能性があるからである。さらにこのことは，②同店でもまたセブン-イレブン全体としても惣菜の位置付けが曖昧であるために，惣菜単体または弁当・手巻きおにぎり等と対にした販売で，新たな商品戦略へ繋げられると考えたからである。例えばNo.1，3，5の各店はどの項目でも比較的上位を占めているが，No.1は惣菜では6位である。このことから惣菜は，対にして売れるような商品でもなく，また単品としても曖昧な位置付けであったということを物語っている。

　惣菜購買客は，若い男性客が圧倒的に多く，次に高齢者・主婦層であった。聞き取り調査の結果，男性客は1人暮らしの人が多かった。理由は，弁当への飽きや経済的理由が多かった。

　一方デイリー品の柱は，弁当，おにぎり，サンドウィッチ，調理麺，軽食分類品，惣菜である。その他，非デイリーとも異なるカテゴリーに，焼き立て直送便等の一般ゴンドラというものがある。しかしこれは，子供の軽食類なのでデイリー区分に入れられることはなかった。この内各業務単位が着目するのは，弁当から調理麺までというのが一般的であった。惣菜は，個店特性でAタイプなら目標視するが，Cタイプでは軽食よりも扱いも位置付けも不明確であった。

しかも本部の戦略立案の基本は，システムIV独自の市場調査やイトーヨーカ堂グループ内の販売動向に軸足が寄るものだった。そのためセブン-イレブン自体は，同業他社の何処よりも品揃えは良かったが，顧客の要望を反映するようにはなっていなかった。因みに同一エリア内の他社店の場合は一層乏しく，ローソンが6点，サンクスが4点，ミニストップは2点で，殆ど考慮されていなかった。No.7の十数点とは比べるべくもなかった。しかしセブン-イレブンでも，地域・個人密着のコンビニエンス業の特性が活かしきれてはいない，という実情にあった。

そこで管理単位は以下のように考えた。[1]過去の類似商品の販売動向に捕われず，現状の推奨商品の価格・カテゴリーを行列にまとめ，行列の各小セルを埋めるように各店舗環境に併せて選択を行わせる。[2]従来通り，日々に各店舗の販売個数・販売額をエリア平均・類似商品の販売額前年度比・当期計画比以上にするよう努力させ，エリア平均を日々ドメイン平均以上にするように努力する。[3]全社として品揃えを見直しニーズ対応型販売戦略に繋げる。

[1]は，毎週100を越える新規推奨商品がある中で，添付の商品情報にのみ頼るのではなく各価格帯毎に商品の多様化を進めるという利点があった。同社の新規商品は数が多く，廃棄ロスを恐れるあまり保守的な品揃えに終始する加盟店が多かったからである。[2]は，各OFCに課せられた当然の責務である。各店は，いや増してPOSデータを参照しながら競争状態に置かれた。このことは，前章で指摘した如く，競争は常に組織の内部から作られるということを裏付けるものである。[3]は，本来同社が必要とするものであるが未確定であり，故にOFCが志向したことであった。

しかしこれ等[1]～[3]は，直接接続するものではない。[1]は過去を無視するということであり，[2]は過去を基準とすることである。[3]は，仮に全ての価格帯・商品カテゴリーが提示された上で[1][2]の試みが為されたのであるならば，各エリア・店舗毎に首肯し得る動向を知ることが可能であろう。しかし幅を広げようとも，[1]でスクリーニングされており，それは[2]で拍車を

駆けても真の全体像を知ることには繋がらないのである。傍証としての図6-4の販売効率も，品揃えの確かさを示すものではない。またカテゴリー別であるため，個別商品の販売動向の潜在性を直接補強するものでもない。[23] 何故ならば，各商品のライフサイクル・販売期間は異なり，図6-4が全提示品に対する[2]の検証と集約的に一致する保証はないからである。

　[1]の方法で品揃えをし，廃棄ロスが減少し利益が増加したとするならば，それは必ずしも地域特性を把握している故とは限らない。販売努力の賜物であると言うべきであろう。すなわち，経営の観点から言えば，選択した商品の売り込み方法と1人ひとりの取り組みに工夫の余地が残されているのである。言い換えれば，基本4原則の徹底に他ならない。しかしこれは，動機付けされていない構成要素に対しては表層的な組織的学習に終わる恐れもある。しかしながらシステムの観点から言えば，店内に擬似家族的単位が誘発され連鎖状態が生じたか否かということに行きつく。

　しかし，[1]〜[3]が直結するのならば，そしてこの場合惣菜が中心であるため，全社的に惣菜の位置付けという問題に向い I_s' を M_s に格上げできるのではないか，と考える向きもあるであろう。

　この背景には，同社では単品力という発想があるからである。これは，動機付けが曖昧で非効率な店舗構成員の存在の裏返しとして，単品の品質等の魅力からの売上への貢献度を表わした言葉だが，それ程価値の高い商品が扱われているということは現実にはあり得ない。例えば，まろやか酵母のテスト販売に関して言えば，飲んだことのない顧客からすれば品質は知る由もなく，また同商品は 330 ml と他ビールよりも小さく外見上魅力的とは言えない。しかしながら，1店舗当り平均日販数は，第1週17.4，2週3週目17.9，第4週が15.2，第5週は14.0，第6週12.8，第7週が10.0，第8週10.5，第9週目は8.6本であった。平均販売額はそれに238円を掛けた額だが，各週共ビール類全体の全国平均販売額の約10分の1弱の金額である。これを第1週の上位10品目で見ると，スーパードライ 350 ml 30.4/日，同 500 ml 25.7/日，まろや

か酵母 17.4/日，アサヒ本生 500 ml 16.1/日，キリン極生 500 ml 13.5/日，キリン淡麗生 500 ml 13.2/日，キリン淡麗グリーン 500 ml 11.9/日，キリン一番搾り 350 ml 11.1/日，キリン一番搾り 500 ml 10.0/日，キリン樽生一番搾り 1,520 ml 2.7/日であった。[24] 未知の商品の売上が高い理由は，キャンペーンで店員が売り込んだからであり，商品の魅力ではない。単品力を知名度と解すれば，スーパードライの浸透度に端的に表われている。しかし同社の言う単品の持つ貢献度という観点からは，浸透ではなく商品の瞬発的魅力である。[25] 既述のように期間中も第 1 週も 2 位であったのは，商品の魅力ではなく各員の努力の結果と言う以外にない。その証拠に，期間中の週平均販売数は逓減している。魅力的商品ならば，リピーターは増えるはずである。[26]

ゾーン上げてのビール単品という単純な売り込みでさえ，既製商品を制して 2 位にするには努力が要る。まして 20 項目前後で毎週入れ替わる惣菜の販売強化には，各店舗共連絡のみならず擬似家族的単位と言うべき相互補助とその連鎖・連携が不可欠であることは言うまでもない。

以上より，各地・全店でニーズ調査や全商品の商品モニターを行わない限り，「店舗改善から惣菜等の特定商品開発・販売戦略へ」という目論見は外れると言わざるを得ない。またマニュアル化可能な組織的学習という範囲の店舗改善で，単品力が増強されることもない。両者は別物である。理由は，事実として惣菜等のニーズ対応戦略はできていないからである。また前述のように全商品に対する調査をしている訳でもなく，商品の提供期間も不定期かつ短く，[2]の方法の 2 週以上の調査も不可能だからである。またドメイン平均でもエリア平均，前年比においても No.7 等幾店かは何れの商品の販売動向において好成績を残したが，No.2 は芳しくなかったからである。従前から好調だった No.1, No.5 等も，数カ月の期間中 No.7 の取組みを受け入れ業績を伸ばしたのであって，単品力による成果ではない。結果的に，エリアの大方は，図 6-4 の 6 月の実績に見られるように業績を上昇させ期間終了時も上昇した。[27] しかしこれは細かく手を入れることによって，店舗各員の意識が変り，従来商品

の販売も好調になったからである。

　すなわち，店舗管理・業績改善の本質は，第4章第5章に述べたように擬似家族的単位の誘発と連鎖なのである。但し，1エリアで多品種商品に関して，数ヵ月連続で販売改善を行ったということは，ビールという単品のテスト販売に比べ，賞賛に値すると言えよう。しかしながら，まろやか酵母の9週間という慎重なテスト期間を設けI_sを設定したことに比べ，[1][2]から[3]への発想の飛躍は短絡的である。本章は同社を生存可能システムであると捉えている。しかし，人間によるシステムであるため，試行錯誤も必要なのである。結果的に，上述の取組みによって，店員の動機付けや連携が強化され良い影響を与えたことは事実である。同社の最大の弱点であるシステムⅠの業務単位特にその各構成要素は，同時に最大の強みとなることもできるのである。

§6-4　オートポイエーシス的生存可能システムの必然的戦略

　「組織は戦略に従う」と言うが，同社の有機構成は組織構造を除き殆ど不変である。つまり，業務単位の追加，システムⅠの再編が行われてきたのみで，メタシステムは変っていない。さらに，サブシステムの有機構成は不変のまま保たれ，機能の完全連動体を維持している。

　本章では，生存可能システムの静的一面を切り取るのではなく，動的な全体像を捉えるために戦略と絡めて考察した。さらに戦略的に大きな変更は，総合店舗ネットワークシステムの構築であったが，数次にわたる変更・追加は，システムとしての神経を通す作業ではあっても，有機構成を変えることはなかった。このことから何が言えるのだろうか。

　同社は，構造的にはレギュラーチェーンではなくフランチャイズ制であったため，ZM，DM，OFCという変形したシステムⅡⅠを用いざるを得なかった。しかしメタシステム部分の各サブシステムに相当する構造は，個別機能毎に分化した構成要素に体現されるようになっており，その意味では初めからシステム的だったと言える。問題はシステムⅠに集中している。その問題を，メ

タシステムがサポートすることで解決する仕組みになっているのである。各種会議就中 OFC 会議に提示される事例や問題は，脚色のない現場の生の問題である。それに応えるメタシステムの対応も，現場に則した具体的方途でしかない。グループ全体の会議においてすら，語られるのは現実の問題のみである。

OFC は毎日業務日報を付ける。また毎週会議に出席する。因みに会議の費用は，年間数億円に上る。その他，各加盟店のバックヤードには，担当 OFC のみならず，会長に至るまでの電話番号が張り出されており，何時でも連絡を取ることが許されている。つまり，警戒信号とそれに対するアルゲドニック・ループは，全員対等に絶えず開かれているということだ。

すなわち，現場の擬似家族的単位の納得と信頼の醸成，適応的人材の産出，そして各種コミュニケーションと反復学習がプロセスの共有化を促進し，同社を擬似家族的単位の連鎖としまたそれにより同社の生存可能性を作り出していると言える。何故ならば，構成要素の生得の個性によって業務単位内各要素の業務が規定されるのではなく，第4章で述べたように，擬似家族的単位によってその取組みや現象学が規定され個人の反応形式の主要因になっているからである。その状況のフィードバックによって，同社のメタシステムが存在し，同時に反復的に擬似家族的単位が構成されているのである。

これ等から組織的学習を組織体の必然的戦略または組織の傾向性と言うことも可能であろう。しかし，それはシステムという単位体に限定されることではなく，広く独立単位体にも当てはまる。但し独立単位体においては，指示-管理が基調であり，検証-納得-成長-信頼という連鎖はシステム固有の過程である。本稿が，オートポイエーシス機能を持った生存可能システムでなければならないとする理由は，必然的戦略として組織的学習に焦点を当てることではない。より深層において，適応的人材の産出によるという条件が加わらない限り，真に蓄積されるものではなく適応的システムとはならないからである。すなわち，擬似家族的単位の全員が，相互に学習しプロセスを共有し成長を志向するという前提がなければ，前章で触れたように組織的学習は底上げとはなら

ず，またオートポイエーシスの産出関係を満たすことはないのである。つまり，戦略-学習-産出の連鎖により，次の段階に立つことが可能となるのである。

§6-4-1 戦略レベルに関して

ここでは，経営学のレベルでのセブン-イレブンの戦略について，システムの観点から考察する。本稿の立場では，ここでの考察は表面的なものである。

(1) 戦略についての表層の考察

同社のように，総合店舗ネットワークシステムとOFC-DM-ZMからなるシステムⅠ，各種会議による結合関係から，全ての構造上の構成要素が結合しない組織体はシステムではないということや，生存のためにはモデルの機能の欠落や非結合は許されないということは明らかである。また創発的戦略が全社的に循環する中で承認を得なければならないことは，図6-3でも明らかである。店舗改善の場合も，それが会議で報告されれば承認を得ることができる。そのときは，商品本部と業務本部がホメオスタティック経路を用いて全社的の戦略に格上げすることになる。

戦略の実行は，垂直・水平経路の多様性のバランスを一時不安定にするが，それはシステム全体の許容範囲であり，第3章で指摘した通りシステムの特徴の1つは安定性である。店舗管理において，No.7の所属する業務単位内に生じた不均衡は，当初他店舗では問題を共有することはできなかった。特にNo.2は，最後までパートミーティングすら開けずに，折角のロケーションを活かすことができなかった。結果的に，業務単位全体は不安定になった。この場合の多様性とは粗利だが，ドメイン平均よりもエリア平均が上回っていたため，DMもZMも許容範囲として許した。戦略の実行によって構成要素の結合関係は強化され，システムの新たな実現軸が定まっていかなければならない。このことは，表面的には学習に帰着する問題であるとも言える。しかし本質的には，擬似家族的単位の集積が大局的機能の位置関係を創発するように集約されることである。

ところで第1章で，創発的戦略，包括的戦略共再帰水準を越える場合があると述べたが，セブン-イレブンには再帰構造がないため，本章の考察では不用である。イトーヨーカ堂グループ全体を1つのシステム水準とし，下位水準に同社があると仮定することは可能だろうか。答えは，不可能である。何故ならば，同社が設立された契機は，大型店とそれを補完する小規模小売店の相乗効果で，小売業そのものの進展を図るというものであったからである。すなわち，イトーヨーカ堂とは同格なのである。このことは，先のまろやか酵母の商品化の進め方にも見ることができる。それは，グループ経営方針説明会で繰り返し示されたことだが，事業システムという商品化の過程が，正に同商品の製品化・販売過程と一致しており，このことがグループとして同格の取組みをしているということを雄弁に物語っている。

(2) 倫理について

一般に企業内分業が，市場における社会的分業よりも非効率な場合，その企業に存在意義はなく解体に向うものである。しかし同社の場合，社会的分業よりも非効率であるということはなく，同社も自社のレベルに合わせるように，外部システム化等新機軸を打ち出すことで，ネットワーク化を築いてきた。製造を外部委託しているが，その多くは自社ブランドである。その意味で，従来の慣行に捕われているということはない。

また，一般に，利害獲得を目標にした倫理遵守のコストが，遵守しないことによって得られるコストを上回る場合のみ，倫理基準を破る正当な理由とすることができるものである。フランチャイズ制を採用しても，現実に利益を得ることができる利益中心主義を取る限り，各店舗が離れるということはない。リクルーターに加盟を勧められたとき，各オーナーはそのことを判断している。しかしその深層は，後述の擬似家族的単位によって与えられる納得と方向付けである。

リクルート本部と業務本部が基本単位の区分けと採算を計算しているが，店舗展開では，創業当初は集中出店方式を採用していた。外部ベンダーの効率化

と共に，店舗展開の限界基準を考慮していたからである。しかし全国的には今だ限界には到達していない。市場の限界が分業の限界とも言われるが，同社はまだその範囲内である。また，店舗展開において，総合店舗ネットワークシステム等を用いることによって，生存可能システムとして自律・分散管理と凝集性は極めて高くなっている。このような秩序維持は，内部に信頼がなければできるものではない。維持できるのはOFCが業務単位を回り，DM，ZMがフォローし，納得と実利を蓄積してきたからである。非効率または処理不能に陥りがちな現場において，納得の度合いは信頼に比例するであろう。そしてその証拠は，業績で計る以外にない。信頼が基底にありその反映を業績で問うことは，商品点数の多い加盟店の現状を考えると，本部要員にとっては酷である。しかし同社には似つかわしいことかもしれない。

　以上から，企業に相応しい経済倫理について何が言えるだろうか。つまり，生存可能性の創出・維持によって，構成員，部門間の利害と義務が一致するときに倫理基準が成立すると言えるだろうか。本節を経営や経済から考察すれば，そのように結論付けられるであろう。つまり，生存可能性の条件は，信頼性とその裏付けとして利益が必要となるということになる。何故ならば，現場への信頼度は，前述のように業績に反映されるものと取らなければならず，粗利益配分方式の下では業績が上がれば双方に利益になるからである。つまり表面的には，利益が重要であり，処理不能または業績不振の加盟店には，納得するまで指導する以外にないということになる。[28]

　しかし，生存可能性の本源は，本稿の立場からは利害ではない。信頼性と利益が表裏の関係になるほど制度的に整った状態ならばそれは問えようが，前提が整わない場合は——現実に整うことは少ない——今後の可能性を信じる以外にない。また，納得がいくまで指導を行わず利害関係を重視する場合は，管理する側と管理される側にシステムを分けることであり，独立単位体に変質させることである。[29]すなわち，社会的オートポイエーシスがあるか否かがその条件であり，本質は信頼しかない。

§6-4-2 擬似家族的単位による組織的学習

戦略の展開は，総合店舗ネットワークシステムの構築・更新，外部ベンダーのシステム化のように，トップ主導の包括戦略 M_s の場合も，商品戦略や個別の店舗管理のような創発的な I_s' であっても，構成員，企業全体に対し，必然的に学習と産出を求めるものである。特に，外部ベンダーのシステム化は，システム自体の生存を守るために必要不可欠であり，第4章に述べたように会社主義に陥ることを避けることに繋がる。すなわち，構成要素は，第5章に触れたような会社主義によって秩序関係を人為的に分断されることなく，自らは社会の中に存在するという意識を持ち続けることが可能となる。また利益中心主義に個々の戦略が絡むとすなわち進化圧が高まると，産出圧が要求される。つまり，戦略の実行は能力の向上と表裏の関係にあり，成否の本源は社会的オートポイエーシスに求められると言っても過言ではない。

これ等の関係を，組織学習による信頼関係の構築と呼ぶことは，本質的ではない。システム論・サイバネティックスでは，フィードバックの延長として学習するということは当然のことである。しかしビアが，アシュビーの超安定性の議論の不確かなることを巡って述べている学習という概念は，抽象的な範囲に留まっているように，具体的状況では語らなかった。[30] 本質はオートポイエーシスによらざるを得ず，さもなければ抽象論にならざるを得ないのである。

次の(1)は，一般的な学習の捉え方である。しかし現実には，常に対象は個別特殊なものとして語られるべき個性があり背景がある。それを理解しなければ人材の産出や成長に繋がることはない。そのためには，個人レベルで問題を消化するための単位が必要となる。

(1) 一般的に提案されている組織学習の概念を検討する。組織学習の定義としては，大きく Argyris and Schon によるものと，Duncan and Weiss 等の立場に分類される。[31]

Argyris の立場は，学習成果よりもその過程に注目するものである。すなわち Argyris and Schon(1978)は，組織学習を「組織が現在所有し，それによって

様々な組織活動の内容と結果を照らし合わせる価値基準の妥当性を吟味し，それが妥当性を失っている場合には新しいものに置き換える過程」と定義している[32]。すなわち，価値基準の置換という認知的側面に注目した定義と言える。

一方 Duncan and Weiss(1979)は，「組織が自ら変革を作り出す必要性を発見し，より一層の成功を収めるであろうと自ら変革に着手し得る能力を獲得し，それを成長させる過程」と定義している[33]。つまり，変革に着手する能力という行動論的側面からの定義である。

Argyris and Schon(1996)によれば，組織的学習における要素は，学習の成果，学習過程，学習の主体から構成されると言う。但し個々の構成員の学習と組織全体の学習は，2つの点で区別できる。すなわち，組織学習は，個人的学習の単なる総和ではなく，個人学習が個人において完結するのに対して，組織学習は構成員の入れ替えがあっても価値観，規範，組織文化の形で継承されるという点である。この2点は，構成員間に相互作用が存在し，内部モデルの相互参照によって自己の内にある参照モデルまたは基準を書き換える可能性があること，各個人レベルにおいて内部モデルは組織レベルに反映可能であること，と言い換えることができる。すなわち，相互作用の中で組織と個人は発展し学習する存在であると言える。しかも個人の総和を超えるということは，業務と共に本来的にそれが組織化するという意味でもある。

センゲ(1995)は別の観点から組織的学習を論じている。すなわち，学習する組織を構成する人間という視点である[34]。それによると，① 人々が能力を伸ばし，心から望む結果を実現し得る組織，② 革新的で発展的な思考パターンが育まれる組織，③ 共通目標に向かう組織，④ 共同して学ぶ方法を絶えず学び続ける組織，である。その内容は，センゲの上げる5つの課題に表われている。すなわち，① 個人的修得，② メンタルモデル，③ 共有ビジョン，④ チーム学習，⑤ システム思考である[35]。

これに対して，人材開発の観点から論じる立場にワトキンスとマーシック(1995)がいる。それは，① 学習する組織は，継続的に学習し，自らを変革す

ることができる組織であり，②学習は，個人，チーム，組織，コミュニティーでも起き，③継続的戦略的に使用される過程で，仕事に統合され，並行的に行われ，④その結果，知識，信念，行動が変化し，⑤組織の変革能力・成長能力を強化し，そして⑥学習する組織は，学習を獲得し共有するシステムを有するものである，と定義するものである。[36)] この考え方は，センゲの考えを踏襲している。その上で，学習は戦略と密接な関係にあり，人材開発に繋がることを明示した点が評価できよう。

ところでセンゲ，ワトキンスとマーシックの考え方は，上述の組織学習の代表的定義をより実践的に解釈したものと言える。共通点は，学習主体の相互作用と関係性である。すなわち，ここにおいて組織の概念はシステムに歩み寄ってくる。学習主体である組織と個人は，組織という場を通して学習をしているのである。つまり，属する組織によって，持つべき内部モデルや考え方は異なることになる。生存可能システムにおいても，現実に如何なる構造・目的のシステムであるのかによって，学習の方向，過程，結果は異なってくる。

さて一般的な意味でも，第2章第3章でも触れたように組織概念はシステム概念に歩み寄ってきた。事実，組織学習の立場からは，システム思考も提案されている。しかし，独立単位体や社会的単位体においても，これ等は要求されるべきことであり，システムのみの特徴とすべきではない。また組織という見方においても，意識の高い人間を対象にした場合，上手く働くことは想像し得るが，そうでなければ具体的とは言えない。

また，生存可能システムモデルは，他の方法論と融合するということでは透明である。一方現実に適用する場合，従来のシステム論を踏襲しつつ，それとは異なる点が生じる。主体概念を内部に伴うからである。その意味で，戦略や学習概念は中心に論じられるべき方法論であると言える。しかし，第4章第5章で述べたように，これ等を具体化する方途として擬似家族的単位が必要なのである。

組織的学習も，「自己」システムそして戦略も，様々な立場で語られる概念

であるが，組織やシステムを表面的に大摑みにするもので，そこにいる人々に言及するものではない。しかし全ての人間は，人生の主役であり自己の歴史を持ち，自己の位置するシステムを語らい，向上する権利を持っている。その場とシステムが繋がっていなければならない。

(2) これまで述べてきた生存可能システムモデルという考え方は，機能主義的機能論というべき立場である。一方，オートポイエーシス論は，機能論的行為論である。それ故，機能主義とは，全体論的視野に立った大局的機能と微視的機能が融合しなければならない。一方，組織論や社会学は，組織的構造や組織行動論を扱う。独立単位体とシステムとの違いは，表面的には必要最小限に構造化された完全連動体であるか否か，機能が完備的である否かである。しかし，融合させ得る本質的機能は，第4章第5章に述べたようにオートポイエーシス的単位である擬似家族的単位にある。そこに，主体概念や組織的学習を現すことができるからである。

構成要素共同言及性を唱えるヘイルが仮定するように，構成員は存在の一側面のみで社会(組織)と繋がっているという考え方は，独立単位体に慣らされた感覚では一見疑問に感じるかもしれない。しかし共同言及可能ということは，本来的に構成要素は自由な存在であり，また自律的に方向付けされながらシステムに凝集する様を指している。故に創発が可能となる。一方，独立単位体に付帯する会社主義は，思考停止に陥ることもある。指示-管理が中心となるからである。管理ではなく自律的に方向付けをするには，これまで述べてきたように擬似家族的単位の概念によらざるを得ない。すなわち，個人は複数の擬似家族的単位に同時に関与し，関与の範囲で相互に自律的な方向付けを行い自省し成長するのである。その中で，時に当事者になりまた補助・促進者にもならなければならない。またメタシステム的働きを期待される場合もある。生存可能システム内でお互いが同時に多数に関与することで，擬似家族的単位に参加する者達は，秩序関係の軸を社会にまで延ばすことができるのである。そのとき，人間は全力で課題に向き合うことができる。しかし個人差があり，それ

故，補助・促進者を必要とするのである。職務・任務を具体的に遂行する上では，全存在を賭けることが要求されることが多い。同時に，個人としては家族等に関わる問題を捨象することもできないものである。

　前項の組織学習を具体的に進める方法は，擬似家族的単位にある。組織学習は表層の理論であり，人間としての成長を基礎に単位的に発展しなければ蓄積することはできない。すなわち，個人とは，当事者のときは弱くまた視野が狭まるものであり，補助するときは強くなることができ，またメタシステムとして展望と見通しを提示することもできるからである。本章でセブン-イレブンをシステムとして論じた所以はここにある。すなわち，個々の構成員の多くは，動機付けが曖昧なアルバイトであり店舗経営者も素人が多く，同社の弱点は業務単位だからである。その中で，個人的成長・意欲と業務を結び付け業績に反映させる作業が，管理単位たるOFCの任務である。店舗内で擬似家族的単位が幾重にも構成され，また各自が実際の家族や友人関係を背景に持っていることを自覚して，初めてプロフィットセンターの一員になることができるのである。前述のように，会長の話は現場に特化しているのも，現場が弱点でありしかもまたプロフィットセンターであるからである。警告信号を出すことで，オーナーやOFCは対等な関係として直接会長から指導される場合もある。そのとき各自が，擬似家族的単位の当事者として指導されていると感じるならば，その指導は永続的に生かされるであろう。

　第4章で産出は期待行動の範囲と述べた。素人集団のような業務単位が産出するのは，ある意味で些末なことだが，棚の整理や清掃，発注ロットの方法とタイミング等である。第4章最後に定義した通り，新人が入る毎にまた新商品が追加される毎に，これ等のことが繰り返される。また第5章で触れた進化圧は，顧客から要望としてもたらされる場合もあるが，多くは本社の新商品の投入によって現場にもたらされる。つまり，これ等の日常業務を行いながら自己産出することが，同社の期待行動になっているのである。

　(3) 具体的に，店舗改善の状況を振り返ってみよう。No.7は，当初パートミ

ーティングは開けない状況であった。20人前後のパート従業員の各々は，昼，夕方，深夜の3交替のため，情報・共有ツールを使い業務連絡や雑記を交換していた。深夜リーダーは2人で何れもアルバイトの若者だった。しかもその2人が米飯，惣菜，サラダ，酒，調理麺の発注担当だった。前述の店舗改善では，この2人が鍵を握っていた。セブン-イレブンでは，米飯，惣菜等の発注責任者が深夜シフトになることは珍しくない。1日の販売実績をPOS以外に実感して翌日に繋ぐのである。

　当初，長年深夜リーダーを続けてきた2人の若者が店舗改善に反応を示したのは，同店が契約解消にならないよう願っていたからである。2人は同店に愛着を持っており，オーナーの意志を確認したいと考えていた。半ば契約更新を諦めていたオーナーは動かされた。そして2人には積み立てをして将来オーナーになることを薦めた。そのために残された時間に全ての事を教えると約束し，また契約更新になるよう努力すると告げた。個人的なことを話すのは，お互いに初めてだった。3人を中心に原子的単位が作られた。オーナーが為すべきことに気付かされた瞬間だった(次図A)。

　店舗改善の際，4つの観点から彼等は考えた。つまり，客層に併せた品揃え，新規商品の売り込み，気温商品の対応，売場対応の4点である。1点目から，客層に合せた商品選択をする際類似商品を避けつつ品揃えを絞り込まない，という取組みを確認した。2点目からは，新規商品を目線ボリューム陳列で売り込むという結論を得た。3点目から，おつまみ系は気温に合せて発注を行うことになった。そして2点目と合せて，3便をメインに配送を組んだ。4点目からは，売場は原則的に固定6段を取ること，売り込み商品の目線をボリューム展開すること，POP対応，口頭での紹介等を確認し，新規と売れ筋の両方の商品を生かす売場作りを心掛けることとなった。これ等を取り決めたときから，主体性が生まれたのである(次図B)。また，これ等些細な事柄を実施するにはマニュアル化は不可能であり，シフト化されている故個々人は単位化しかつ連鎖する必要性があった(次図C)。

また，同店のオーナーの弱いところは，売れ筋商品を絞ること，ミーティングの運営，そして顧客や従業員に口頭で声を掛けることだった。これがミーティングを開かない理由であり，OFCから何等かの指摘を受ける都度，居合せたリーダーに伝える程度の店舗運営だったのである。一方，パートリーダーが自主的に運営できるのは現状の継続であり，商品選択を含む変更には経営者の判断が必要である。しかも昼夜にわたり顧客動向を把握しているのは従業員であり，オーナーと同等かそれ以上の意識を持って個別商品の適不適を判断し売り込みをするには，不得意なことに挑戦するとともに，相互の補完が必要である。それ故，個々の人生設計や目的と共に単位の連鎖が生まれたのである。

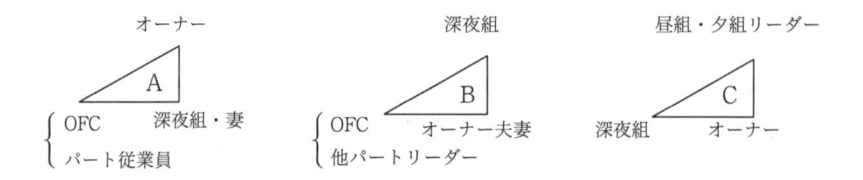

```
       オーナー              深夜組            昼組・夕組リーダー
         △A                   △B                    △C
  {OFC    深夜組・妻    {OFC   オーナー夫妻     深夜組    オーナー
   パート従業員            他パートリーダー
```

深夜組の2名を中心にオーナーを含め，店舗内に次のような擬似家族的単位が重複的に幾つも形成された。ABCの三角形は次のように重複を繰り返した。基底にあるのはBの三角形である。

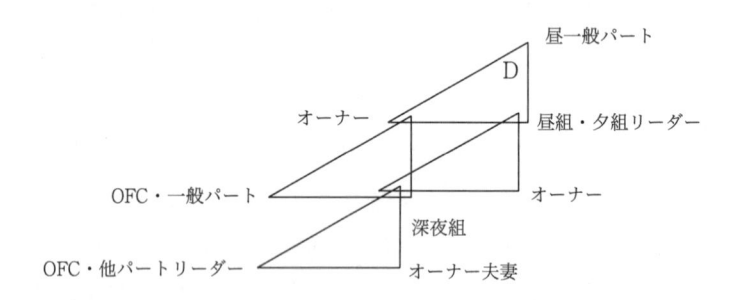

```
                                   昼一般パート
                                       D
              オーナー              昼組・夕組リーダー
      OFC・一般パート               オーナー
                                   深夜組
      OFC・他パートリーダー         オーナー夫妻
```

それまで情報・共有ツールとしてノートの交換のみをしていた昼間部のパート従業員共必然的かつ自然に互いに意見交換を行うようになった[37]。同時に互いの背景を認識し，積極的に店舗経営の改善を模索し始めた。すなわち，時間

帯・顧客層に合せて商品を取捨選択することで，各自が接点となり混在する課題を整理し，管理単位，メタシステム関係を交互に入れ替えながら課題に取り組んだのである。すなわち，ビールという単品キャンペーンの単純な事例を乗り越える長期の試みとなり，各自の体験となったのである。その際，システムの方針と店舗の位置付け，自己の位置と任務，将来を認識することとなった。そして，現在の局面を打開することで他の課題も克服し得ると誰もが信じた。拡大された自己とも言うべき相談し合える相手を基本関係軸に，さらに補強するような関係でパート仲間が加わり，互いに関係化することで凝集性を持った擬似家族的単位の重複が作られた。これまでも単位化する場面もあったかもしれないが，基本関係以外は認識したことはなかったかもしれない。しかしこのときはメタシステム的役割を果している人の努力を互いが認識し，また自己も支持的役割として参加しているということを実感したはずである。そして単位的関係は，一過的に消滅するような単位とは思えなかったであろう。以上より，マニュアル化し得ない行為連鎖を継続することで，単位としての凝集性を作ることが基礎と言えるのである。

　この点がNo.2との違いであり，組織的学習という次元では捉えられないシステムの構成要素化の実相である。何故働くのか，何故競争する必要があるのか，何故自分が率先する必要があるのか，何故自分がシステム全体を展望する必要があるのか等を問うのみの次元ではない。与えられた商品つまり課題を販売することを通して解決し，各自の問題を共有し処理しながらNo.7の単位体化を目指し，しかし単位体は不可能であるが故にセブン-イレブンというシステムに接続し一体化したということであり，構成要素共同言及性を元にした秩序軸の外部接続である。つまり，再帰性を指向したシステムの末端に自己を位置付けることにより，No.7等は改善したのである。

　前章との対応で言えば，この成功例では単位連鎖によって外部的なものであれ，刺激は内部的に維持され，更新していると言える。それが産出圧と均衡した良き競争の姿である。そのため単位連鎖は，外部世界すなわちシステムとし

てのセブン-イレブンやベンダーとの接続を必要とし，成功を収めたのである。一方改善できなかった店舗は，文脈自体の理解から欠けていたのである[38]。

　この間各構成要素は，次々推奨される新商品に対して，本部情報に従う姿勢から目標意識・文脈的意味を考えるように変った。何故ならば，現時点では同社には明確な惣菜戦略というものはなく，各自が売り込むことによって付加価値として単品力を備えさせたのであり，裏返せば各自の努力の結果の反映だからである。この自律性は，パートミーティングにも反映された[39]。当然のことながらPOSデータの参照回数も，業績に比例して増えた。

　これ等個人的擬似家族的単位の重複は，正規の基本単位においてOFCが作る基本単位に統合され，1つの業務単位(の1単位)を構成していると理解され，またオーナーも自身の背後にいる家族的な関係を代表していると自覚したとき，店舗はチームのように連動した。また，そのOFC自身，あるときはDMを管理単位にし他のOFCをシステムⅡに，そしてZMをⅢ，商品本部をⅣ，業務本部をⅤにする等の擬似家族的単位を個人的に持っており行動を検討していたのである[40]。当時の擬似家族的単位の応答関係は次図のようになっていた。

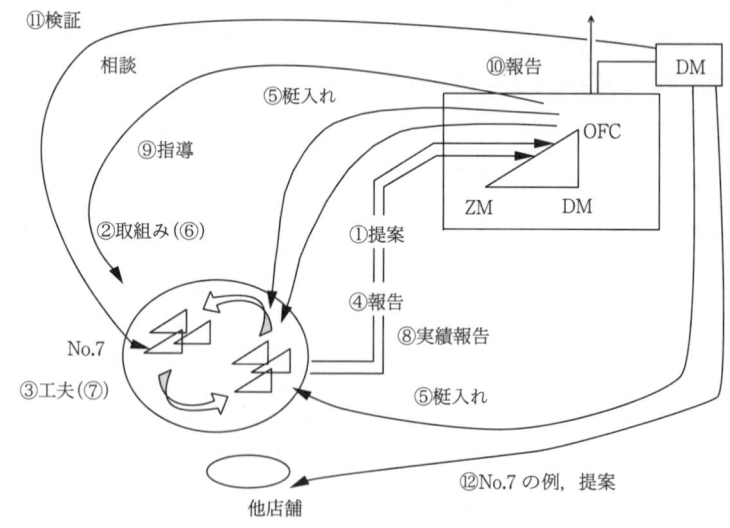

契約を更新するか否かを決めるパートミーティングの際，深夜組の2人は学ぶべきことはまだ残っていると主張し，他の人々も続けることを訴えた。OFCも本社も続けることを希望し，No.7は現在もエリアの模範店として継続している。

セブン-イレブンが，会議と指導，報告を中心に運営されていることは既に述べた。ビジョンの共有・システム思考の徹底のため，OFC会議に毎週全国からOFC以上の全員を集めることは，幾ら費用が掛かっても止めないという。全社的次元でも，小規模小売業の進展というビジョンを掲げる以上，既成概念としての②(§6-1)ではなく，実践の中で絶えず創り換えられるものでなければならない。すなわち，システムは内的に刺激を作り出しているのである。そのために加盟店をはじめとするシステムⅠにも，§6-1の①④そして③⑤が求められる。本章で見た店舗管理において，パートミーティングが重要であり，またPOSデータを如何に参照するかということの重要性を理解することができる。同時に，絶えずプロセスを共有するシステムとしての同社の在り様は，メタシステムも含めて，OFC会議等を通じて④⑤(§6-1)を繰り返し修得していると言える。すなわち，システム行動の中に学習が織り込まれているのである。

種々の取組みを互いが共有するための各種会議で，会長の鈴木が語る話は，基本4原則の形を変えて繰り返しているに過ぎず，絶えず第一線へのメッセージで占められている。それは正に自己創出的システムになろうとする表われである。その上で各自・各部署が行うべき機能を果すことで，システムの経験と強靱さは絶えず更新されてきたのであり，自らもシステムの末端に置いて為すべき機能を遂行する構成要素であることを表わしている。すなわち，多くの店舗経営者は，基本的に次図の(心理的)擬似家族的単位を想定している。これは，前述の幾つかの三角形同様，単位の連鎖が大局的機能の有機構成に連結して行くことを表わしている。[41]この三角形からもわかるように，現場レベルにおいても外部ベンダーを含めて単位化を行っているのである。つまり，システム

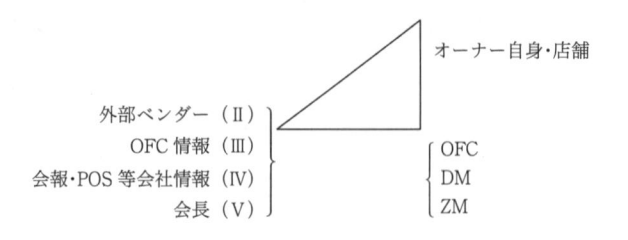

```
                              ┌ オーナー自身・店舗
         外部ベンダー (Ⅱ)   │
         OFC 情報 (Ⅲ)      │    ┌ OFC
         会報・POS等会社情報 (Ⅳ) │    │ DM
              会長 (Ⅴ)          └ ZM
```

の特徴である外部関係のシステム化は，ここにも表れている。この三角形や前出のA～D等の単位によって，顧客・地域の多様性に次図のように対応している。

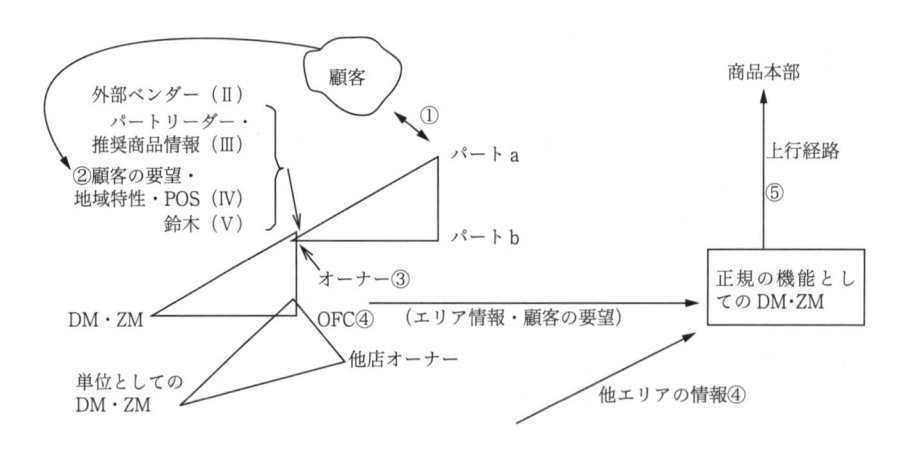

[図：顧客・パート・オーナー・OFC・DM・ZM等の関係図]

外部ベンダー (Ⅱ)
パートリーダー・推奨商品情報 (Ⅲ)
②顧客の要望・地域特性・POS (Ⅳ)
鈴木 (Ⅴ)
顧客 ①
パートa
パートb
オーナー③
OFC④ （エリア情報・顧客の要望）
DM・ZM
単位としてのDM・ZM
他店オーナー
他エリアの情報④
商品本部
上行経路 ⑤
正規の機能としてのDM・ZM

個人が，動機付け・方向付けそして学習の場である擬似家族的単位の個々の位置に在りながら1つに連なっているのは，信頼関係と経験が前提としてあるからである。その中で戦略が運動を起しそれを通して学習し，適応的な人材になり技能を修得する。背後には，不足な部分を補うために擬似家族的単位が必ず個々人の周囲に形成され，課題の消化と人材の産出に努めている。それによって現象学的領域が生まれ個が規定され，集積的にフィードバックされて機能の完備性と構成要素の完全連動体として生存可能システムが実現される。この循環過程によって，システム自体は更新され強化される。また更新されなけれ

ば意味がなく，各自においても経験が蓄積され成長し価値を生まなければ参加する意味はない。従って，生存可能システムの構成要素そして組織構造は変更され，産出され，強化されるという循環過程に巻き込まれているのである。しかもその循環過程とは，仮説-検証を反復しながらそれ自体が更新され，積み上げられるものである。

その意味で，①外部関係のシステム化，②プロセスの共有化の2つが生存可能システムの必然的特徴であるという第1章の仮説は，ベンダーの主導的改善や擬似家族的単位の連鎖があることによって，裏付けられているということが言える。

さらに，システムの発展，個人の成長を通して，第4章第5章で述べたように図6-1のシステム機能の有機構成は不動であった。また，擬似家族的単位の連鎖はシステムとしての機能の有機構成を形成し，形成された機能が構造を作動させ，それを乗り越えて新たな擬似家族的単位の連鎖が形成される様を観察することができた。すなわち，大局的機能の有機構成と擬似家族的単位の連鎖が構造の発展に整合することから，オートポイエーシス的生存可能システムモデルの有用性を示すことができた。

注
1) 同時期に他のスーパー各社もコンビニエンス・ストアに着手している。しかし紆余曲折を経て，セブン-イレブンの独走を許すことになる。例えばダイエーは，'75年にコンソリッド・フード社のコンビニエンス・ストア事業部門ローソン・ミルク社と提携し，ダイエー・ローソンを設立した。しかし提携先のローソン・ミルク社と同様のパーティグッズやデイリーフーズを中心とした高級店であったため，多店舗展開には失敗した。同'75年には，広屋がヒロマルチェーンの展開を始め，'77年には山崎パンがサンエブリチェーンを，'78年には西友がファミリーマートを発足させ，'80年には，ユニーがサークルK，ジャスコがミニストップを設立した。しかしバンドワゴン効果が進み，各地で互いに競合し，80年代には業績格差は歴然とした。
2) 本章は2002年前半の調査を基にしている。
3) セブン-イレブンの売上がグループ1位であることと，コンビニエンス・ス

トアが今日の生活では欠くことができない存在になりつつある今，語るべき利便性や豊さというものもあるであろうが，同社内で語られることはない。
4) サウスランド社との契約では，8年間に1,200店の累積出店の実現が条件であった。セブン-イレブン(1991)。
5) 金(2001)，セブン-イレブン(1991)，川辺(1994)。
6) Aタイプは土地をオーナーが提供する場合で，Cタイプは土地その他全てを本部が負担するケースである。設立当初はAタイプのみであったため，チャージは一律43%であった。
7) 表は北関東のある店舗の分析例である。
8) この店舗で調べてみると，米飯では一カ月販売金額は3,667円，原価は2,483円，粗利1,184円。オーナー収入は475円と見込まれ，原価率0.68だが，廃棄金額は売上ベースで209円，原価ベースで142円。結局オーナー収入は334円となる。我々の調査では，FFカテゴリーは6種類，デイリーは8種類，非デイリーは36種類で算定した。
9) 図6-3を見れば明らかである。
10) 2002年現在。
11) '78年では米飯は2便制だったが，'87年より3便制になった。
12) Point of Sales Systemの略。
13) 因みに82年度の我が国でのPOSの採用数は，約4,000台である。その内3,600台がセブン-イレブンの設置数であった。
14) Electric Order Bookingの略。
15) 西村(2002)。
16) 2001年IYバンクが発足したが，現段階ではグループの補助的位置付けでしかない。しかし加盟店のATMで利用可能な銀行は主要行を網羅している。
17) A，B，Cの鈴木の立場は，§5-5でシステムVの三角形は特殊と述べた通りである。
18) しかし彼等自身は自らを当事者に置くとき，鈴木を保護者的保護・促進者に置き，山口の場合ならばオペレーション本部出身なのでシステムIIIやシステムIVである財務・商品本部の意見，取締役会等をメタシステム的役割に置いて自己を見直している。
19) 事実オーナーに対する最低保証制度も設けられている。
20) 一時会長の鈴木が主張したことだが，湯を張った盥に缶コーヒーを入れ温めて客に勧めるという戦略M_8'は，現場の加盟店から非効率との苦情が出て中止になった。
21) 但し図では，連鎖は反時計回りに進行する。
22) ここから言えることは，4月時点よりも6月時点は，販売効率が改善されたか否かだけである。

23) 図6-4は単品力を表わすものではない。しかし販売動向の調査と偶然一致することでそのように誤解し，かつその補強に店舗内の取組みの重要性が上げられ，マニュアル化等が行われることになるならば，結果的には自律的な擬似家族的単位を弱めることになるであろう。本章最後に触れるように，マニュアル化は限界を設けることにしかならないからである。
24) 粗利では，まろやか酵母は2位であり，単価の高いキリン樽生一番搾りが4位である。
25) スーパードライですら1987年から出荷され実績を積み上げている。しかし前年のコクキレ生ビールという段階を経て販売された商品である。単品力という言葉は，経営における生気論的概念である。
26) 期間中の週平均販売数は逓減しているにも拘わらず，週別総販売数は第4週をピークに漸減している。これは2つのことを意味している。1つは，リピーターを定着させるまでにはなっていないことである。第2に，テスト販売に参加した加盟店は1～2週の集中参加であったか，あるいは集中力が持続できなかったかである。
27) 但しオリジナル洋菓子の著しい販売増は，新規商品の影響である。
28) ここにおいてもコミュニケーションは道具であって，主体とはなれないことが言える。
29) 多くの現場で，自らシステムを破壊する，この間違えが起っている。何故ならば，楽だからである。
30) ピア(1987) pp. 205-207。
31) 寺本(1993)。
32) Argyris and Schon(1978), p. 19.
33) Duncan and Weiss(1979), p. 78.
34) センゲ(1995), pp. 9～10。
35) センゲ(1995), pp. 14～19。
36) ワトキンス，マーシック(1995), pp. 29～44。
37) 2人は各々の家族とも将来について，初めて真剣に話したという。また以前は，内集団すらなかった同店であったが，昼リーダーのパート従業員の女性や夕番リーダーの2名の学生は，深夜組2名を含め多くの人を管理単位に据えて自身の問題を考えたという。マトゥラーナの社会の11番の特徴のように互いに成長したのである。
38) その意味では，同エリア自体がシステムの構成要素足り得たか疑問も残る。§5-5(3)以前の問題として，80-20の法則が存在していると言える。
39) この間のパートミーティングも定期的に持たれ，詳細な議論が行われた。仮説と検証を繰り返すことで各自が主体的に取り組んだ。例えば，3便メイン体制によって，①独身者を対象にセット惣菜を夜間販売するか，②豆腐関係は

複数商品あってもバッティングしないのではないか，③気温上昇とビール販売数が比例するなら同時におつまみ系は比例し，コンセプト次第では価格の高め商品でも購入者はいるのではないか等々である．
40) 擬似家族的単位を公式組織と言うことはできない．この単位は個人的なものであり，しかし無視することもできない．またOFCの個人的単位も個人的なもので，正規の生存可能システムモデルの機能分担とは異なる．
41) 心理的と言うのは，現実にアルゲドニック・ループを用いない場合もあるのに，メタシステム的役割に鈴木を想定しているからである．そしてこの図と鈴木個人の図のCが類似していることも同社のシステム的側面である．

参 考 文 献

[1] Argyris, C. and Schon, D. A., *Organizational Learning : A Theory of Action Perspective*, Addison-Wesley, 1978.
[2] ビア，S.（宮澤光一監訳）『企業組織の頭脳』啓明社，1987．
[3] Duncan, R. and Weiss, A., "Organizational Learning : Implications for Organizational Design," in Staw, B. M. ed., *Research in Organizational Behavior*, Vol. 1, JAI Press, pp. 75-123, 1979.
[4] 川辺信雄『セブン-イレブンの経営史』有斐閣，1994．
[5] 金　顕哲『コンビニエンス・ストア業態の革新』有斐閣，2001．
[6] 西村友幸『連邦型ネットワークの経営』多賀出版，2002．
[7] 株式会社セブン-イレブン・ジャパン『セブン-イレブン・ジャパン：終りなきイノベーション1973-1991』1991．
[8] センゲ，P. M.（守部信之訳）『最強組織の法則』徳間書店，1995．
[9] 寺本義也他『学習する組織』同文舘，1993．
[10] ワトキンス，K. E., マーシック，V. J.（神田良他訳）『学習する組織をつくる』日本能率協会マネジメントセンター，1995．
[11] 渡辺敬二『小売企業の経営学』中央経済社，2000．

第7章 室蘭素描：独立・社会的単位体についての考察

　本章は，独立・社会的単位体とシステムの性格を明確にするため，室蘭市の史的発展を考察する。[1]室蘭を単位体として捉えようとする試みは，後述のように産業人や企業によって行われた。それは，開発が明治以降に始められ，計画化し得る余地があったからである。

　さて第4章から6章の考察より，擬似家族的単位の連鎖から社会が規定され得るとき，システムが多数勃興し連携することが可能となる。逆に，独立単位体の場合は個人の単位は分断されざるを得ないという仮説が成り立つ。また，独立単位体から構成される社会は，社会を上位に捉えられないばかりか，単位体間の関係は自律的調整が行われなくなると述べた。また，システムでない以上，再帰構造化も行われない。またそれ故，利害と生存欲が擬似家族的単位の基調となり，結果的に進化圧は歪に高まることになる。これ等を，同市の歴史と道南バスという企業の事例を交えて検証する。[2]

　初めに前史の概略に触れておく。北海道は，遥か昔から蝦夷地として知られていた。アイヌの人々についての記述は，10世紀には既に書物に現れている。[3]和人に関しては，本州北部の日本国への併合が12世紀まで要したため，それ以降の奥州藤原氏の交易からである。しかし，前九年の役・後三年の役の落ち武者が移住したのとも言われており，その頃から存在したものと思われる。[4]

　その後永享4年(1432)，津軽の安東氏が南部氏との争いに敗退し，蝦夷地に逃れ檜山安藤氏と称した。この頃から渡島半島南部には和人の居住地が形成された。康正2年(1456)には，銭亀沢(函館市)，箱館(函館)，茂辺地(上磯町)，木古内，知内，吉岡(福島町)，福山(松前町)，原口，上ノ国等に居住区が維持されアイヌと対立した。当時，本州との交通は十三湊，田名部，小泊，能代等を基地として，敦賀，小浜等を中継して行われ，蝦夷地と京畿地方とが結ばれていた。[5]

アイヌの交通は，海岸線に沿って行われ樺太との交易もあった。天正18年(1590)蠣崎氏が安東氏の配下を脱し蝦夷地の管轄権を掌握し，亀田(函館)，熊石に番所を置き，往来の範囲を限定した。後に姓を松前氏と改め，渡島半島南部の経営に努めた。[6]つまり，箱館，江差，福山の一帯と幌泉・神威岬までの海岸線である。しかし陸路の発達は進まなかった。伝馬宿次制度の実施も試みられたが効果は薄く，福山城下から江差を経て熊石までと，亀田までの海岸線，さらに上ノ国から木古内までの難路があっただけである。横断道は，遊佐(八雲町)〜瀬田内(瀬棚町)，長万部〜歌棄(寿都町)のみであった。

藩経営は他藩の職制を模倣したものであったが，道路の開削，拓殖政策は取らなかった。よって，松前と蝦夷地という境界を設ける程，その勢力圏は限定的なものであった。またしかし，米を産しないこととアイヌ人も住人であったことが，他藩と事情を異にしていた。

しかし，宗教界の認知は高かった。[7]最も早く北海道布教を考えたのは，蝦夷地布教の拠点を夷嶋松前浄願寺とした本願寺蓮如教団であった。15世紀のことである。[8]同寺は，その後の本州への移転の際も夷浄願寺という名称を貫いている。独自の交通・交易経路を有していたとされるが，教団の志向はその後も続き，後の本願寺道路の建設に繋がっている。[9]同時期に日蓮宗京都本国寺衆徒が建立した法花寺も，やはり松前であった。松前藩時代になると，各宗の寺院が合計で63カ寺建てられたが，これ等も全て松前である。[10]その後，幕府直轄地時代の文化年間には，和人の活動地の拡大に併せて辺境にまで建立されるが，室蘭周辺については，江戸時代の蝦夷三官寺の1つ有珠善光寺のみである。しかしこれによって同時に，「日本」の範囲が拡大されることにもなった。また，この頃入植者も増加した。[11]

蝦夷地の交通の発展に寄与した制度は，場所という制度であった。これは，藩士に与えた給地において交易に対する現物税を徴収する制度で，後に商人が徴収を請負い，藩士に運上金を納めるようになった。寛政10年から文政にかけての第1次幕府直轄地時代は，場所は60箇所，全海岸に分布するようにな

った。また，この頃道路開削が積極的に行なわれた。寛政年間には，礼文華山道，様似街道が拓かれ，猿留山道も着手された。文化年間には，雨龍越え（留萌～深川），網走越え（網走～阿寒湖西岸～釧路），斜里越え（斜里～標津）等が拓かれた。総延長は120哩である。また，安政年間に入り，黒松山道，余市山道，濃昼山道，雄冬山道，太田山道，大野越え等が開削された。

　さて幕府は文政4年，一旦蝦夷地を松前藩に返還した。海防問題が穏やかだったためである。しかし統治能力に欠け，またロシアに南下の兆しが見えたため，寛政11年東蝦夷地を幕府が直轄し，文化4年には全蝦夷地を治めた。[12]

　幕府は蝦夷においては，鎖国政策は取らず樺太等北辺地域との交易と，開拓殖民に努めた。松前氏に代わり東蝦夷地を直轄するようになると，海運はにわかに発展を遂げた。蝦夷地と江戸を結ぶ航海は，この時期画期的な進歩を遂げた。また対外政策の一環として，探検と測量，[13]そして道路開削を進めた。これに伴い駅逓が随所に置かれた。[14]後に，箱館にアメリカの軍艦が入港して，新時代を迎えることとなる。

　一方，モルエラン（緩やかな下り道）とアイヌの人々から呼ばれた室蘭が，近代の歴史上に登場するのは，プロビデンス号が入港して以降のことである。[15]

　明治以降昭和戦前迄の北海道・室蘭における地域開発の歴史を断片的に辿ると，開拓使顧問ホーレス・ケプロンが，その良港性及び太平洋岸に面した位置の優位性から，室蘭を北海道開発の重要拠点として高く評価したことが契機となった。よって，開拓使時代の初期から，開発施設が実験的・火急的に導入され，一地域としての独自の歩みを始動させてきたのである。

　さらに，その後の開発の足取りからは，室蘭に先行して地域開発を進展させていた函館や小樽への追随が強く意識され，道内での確かな地位や役割を確保しようとの意図から，果敢かつ積極的に発展してきたことがわかる。道内でも先駆的に民間主導型の地域開発を軌道に乗せ，国内外との技術協力によって工業開発を実現させてきた点や，近隣諸町村との共存共栄を標榜し，地域開発を巧みに前進させてきたこと等は，その端的な例と言える。

また、大企業を主体とする工業開発がクローズアップされがちな室蘭の地域開発の歴史において、進取の気性をもって室蘭に移り住み、地場起業家として地域のリーダーに台頭した人々が中心となって地域振興を模索しようとした動きもあり、工業都市・室蘭の地域開発のイメージからは、窺いしれない面も浮かび上がってくる。

こうした室蘭の地域開発の経緯に見出し得る開発特性(開発構想及び思想、開発の年)の間に、一時的にせよ工業生産高では道内1位、人口でも道内5位の地位を示すに至ったこの間の、地域開発の史的変遷とその系譜を、異なる分野間の事業・取組みの相互作用や連鎖性に着眼して俯瞰することにする。

以下、交通網、都市基盤、産業基盤等の各項目を、明治初年から中期を試行・模索期、同中期から末期を試行の拡充期、明治末期から第二次世界大戦までを発展期、大戦からの期間を復興期として考察する。同市の軍備拠点としての側面は終戦と同時に終結するが、都市基盤その他へ与えた影響は計り知れない。本稿は、このような区分によって考察する。[16]

§7-1 試行・模索期

本節では、明治初年から中期までの室蘭の地域開発の史的展開過程を辿り、その特徴を明らかにする。この時期、幾つかの開発構想が期されていた。それは、交通拠点構想、軍事拠点構想、工業拠点構想であった。しかしその取組みは、施行錯誤的であったことは否めなかった。

§7-1-1 札幌への接続

室蘭を起点とする幹線道路の整備は、明治4年、ケプロンの進言に従い北海道初の幹線道路として、札幌本道(函館〜森間道路、森〜室蘭間航路、室蘭〜千歳〜札幌間道路を合わせたもの)を計画し、その起点の1つに室蘭を選定したことに始まる。

明治4年〜22年の頃は、模索・準備期間と言えるだろう。この頃は、道内交通の要衝とされた室蘭を起点として、道内初の幹線道路(札幌本道)が整備さ

れた[17]。しかしその交通拠点としての実効性は高められず，明治4年〜明治12年にかけては停滞している。しかしその停滞期，明治13年〜24年にかけて，代替交通路として鉄道が模索・準備されている。この様に前期後期で特徴を捉えると，前期の展開は以下のようにまとめられる。

室蘭が札幌本道の起点に組み込まれ，札幌〜函館間の交通網を確保したことによって，道内での交通拠点としての振興が期待されてはいたが，手段が限定されていたこと，移動コストが高かったこと等により，当初の期待に反し，室蘭は活況を期する機会を失った[18]。

この時期の後期，明治13年には，幌内炭の積み出し経路として小樽（手宮）・幌内間鉄道（幌内鉄道）の内小樽〜札幌間が開通した[19]。それに伴って函館・札幌の幹線経路が脚光を浴び，札幌本道は裏街道とされ室蘭の地位も低下した。しかし幌内鉄道が全通となった15年頃から，室蘭港が天然の良港であり石炭積出港として適していること，ロシアの南下政策に照らしたとき他港よりも安全であること，道央・道東・道北を結ぶ要衝であること等々から再びその評価は高まった。

様々な意見は室蘭鉄道発足へと収斂した。完成したのは25年である。すなわち，札幌本線及び室蘭の停滞期に，その代替経路として札幌への室蘭鉄道の建設，噴火湾沿岸を含め函館へは直通航路が実現されたのである[20]。つまり，模索から実効性のある道の確保に緒がついた時期であると言える。

交通の要衝としては，慶長元年（1596），松前藩が絵鞆場所に運上小屋を設置したのが始まりとされる。港湾としての利用が本格化するのは，前節で述べた札幌本道の開削の一環として，室蘭港に海関所を設置したことがその端緒である。しかし函館が，幕末既に開港場に指定されていたのに比べ，副次的機能しか期待されていなかった。

明治初期の整備は，明治5年のトキカラモイ桟橋，同7年の常灯台設置，同7年の浮標設置に留まる。中期には北海道炭鑛鉄道が室蘭経営を構想したことで行政の関心も高まり，エトッケレップ石炭専用桟橋を明治24年に設立し，

室蘭港の石炭積出港としての基盤整備が開始された。

§7-1-2 擬似家族的単位の芽生え

室蘭の都市施設の変遷を探るため、『新室蘭市史(第2巻)』、『室蘭市年表』、『北海道の開拓と建築(下巻)：建築年表』等を基礎資料として、室蘭に整備された都市施設を、設置年、設置地点、施設属性を一組とし、さらにそれ等を都市施設の立地点・種類、交通網・埋立等の整備地点の変化に着目して観ると、大略以下の様に捉えることができる。

都市としての形成は、明治2年に仙台藩石川家の旧臣等が本輪西に入植したことに始まる。中心人物は、添田龍吉といった。少々触れよう。添田は、仙台支藩角田藩主石川邦光が新政府から室蘭郡支配を命じられたとき、開拓助鑑として移住した。邦光等が支配権を免じられた後も、開拓の素志を捨てず、前後して入植した48人の同志の指導者として開拓に従事した。後14年には、郷里角田から61戸211人の第二次移民を迎え、現在の本輪西町、陣屋町、香川町、知利別町等の一部を開いた。しかし入植によって村落の原子的単位は生まれたが、具体的な展望は描きようもなかった。

さて、明治6年にトキカラモイに桟橋が設置され札幌本道が建設されると、沿道に町並みが形成されるようになった。港町から大町に懸けては、室蘭郵便局(明治5年)、官立室蘭病院(同6年)、札幌警察署附属室蘭分署(同11年)等の公共施設や、室蘭ホテル(同5年)、姥子旅館(同6年)等の施設、また安楽寺(同16年)等の宗教施設が建設された。蘭西の中心街が作られたのである。

他方、明治19年～22年にかけては、輪西に輪西屯田兵村が2区画整備され、蘭東方面への広がりを見せる。以上から、蘭西・蘭東地域に公共施設、宿泊施設、宗教施設が作られた時期であると言える。[21]

§7-1-3 産業における試行錯誤

明治7年に、ホーレス・ケプロンが、室蘭での工業経営構想の一端を示し、[22]それに従って札幌～室蘭間鉄道が開設された。それを利用して、幌別・白老・有珠方面、室蘭にも製材所を設置することが進言された。これに対応し、同年

には，官営工場の室蘭出張観業課が設置され事業が立ち上げられた。また，その翌年には室蘭港に造船所を設置する計画が相次いで打ち出されたため，この時期より転入人口が増加し，活況を呈し始めた。

しかし，長官の黒田はその運営には極めて消極的で，同工場が著しい成果を上げないことを理由に，明治15年には閉鎖を決定する。また，造船計画についても最終決裁を拒み，これも計画倒れに終わっている。すなわち，開拓使はこの時期，一旦は室蘭の工業化を目標に据えるが，短期間にこれを断念したのである。しかしこの工業化模索の動きとは別に，明治初期に入植した添田龍吉等が，製氷業，製鉄業，製塩業等の家内制工業を試行した。[23] しかし何れの事業も縮小・後退を余儀なくされている。唯一カミシロコタン川河口で試みた製氷事業だけは成功し，一時は関西方面に年間700トンも出荷していた。これは，明治20年の大晦日の出火で全焼したため縮小した。しかし龍吉の興した事業は明治36年，スタンダード石油が石油施設用地に買収するまで継続された。

以上を踏まえると，開拓時代初期における開拓使や転入者による事業・計画は，何れも目に見える成果を収めることなく終わったと言える。すなわち，産業界においても擬似家族的単位は，上位システムに接続することなく明滅していたのである。しかし明治中期になると地場起業家も勃興する。

§7-1-4 軍備拠点

室蘭及び室蘭港は，早い段階から，ロシアの南下政策への軍備拠点に望ましいという位置また良港性という両点で，北海道における軍備拠点の１つに位置付けられてきた。明治4年には，海軍が室蘭港内の測量を実施した。明治7年には，室蘭の輪西村を道府札幌と共に，屯田兵村予定地に指定されている。さらに翌年には，室蘭の小橋内及び母恋一帯が，各々海軍提督府設立用地，海軍貯炭場用地として指定されている。また明治18年には，室蘭港の実測や港湾一帯の実査等を行い，港湾一帯の具体的な活用方法が検討し始められた。

すなわち，ロシアの南下政策への対抗から，室蘭港及び港湾一帯の軍備・防衛上の活用が模索された時代と捉えることができる。

明治19年には、輪西村に屯田兵村の建設が開始され、翌20年、22年と第1陣の屯田兵110戸(528人)、第2陣(581人)が入村し、軍事拠点構想が前進したのである。またこの間に、室蘭港の実地調査を重ねて行い軍備利用の方向性が現実味を帯びて検討されるようになった。明治22年には、東北・北海道における、海軍鎮守府の設置予定地としてクローズアップされるようになる。翌23年には、勅令第7号によって、室蘭が第5海軍鎮守府に定められ、26年には、勅令38号によって室蘭港が第5海軍区の軍港に指定された。これにより、室蘭港及び一帯の軍備拠点化は決定的となった。

§7-2 拡 充 期

本節は、明治中期から末期までの範囲である。初期の試行が確立し拡充して行く時期である。

この期間の特徴は、北海道炭鑛汽船会社(以下北炭と略す)の主導によって整備発展されたこと、道内外から転入してきた地場起業家の調整機関であった室蘭港湾委員会によって開発の方向性が検討された点である。時期的にも各々が主導権を握る時代が異なり、1つの区分とすることができる。すなわち、石炭積出拠点としての活用が図られた時期と、§7-1-1で述べた交通拠点構想が連鎖的に実現された時期である。何れもが、港湾施設、都市基盤の拡充に貢献していくことになるのだが、中心的独立単位体としての北炭と周辺的存在との思惑が交錯していた。

また明治の末期になると、室蘭実業界と日本製鋼所(以下日鋼)が中心となり、工業拠点化が構想された。この構想は胆振開発期成会、室蘭記者会等に引き継がれ、胆振・日高地方の開発構想へと発展する。中心に考えられていたのは、交通網における室蘭の拠点化であった。

§7-2-1 北炭の創設と交通手段

室蘭鉄道建設速成運動が功を結び、建設権・営業権の取得を前提に、明治22年北海道炭鑛鉄道会社(明治39年、北海道炭鑛汽船会社に社名変更)が創設さ

第7章　室蘭素描：独立・社会的単位体についての考察　367

れた。同年には室蘭鉄道の建設認可を受け，25年には室蘭鉄道(岩見沢〜輪西間)が開通した。エトッケレップ以西への鉄道建設は，軍港指定のため不許可とされ起点は輪西となった。その後北炭は，産炭地と石炭積出拠点を結ぶ石炭輸送経路を確保すべく，岩見沢，追分を起点とする支線を相次いで整備し，室蘭，幌内・空知一帯に交通網が充足された。これにより室蘭は，石炭積出港として機能することになる。[24] つまり，陸海連絡の利便性が確認された時期である。

なお，室蘭鉄道開通の翌年，既に低迷していた室蘭〜森間定期航路は廃止となり，新たに室蘭〜函館〜青森間を結ぶ三港定期航路が開設され，室蘭は札幌と本州とを結ぶ中継点となった。しかし実際は，室蘭〜手宮間では1日1往復，室蘭〜岩見沢間では2往復の貨物・貨客混合列車が運行するに留まり，輪西の室蘭停車場とトキラカモイの波止場との，海運連絡を改善する必要があった。従って，室蘭が中継点として機能するようになるのは，室蘭鉄道と道内奥地の鉄道路線との間で連帯運輸が実現する明治31年以降である。

以上より，札幌本道の代替経路として室蘭鉄道が建設され，それにより幌内・空知一帯に支援交通網が確立された。それ等が主に石炭積出経路として活用されたことにより，室蘭が石炭積出拠点として機能し始めた時代であったと言える。同時に，北炭の地歩が固まった時期であった。

それ以降の時代になると，上川線(砂川〜旭川間)，十勝線(旭川〜上富良野間)，天塩線(旭川〜和琴間)等の鉄道建設が促進され，またそれ等は室蘭鉄道とも繋がれた。これにより室蘭は，道内奥地との交通網を確保することになった。また，明治30年に室蘭鉄道が仏坂下(室蘭市街)まで延長され，海運連絡が改善されると，明治36年には室蘭〜手宮間に急行混合列車が運行される様になり，専ら石炭積出路線として位置付けられてきた室蘭鉄道も，札幌・小樽方面への旅客輸送路線として注目されるようになった。この様にして道内奥地とも結ばれ，旅客輸送面でも機能し始めた。さらに本州(青森)，噴火湾沿岸地域(蛇田，森)とも新航路で結ばれて，室蘭は本州と道内奥地・噴火湾沿岸地域との中継点としてまた北海道の表玄関としても位置付けられた。

§7-2-2　港湾施設への着手

　北炭は明治21年の設立と室蘭進出を背景に，事業効率化のため室蘭港を石炭積出港とすべく整備に着手する。この時期は，石炭積出港としての基盤整備が始まる明治21年～30年までと，独占的な港湾開発を進めてきた北炭が新たに台頭してきた地場起業家等と協調し，従来までの整備方針に軌道修正を加えながら事業を継続させてきた明治31年～38年とに小区分して，その特徴を捉えることができる。

　明治21年～30年に入ると，北炭が室蘭経営構想(室蘭港と産炭地を鉄道で連絡し，室蘭港を石炭積出港に位置付ける構想)を明確に提示したことで，道庁も室蘭港の修築に関心を向け始め，修築設計を命じている。これにより綿密な計画に基づき，石炭搬出路(幌内～室蘭)及び関連施設の立地点を含めた修築案が提案された。その後，室蘭鉄道・幌内炭鉱等の営業権を払下げを受け室蘭鉄道の建設を着工，さらに明治24年にエトッケレップ石炭専用桟橋を施設し，室蘭港の石炭積出港としての基盤整備を本格的に始めた。

　明治27年には，室蘭経営に係わる国の方針が転換され，埠頭(エトッケレップ以西)までの鉄道延長が許可されたことに伴って，北炭では，千歳町から札幌通り仏坂下まで(旧千歳町・浜町・海岸町及び入江町鉄道用地の一部)の6万5,200坪の海面埋立を輪西～室蘭間の鉄道延長工事と並行して行った。埋立事業は，30年には一部が完成している。この埋立に先立ち，明治22年には，開拓使時代に室蘭に移住してきた人々が住民のための埋立を推進し，共有地を優先的に確保するため，「室蘭港埋立工事起業出願委員会」を発足し埋立請願運動を展開した。しかし祝津海岸地先に5,000坪程度の埋立権を得たことに留まる。このことは，石炭搬出路及び関連施設を確保していた北炭が，港湾開発においても主導的役割を発揮していたことと，請願運動を行った住民組織に体力がなかったためである。

　さらに明治後半に入ると，室蘭鉄道と上川線，十勝線，天塩線，三港定期航路との間に連帯運輸が開始され，室蘭が本州と道内奥地との中継点として機能

するようになった。これにより地場起業家の経済活動も刺激され，副次的に港湾整備の推進を道庁に要請することとなった。これを受けて道庁は，明治27年には特別輸出港，32年には開港場に指定すべく努力した。すなわち，北炭独断型の港湾整備（埋立事業）を見直し，室蘭商工会側（防波堤等の整備）と北炭との間に室蘭港調査委員会を設置したのである。[25] 以降，両者の意見調整を経て進捗が図られるようになる。

　近代港への脱皮のための大規模改修に取り掛かるのは，明治末年から大正に懸けてである。本項では，明治末年までを一時代として区分しているため，その胎動期に触れるに留まる。

　栗林五朔道議提案の「室蘭港修築ニ関スル建議」を道議会が可決したのは，明治39年であった。工場群の集積によって，船舶入港数が増えたことに対応する必要があったからである。41年には道庁による港湾修築調査が実施され，地元の期待感は膨らんだ。それに喚起され，室蘭側が第1期拓殖計画を陳情したのは42年のことである。しかし同時点では道庁は，北海道8港の内室蘭港の優先順位を第7位と位置付けており，地元では，小樽，函館との格差が拡大することが憂慮された。よって，『室蘭港修築ニ関スル第1回調査書』を出版し，世論形成を図った。同書を自費出版したのは，前出の栗林五朔と室蘭毎日新聞の上野一也であった。これが効を奏し，明治43年には修築事業を「第1期拓殖計画」に組み入れることに成功した。

　この時代の修築工事についてまとめておこう。

着工年	竣工年	事業名	施工主体	事業費（千円）	事業内容
明22	明24	大黒島灯台建設	国	不詳	光達距離18海里
明24	明30	エトッケレップ石炭桟橋	北炭	不詳	延長218 m
明27	明34	御崎町地先埋立	北炭	不詳	194,700 m²
明27	明36	入江海岸町地先埋立	北炭	不詳	215,540 m²
明40	明42	日鋼第1期埋立	日鋼	1,231	439,000 m²

明40	明42	日鋼埠頭建設	日　鋼	不詳	8,337 m², 延長365 m
明43	明44	石炭積出高架桟橋建設	鉄道院	540	延長574 m

§7-2-3　町の形成

　明治27年に海軍鎮守府建設用地指定が解除され，エトッケレップに石炭積出港が設置された頃は，現仲町付近の停車場に，数十戸の民家が軒を寄せるに過ぎなかった。解除後，直ちに大規模埋立事業が北炭によって行われたことは，既に述べた。30年に一部完成したことによって，鉄道が延長され，室蘭停車場も仏坂下に移転される。新たな停車場からトキカラモイ桟橋まで，千歳・海岸両町には，函館税関室蘭出張所等が集積され，海岸町では回漕店，問屋，商店等の商業施設，旅館等が誘発的に増えていった。また蘭西の中心地は，千歳町付近に移行したと言える。当時の室蘭は，建設ラッシュであった。また明治33年には，室蘭に町制が敷かれた。人口5,461人，1,313戸であった。直ぐに町会議員選挙が行われた。[26]

　明治末期の出来事としては，40年の日鋼と北炭の輪西製鉄所の建設が挙げられる。[27] これにより景気，人口は共に伸長した。両工事開始前は人口1万人程

町制施行当時の室蘭市街略図

出所）谷村（1961）より。

度であったが，1年後には2万人を越えている。特に，日鋼建設のために新設された御崎駅から御前水町にかけて市街化が促進され，日鋼の社宅街が形成された。また母恋では，同年榎本子爵家私設市街地の整備が始められた。これは，日鋼が製鋼所を作る以前から榎本武揚が温めていた構想に沿い，同社が榎本家の私財に拠って興した事業であった。また建設作業員受け入れのための大橋長屋，瑞泉閣，異人館，共楽座，百花園，友愛倶楽部，また日鋼付属小学校，同幼稚園，病院，さらに日鋼技術訓練校そして神社等が整備された。

これ等の施設は道庁発行の『北海道視察便覧』等によって広告された。それ故かこの時期来蘭者が急増し，室蘭公園を初め諸施設が作られようになった。同様の広告には，室蘭実業界による『室蘭案内』もある。これは，明治37年の函樽鉄道の開通，39年の三港定期航路の廃止によって，経済的・都市機能的衰微を招くのではないかという危機感からの発行であった。[30]

§7-2-4 独立単位体北炭の発展

本節の主眼である独立単位体の特徴については，§7-5の道南バスの事例で論じることとし，本節では北炭による室蘭発展の基礎に触れる。

北炭が交通網を整備し港湾埋立事業を行ったことは，既に述べた通りである。同社は，39年に本社を室蘭に移し関連事業も漸次集積させた。これによって，飛躍の基礎が創出されたのである。また明治中期には転入者が増え，衛星企業の他地場起業家も現れてきた。[31]特に地場起業家は，活発な経済活動を行なう一方で室蘭商工会を立ち上げ，港湾の修築運動や，北炭の埋立・港湾施設計画等に対する修正運動にも取り組んだ。[32]

このように俯瞰すると，地場起業家の登場により，室蘭の産業・経済活動が始動され，それ等の企業団体が足場を固めていく意図からも，地域開発に意欲的に取組み始めた時代と言える。

明治40年代に入ると，室蘭には，日鋼と北炭の輪西製鉄所(以下製鉄所)の2大先端工場が立地し，室蘭の産業・経済基盤は飛躍的に伸びることとなった。また，付随して民間主導の地域開発も進展していった。すなわち，明治

38年の日露戦争後，国内軍事関係者は自力で軍備を確保する必要性を感じ始める。以前より製鉄民営論を唱えていた北炭では，明治39年の「鉄道国有法」によって北炭の私有鉄道206マイルが買い上げられたのを契機に，室蘭に製鉄所建設計画を策定する。また，同年の臨時株主総会で製鉄所建設構想を打ち出し，政財界の協力を得て製鉄所の操業準備に取りかかった。その過程で社業を製鉄から製鋼(兵器製造)に転換して，明治40年に日鋼の室蘭での立地・操業が決定した。[33] なお日鋼は英国のアーム・ストロング，ビッカーズ両社との3社共同経営とされ，また在職の海軍技師を嘱託に迎える等，兵器製造技術の供与，海軍からの兵器受注の誘導等万全の体制を整えて操業に備えた。

建設用地には陸軍用地が当てられ，明治41年～44年までに主要工場の大部分が整備され，大型火砲や50トン平炉，4千トン水圧鍛錬機等最先端の設備が配備された。なお，技術者養成の面では，技術者・職工を英国両社で研修させ英国との技術交流を盛んに行なった。

明治42年に日鋼は営業を開始し，直ぐに「鉄砲製造営業」の許可を得て海軍砲の製造・修理に着手した。操業当時の受注状況では，前述の如く海軍が大半を占めており，また工場運営に当っても海軍からの監督官を置く等，民間兵器製造会社の立地というより，海軍工廠的機能に重心を移していった。製鉄所でも，明治39年の臨時株主総会時において，製鉄業を一転して製鋼業に方針替えし，内浦湾沿岸の砂鉄鋼や鉱山を個人名義で確保したり，八幡製鉄所銑鉄科長に精錬を研究させる等，製鉄所の操業準備を進めていった。

臨時株主総会後北炭は，鉄道売却金の内50万を用いて，翌年輪西村の屯田兵村跡地に製鉄所建設を着工，42年に完成させ操業を開始する。同年には，砂鉄と鉄鋼との混合による我が国初の製鉄が製造される。その後，事業は順調であったが，コスト高による赤字や大恐慌の余波も誘因となり42年から一旦休業となる。しかし後に北炭が三井系列になると，事業は復調する。

日鋼，製鉄所は，概略上記のような経緯を経て，共に業績を飛躍的に伸長させながら室蘭の産業・経済基盤の発展に貢献していった。同時に，室蘭の地域

開発にも都市基盤整備の推進役として，大いに関わりを持つようになる。

§7-2-5　軍港化

　明治19年から26年にかけて，屯田兵村の開村・第五海軍鎮守府の指定等により，軍事拠点としての性格が強められた。軍港指定によって貿易港としての機能が弱められるのではないかと危惧した人々は，自由民権運動家の本多新等を中心に反対運動を展開した。[34)]

　その後海軍省は軍港指定を凍結する。これが地域開発のさらなる契機となった。住民・北炭の念願だったエトッケレップ以西への鉄道延長（輪西・室蘭間）が実現し，海陸連絡便が向上したのである。27年には特別輸出港に指定され，米，麦，麦粉，石炭，硫黄の5品目の輸出港となった。さらに政府は，石炭積出港としての利用の優位性を認め開港場に指定，36年には軍港指定を正式に解除する。一方輪西の屯田兵村では，第一次・二次の入植者が共に任期を終え離村者が出始めていた。34年正式に解村措置が取られ，室蘭は軍事拠点としての役割を一時縮小させることになった。

　しかし，日露戦争が始まると第七師団の大連出征経路に，室蘭～青森～大阪間経路が選定され，室蘭は再び軍事拠点として脚光を浴びることになる。直ちに，兵站基地司令部，碇泊地司令部，日本赤十字社北海道支部出張所等が臨時に設置された。以降，室蘭港は軍備拠点としての整備が施されるようになり，陸軍特別大演習等に活用されるようになる。前節でも述べたように，明治40年に立地した日鋼では，海軍からの受注が集中し海軍工廠的色彩を強めていった。必然的に室蘭には，多くの武官が駐留するようになった。

§7-3　発　展　期

　前述の「第1期拓殖計画」は，着工時期さえ決まらぬまま放置されていた。この間，他港との格差は広がった。この事態を憂慮し，また日鋼，製鉄所両工場によって近代的工業地に成長途上にある室蘭港が，依然として防波堤すらなく原始的姿に放置されているのは，地元政治の怠慢である，として行動を起こ

したのは室蘭記者会であった。従来，室蘭実業会を中心に展開されてきた港湾修築運動を，町内各層代表者からなる胆振開発期成会を発足させ，広域的な政治運動に発展させて行くためには，室蘭記者会の全面協力が必要であったのである。そしてこの時期は，その胆振開発期成会が，胆振全体の開発・振興を大義名分に据え，室蘭の地域開発事業・取り組みを広域かつ組織的に進展させた時代であった。

大正9年から昭和5年は地域開発の転換期であった。室蘭の地域開発の中心であった日鋼が地域開発から退いたのである。これには，海軍の軍備拡充計画において広島重点方針が決定したこと，さらにワシントン軍縮条約の締結によって海軍依存型の営業をしていた日鋼の受注が激減し，経営を縮小せざるを得なかったという背景がある。

他方で，当時室蘭行政に影響力を持っていた中村俊清を中心に，長期展望を模索する動きもあった。すなわち，港湾修築の着工を契機に，これまでの地域開発体制の在り方を見直し，交通・運輸・産業・経済・港湾等に跨る開発課題の検討及び政策立案を目指し，新たな体制作りに取り組む様になった。また開発の中心には福祉拡充構想及び視察・観光振興構想を据える等，従来とは異なる構想を全面に打ち出し，産業基盤はもとより軍備・港湾・都市に亘る各分野での開発事業・取り組みを展開し，室蘭の地域開発を再び進展させた。

昭和6年から昭和18年は，地域開発の再進展の時期であった。それまでの室蘭の開発構想の中でも視察・観光振興構想，軍備拠点構想，工業拠点構想の3つが改めて強く打ち出され，個々の事業開発・取り組みも収斂させながら展開され，室蘭の地域開発が進展していった。これ等が特徴として上げられる。

§7-3-1　後背地への交通網

明治44年から昭和16年にかけては，室蘭は，胆振・日高等の背面諸地域との間に新たな交通網を構築し，またそれによって道内での交通拠点化を再度目指していった時期である。室蘭は既に，札幌と函館を主力路線とする広域交通網の中にその地位を確保していた。しかし胆振・日高等の地域との交通網は，

第7章　室蘭素描：独立・社会的単位体についての考察　375

噴火湾沿岸地域との間で一部航路が開設されていたに過ぎなかった。さらに道内の交通体系が函館・小樽を軸としたラインに移行して，石炭積出拠点の性格を強めるようになってからは，新たな交通網を模索する動きが途絶えていた。

しかし，荷役業・海運業の足場を発展させるとの観点から，栗林・楢崎等地場企業家達が後背地の形成と商圏拡大を目指して，胆振・日高・渡島地方との交通網建設の動きを再開させた。

まず，紋鼈〜虻田〜弁辺間の逓信省定期航海命令航路開発に力を注ぎ，それを成功させると鉄道建設に奔走した。大正期には，日高線・胆振縦貫鉄道，登別温泉軌道の建設が開始され，室蘭は背面諸地域との間に航路以外の交通網を確保した。

さらに昭和に入り，3年に長輪線が全通すると（大正14年には部分開通），室蘭は道南方面，道北方面とも直接結ばれるようになり，実効性のある広域交通網が確保された。一方企業家等が神戸との航路を復活させ，また有力地場企業家が本格的に海運業に進出することで，室蘭は本州との連絡に厚みを加えることとなった。

一方昭和4年から16年にかけて開設当初の予想は外れ，利用者の多くが，長輪線・室蘭経由に振り換えられた函館〜稚内間の急行列車を利用せず，小樽・札幌経由を好んだ。そのため室蘭経由は低迷し，11年に再度札幌経由に振り返られた。また長輪線開通後は，再度函館が退道経路に変更され室蘭での乗降客は急減した。この結果，室蘭はその役割を後退せざるを得なかった。

§7-3-2　近代港への脱皮

明治39年から昭和10年においては，石炭積出港としての基盤整備を整えたに過ぎなかった室蘭港が，本格的な港湾修築工事によって近代港へと脱皮していく時期である。この時期，中でも明治39年から大正6年にかけては，内外両航路の船舶の出入増加に伴って，地元の荷役業，海運業も比較的進展を見せた。これ等を担っていた地場企業家等は，室蘭港の本格的な港湾修築の必要性を訴え，修築工事の誘導に奮闘した。特に，中村俊清等の胆振開発期成会が中

心となって運動が展開された。[35] これによって，防波堤等が4百90余万円を懸け建設された。このようにして近代港としての体裁が計画・予算の両面から準備されると共に，室蘭港が，従来からの石炭積出港としての役割に加え，新たに工業港としての役割を備えた時期と見ることができる。

　大正7年から昭和10年にかけては，室蘭港が近代港としての体裁を求めて最高水準の港湾修築が進捗した時期であった。同時に，長輪線の建設が，新たに輪西方面での埋め立てや埠頭等の建設を誘発し，港湾開発の中心が輪西へと移行し，室蘭港の基盤整備が質量共に進展したのである。ここで中心となったのは，輪西開発期成会，[36] 区是調査会，[37] 経済調査会[38] 等である。

　昭和11年から18年には，当初室蘭の近代港としての総仕上げが目指されるが，戦時体制が強化され，財源確保が困難となり南防波堤の延長工事が進捗されるに留まった。他方その分，日鐵・日鋼等が増産体制を整える一環から，新たな埋立てや港湾施設の整備を進捗させ，室蘭港の工業港としての基盤整備の道筋を確立させた。思えば室蘭港の歴史は，埋め立ての歴史であると言っても過言ではない。詳細は以下の通りである。

着工年	竣工年	事業名	施工主体	事業費（千円）	事業内容
明43	大2	小橋内町地先埋立	鉄道院	不詳	146,735 m²
明44	大2	海岸町地先埋立	王子製紙	不詳	1,693 m²
大3	大6	祝津町地先埋立	東洋捕鯨	不詳	10,918 m²
大3	大8	小橋内地先第1期埋立	頭山満也	不詳	144,079 m²
大7	大8	祝津町地先埋立	三菱合資	不詳	91,389 m²
大3	大10	祝津町地先埋立	栗林五朔	不詳	37,622 m²
大3	大10	エトッケレップ埋立	北海道炭礦汽船	不詳	40,350 m²
大3	大12	エトッケレップ埋立	北海道炭礦汽船	不詳	42,270 m²
大7	大12	小橋内地先第2期埋立	頭山満也	不詳	65,973 m²
大7	昭3	南防波堤建設	国	4,929	北防 969 m 南防 554 m

大11	昭 4	中卯埠頭1・2区埋立	中村卯太郎	1,500	168,817 m²
大13	昭 4	本輪西埠頭第1期埋立	室蘭土地埋立	1,207	177,232 m²
昭 5	昭 6	日鋼埠頭桟橋改修	日 鋼	140	延長 183.6 m
昭 5	昭 6	御崎町旧船溜埋立	北海道炭礦汽船	16	20,378 m²
大11	昭 7	エトッケレップ埋立	北海道炭礦汽船	不 詳	28,392 m²
昭 3	昭 9	国鉄埠頭埋立	鉄道院	6,093	56,024 m²
昭 7	昭 10	中卯埠頭3・4区埋立	中村卯太郎	1,500	139,403 m²
昭 4	昭 13	南防波堤延長	国	4,995	延長 181 m
昭 11	昭 13	輪西町地先埋立	日本製鐵	1,750	190,156 m²
昭 12	昭 15	北荷埠頭拡張	北海道炭礦汽船	499	6,653 m²
昭 7	昭 16	高平町地先埋立	日本製鐵	不 詳	63,043 m²
大15	昭 17	本輪西埠頭第2期埋立	室蘭土地埋立	700	105,025 m²
昭 15	昭 17	祝津町地先埋立	室蘭造船	24	3,544 m²
昭 10	昭 18	輪西町地先埋立	東京湾埋立	3,900	613,030 m²
昭 18	昭 19	機帆船々溜東側防波堤建設	室蘭土地現業所	862	延長 400 m

§7-3-3　工都の発展

　明治末期には前述のように，日鋼の建設工事開始に伴って，建設資材輸送のために市街地形成が促進され，社宅街が形成される等，蘭中を中心として都市基盤の整備がされていった。また，従来にない先進的な建築物や高品質な建造物が室蘭の都市基盤に加えられ定着していった時期でもあった。

　蘭東地区では，日鋼と同時期に輪西の屯田兵村跡地に建設された製鉄所の社宅が端の江に整備され，大正5年の拡張後は柏木，三橋，元町，桜木，大沢等にも社宅群が形成された。蘭西地区では，室蘭駅が海岸よりに移転され，海岸町には船舶関係の食糧問屋・旅館・土産物屋等の商業・物流施設が，一層集積するようになった。また幕西町には，遊郭・料理屋等が集積し，遊楽街が形成された。オハシナイ方面の埋立も完成し，明治44年頃から造船所の立地が進められ，祝津町の市街化が誘発された。大正7年には，祝津から南防波堤工事が着工され，同時に港湾修築も進んだ。

昭和3年の長輪線開通と共に，沿線の本輪西地区に，栗林の室蘭土地埋立(株)による埋立が完成し，輪西駅が移設された。昭和11年には，日本製鐵(元輪西製鉄所)の三建計画に従って，輪西旧市街地や輪西地先が新たな工場用地とされた。一方日鋼への通勤のため，母恋駅が新設された以外は，蘭中の開発は進まなかった。しかしまとめると，工業都市としての基盤整備が一段と強化された時期であったと言える。[39]

このように日鋼・日本製鐵という独立単位体を中心に，その衛星企業群，関連企業群から成る巨大な工業都市が形成されたのである。しかもこれ等は再帰構造ではなく，会社主義的階層構造を成していた。都市という観点からは，様々な擬似家族的単位が存在したであろうことは想像に難くない。しかし会社主義によって，それ等は分断され制度化され本来の単位とは異なるものだった。つまり，所属する企業の従業員の周囲に形成されたもので，管理的枠組みの中，各企業を支えるために機能したのである。しかも複数の会社主義的関係から，単位関係は本来錯綜としたものになるはずであるが，室蘭では整然とまとまっていた。すなわち，産軍複合体を形成する中で，一種の階級社会を織り成しながら，製鉄・製鋼という独立単位体に収斂されていたのである。

産軍複合路線は，明治40年から大正8年にかけて特には日露戦争後，軍事関係者や有識者の間で痛感され既定路線になっていた。この気運を背景に，室蘭には日鋼と製鉄所という国内屈指の技術・規模を誇る先端工場が立地し，これに呼応して関連の衛星企業が立地し，また荷役業，海運業関連の地場企業家の経済活動も活況を呈した。これによって室蘭の産業基盤は飛躍したのである。室蘭が，鉄の街と言われる所以である。またそれ等の好景気に支えられ，民間主導の地域開発も，従属的に進展してきたとも言える。

しかし大正9年から昭和5年にかけては，第1次世界大戦後の反動不況と軍縮会議の締結で日鋼・製鉄所の両工場は不振に陥る。他方，地場企業家もこの時期，不況から地域開発意欲が減退，停滞へと転じた。

しかしまた，昭和6年の満州事変から太平洋戦争勃発へと繋がる昭和18年

までの時期は，再び室蘭の産業基盤が，2大工場を中心に軍需拡大を背景に飛躍する。これに伴い民間主導の地域活動にも再度活気が戻った。特に力を入れた観光関連の事業には，民間側も積極的に取り組んだ。また両工場では増産体制確保から，埋め立てや埠頭の建設，増員した従業員の社宅整備や工業教育機関の誘致の後押し等，都市基盤の整備・進捗を誘導した。また，他の工場の立地も続いた。オハシナイから祝津にかけての，山陽防腐木工，関西ペイント室蘭工場等である。

ここで地場産業として台頭した企業家の，栗林五朔と楢崎平太郎の事跡についてまとめておくことにする。[40]

まず，栗林については以下の通りである。明治25年に栗林酒店を操業開始し，27年には姥子回漕業と共同で室蘭運輸合名会社を設立した。30年には，北炭社長の井上角五郎の支援を受け，従来1社に独占されていた石炭荷役への割り込みに成功。37年には栗林営業部を設立して，室蘭運輸合名会社を継承した。40年には，製鉄所，苫小牧王子製紙の建設工事に必要な器機工具類等の荷揚げ一括受諾を開始する。42年に栗林合名会社と改称した。43年には苫小牧王子製紙の創業開始と共に製品の貨車積み作業から倉庫における受渡しまでを請負い，海上輸送においては自社用船を用いる等海運業にも進出した。大正4年には，青蘭航路の経営が日本郵船から北日本汽船に移り，その代理店となる。また室蘭〜横浜間に地元船主による大型汽船を就航させた。6年には，自社船その他の用船を用い樺太から南洋諸島方面まで進出したが，戦時船舶管理令による打撃を受ける。8年には栗林合名会社の海陸部門を分離し，栗林商会・栗林商船の2社を設立する。9年には，海軍省雇船として北樺太の石油事業地へ配船を行なう。11年には逓信省命令航路として受命し業績を伸張させるが，ワシントン軍縮条約締結による国内産業不振から，再び打撃を受ける。12年には，陸軍省命令航路として北樺太〜本土間の輸送を開始する。また関東大震災後の復興材料の輸送が急増し，室蘭〜京阪神間に月2回の定期航路を開設する。しかし，結果的には一時経営悪化を招いた。また戦時統制が始ま

と，函館船渠との提携し12年室蘭船渠を創立した。14年には，社業の大合理化を図った後，順次定期航路の充実や不定期船の拡大促進を行ない躍進した。

楢崎については，以下の通りである。明治39年，遭難船続出のため，サルベージ業を営み利益を上げた。それにより用船を購入し，港内荷役や艀の引船に就航する。41年には，明治26年以来廃止となっていた森〜室蘭間定期船航路を復活させた。この航路が42年には逓信省命令航路に指定され，伊達〜虻田両港へ寄港する様になった。43年には，これを噴火湾汽船会社に譲り，大型汽船導入によって海運業に進出する。45年には，釜石製鉄傍系の三陸汽船株式会社の北海道総代理店となり社名を楢崎商店と改称し，東北・噴火湾沿岸輸送の中心となった。大正4年には，三菱鉱業株式会社の室蘭での石炭積出荷役を引き受けた。また林汽船の代理店となった。これにより室蘭〜東京〜横須賀〜大阪〜呉間を運航し，往路は日鋼製品，復路は雑貨を運送する様になる。5年には室蘭〜青森間で鉄道用石炭輸送を行なう。この頃所有船は1万4千屯になった。11年には，楢崎汽船株式会社を設立した。しかし後日談がある。本社を東京に移転すのだが，震災によって再起不能となり昭和4年に解散するのである。

この間，都市としての室蘭単位体化の試みが皆無だった訳ではない。地元経済人による経済団体の推移をまとめておこう。但し，これ等は純粋な室蘭単位体化の試みではなく，経済界としての実績作りのためのものである。そしてまた所謂商工会議所が発足するには，昭和2年の商工会議所法の公布まで待たなければならない[41]。

	設立年	中心人物	目的	事跡
室蘭商工会	明治28	谷　朝　雄 栗　林　五　朔	地元起業家の結束 港湾調査会設置	室蘭港調査委員会設置陳情 埋立地短縮・道路開通陳情
室蘭経済界	33	谷　朝　雄	業者間の研鑽 地域開発への参加	室蘭実業会設立の下地作り

室蘭実業会	39	栗林五朔 楢崎平太郎	室蘭の広報 商慣行の近代化	室蘭商業会議所の母体 室蘭港修築に関する調査発行
室蘭実業青年会	大正7	秋岡逸次郎	青年実業家の結束 政争超然主義[42]	実業会を重層的に展開 産業視察団
室蘭商工協会	12	小林繁弥[43] 野村治三郎	商工会議所設置運動 地域問題への参加	会員による選挙 商業会議所への既成事実作り
室蘭商業会議所	13	楢崎平太郎 野副又六[44]	政争超然主義 商工業の振興	胆振・日高への商圏拡張模索 業種別組合設立指導

さて、§7-5で独立単位体の代表として考察する道南バスが設立されたのも、この時代であった[45]。道南バスの源流となったのは、室蘭合資会社である。同社が創業したのは、大正14年8月で、北海道に初めて自動車が移入されてから10年ほど経過した後のことである。上述の地場企業家がそれなりの地歩を築く中、徳中祐満を中心に創業されたのだが、彼等に共通する特徴は皆政治家を目指したということである。それは、大企業中心の港湾・都市開発に対抗して地元の活性化に住民の声を代表するためであり、単位体化する意識の芽生えと捉えることができる。本稿の立場から述べれば、行政と大企業、地場企業家といった諸力が嚙合えば、市の単位体化は可能な時代だったかもしれない。

国策上の軍備拠点ではあったが、地元住民には商業港としての室蘭港の発展への期待もあった。しかし日露戦争の出征経路に選定されたことで、軍港としての基盤が整えられていった。

日鋼に海軍からの受注が集中し、海軍工廠的な性格を持ち合わせたため、海軍からの視察が相次いだ。日鋼への受注が減り、海軍との関係が希薄になっても、軍港指定当初よりも海軍との関係を強めていくこととなった。こうした背景に伴って、日露戦争時の明治37年から昭和5年にかけて、軍備拠点的性格を強めていったのである。その間、日鋼が海軍工廠的役割を強めたことで、艦船・艦隊の寄港が頻繁になった[46]。

昭和6年から18年は、室蘭の軍備拠点的性格が際立って強められた時期で

ある。主な軍関係の動向を上げると，9年には連合艦隊66隻が入港，10年には第4艦隊46隻，翌年は陸軍特別大演習に参加の歩兵第5連隊2,000人の受け入れ等である。工都の一方の横顔は，宿営地としての基盤であった。

§7-4 復　興　期

戦時の総動員体制は，国民に対し，国策遂行のため，我慢と忍耐という形で集約された。[47] 北海道でも，北海道標準最高価格が昭和13年8月に，同10月には商店法が施行された。これは，経済の行政従属化であり，国民精神総動員運動の一環であった。室蘭でも室蘭商工振興懇談会が翌年結成され統制は一層強化され，市民生活は窮乏した。

20年8月14日，日本政府はポツダム宣言を受諾する。連合国総司令部が東京に置かれ，日本の民主化へ向けた具体的措置が実施されていった。

連合国軍の北海道進駐に先立つ同年9月24日，米軍代表が来蘭し，艦砲射撃による被害調査を行った。また10月より1個大隊が，日鋼室蘭製作所の事務所を部隊本部として進駐した。この進駐は，戦時中強制労働を強いられていた人々による暴動収拾のためであった。しかし，この暴動に刺激され別の暴動事件が発生したことから，室蘭駐留軍は増派することになった。米軍は日鋼・日鐵を接収し，指令官宿舎には日鋼の瑞泉閣が当てられた。また，同月には八丁平の元日本軍防衛司令部で，軍需品の引渡しが行われた。

戦時中は2次に亘り強制疎開を余儀なくされ，終戦目前の艦砲射撃で工都は壊滅的打撃を受けていた。終戦は，食糧難，工場休業，人員整理，軍需施設の賠償指定，労働争議そして旧円封鎖をもたらした。20年には，初めて民選市長が誕生したものの，その年の暮れには日鐵輪西閉鎖という重大局面を迎えた。賠償指定解除と平和産業への転換が急務であった。

永らく石炭積出港・軍備基地としての港と軍事産業に依存してきた室蘭の終戦直後の姿は，日本の中でも一段と過酷であった。昭和21年1月6日の室蘭民報には，「毎日出ない瓦斯，あてにならぬバス。其原因と對策はどうか」と

ある。復興の道程は長く険しく,全てに窮乏した状態が続いた。

しかし飢餓と失業の中であっても,政府は北海道の重要性を認識していた。すなわち,失業者・引揚者の帰農促進を目的とした緊急開拓実施要綱を20年に決め,開墾地の45%と入植戸数の20%を北海道に割当てるよう計画したのである[48]。その後,北海道開発のために多額の補助金が注ぎ込まれることになる。補助金体質は,この頃から始まったと言ってよい。

室蘭市も,その後紆余曲折を経て復興し今に至った。しかしその道も険しく,「最早,戦後ではない」と言われたその後も,産業の興廃に人々の暮らしは左右され続けたと言っても過言ではない[49]。

§7-4-1 交 通 網

(1) 戦時体制

戦時の長期化に伴い,物資輸送の重要性が高まった。反面,青函連絡貨物の滞貨は累増し,輸送面の円滑を欠く様になっていた。この理由により,青森・室蘭定期航路の国営移管と室蘭・大畑間連絡航路の開設の請願運動が起こった。後16年には,鉄道省営室蘭港本州間連絡航路開設期成同盟の設立を促すに至った。しかし同時点で,実現されることはなかった。

しかしこの時期つまり12年～17年は,室蘭港は,石炭・鉄鋼等最重要物資の輸送と,軍関係貨物の輸移入増加で他港を圧倒していた。しかし外国航路は,戦争による不振を極めた。以下の表は,『室蘭市統計書』によった[50]。その他,この時期の交通政策としては見るべき変化はみられない。

(2) 戦後復興

終戦直後の港湾の状況は,何処も厳しい事情であった。しかし21年3月現在の室蘭港の状況は,道内では恵まれた方であった。全国規模で,移出量は241隻353,062トン,移入量は199隻311,953トンの内,46隻69,503トンを占め,隻数・トン数共に全国第1位となっている。因みに同年同月の東京港は,26隻48,433トンであった[51]。

22年,北海道拓殖費に関する昭和22年度予算編成上の措置において,北海

室蘭港入港数		
	隻数	総トン数
12年（内）	5,578	2,177,640
（外）	130	659,200
13年（内）	5,700	2,569,982
（外）	175	515,837
14年（内）	5,139	3,021,916
（外）	66	314,120
15年（内）	5,197	3,236,398
（外）	59	320,380
16年（内）	4,929	2,707,471
（外）	49	231,064
17年（内）	2,180	2,054,756
（外）	32	149,560
18年（内）	3.336	2,542,840
（外）	3	14,025

室蘭港輸送貨物数量			
	移輸出		移輸入
12年（移出）	3,731,573	（移入）	295,302
（輸出）	164,586	（輸入）	391,135
出入合計 4,582,596			
13年（移出）	4,786,481	（移入）	360,836
（輸出）	152,312	（輸入）	271,649
出入合計 5,571,278			
14年（移出）	4,467,442	（移入）	611,316
（輸出）	5,898	（輸入）	342,971
出入合計 5,427,627			
15年（移出）	5,192,587	（移入）	412,457
（輸出）	—	（輸入）	—
出入合計 5,605,044			
16年（移出）	4,192,942	（移入）	899,813
（輸出）	—	（輸入）	—
出入合計 5,092,755			
17年（移出）	4,457,490	（移入）	1,685,202
（輸出）	—	（輸入）	—
出入合計 6,142,692			
18年（移出）	3,815,987	（移入）	789,984
（輸出）	—	（輸入）	—
出入合計 4,605,971			

　道開発庁を置くことが決定された。これ以降の交通政策は，道路整備が中心となる。北海道総合開発計画書では，全道の幹線道路を，基本的道路網である1級・2級道路とその他に分け，以後10年間に実施すべき事業計画を定めた。[52] 22年当時の区分を見ると以下の様になっている。

　この内，室蘭を経由するのは，国道36号線と37号線である。27年の道路法改正で，札幌～室蘭間の1級国道28号が36号に，地方費道の室蘭～長万部

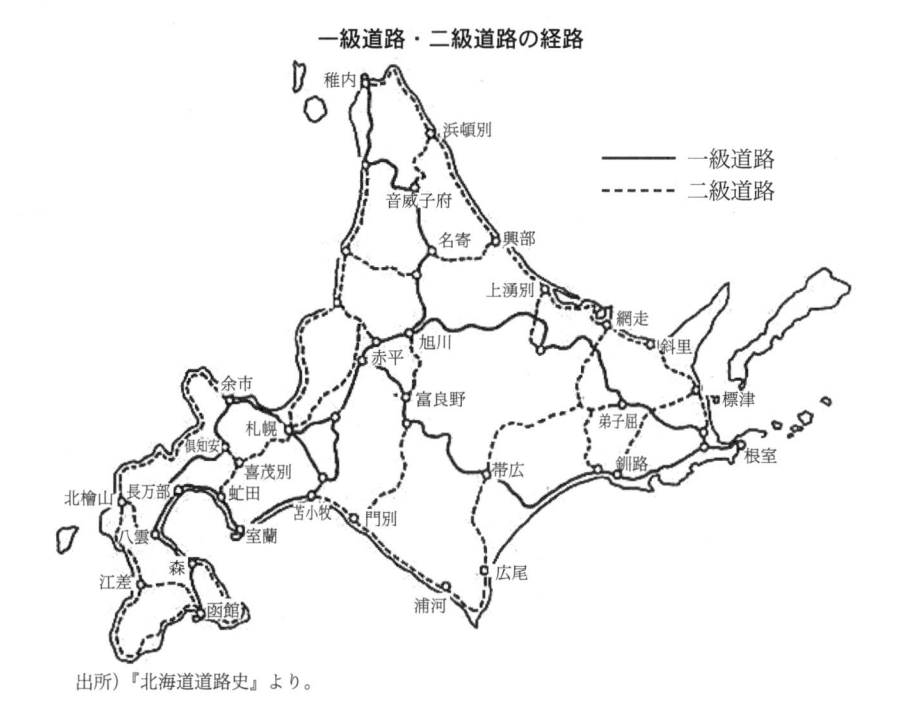

第7章　室蘭素描：独立・社会的単位体についての考察　385

一級道路・二級道路の経路

―――― 一級道路
------- 二級道路

出所）『北海道道路史』より。

間が37号になったものである。

　ところで30年代の復興期に入ると，室蘭の経済的勢力圏は拡大する。それに伴い，国鉄の複線化が進み，また新幹線鉄道についても，旅客輸送の増強が図られたり，在来線による貨物輸送の強化が見込まれた。

　一方道路については，国道36号線が絵鞆半島部と道央札幌圏に，国道37号線が函館方向への唯一の幹線となっていた。これ等の幹線道路は，増大する自動車交通に対処するため，2次改築を行い，高速道路，室蘭港を横断する白鳥大橋等も整備・計画が進められた。

　国土開発幹線自動車道である北海道縦貫自動車道は，千歳・札幌間が供用され，室蘭・札幌間が整備計画区間として日本道路公団によって施工された。室蘭・札幌間道路は，沿線の地下資源開発・観光開発等を目的にしており，北海

室蘭幹線道路網図

出所）『室蘭港港湾計画資料』p.107

道の産業経済の発展に貢献しようとするものであった。室蘭・支笏湖間約73kmの内，昭和47年に約19kmが道道に認定された。

一方室蘭市内では，28年の測量山周回道路が作られたのに続き，30年には地球岬とイタンキ浜を結ぶ観光道路が出来，その後も観光道路網の設置計画は続けられた。また，幹線道路に関しては，室蘭新道が昭和46年に着工し，昭和51年完成を目標に工事が進められ，同市の半島部における主要幹線と目された。結局，全面開通したのは56年である。さらに，この室蘭新道と接続し室蘭港の海上を横断する白鳥大橋の完成により，室蘭新道及び国道37号線と共に室蘭港を中心とする環状道路が形成される，と期待された。この道路に臨港道路を接続させ，さらには，環状道路と高速道路を接続させることにより，室蘭を中心とする後背地の交通網が確立されると考えられていた。

(3) 停滞の現在

　白鳥大橋は，昭和60年着工，平成10年に完成された。この間，本輪西バイパスや道央自動車道が整備された。[56)] 北海道縦貫自動車道は，平成12年開通予定であったが今だ完成してはいない。都市基盤，産業基盤の節で述べるように，全ては，発展を前提と考えた上での計画であった。また，構造不況以降，産業基盤そのものの撤退の穴埋めに，公共事業が利用されたという感が否めない。そのため，前図の様な基盤の殆どが整備された現在ではあるが，何のための交通網なのかという疑問が涌く程，各道路は空いている。

§7-4-2　港湾施設

(1) 戦時体制

　昭和17年の物資統制により，水産物も対象となり，室蘭港は農林省の陸揚地に指定された。室蘭産物市場も室蘭鮮魚介配給統制株式会社となり，政府の代行機関となった。その後統制は強化され，同20年には，政府代行機関として北海道水産業界が，一切の事業を運営することとなった。市場の名称も，室蘭配給所となり単なる配給機関として存続した。

(2) 戦後の諸相

　終戦後，室蘭港では，空襲で撃沈された船舶や機雷の危険があるとして，連合国側の船舶の出入りもなく，加えて陸上交通輸送が困難なため，少数残った船舶が戦後処理に投入される程度であった。室蘭港再開の鍵は，早急に港の封鎖を解除することであった。封鎖解除方の陳情を重ねた結果，22年8月15日から開港が許可され，同月18日には貿易再開第1船が入港した。この時期，復興・開発促進を目的に室蘭胆振地方総合開発期成同盟会，室蘭湾振興会が設立された。

　会長に佐藤清胆振支庁長，副会長に徳中祐満室蘭市議会議長，岡蕃伊達町長を選任し，22年3月に設立された室蘭胆振地方総合開発期成同盟会は，管内の開発問題を総合的に取り上げ，それを実現する目的で胆振支庁を中心に管内の行政・産業経済界代表を広く網羅していた。[57)] 運営は懸案別に，畜産・水産・

林業・商工鉱業・土木交通・文化厚生・貿易・観光の8専門委員会を設置した。同12月に発足した室蘭港湾振興会は，港湾振興に対する側面的な助長・発展に寄与するため，室蘭商工会議所が事務処理を担当した。具体的には，築港用石材の払い下げ，輸入食糧施設の誘致，荷役用資材の割当て申請，検疫機関の誘致，海陸運賃の調整等の諸事業に亘り，関係機関・団体共に重要な役割を担った。

室蘭港は，これまでの工業港から商業港への転換を図り，早急に公共埠頭施設の整備・充実を促進する必要に迫られていた。唯一の公共埠頭である第2期拓計埠頭の築設は，全計画の13%程度に留まっていた。その後，築設の促進を期した結果，21年度から工事が再開され，25年に埋立工事完了，臨港鉄道の敷設等の諸工事も28年5月までに完成した。その間，25年には重要港湾の指定を受けた。また，昭和11年から続けられた中央埠頭の建設は，26年に完成した。

港湾行政に関しても，港湾法の改正によって民主化が図られた。一時，道庁と全道36港の地元市との間で管理権を巡り対立があったが，結局室蘭港その他重要港湾を含め，全ての港湾管理権は地元管理となった。28年のことである。しかしこの単独管理は，後に議論を呼ぶことにもなるのである。

(3) 発展の足跡

室蘭港の将来展望のためにも，貿易港に相応しい商港的な施設の整備は最大の急務であった。しかし莫大な資金が必要となるため，民間港湾業者ではなく市・市議会が中心となり，推進機関としての開発会社の設立が企図されるに至った。すなわち室蘭開発株式会社である。

同社は，港湾を中心とした市の産業振興と経済発展に寄与する目的をもって，官民合同の新企業形態による市の外郭団体として設立された。市議会は発起人がまとめた原案を一部改正の上議決し，事業目的を，① 埋立事業の参画及び管理，② 土地，建物，倉庫の経営，③ 物産の取引及び斡旋，④ 前項の事業に付帯する事業とした。しかし，同社の第1期事業計画は経済安定9原則等

によって実現できず，また変更した第2期拓殖計画埠頭建設計画も，運輸省の規定によって断念せざるを得なかった。

　試行錯誤を繰り返し，31年頃から西1，2，3号埠頭と次々近代的埠頭が誕生し，同時に倉庫群，上屋，専用線，大型荷役機械等が逐次整備された。荷役設備の充実によって，その後の復興は目覚しく，40年には東北・北海道で初めて特定重要港湾に指定された。[58] 港湾貨物取扱量も，漸増していった。原材料や工業製品の往来が，北海道の発展に寄与したことは言うまでもない。特に，30年代の神武景気の頃は，道内炭の生産高が戦後最高を年々塗替え，積出港として活況を呈した。[59]

　しかし，単独管理による港湾維持費は高く，市民の理解を得るのは難しかった。次表からも，室蘭市が開発にも携わっていることがわかる。そこで，臨海工業主体から流通港湾へという模索により，フェリー基地としての活用が始まった。40年以降のことである。42年，青森～室蘭間にカーフェリーが就航したのを初めとして，45年大間～室蘭，54年八戸，60年大洗，さらに直江津，大畑とも結ばれている。外国定期航路も開け，47年実績としては，ガルフ航路に3社，ニューヨーク航路に2社，北米西岸航路に2社，五大湖航路に1社が就航している。

　国際流通港湾としては，61年に，道内唯一の東南アジア定期航路を開設し脚光を浴びたが，平成4年室蘭への寄港は停止された。この時代の修築工事についてまとめておこう。[60]

着工年	竣工年	事　業　名	施工主体	事業費(千円)	事業内容
昭12	昭25	日本製鐵第1期埋立	日本製鐵	7,207	384,176 m^2
昭17	昭25	函館ドック埋立	函館ドック	1,200	29,315 m^2
昭11	昭26	中央埠頭埋立	開発局	62,144	40,388 m^2
昭26	昭29	船溜西防波堤建設	開発局	12,000	延長 284 m
昭18	昭30	日鋼埠頭拡張	日鋼	1,571	76,313 m^2

昭29	昭31	中央埠頭基部埋立	開発局	162,812	14,438 m²
昭31	昭31	日石埠頭 H 1 ドルフィン	日本石油	85,000	延長 67.4 m
昭31	昭32	日石埠頭埋立	室蘭市	713,574	331,932 m²
昭32	昭32	築地町船入澗 1 期埋立	楢崎造船	2,394	2,827 m²
昭19	昭34	国鉄 3 号貯炭場島式埠頭埋立	国鉄	380,000	21,658 m² 140 m
昭28	昭34	日通埠頭基部第 1 期埋立	北炭	173,100	58,210 m²
昭31	昭34	西 1 号埠頭埋立	開発局	473,608	76,919 m²
昭33	昭34	北日本埠頭埋立	東北電力	120,000	延長 180 m
昭33	昭34	本輪西新埠頭埋立	東北電力	275,900	25,058 m²
昭33	昭34	日通埠頭埋立	日本埠頭海運	648,500	24,798 m²
昭34	昭34	築地町船入澗 2 期埋立	楢崎造船	3,620	1,987 m²
昭32	昭35	日通埠頭基部第 2 期埋立	北炭	173,100	82,491 m²
昭35	昭35	日通埠頭基部桟橋建設	日本埠頭海運	48,500	延長 80 m
昭15	昭36	富士製鉄 2 工区埋立	富士製鉄	208,010	250,050 m²
昭33	昭36	日鋼埠頭拡張	日鋼	185,000	11,793 m²
昭35	昭36	富士製鉄-14 m 岸壁建設	富士製鉄	550,966	延長 250 m
昭34	昭37	西 2 号埠頭基部 1 期 1 工区	室蘭市	436,929	54,091 m²
昭34	昭37	西 2 号埠頭基部 2 期 1 工区	室蘭市	436,929	73,620 m²
昭35	昭37	富士製鉄 3 工区埋立	富士製鉄	754,438	433,291 m²
昭37	昭37	西 1 号埠頭貯木場	室蘭市	2,250	32,500 m²
昭15	昭38	室蘭製鉄化学埠頭建設	富士製鉄	不詳	延長 80 m
昭38	昭38	中卯埠頭ドルフィン建設	中卯商会	9,933	延長 12 m
昭34	昭39	西 2 号埠頭埋立	開発局	1,033,599	40,930 m²
昭38	昭39	楢崎埠頭 1・2 期埋立	楢崎造船	260,926	66,092 m²
昭34	昭40	西 2 号埠頭基部 1 期 2 工区	室蘭市	436,929	18,044 m²
昭34	昭40	西 2 号埠頭基部 2 期 2 工区	室蘭市	436,929	52,804 m²
昭39	昭40	築地町船入澗 3 期埋立	楢崎造船	22,733	1,306 m²
昭40	昭40	日石埠頭 H 4 ドルフィン	日石	24,300	延長 17 m
昭40	昭40	日石埠頭 H 5 ドルフィン	日石	6,700	延長 4.4 m

昭38	昭41	西3号埠頭埋立	開発局	750,000	29,409 m²
昭41	昭42	本航路-14m浚渫	開発局	274,000	800,000 m²
昭42	昭42	築港船入澗拡張	開発局	15,000	3,632 m²
昭42	昭42	楢崎造船1区埋立	楢崎造船	7,436	978 m²
昭40	昭43	御崎埠頭拡張	北炭	309,000	100,711 m²
昭43	昭43	日本魚網船具岸壁改修	日本魚網船具	14,300	延長63.2 m
昭43	昭44	新日鐵19バース建設	新日鐵	750,000	延長300 m
昭44	昭44	楢崎造船3区埋立	楢崎造船	30,856	1,999 m²
昭44	昭44	日石陣屋桟橋建設	日鉄鉱業	15,250	延長10.5 m
昭44	昭44	陣屋貯木場防護柵建設	室蘭市	11,700	延長130.4 m
昭45	昭45	日石埠頭H3ドルフィン	日石	46,730	延長34.7 m
昭45	昭45	日石埠頭護岸改修	日石	71,000	延長444 m
昭45	昭45	楢崎造船2区埋立	楢崎造船	17,523	1,864 m²
昭45	昭45	函館ドック護岸改修	函館ドック	3,200	延長84.4 m
昭45	昭45	日鉄鉱業ドルフィン	日鉄鉱業	24,500	延長43.5 m
昭45	昭45	出光興産岸壁改修	出光興産	20,000	延長74 m
昭41	昭46	陣屋工業用地埋立	室蘭市	2,225,000	610,760 m²
昭44	昭46	崎守埠頭1・2バース	開発局	908,287	延長370.1 m
昭45	昭46	本航路-16.5m浚渫	開発局	1,231,700	2,448,000 m²
昭45	昭46	陣屋地区木材整理場	開発局	320,000	防波堤350 m
昭46	昭46	函館ドック岸壁建設	函館ドック	128,440	延長200 m
昭46	昭46	函館ドック護岸改修	函館ドック	6,090	延長97 m
昭46	昭46	日石埠頭H2ドルフィン	日石	32,000	延長28.5 m
昭39	昭47	北外防波堤建設	開発局	4,515,414	延長2,120.1m
昭44	昭47	南防波堤一部建設	開発局	1,538,900	延長850.9 m
昭46	昭47	本航路-16.5m浚渫	開発局	425,500	428,000 m²
昭46	昭47	陣屋航路-16.5m浚渫	開発局	535,600	605,000 m²
昭46	昭47	新日鐵埠頭北バース建設	新日鐵	372,311	延長290 m
昭46	昭47	日石埠頭J1桟橋	日石	662,500	延長390 m
昭46	昭47	日石埠頭J2ドルフィン	日石	80,000	延長30 m

| 昭47 | 昭48 | 崎守埠頭3バース | 開発局 | 491,500 | 延長 185.2 m |
| 昭48 | 昭48 | 日石埠頭J3ドルフィン | 日石 | 65,000 | 延長 34.7 m |

また当時の港湾の埋め立て状況を図示すると，以下の様になる。

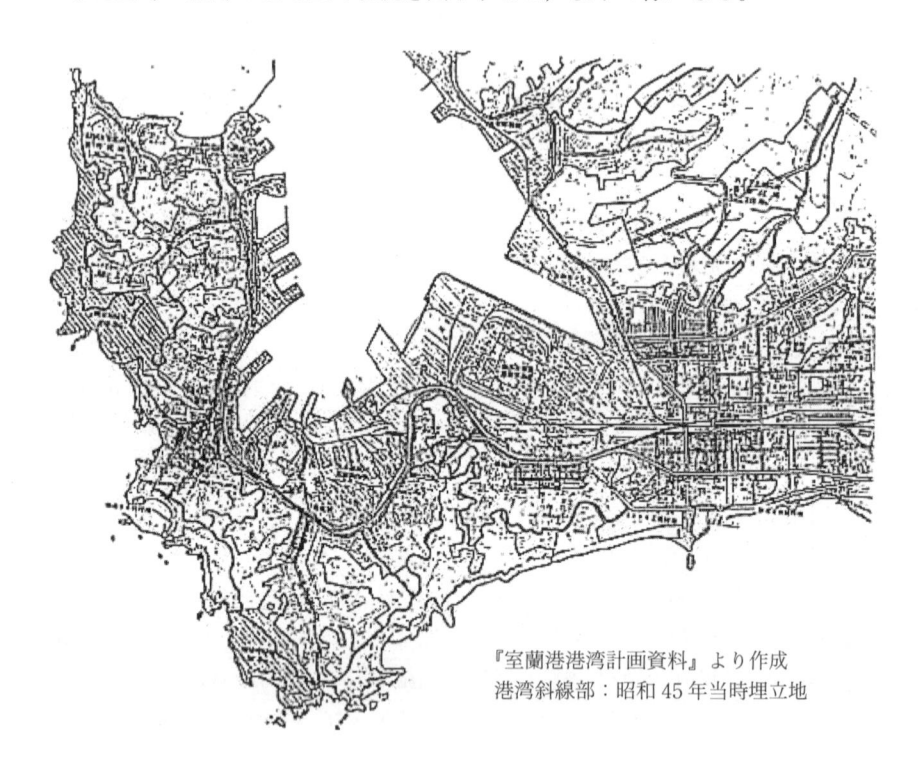

『室蘭港港湾計画資料』より作成
港湾斜線部：昭和45年当時埋立地

(4) 停滞の現在

昭和26年8月18日，苫小牧港の起工式が行われた。北海道総合開発計画第1次5カ年計画として国費で400万円を懸けた我が国初の内陸掘込港湾の築設である。以来，41億円の事業費を懸けてでき上がった苫小牧港は，38年に重要港に指定された。その後，39年には出入国管理令による出入港に指定され，太平洋運賃同盟の北米定期航路寄港地の承認も受けた。

苫小牧港への入港船舶は次第に増え，46年には総隻数で室蘭港を超えた。

第7章　室蘭素描：独立・社会的単位体についての考察　393

50年には入港船舶総トン数と総取扱貨物量も室蘭港を抜いた。56年5月26日に特定重要港湾に指定され、55年度には外航貨物取扱量も室蘭を凌ぐようになった。[61]

　この頃から室蘭では、10万人都市から脱落しようとしているのに、何故特定重要港湾の管理権を北海道へ返還しないのか、あるいは北海道との共同管理に移行しないのかという疑問が各層に持たれるようになっていった。下表は、北海道全体における室蘭港の貨物扱高に関する位置付けである。[62] 残念ながら47年までの推移しか掲載されていない。おそらく46年のドルショックそして48年の第1次石油危機を受けて、将来計画を練り直したのであろうが、既に高度成長期にその凋落の徴候が伺える。すなわち、特定重要港湾に指定された40年が転換点だったのではないだろうか。それ以降、全道比率が漸減しているからである。

年次	全道 合計	全道 外貿	全道 内貿	室蘭港 合計 計	室蘭港 合計 出	室蘭港 合計 入	室蘭港 外貿 計	室蘭港 外貿 出	室蘭港 外貿 入	室蘭港 内貿 計	室蘭港 内貿 出	室蘭港 内貿 入	合計の全道比
昭35	33,328	3,879	29,449	13,340	8,905	4,435	2,768	145	2,623	10,572	8,760	1,812	40.0%
36	37,923	5,647	32,276	16,295	9,801	6,494	4,377	159	4,218	11,918	9,642	2,276	43.0
37	38,760	5,407	33,353	16,283	9,865	6,418	4,275	331	3,944	12,008	9,534	2,474	42.0
38	42,294	6,147	36,147	17,248	10,222	7,026	4,956	542	4,414	12,292	9,680	2,612	40.8
39	46,633	7,893	38,740	18,814	10,129	8,685	6,157	625	5,532	12,657	9,504	3,153	40.3
40	47,398	8,523	38,875	18,246	9,093	9,153	6,654	987	5,667	11,592	8,106	3,486	38.5
41	52,007	9,478	42,529	20,249	9,747	10,502	7,361	889	6,472	12,888	8,858	4,030	38.9
42	58,379	10,071	48,308	21,798 (160)	9,626 (78)	12,172 (82)	7,840	706	7,134	13,958 (160)	8,920 (78)	5,038 (82)	37.3
43	63,094	11,847	51,247	21,926 (374)	8,551 (196)	13,375 (178)	9,007	759	8,248	12,919 (374)	7,792 (196)	5,127 (178)	34.8
44	68,772	14,831	53,941	22,842 (380)	8,352 (190)	14,490 (190)	10,495	949	9,546	12,347 (380)	7,403 (190)	4,944 (190)	33.2
45	75,346	17,312	58,034	24,593 (388)	8,239 (203)	16,354 (185)	11,717	887	10,830	12,876 (388)	7,352 (203)	5,524 (185)	32.6

46	79,014	16,700	62,314	22,547 (722)	7,455 (384)	15,092 (338)	10,800	1,137	9,663	11,747 (722)	6,318 (384)	5,429 (338)	28.5
47	80,744	15,371	65,373	20,639 (851)	6,351 (401)	14,288 (450)	9,180	751	8,429	11,459 (851)	5,600 (401)	5,859 (450)	25.6

単位：千トン，（ ）フェリー内数『室蘭港港湾計画資料』p.22

§7-4-3 都市基盤

(1) 戦時体制

　金融恐慌以来，室蘭の経済状態は停滞し世相は戦時に向け険しさを増していた。室蘭商工会議所の『月報』第19号の「昭和4年の室蘭商況」と題した巻頭言では，室蘭は景気に左右されない街であるという通俗的楽観論を否定し，現下の不況の深刻なることを訴え，その真の原因は人為的な理由によると戒めている。すなわち，①蘭東には日鋼・輪西製鉄所，蘭西には石炭鉱脈があり，年産額の8割を両工場が産していること。市民の大部分はこの2工場に勤務し，残りは港湾関係者か鉄道関係者であること。②2工場は好不況に左右されず，その他の産業もこれ等に従属しているため同様であること。③対外貿易に関しては，室蘭で売買契約をする貨物は少ないこと。以上を挙げている。しかし，これ等の論拠は好況に向う場合妥当であり，「10年苦境に沈淪した後の室蘭財界からすれば，単に皮相なる見解といわざるをえない」と述べている。そして卸売物価，小売物価共に下落する現状を指摘しつつ，廉売競争になっている点を諌めている。「狭小なる市内のみにて，互いに共食いをしては結局共倒れに終わる」と述べ減税の必要性を説いている。しかし時局は厳しさを増し，戦争へと突入するのである。

　戦時では商工業者も疎開を余儀なくされた。第1次疎開では廃業を含め87の業者が疎開し，第2次疎開では152業者となった。商工業用地は，工作義勇隊と称する業者による取り壊しが行われた。よって，終戦になっても疎開者は家と生産手段を失った。艦砲射撃というより，自ら自滅の道を歩んだのは，その他の地域の各種産業疎開と共通している。

　また，擬似家族的単位は内集団等と同じく，隣組や企業に吸収され広くは国

第7章　室蘭素描：独立・社会的単位体についての考察　395

家に統合されていた。独立単位体における接続関係は，本来企業毎に閉じるものであるが，戦時においては皮肉にも国家まで接続していたのである。しかしながら，自由な自己表現等は有り得ようもなかった。

(2) 戦後の諸相

20年12月8日の室蘭民報創刊号には，「室蘭の在庫米無し」と報じている[63]。市議会は食糧対策委員会を設置し産地に供出を懇請したが，年末には配給不能の状態に陥っていた。21年に入っても雑穀を含め遅延状態が続き，結局配給量削減と遅延，一時借用米を繰り返す他方法がなかった[64]。翌年米国からの救援米が届いたが，遅欠配から脱却するのは24年からである。すなわち，それまでは都市基盤を云々する段階ではなかったのである。

人口規模では，20年が91,164人だったが，22年には96,692人となっている。復員兵も加わり，食糧難に住宅不足が加算された状態だった。一部で住宅解放運動も勃発していた。戦争の終結は，国家や産業報国会という箍の崩壊でもあった。それ故，共に支え合うという擬似家族的単位の接続関係も壊滅した。人々は生きることに必死であった。不満を吸収する多様性吸収機構は，市にも国にも企業にもない状態だった。

都市機能が回復の兆しを見せるのは，産業界が復調した後の30年代からである[65]。すなわち，復興インフレの波に覆われ本当の戦争状態はしばらく続いたのである。

(3) 復興の時代

飢餓状態から脱却すると，行政が目を向けなければならない問題は，人口増加に伴う公共施設の整備と住宅供給であった。ここでは，この2点に焦点を当てる。

戦前の人口のピークは2度あった。昭和15年の127,028人と19年の124,034人である。それ以前は，第1期拓殖時代の明治7年の58,349人である。明治7年の現象は，開拓時代の入植のためである。15年のピークは，戦時体制のための軍関係者・産業従事者が中心であると思われる。19年のピー

クは製鉄所と日鋼従業員が中心である。特に19年製鉄所は従業員数26,723人を数え，日鋼も15,000人に届く勢いであった。両社の従業員数にその家族を加えれば，当時の人口の8割近くになるのではないだろうか。この様に，昭和10年から終戦までの室蘭市の人口は，両社の従業員数に連動した形で推移している。逆に大正年間は，室蘭市の人口に両社の従業員数が従属した形で推移している。例えば大正7年に人口が58,349人になると，製鉄所は9年に8,748人となり日鋼も7,000人を擁するようになる。また人口が減少に転じると，従業員数も減少する。この様に，創立から暫くの間両社は，従業員を室蘭在住者から採用していたことが伺える。しかし産軍一体制が確立すると，産業自体が主導的に人口に影響を与えたのである。企業城下町の所以である。

終戦の年，製鉄所は10,285人となり日鋼は5,000人を割り込んだ。総人口も91,164人，19,338世帯にまで減少した[66]。その後引揚者・一時退避人口の流入等により，増加傾向に転じた。

20年代の室蘭の小中学校は，1学年16学級という状態だった。公共事業は必然的に，住宅供給と学校建設に向わざるを得なかった。しかし，現実は食糧確保に10年間を費やしたに等しい。

30年度は特異な年であった。大規模償却税が市から北海道へ大幅に移譲され，歳入欠損状態に陥った。31年も5,000万円以上の大幅移譲が実施された。市は製鉄業税の引当寄付金を求めたり，市民からの一時借入金で急場を凌ぐ有り様であった[67]。総人口の3分の1が労働者階層で占められ，他に比べ税負担能力が脆弱であったためである。

しかし，基幹産業が勃興期に入ると状況は一転する。25年時点での持家率は20%程度であり，給付住宅すなわち社宅が47%，9,695世帯であった。つまり社宅在住者が大勢を占めていた。社宅のピークは，新日鐵では36年の6,036戸，日鋼は37年の5,333戸である。地域的には，中島，幌別が千戸を超え，知利別，輪西，港北が五百戸程度であった[68]。蘭北台地・東室蘭地区の宅地造成が始動するのは，30年代末のことである。それまでは日鋼・新日鐵社

宅群に拠る所が大きかった。市が行ったことでは，29年幕西町に母子寮を開設したこと[69]，33年に婦人無料宿泊施設憩いの家，28年に養護施設敬老荘等を開設したことは，比較的早かった。

　すなわち，戦後の混乱が一段落すると，再び各種の擬似家族的単位が形成され，小規模ながら住民のための施設作りが個々に始められたのである。これは，従来の大企業・地場企業家による都市作りとは異なり，しかしまた住民のための都市基盤整備という統一的な運動でもなかった。行政も，財政的に住宅政策を行う段階ではなかったからであり，それ故有志の運動が個別に試みられたのである。裏を返せば，室蘭を単位体化する力は何処にもなかったのである。その後も，補助金と企業からの寄付に依存し，室蘭の社会的単位体化は決定的になるのである。

　後に40年代に入り，蘭北台地，蘭東方面への拡張を企図した開発が行われ，2万4千人居住可能な白鳥台ニュータウンとして実を結ぶ[70]。

　医療関係でも，2大企業が果した役割は大きい。官立，公立，町立と改称した室蘭病院が，市立として再出発したのは大正11年のことだった[71]。しかし26年には失火し全焼した。その後は，船見の中浜病院等しかない状態だった。

　私立楽生病院と称した日鋼記念病院が一般開放になったのは，32年からである[72]。新日鐵病院が開放されたのは，44年である。後者は北海道製鉄輪西診療所を日鋼病院元町診療所としたのが前身で，16年から開業していた。人口増加の著しい蘭東地区に総合病院がないことから，市民からの嘆願を受けての開放だった。前者は，後55年日鋼から独立している。その後，室蘭登別急病センターが48年開設され，私立室蘭総合病院は山手町に平成9年に完成した。

　学校教育関係では，工業専門学校の大学昇格が決まり，24年に室蘭工業大学が開学した。しかしわずか3カ月後の25年1月，全焼した[73]。再建は，富士製鉄，苫小牧王子の協力を得て，27年である[74]。また，22年の新学制導入時の人口は9万6千人であったが，10年で14万人を越えてしまった。それ故30年代後半は，小中高校共新築・改築が続いた[75]。例えば北辰中学は，36年に生

徒数2,000人を越え，室蘭中学の旧校舎を分校に使用せざるを得なかった。40年には高砂・知利別小学校から児童を分け，水元小学校を開校させる等人口増加に対応した。[76] 高校も同様であった。32年の中学卒業生は4,000余人であったが，当時，栄，清水，商業，工業，定時制の併せて定員1,300人の収容能力しかなかった。それに反し，当時は高校進学希望者が圧倒的に増加した時代であった。[77] 予算もなく，よって市は高校の誘致活動を行った。それに応え，室蘭大谷が34年，[78] 室蘭カトリック女子は36年に開校した。また保育所・幼稚園も同様で，半数以上の子供は入園できない状態だった。[79]

新学区制が始まる22年に誕生した定時制高校に，簡単に触れる。当初，室蘭高等学校と鶴ヶ崎分校(旧室蘭市啓明高校)，幌別分校に設置されていた。生徒には，日鋼，輪西製鉄所，国鉄職員が多かった。[80] しかし教室は不足し，希望者が全員入学できる状態ではなかった。そこで，日鋼・製鉄所，企業内学校を設立した。後に，富士鉄高等工業学校・日鋼高校と名称変更し，定時制通信教育も導入した。全寮制であった。[81]

市の財政が好転するのは，31年以降である。日鋼，製鉄所，富士セメントの他，日本石油精製室蘭製油所等の設備投資，海運界の活況も重なり，31年初めて一般会計決算で6,400万円の剰余金が生じた。公営住宅，道路，下水処理等に目が向けられるようになるのは，それ以降のことである。[82] 全道一の衛生都市と呼ばれるようになるのも，企業城下町であったからに他ならない。[83]

(4) 停滞の現在

増加する人口は，躍進の証しと考えられていた。30年には，人口規模で道内6位の都市になった。44年の住民基本台帳による人口は183,125人を数え，20万都市は時間の問題と考えられていた。しかし，45年には162,059人となり伸び悩みを示す。[84] 住民基本台帳では，同年180,518人。しかし翌年は，170,459人に減少している。すなわち，1万人の減少である。42年，高薄市長時代に策定した総合基本計画の目標人口26万人は，夢と消えた。[85] この時期の特徴としては，半島部の蘭西，蘭中，輪西地区の人口停滞及び減少が始まっ

第7章 室蘭素描：独立・社会的単位体についての考察　399

ことと，蘭東，港北，登別市が人口を伸ばし，特に室蘭の昼間人口を補給する形となったことである。

　44年を境に教育現場でも児童・生徒数の減少が激しくなり，統廃合が行われる様になる。皮肉なことに，鷲別町に学校給食センターが開設されたのが44年[86]，さらに祝津町に西学校給食センターが開設されたのが50年である。そして平成6年度の児童・生徒数は16,119人である。必然的に両センターは統合されることになった。幼稚園も50年以降，一園も建てられていない。新日鐵高校(元富士鉄高校)は55年，日鋼高校は60年に幕を閉じた。定時制啓明高校，室蘭清水丘高校定時制も平成に入り閉鎖された。

　50年代後半，構造不況が深刻になると，市は公共事業と企業誘致を働き懸けるが成果は芳しくなかった[87]。社宅群も往時の3分の1以下になった。公共事業の1つにスポーツ施設が挙げられる。最初のものは，23年の御崎町市営プールである。25年には陣屋海浜体育館が作られた。市の財政が好転する30年代には体育施設設置期成会が発足し，45年に宮の森に室蘭市体育館が建設された。55年には入江陸上競技場が国鉄跡地に建設され，63年までに総合運動施設として整備された。また39年に市立文化センターが落成し，63年には市立室蘭図書館附属資料館(港の文学館)も誕生した[88]。

　この間，室蘭の中心は蘭西から蘭東へと移動し，中島地区が中心，輪西・中央は副都心となった。これは40年代初頭の道の広域商業診断によっている。43年に中央市場が日の出町に開設されたことが大きい。56年に，丸井今井室蘭支店，長崎屋室蘭中央店，室蘭ファミリーデパート桐屋が同時に開店した[89]。蘭西・蘭東を結ぶ直通バスの増便等の問題を抱えながらも，出店1カ月後調査，同1年後調査では，何れも付近商店街に深刻な影響を与え，商店街の近代化が論じられる様になった。市全体としては，近代化に乗り遅れたと言うより，その後の人口の減少等から鑑み，近代化の方向を必要とはしなかった，という感がある。

　その後，「室蘭地域商業近代化計画報告書」等が平成年間に入ってからも策

定されたが，今は街全体に寂しい空気が流れている。[90]

§7-4-4 産業基盤

(1) 戦時体制

昭和17年7月に室蘭商工会議所の斡旋により，室蘭商工業組合協会が結成された。国家の統制強化を重ねていった戦時経済は，重要産業団体令や企業団体令などで物資総動員の管理体制を固めつつあったが，この企業団体令は，後の統制合理化に備えた業者の整理と体質の強化を狙いとしたものだった。

当時，室蘭市内の金融機関としては，北海道銀行支店，北門銀行支店，北海道拓殖銀行支店，安田銀行支店と室蘭信用組合及び室蘭無尽株式会社，小樽無尽株式会社室蘭支店の4銀行支店，1信用組合，2無尽会社の計7金融機関があった。しかし，戦局の進展に伴ない，軍需品生産はますます急を要し，政府は公債の消化と金融統制を余儀なくされ，日本銀行の下に全金融機関を統一的に運用する金融統制会を設置した。これにより17年1月に日本銀行札幌支店が開設され，道内統轄店の役割を担った。この金融統制により，商業資金はいよいよ枯渇した。次いで地方金融機関の統合へと強化され，20年5月，北海道には北海道拓殖銀行が唯一の地方銀行となった。室蘭では従来の北海道拓殖銀行室蘭支店が同行の第1支店となり，北海道銀行室蘭支店は同拓銀第2支店となって統合され，道外系銀行としては安田銀行室蘭支店の1行のみとなった。

また，庶民金融機関の無尽会社でも統合が進められ，15年12月に室蘭無尽株式会社が北海道無尽を吸収合併して北海道無尽株式会社の室蘭本店となり，17年10月には北日本無尽株式会社へ合併，さらに19年3月には小樽無尽株式会社を母体とした全道1社の北洋無尽株式会社に統合され，その室蘭支店となった。

同18年10月公布の軍需会社法は，政府任命の生産責任者の命令に服し，企業全体の人的・物的一切を国家の全面的な管理下に置くという非常事態体制に組み込むものであった。翌年1月に同法により軍需会社第1次指定がなされ，

以来同年中に第3次に及び600を越える軍需会社が指定された。これ等の会社は直接国家管理下に置かれた恩恵として，軍需産業指定金融制度所謂発注前渡金支給の特典が与えられた。この国家資金の流動化は，金融業界における財閥資本の比重を高め，三井・三菱・住友・安田等の重化学工業に対する支配力を強化する結果となった。

　船舶関係も国家統制が図られた。16年9月，政府が発動した港湾運送業等統制令は，全国80の港湾で荷役運送等を営む7,600の業者を，原則として1港1社に統合しようとするものであった。室蘭港関係港湾荷役については，統制令公布直前の同年7月北海道石炭荷役株式会社の設立等があり特殊な事態であった。

　政府は戦局の激化に伴い，17年4月に戦時海運管理令により特殊法人・船舶運営会を設立した。20年に入り，船舶運営会が運航管理を全面的に掌握することに伴って，室蘭出張所が支部に昇格し，同時に日本郵船・三井船舶等その他の出先機関の全てが吸収された。支部の業務は国家使用船の運航管理の他，広範囲に亘るものであった。

　沿岸輸送関係でも，船舶の不足が深刻を極め，木造や小型機帆船が戦時標準船と呼ばれるに至っていた。栗林商会では，機帆船や筏を用いて石炭輸送を行う有り様であった。また，政府が大手の海運会社に奨励した木造の戦時標準船の建造にも進出し，さらに栗林近海機船株式会社を設立して専ら軍需物資の沿岸輸送に当たった。

　戦時経済下では，企業の再編成と共に防空疎開が進められた。[91] 特に18年，防空法改正により都市疎開実施要綱が定められ，室蘭市もこの指定を受け，戸数約775戸が疎開した。特に深刻だったのは日鋼の分散疎開である。工場防衛が進められ，18年4月には室蘭製作所に防空課を設置し，重要軍需工場としての防衛と生産達成に邁進した。しかし，日本製鐵八幡製鉄所が空襲を受けたことで，被害を極度に抑えるために日鋼も施設の分散・疎開が緊急事となった。

一方製鉄所の方は，昭和9年，官営八幡製鉄を中心とした企業合同により誕生した日本製鐵株式会社に統合された。これにより本稿でも，日鐵輪西と呼ぶことにする。

(2) 戦後の諸相

日鋼は民需転換で再起を図るため，一旦解雇の上，最小限の要員のみを再採用した。この前後，自発的に退職者が相次ぎ，この結果最盛期には日鋼・製作所で昭和19年では39,642人，終戦直後に34,639人を擁した同社は，総数7,432人に激減した。室蘭製作所の21年1月末の従業員数は，3,770人(内未復員者569人)であった。

20年12月，民需転換が許可された日鋼では，21年8月賠償指定の特別経理会社とされた。しかも全工場対象という過酷なもので，指定即施設の廃絶に繋がるものであった。[92]この指定に室蘭では，直ちに会社側が対策委員会を，労組は存続懇請委員会を設置したのを初め，室蘭市議会は日鐵・函館ドックを含む3基幹工場存置の請願委員会を設置した。また，連合町会長会議では市民の請願署名を町会毎に取りまとめ，市役所経由で一大運動を展開することに決定した。室蘭民報は「全市一丸の存置運動に決起」と報じた中で，一戸一人に限らず意志能力のある者は全て署名できると運動の展開を呼び懸けた。

商工会議所に触れておこう。昭和3年に発足した室蘭商工会議所は，戦後は，21年の社団法人から25年の法施行を受けて，現在の形になった。[93]当時の会員は297人だった。32年に産業会館に移転した。[94]

(3) 日鋼・日鐵輪西の再開と基幹産業の勃興

日鋼では，公職追放令・過度経済力集中排除法の指定(23年)により改革が行われた。24年には，企業再建法に基付く再建整備計画が認可され，同年末制限会社の指定が取消され，25年には新会社，株式会社日本製鋼所となって再出発した。

その後日本製鋼所室蘭製作所は，本来の使命である鋳鍛鋼製品の受注が増え，米軍特需等により早くも24年頃には安定的な成長傾向を形成した。

第7章 室蘭素描：独立・社会的単位体についての考察　403

　日本製鐵株式会社の第3次拡張計画の下に，名実共に一大鉄鋼一貫工場として操業を続けた日鐵輪西は，20年7月の空襲と艦砲射撃によって施設に致命的損傷を受け，以来操業不能状態のまま約1年が過ぎた。終戦によって平和産業への転換を期したものの，深刻な石炭不足が操業再開を阻む悪条件となっていた。しかし，日鋼と同じく鉱山挺身隊まで組織し，また製塩業まで行い組織防衛に努めた。しかし遂には，八幡集中の傾斜生産政策により，溶鉱炉の火は吹き止めとなった。21年9月のことである。ところがこの間8月に，賠償指定によって銑鉄40万トン相当の設備と硫酸工場が対象に決まり，輪西存廃問題は重大局面迎えた。[95]

　労使共に存廃問題への温度差はあったが，日増しに輪西存置の声は高まっていった。日鐵輪西製鉄所休業休止反対運動は全道的広がりを見せた。22年に八幡集中生産が解除され，また石炭事情が好転したことを受け，第4溶鉱炉の操業が再開され，以後順次鉱炉の火が戻った。

　しかし数奇な運命を辿る製鉄所は，またも漂流する。過度経済力集中排除法に基づき日鐵が再編成されるのである。すなわち25年同社は，八幡製鉄，富士製鉄，日鐵汽船，幡磨耐火煉瓦の4社に分割された。この内富士製鉄は，輪西，釜石，広畑3製鉄所と富士製鋼所の全資産を継承し，日鐵輪西製鉄所は，翌26年から富士製鉄室蘭製鉄所と改称した。[96]

　26年からの第1次合理化計画により老朽化した輪西から仲町工場へと移転し，同時期に輪西工業高校を作り技能者の育成を行った。28年には銑鉄・鋼塊・線材等で中心的な企業に成長した。29年には，磐木セメントとの共同出資により富士セメントを設立した。[97]

　数奇な運命は日鋼にも訪れる。29年の日鋼室蘭製作所の日鋼争議である。これは193日も続いた。これは後述する。その他の基幹産業についても概観すると，函館ドック室蘭製作所は，船舶・機関車の受注が減り労働争議も頻発し，苦難の道を辿った。しかし27年に賠償指定が解除されると，船から橋梁へと本業を転換し再生した。楢崎造船建設会社は，戦時中，機帆船や木造船の

修理等を行っていたが、戦後は鋼船修理・新造へと移行し、北洋適格漁船メーカーとなった。その他の衛星企業や関連企業も20年代後半には、早回復基調に乗った。その後は高度経済成長の波に乗り、順調な成長を遂げた。

(4) 日鋼室蘭争議

朝鮮戦争による特需で鉄鋼景気に沸いた時期もあったが、その反動も大きかった。昭和29年の休戦協定が転機となって、産業界は一転して不況の嵐に見舞われた。尼崎製鋼等は倒産し、関東製鋼、淀川製鋼、大同鋼鈑等では大量人員整理が続発した。デフレ経済の特徴そのものが表面化し、賃上げ交渉から合理化反対という労働運動の質的転換も、この時期故に起きたと言える。労働運動史上稀有の長期闘争となった日鋼争議も、この一連の流れの中に位置付けられる。

会社側は29年6月18日、室蘭製作所で合計1,246人の希望退職整理案を、室蘭民報紙上で広告した。[98] これに反発した組合側は、室蘭地協を中心に日鋼共闘委員会を設置し、闘争態勢に入った。闘争は193日間に及ぶ。[99] 闘争の長期化は、種々の悲劇を産んだ。1つは、倒産を恐れ、組合が分裂したことである。この内会社再建派は第2組合を結成し、双方は主婦や子供まで巻き込んで、組合員同士の争いをも引き起こした。双方に重軽症者や自殺者を出す結果となった。[100] 2つ目には、下請け企業全体・中小商工業界にその影響が波及したことである。特に御前水町の社宅街を筆頭に、母恋から御崎町に至る商店街と東町商店街は大幅な減収となった。当時の室蘭民報では、全青色申告(180件)中、3分の1は課税対象外に落ちる、との見通しを報じている。

中労委斡旋案を労使が受諾したのは同年12月27日である。この間、662人が解雇された。しかし同時に、日本的終身雇用制度を定着させる糸口になったと言えよう。

その後、国鉄室蘭桟橋、栗林、王子等でも大規模な労働争議があった。ここで、室蘭地方の労働運動史を簡潔にまとめておこう。[101] 結成は昭和20年の日鐵輪西製鉄所労組が、最初である。翌年までに66組合が産声を上げ、組合員は

35,000人を数えた。大凶作を切り抜けるべく，食糧確保金や買い出し休日の要求が相次いだ他，戦時中の徹底的な圧迫に対する労働者の反動は，非民主的幹部の追放という形で表れた。

21年初め，政党色のない純然とした階級運動を目指し長谷川正治等が準備を進め，函館ドック労組，日鋼労組，北教組等21組合で室蘭地方労働組合協議会が結成された[102]。翌年5月武揚小学校で20年振りにメーデーが開催された[103]。室蘭は道内でも組合結成が早い地域であり[104]，かつ産業構造が重厚長大な企業体系であったため，日本の戦後労働運動の縮図とも言われている。すなわち，背景として戦後成長期の要因の全てが凝縮されていたこと，労組も経済的要求から権利要求に変貌し，また政治的色彩を帯ながらも地域的貢献を兼ね備えなければならなかったこと等が理由である[105]。

室蘭地方労働組合協議会は戦後の労働運動の指導的役割を果したが，先の日鋼第2組合が発足し分裂した。この第2組合と海員組合が中心となって全労・室蘭地区同盟の流れが生まれ，労使協調路線を歩んだ。これに対し地協は，公務員共闘を中心に政治闘争を含む運動を展開した。その後，長きに亘り分裂状態が続いたが，平成年間に入り，両者は連合室蘭へと大同団結し，今日に至る。室蘭地方の労働界を担ってきた水と油の2つの潮流は，長期に及ぶ不況と組織率の低下により，地域社会への参加を建前に生き残りを図ったと言える。

(5) 停滞の現在

その後，46年のドルショックそして石油危機を潜り抜け，今日に至った。しかしその道は険しいものだった。ドルショックは我が国最長の大型好況を断ち切り，鉄鋼業は減産体制による延命を余儀なくさせた。しかし47年には，日本列島改造論ブームによる需要増大で，好況に転じた。新日鐵・日鋼の従業員数はこの間上下した。ところが第1次石油危機の襲来は，一転して再度，装置型基幹産業には深刻な打撃を与えた。室蘭では，鉄鋼2大企業の他，関連企業・下請け企業全体にその影響が拡大した。50年危機説が論じられ，不況の深刻さは年々増していった。

構造不況が深刻になると、八幡製鉄と合併し新日本製鐵となった富士製鐵は、58年には合理化案を提示し第4列コークス炉を停止した。新日鐵の合理化案は、同年3次に及んだ。また日鉄セメント、志村化工等が合理化・倒産を余儀なくされた。幾度か行政指導を受けた楢崎造船も、会社分割を余儀なくされた。日鋼室蘭でも、転職促進のための教育訓練を度々行った。北炭本体も、夕張新鉱で戦後最大の炭坑事故を起し、既に56年には会社更正法を申請している。室蘭港の貨物量は、漸減し続けた。また最後の石炭船が室蘭港を出港し84年の歴史に幕を降ろしたのは、51年だった。

また噴火湾のホタテから毒性が検出され、出荷停止になったことも度々だった。58年室蘭市経済労働部の経営動向調査によると、あらゆる産業で前年度比で売上げは40％減少していることが明らかとなった。また同年西胆振地方のみで、企業倒産数は戦後最高の101件に昇り、負債総額は69億を越えた。貿易実績も過去最低を記録した。この様に、経済的には'70年代以降、下降局面を辿り続けている。現在、以前は室蘭湾の8割近くを占めた工場群は、廃墟の様に静かに佇んでいる。

§7-5 独立単位体としての道南バス

§7-5-1 揺籃期

前述のように徳中祐満が室蘭自動車合資会社を設立したのは、大正14年の7月であった。資本金は13,500円、本社を千歳町69番地に置いた。営業種目は、乗合自動車、貸自動車業、機械修製とその付帯事業である。[106] 社員は、運転手と車掌が各々5名、整備工が2人であった。

当時の同社は、「社長自ら人材を見出し育てた時代」であったと伝えられる[107]ように、早朝夜間は社長自ら運転をし、接客・整備等を取締役が教える等、擬似家族的単位であった。しかしシステム的ではなかった。株式会社化した後も、市営バス問題等外的攪乱に絶えず晒されていた。実は、公共交通機関を要望する声は、幾度か市民からも政敵の市議会議員からも上がっていたので

ある。それに応えようとしたことが，後に同社に危機を招くのである。

§7-5-2 統合

室蘭自動車が合資会社から株式会社へ組織を変更した頃道内バス業界は，恐慌の余波を受けて混乱を来し，業者の乱立・対立が深刻になっていた。株式会社に改組後の昭和7年末の情況では，道内バス業者は室蘭・胆振・日高における17(内個人経営9)を含め，全道で164(内個人経営98)に達し，使用車数は合計427輌すなわち1業者平均僅かに2.6輌，競合路線は4社競合2線，3社競合9線，2社競合13線を数え全線路の2割4分を占めていた。

戦時色が濃くなる中，日本乗合自動車協会が社団法人として認可された。北海道でも5年1月には北海道バス懇話会が組織され，同年11月，日本乗合自動車協会に加盟して北海道支部となった。政府は，バス事業再編成を以って業者の乱立による労力と資材の不経済を排除し，健全な企業体を確立して戦争目的遂行を企図したのである。それを受けた統合汎図が，その後の全国のバス事業の基礎になっている。

室蘭地区における被統合者は，室蘭自動車株式会社を初め，登別温泉株式会社，カルルス温泉自動車合資会社，洞爺湖自動車株式会社，日進自動車株式会社，北富士自動車合資会社，合資会社喜京自動車商会，後志温泉自動車合資会社，三国横断自動車有限会社の9社であった。営業路線は，室蘭・胆振・日高一円から後志・空知の一部にも跨っていた。

18年3月29日道南乗合自動車株式会社は発足した。当時の姿は，図7-1のように描ける。

特徴的なのは，被統合会社各社の役員を取締役にしながら，各営業所所長を旧室蘭自動車の社員で占めたことである。また図の栗林はかつての政敵である。基本単位の地名は，当時の営業所所在地である。但しシステムⅣはない。戦時下であったので，当局の指示に従っていれば良かったからである。渉外的なことは社長に集中していたので，Ⅳは社長の徳中祐満である。また基本単位間の多様性吸収やカップリングはない。現下の任務を，その場その場で行うの

図 7—1

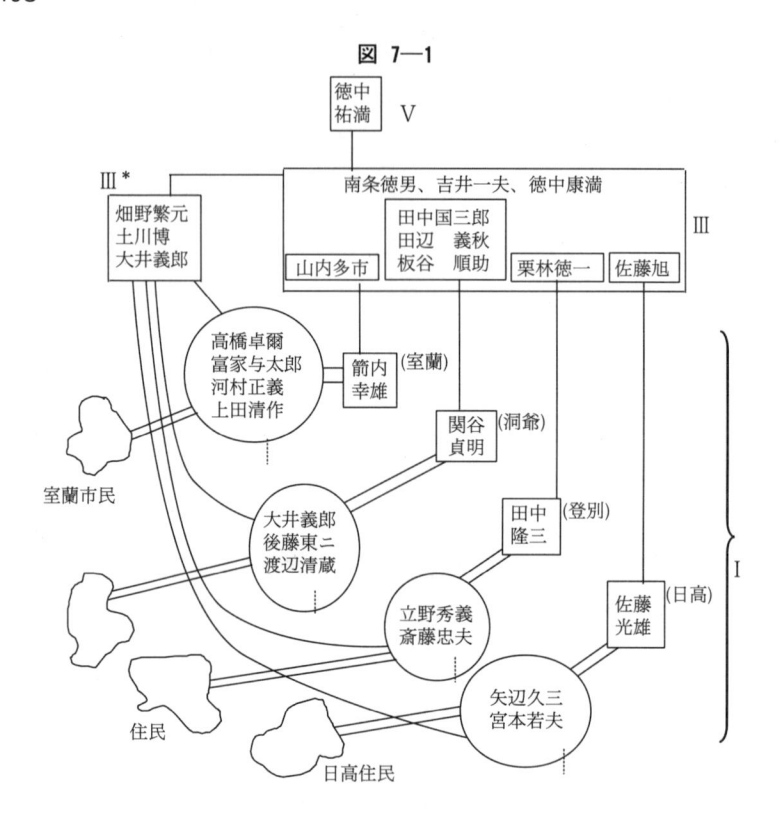

```
                    徳中
                    祐満    Ⅴ
         Ⅲ*         ┌──南条徳男、吉井一夫、徳中康満──┐
         ┌畑野繁元┐ │ ┌田中国三郎┐                  │
         │土川博 │ │ │田辺 義秋│                  │   Ⅲ
         │大井義郎│ │ │板谷 順助│ ┌栗林徳一┐ ┌佐藤旭┐
                   └山内多市┘             
              ┌高橋卓爾┐
              │富家与太郎│─┌箭内┐ (室蘭)
              │河村正義│  │幸雄│
              │上田清作│  └──┘
                              ┌関谷┐ (洞爺)
                              │貞明│
          室蘭市民            └──┘
              ┌大井義郎┐
              │後藤東ニ│    ┌田中┐ (登別)
              │渡辺清蔵│    │隆三│
                              └──┘
                    ┌立野秀義┐         ┌佐藤┐ (日高)
              住民  │斎藤忠夫│         │光雄│
                                          └──┘
                         ┌矢辺久三┐
                         │宮本若夫│
                         └────┘
                         日高住民              Ⅰ
```

みであった。そのため各営業所毎に担当重役を配置し，システムⅢが強化されていた。またシステムⅡは，統合各社のそれを引き継ぎ，各基本単位の中に含むという形態が取られていた。ところが現実はさらに錯綜として，システムⅢが現場の不満等の多様性を吸収する役回りに回る場面も多々あった。つまり担当重役は，システムⅡも兼任していたのである。

　戦時中のため，組織としての生存は保証されていたが，システムとしては脆弱であると言える。図7-1は生存可能システムモデル的に表わしたものだが，軍隊システムの模倣でしかないからだ。生存可能システムとしては成立しない形態である。事実，当時の同社は，その上位システムの全国乗合自動車運送事業組合連合会のシステムⅠの基本要素の1つであり，それもまた軍事国家日本

の基本要素の1つとなっていた．国家から一企業まで，図のような変則的構造を同一の再帰構造に組み込むことが可能という事態は，異常という以外にない．当時の日本は全体が統合された状態であり，その一局面に過ぎない．つまり，国家総動員法・大政翼賛会等の特殊な構造によって，国民全員が企業・職場・地域において，国家の構成員として間接的に戦争に参加するという状態が作り出されたのである．よって，各部門における長の指示は，国家による命令となり，全ての個は国家の中に埋没した．つまり，自己言及システムが完成していたのである．[111]

生存可能システムモデルで考えると，このような軍事後方支援体制は異常な形態と言える．システムⅢの強化のために各営業所毎に担当重役を配置していたが，これは同モデルで考察するまでもなく，システムⅠの自律性を奪う異常な体制と言える．[112] 逆に言えば，下位システムは上位システムの命令の範囲に行動すればよく，その意味では安易である．しかし，最上位のシステム自体は，頼るべき相手がいない．[113] 短期間なら持ち堪えようが，長期に続くシステムではない．

§7-5-3 独立単位体

同社は一時的にシステム的様相を示した時期があった．祐満の晩年である．27年同社は株式会社道南バスとして生まれ変わった．同時に長男康満と三男省三も取締役に就いた．終戦から，度々市営バス問題が取り沙汰されたが事なきを得て，図7-2のような体裁となった．[114] この内Ⅳのバス協会は業界団体であり，バス連絡協議会は市営バス対策のために設置した有識者懇談会であった．同社は，後者をサブシステムとして利用し，苦情に応える形で路線の拡張等を行っていた．[115] それを可能にしたのがⅤの政治力である．しかし機能的にはⅣは受動的であり，その体質が下位水準に投影され図7-3のような欠陥が生じていた．各営業所においても同様で，図7-4のように上位水準に依存する体質であった．以上より，繁栄の時代においてもシステムとは言えず独立単位体であったことが知れる．だが，表面的には良好に発展しているように見えたので

図 7—2 昭和 40 年頃の道南バス

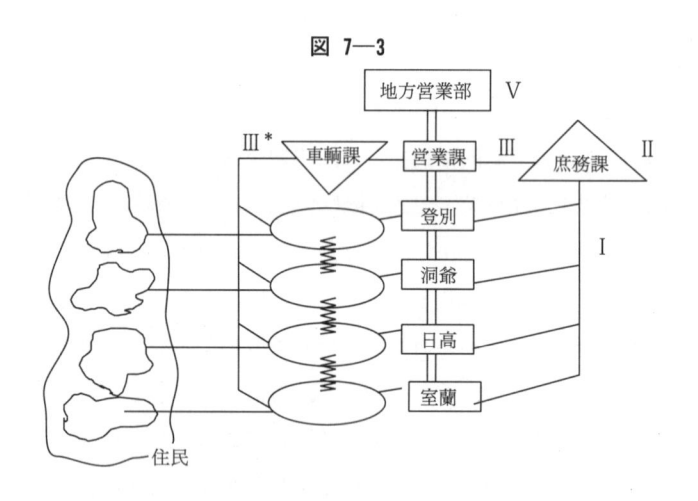

図 7—3

116)
ある。

　擬似家族的単位は，本社システムⅡの技術部・車輌係等を中心に現場においては働いており，運転手，車掌，整備士等の育成が計られていた。

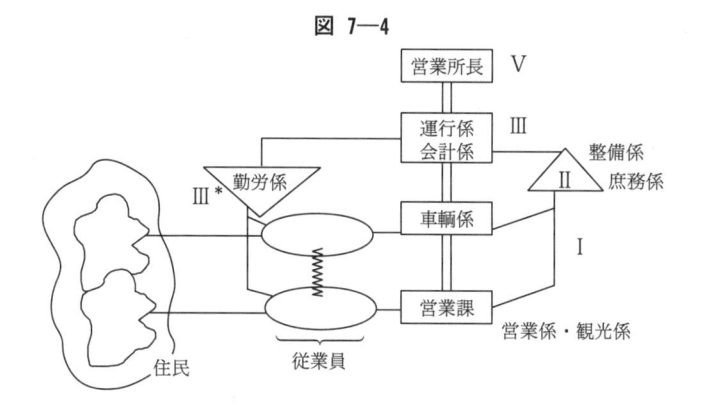

第 7 章　室蘭素描：独立・社会的単位体についての考察　411

図 7―4

（図中のラベル：営業所長 V、運行係・会計係 III、整備係、庶務係 II、勤労係 III*、車輌係、営業課 I、営業係・観光係、住民、従業員）

§7-5-4　転機

　同社に転機が訪れたのは 40 周年を祝った直後であった。昭和 41 年 8 月 5 日には，徳中祐満が札幌大病院で逝去した。道議会出席中のことであった。また 42 年には，専務の山内多市・省三が相次いで体調を崩し，翌年没するという不測の事態が生じ，暗澹たる影を落とした[117]。さらに，田中国三郎，多一の子礼二も死去した。5 人の柱を相次いで失ったのである。

　そのため，長男の康満が社長に就任した[118]。康満は，当時室蘭瓦斯株式会社の常務取締役であり，次期道議会にも後任として出馬を予定していたところであった[119]。

　康満が社長に就くと，道議に専念するため，次図の様な管理体制を取るようになった[120]。しかし同社の箍は緩んでいった。特に 41 年初の赤字決算となることが明らかになると，株主総会での追求が激しくなった[121]。その矛先は，社長を中心に取締役に向けられていた。それは，創業の社風を乱した元凶だったからである[122]。それに連れて，擬似家族的単位が機能しない事態となった。

　祐満時代は，事業規模の拡大，地域の広域化，構成要素のキャリア形成期に様々な役職を経験させる等擬似家族的単位を誘発する工夫が行われていた。同時に，高度経済成長の波に乗り，従業員の相談だけではなく，価値観や人生観

を提案することが可能だった。すなわち，前掲の40年頃の構図は3年間程度しか続かなかったのである。康満時代では，環境変化への対応，長期的方向性の提示等困難を極めた。また構成要素の努力を称え信頼し，価値観や人生観を提案する必要が以前以上にあったのに，対立的関係となり不信感を募らせることとなった。従業員は，労働組合に頼るしかなかった。しかし労働組合には§1-4(2)に見たように，個々の組合員に対しては本質的に擬似家族的単位を誘発する基盤はなく，帰属意識を揺るがす効果しかなかったのである。

§7-5-5 転落

43年，虻田町の温泉小学校跡地の払い下げを期に，種々運動をして取得しターミナルを建設することになった。しかし計画は無計画に膨らみ，洞爺サマーランドを開設することになった。そのため，道南観光開発株式会社が資本金は5千万円で設立され，役員には同社の取締役等が就任した。しかし夏季しか観光客を呼べない地域であり，また地元温泉業者の反対で宿泊施設を併設する

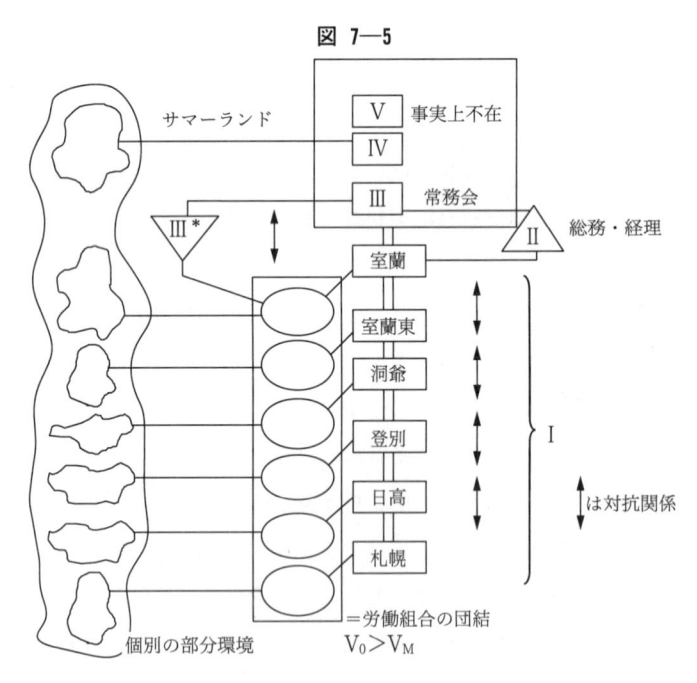

図 7—5

第7章 室蘭素描：独立・社会的単位体についての考察 413

こともできず，その意味でも致命的な計画であった。同社の経営状態は逼迫[124)]した。しかし康満は尚も道議に拘り[125)]，[126)]社長交替という事態に繋がるのである[127)]。

当時は，モータリゼーションの進展と観光がブームになっていた[128)]。しかし当地の状況を見誤った無計画の投資であり，僅か1年半で同施設を閉鎖することになった。既に世間も組合もそして銀行も，経営状態と対応に危機感を募らせていた。そのため，この頃から労働運動が行われるようになった[129)]。当時の状況を図解すると図7-5のようになった[130)]。社内は，各営業所毎に組合を懐柔しようとし，また独自に採用を行ない，互いに対抗的になっていた。

このような中，46年には徳中の親戚の猪俣に社長が替わった[131)]。状況は変らなかった。猪俣は，45年12月1日付の瀬川紘一による「バス事業の現況」を[132)]

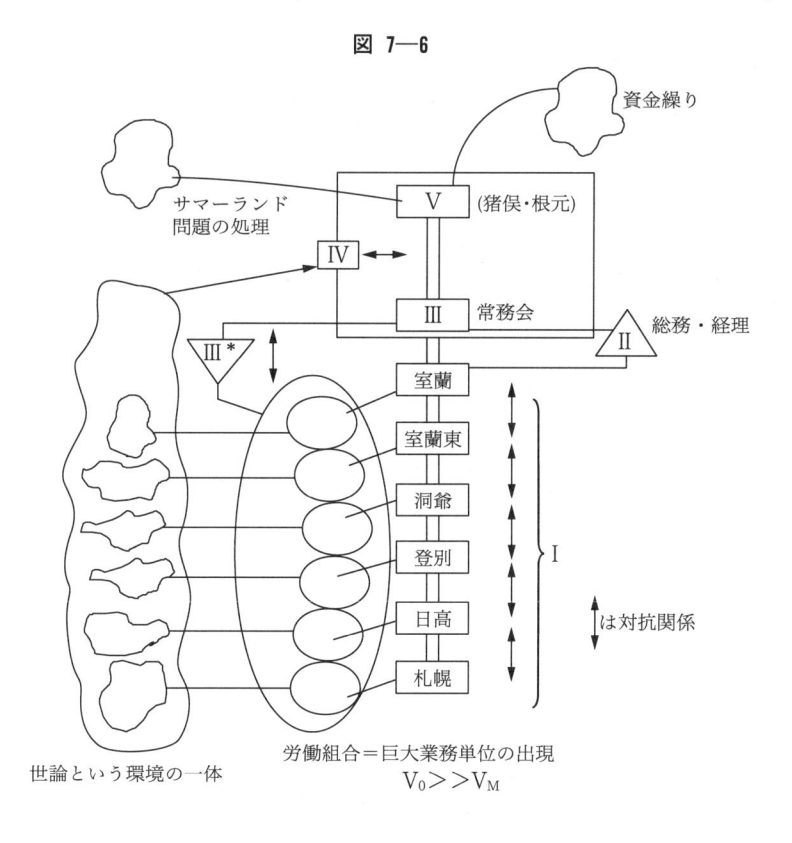

図 7—6

[図：資金繰り、サマーランド問題の処理、(猪俣・根元)、常務会、総務・経理、室蘭、室蘭東、洞爺、登別、日高、札幌、世論という環境の一体、労働組合＝巨大業務単位の出現 $V_0 \gg V_M$、↕は対抗関係]

そのまま採用し再建案とした。瀬川は本社の一人事課員に過ぎなかったが，会社の将来を考え意見書をまとめたものと思われる。しかし再建計画を進める中で，利用者からの苦情は増える一方だった。

猪俣は洞爺サマーランドの売却と合理化を組合側に提示したが，阻止運動が起き48年には辞任する。また世論誘導をしていたバス連絡協議会も微妙な立場に立たされた。市民は会社も組合も批判し収拾の就かない状態になっていた。この時代の状況を図解すると図7-6のようになる。

猪俣が辞任したため常務の根元が社長の就いた。しかし世間の多くは，収拾できないと感じていた。猪俣が辞任直前に公営一元化の念書を組合側と交わした一件で，自主再建を掲げる根元は初めから苦しい立場に立たされた。また猪俣が去ったということは，銀行が完全に背を向けたということだった。地方営業部は図7-7のような状態だった。最早，事故が起きないことの方が不思議な状態だった。また資金繰りも就かず自治体に経営参加を呼びかけたが，最早見向きもされなかった。外からも，独立単位体ではなく，社会的単位体であるこ

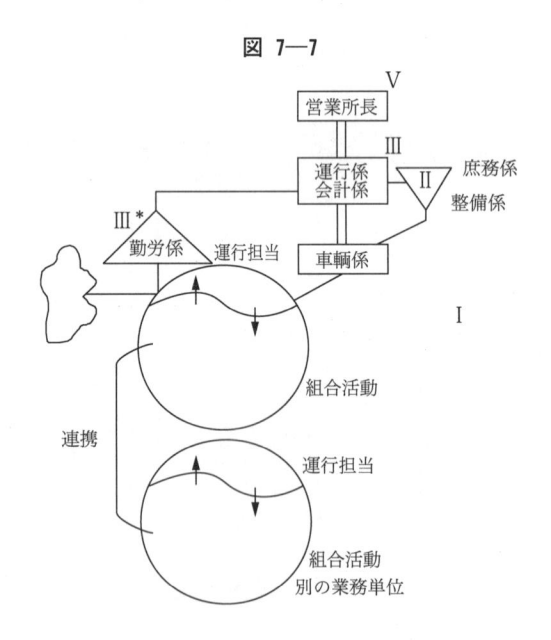

図 7—7

とは明らかだったのである。

§7-5-6　更生法

　68％の値上げ申請を行なった後，49年2月30日の臨時株主総会において，根元は退任した。[142] その後，道南バスの社長は，50年9月に会社更生法を申請するまでの間2人替わった。新たな再建計画を持って東京から乗り込んできた最初の者は，資本金を倍に増資した。[143] 当初は社内の期待も高かったが，手形を乱発しやがて資金繰りが付かなくなった。一時康満が復帰したが，[144] 直ぐ次の者に代った。次の者は地元の人間で，密かに資産の売却着服を行った。[145]

　このような中，組合としては公営一元化に活路を見出すしかなく闘争は過熱した。[146] しかし賃金の遅配等の事態となり，[147] 誰の目にも会社の状態は明らかになっていた。[148] 八方塞がりの中，徳中の同族の室蘭石油が石油供給を停止すると宣告したことが最後だった。[149] 昭和50年9月8日，同社は会社更生法適用申請を決議した。[150]

　最後の10年は塗炭の苦しみであったであろう。[151] しかしバスに頼る暮しをしている人達に与えた苦痛は，如何ばかりであったであろうか。

§7-5-7　擬似家族的単位

　擬似家族的単位は，祐満時代は全社的規模に繋がっていた。しかし康満時代には，メタシステムとシステムⅠは切り離された。社長自ら不在であり，また40年当時の最盛期を体験した者達にとっては，同社は制度的に地域に定着した存在に見えたのである。谷村(1961)に紹介された祐満の人心掌握術のようなものは，康満にはなかった。また社長を見習って，幹部が社風を乱すようになったのである。制度的に地域に定着した存在と感じるならば，発展はない。ホメオスタシス経路もⅣも機能しなくなるからである。働いているのは，システムⅠのみという状態となる。ここがシステムとの違いである。システムには，完成した制度という状態はなく，絶えず流動し作動していなければならない。安定性停留圏の原理等は，正にそのような流動性を指している。同社の停滞の内的要因は，擬似家族的単位を分断する独立単位体の作り出す会社主義に求め

られる。

　必然的に業績は悪化し，従業員は安定化を求め内集団化した関係を改善しようとする。会社側が頼りにならない結果，私鉄総連との結び付きを強くしたのである。かつて同社は，私鉄総連のリーディングカンパニーであった。石田幸成編の『室蘭地方労働運動史』にも，その名前は出てこない。私鉄総連関係の資料を見ても，道南バスの名が出てくるのは，37年以降である。しかも公営一元化という，他の道内各社との共同歩調も介在した。この方向は，必然的だったと言えよう。しかしまた，システムⅠ内部，組合内，各営業所において内

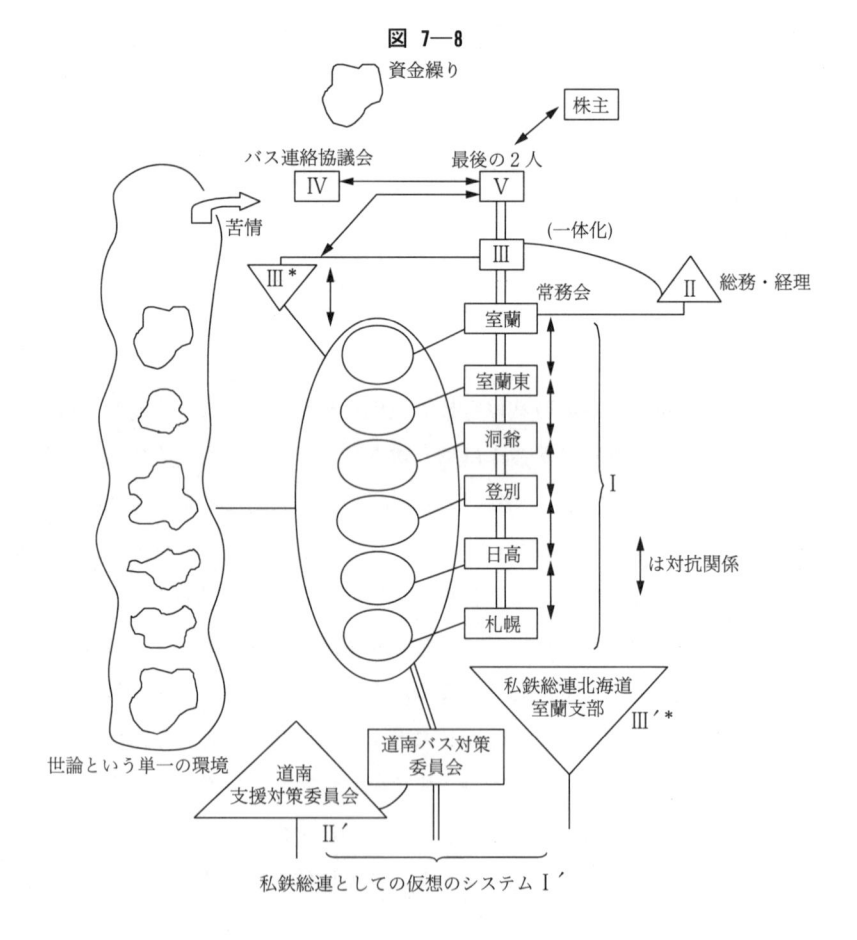

図 7—8

集団化したのも事実であり，多数の批判が寄せられたのはそのためである。

最終局面の大局的機能関係は図7-8のように表わせる。図下部の私鉄総連としての仮想のシステムとは，公営一元化の暁のシステムである。社外に同一性を求めざるを得ない様や社内が対抗状態にあることは悲しむべき事態としか言いようがない。

では何故，同社はシステムに成り得なかったのだろうか。それは以下の理由による。①(3)の祐満時代からⅣが未熟であった。②下位水準を構成していたが，未整備のままだった。③メタシステムの擬似家族的単位は祐満時代から内集団的であり，康満時代に顕在化した。④同時に，管理的体質になり，システムⅠの擬似家族的単位をメタシステムから分離させてしまった。

この内，④は第1章で触れた松下電器産業に類似している。同社は各カンパニー・事業部毎に閉鎖されており，その中でしか擬似家族的単位は構成されず上位に接続不能になっている。[152)]これが，第6章のシステムとの違いである。

では全体的に擬似家族的単位連鎖が行われていれば，システム化は可能なのだろうか。第4章で論じたように全体の意識が低い場合は，気付かずに内集団に埋没する場合もある。第5章に示した原理等の規制が，大局的機能の有機構成に課されなければならない。それを試みる構成要素からなる組織ならばシステムとなることができ，さもなくば「組織」に留まることになる。

§7-5-8 停滞の外的要因

注128)で47年2月25日，12月12日の室蘭民報を紹介したが，同社の停滞の原因は，自家用車の増加ではない。人口の流出である。これは次節とも関連する。バス会社経営に影響を与える要因は，マイル数，乗客数，経常利益であると言われている。[153)]一見石油価格や乗用車数，ストライキも要因に感じられる。しかし相関が強いのは，次図参照の通り人口であった。

乗客数に関する結果を示せば，1人の人口増は月間35人の乗車人数として反映され，逆は35人の減少をもたらすことが明らかになった。

図 7—9

Dependent Variable: MAN3F				
Method: Least Squares				
Date: 06/13/00 Time: 07:18				
Sample(adjusted): 1960:02 1976:12				
Included observations: 203 after adjusting endpoints				
Variable	Coefficient	Std. Error	t-Statistic	Prob.
CAR	-9.944989	5.480426	-1.814638	0.0712
IP	27196.70	4958.895	5.484427	0.0000
OIL	-15417.85	2135.730	-7.219007	0.0000
POP	35.23667	2.861648	12.31342	0.0000
D1	371562.2	82716.63	4.491989	0.0000
D2	-164215.7	81487.11	-2.015235	0.0453
D3	13948.21	81479.73	0.171186	0.8643
D4	206666.9	81470.56	2.536706	0.0120
D5	161085.7	81462.76	1.977416	0.0495
D6	80076.86	81458.53	0.983038	0.3269
D7	408279.2	81461.11	5.011952	0.0000
D8	799400.5	81453.00	9.814256	0.0000
D9	213079.7	81455.60	2.615900	0.0096
D10	234672.6	81456.47	2.880957	0.0044
D11	30606.44	81442.10	0.375806	0.7075
C	-3584611.	438887.7	-8.167490	0.0000
R-squared	0.849522	Mean dependent var		3357804.
Adjusted R-squared	0.837451	S.D. dependent var		588909.6
S.E. of regression	237432.6	Akaike info criterion		27.66869
Sum squared resid	1.05E+13	Schwarz criterion		27.92983
Log likelihood	-2792.372	F-statistic		70.38030
Durbin-Watson stat	0.939849	Prob(F-statistic)		0.000000

§7-6 ま と め

(1) 室蘭についてまとめる。現在特に 40 年代後半から，苫小牧，小樽，留萌の各港も共に重要港となり，取扱規模も各々拡大しまたそれ等の背後勢力圏は，経済のみならず錯綜とした状態であり，確定的に論じることは，困難な状況になってきた。

『室蘭港港湾計画資料』では，室蘭港の商港貨物の背後勢力圏が考察されている。それによると，輸移入貨物は全道に及ぶが，その内胆振地方が約 60%，石狩，上川，空知地方が約 27% と，全体の 90% を占めている。また，輸移出貨物は，胆振地方が約 70%，空知，上川地方が約 25% と，全体の 95% を占めている。以上のことから室蘭の背後勢力圏は全道とも考えられるが，関係の深い範囲に限定すると，西胆振地方と言うことができる。次いで道央との関係

第7章 室蘭素描：独立・社会的単位体についての考察 419

である。同書では，1次勢力圏，2次勢力圏としているが，現実には西胆振地方が，現在の勢力範囲と言えよう。すなわち，室蘭市，登別市，伊達市，その他である。図示すると下図の様になる。

1次勢力圏の面積は，3市とその他で1,355.05 km² である。人口は，室蘭

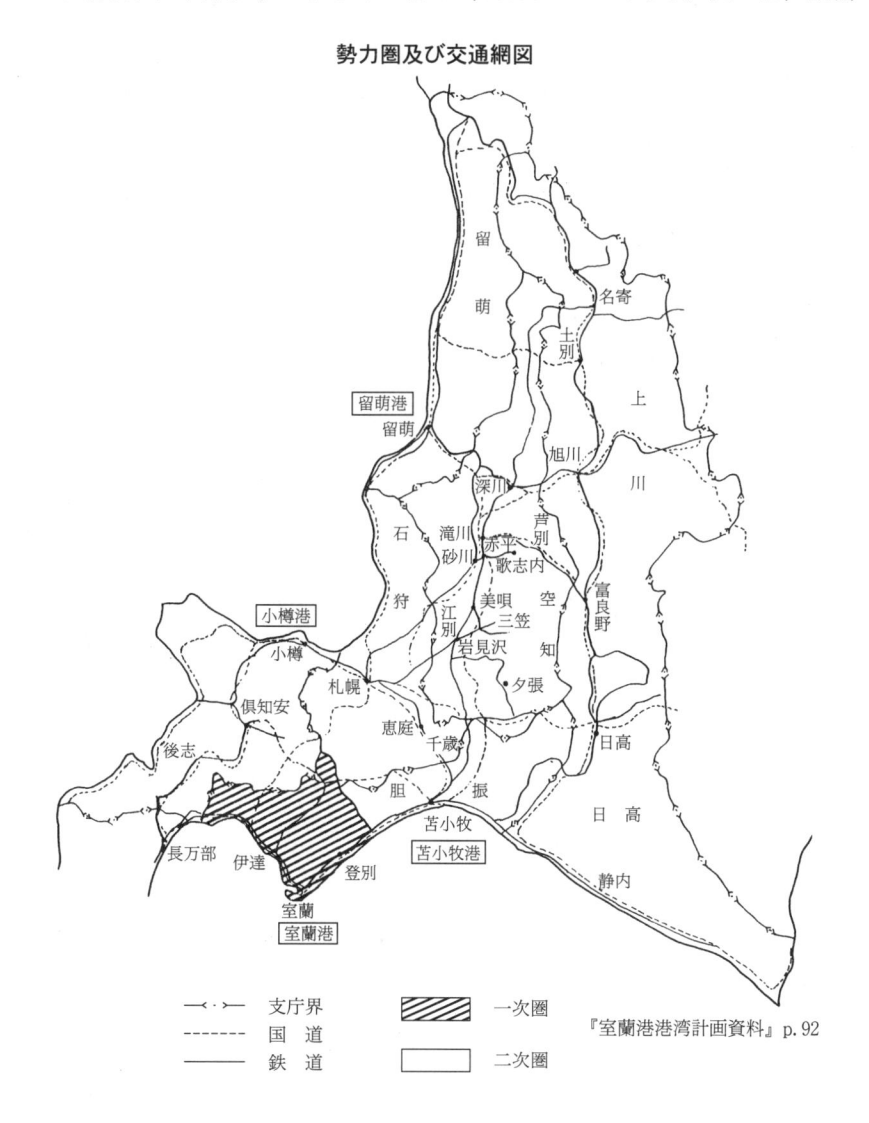

勢力圏及び交通網図

『室蘭港港湾計画資料』p.92

市の転換点となった40年現在で、1次勢力圏は262,671人、45年では269,296人と横這い状態である。市別には、40年現在、室蘭市161,252人、登別市39,101人、伊達市26,847人である。55年度の北海道の立てた生活圏計画人口目標は、同地域で340,000人であった。北海道開発局による「幹線道路整備計画調査」では、55年の室蘭市の予想人口は220,000人。65年には280,000人になると予想していた。同年室蘭、登別、伊達3市合計で、400,000人となり、これが将来の室蘭圏の商業人口になるとしていた。さらに、トマジニスのパーソントリップ調査まで用い、昼間人口の増加と潜在的発展にまで言及している。この2つの調査は、楽天的予想としか言い様がない。前者も後者も発行は、49年である。既に人口の減少傾向は充分把握されていたはずである。であるからこそ「室蘭圏」または「1次勢力圏」という広域を設定し、人口増加に対応するための社会基盤整備の必要性を訴える、という形を取ったのであろう。全ては、白鳥大橋を初めとする公共事業推進のためである。同様の粉飾は、四国における『本州四国連絡橋の3橋時代及び高速道路に対応した四国のバス事業者のあり方に関する調査研究報告書』等にも見られる。

ところで平成11年、同地域の人口は415,745人である。時間の幅を考えれば、この増加は微増と考えなければならない。反面49年当時の予想も正確であったとも言える。因みに室蘭市の人口は平成11年現在105,969人である。往時を偲ぶ影すら残ってはいない。逆に、その他に分類されていた苫小牧市が173,099人である。すなわち、構造不況以降、産業の移転と共に室蘭市の人口は他の市町村に流出したのである。事実、隣接する登別市は、室蘭市の人口急増の受け皿になって、45年から市制が施行されたという経緯がある。以前は幌別鉱山の基地であり、温泉地でもあった。地理的にも人的にも室蘭の従属都市の色彩が強く、幾度か合併論議もあったが、立ち消えになってしまった。両市が合併しても、30年代初頭の室蘭の人口と同程度であるため、現状を打破することは不可能であろう。

前節までに述べてきた戦後の経緯からもわかる様に，重工業の整理統合化・合理化と共に，同市を巡る状況は，年々悪化してきた。地域が広範なため道央圏に従属するということもなく，基幹産業も撤退し，他の市町村に人口は分散し，就業者総数も年々減少しているのが現状である。観光人口も，東京からの航空運賃自体が障害となっている。また室蘭八景も市街地から遠く，上手く活用されていると言うには程遠い。

(2) オートポイエーシス的生存可能システムから室蘭を眺めると，幾つかの帰結を得ることができる。すなわち，独立単位体の持つ性質と，同市が持っていた可能性についてである。

まず計画的発展の可能性について述べよう。北海道の開発自体が明治以降であったため，システム的とは言えずとも，計画的に発展する可能性はあった。計画化が試みられた初めは，明治中期の室蘭港湾委員会の発足である。しかし地場企業家には資金力がなく，進展はみられなかった。行政側も民間に任せるのみで，主導したのは海軍であり，それに応えたのは北炭であった。

だが，§7-3に述べたように室蘭記者会の発案で胆振開発期成会が発足したことで，大正中期から港湾修築運動が軌道に乗る。しかし，内実は，北炭に独占されかつ頼りきっていた港湾開発を，地場産業が補助するということであった。背景には，荷役業や海運業の成功がある。中村俊清や栗原五朔，楢崎平太郎等の足跡は§7-3-2等で見た通りである。それを支えたのは，近代国家としての体裁を整えつつあった政府に，地方開発の余裕が生まれたためである。仮に富国強兵策ではなく，民主国家として進んでいればより充実した開発が可能であったであろう。

しかしその後終戦まで，開発の主体は北炭であることに変わりはなかった。戦後も日鋼と製鉄所に経済自体依存し，人口が1年に1万人も上下する年もあった。これは本来，税収見通しも立たない事態である。前節で述べたように道南バスは，体質も然ることながら人口の上下に収入見通しが立たなかったことが経営悪化の要因である。また，室蘭市も補助金依存体質であったことも指摘

しなければならない。その後，日鋼も製鉄所も去り，頓挫したまま特出すべき進展はない。

地方自治体がシステムとなることは，敗戦と復興，また現在も税収配分比によって，事実上不可能になっている。システムにするには歳出を大幅に減らすこと，つまりサービスを低下しなければならない。あるいは，単年度会計を排して経営的手法を導入しなければならない。補助金に依存する限り独立単位体ですらなく，社会的単位体に過ぎないのである。

また，道南バスのように自らの組織を制度的完成体として捉えるとき，崩壊が始まるのである。現状に満足せずに変化させるところに革新は生まれる。第1章の松下電器産業を延命させている要因の1つは，この意識である。しかし革新が，オートポイエーシス的単位である擬似家族的単位の連鎖から創発される道筋がなければ，真にシステムとなることはできない。

同地域の代表的企業は，北炭である。それは，明治，大正，昭和期では珍しく，環境に働き掛けて改変し，また自らも事業転換を行って生き延びた企業だからである。本来，北海道炭鑛鉄道という会社組織になった理由も，幌内・幾春別両炭鉱や鉄道・付属施設などを払い下げを念頭にしながらも，炭鉱鉄道という近代的輸送業を確立するためであった。内地での石炭需要が高まると，北海道炭鑛汽船と社名を変え事業内容を拡大する。そして石炭積出の効率性から港湾整備に積極的に乗り出す。室蘭経営構想を策定し，行政もそれに追随したことは前述した通りである。その意味では，北炭のシステムⅣやⅤに相当する機能は十分だったと言える。また，明治40年には，日鋼と輪西製鉄所を作ったことも，鉄道国有法という外圧と軍事力強化による鉄鋼需要の増大を見込んだ事業拡大であり，自己変革であった。しかし本業を捨てたという訳ではなかった。炭鉱が廃れるまで続けたのである。

システムとは呼べない理由の1つとして，1952年3月20日に発生した北海道炭鑛汽船労働争議が上げられる。これは，参加者626名，労働損失日数1,626日であった。システムならば，これ程の日数を消費することはなく，ま

た回避に向けて自律的な改善が図られたはずである。その他，多数の外国人労働者問題も抱えていた。つまり，大資本による多角化戦略が成功したというだけである。従って，他企業とは規模は異なるが，独立単位体であったことに違いはない。しかし，外部取引の効率化や室蘭への貢献はシステム的であり，また影響力のある存在だった。

日鋼は外国企業との合弁であり，株式によるガバナンスと技術導入を図ったという点で注目に値する。また，室蘭経営構想の一貫として都市整備に尽力した。その結果，室蘭は長く企業城下町として北海道経済の中心となったのである。その間，製鉄所も製鉄業から製鋼業へ転換し，日鋼も実質的に海軍工廠としての地位を築いた。しかしこれ等は独立単位体として完成体を目指したということである。その一貫として，日鋼記念病院や新日鐵病院，高校等を設立したのである。

第6章までのシステムに比べ，本章の考察から，独立単位体の性質が浮き彫りになる。但し以下は，§5-5(5)を現実的に言い換えたものである。

① 北炭やその他の企業行動から，独立単位体は，（海軍を含む）社会的単位体・独立単位体の複合した階層構造を作り，下位の非合理の上に自身の安住を築く傾向があると言える。室蘭に集積した独立単位体の多くは，図7-1の道南乗合と同型の構造をしていたのではないだろうか。前述の様に道南乗合自身が軍隊組織の模倣であったからである。この場合，現場に行く程重圧が掛かる。大企業の場合，社内の緊張を解すために，他の取引先に圧力を分散するという方法が取られ，故に地場企業の勃興が促された。しかしこれ等は，並列的取引関係にある企業と比べ公平性を欠いた状態に置かれた。その結果，頂点の独立単位体は繁栄するが，衝撃緩衝材である下位企業の利益は少なかったのである。これは§5-5(5)①④⑥と関連する。

② §5-5(5)③④と関連し，独立単位体は，プロフィットセンターを疎かにし権威主義に陥る可能性がある。道南バスの最盛期においては，例えば図7-2〜7-4を見れば明かだが，プロフィットセンターである車輌係や運転手等を2

水準下の図7-4に置いている。つまり下位水準にはIVはなく，①と同様，内部水準を単位化し脆弱にしてしまうことであった。結果的に，権威主義的身分分化は，無責任であり凝集性を失わせ，組織全体を破壊する。勃興期ならば組織は揺らぐことはないが，康満時代以降の同社の求心力の低下は，プロフィットセンターである現場を大切にしなかったことに起因している。図7-2と同水準に置くべきであり，仮にそのようにしていれば回復も可能であったかもしれない。少なくとも末期において，労働組合に私鉄総連との単位体を指向させることはなかったであろう。このことは，無責任と無計画・非効率と，株式総会で度々指摘されたことであった。

③独立単位体でも擬似家族的単位は生じるが，分断される。それは，§5-5(5)②③で述べた様に，システムにおいてしか永続しない。独立単位体の場合は，仮にシステム的機能分担が存在していたとしても，新奇な創発的戦略を作り出すことはないのである。何故ならば，独立単位体には，康満時代以降の道南バスや第1章の図1-12のように，機能の有機構成や経路がないからである。従って，擬似家族的単位は分断され，連鎖は一部に留まる。またこのような状況では，産出圧は本来のものとは異なり，地域や業界毎に歪められることになる。しかも④に後述するように，会社が制度的完成体だと信じる者にとっては，指示-命令が進化圧でありそれに応えることが産出圧であると錯覚する。すなわち，②と同じ状況に置かれているからである。

結果的に，企業のための擬似家族的単位は生じても，それは指示-応答の一対一関係にのみ作用し，全体は管理体制に向っていった。[157]逆に，私鉄総連との一体化を促進する擬似家族的単位の連鎖が生じ活発化していった。しかし同社の組合自体，プロフィットセンターはなく企業依存的な単位であり，独立したシステムとなることは当初から不可能なことなのであった。

④①～③の結果，独立単位体には会社主義的風潮が生まれる。多くの独立単位体は，有機構成を欠如したまま，そこが世界の頂点であるかのように単体で完全に独立した存在である。また家庭の在り様も会社への補助装置となり，

一家で従属する構造が設定されるのである。員数として全面的に参加し，会社と一体感を持つことを会社主義と言う。これは，独立単位体としては必然的帰結であろう。しかし，構成員やその家族の帰属心を企業までとし，外界との接続を分断するものである。すなわち権威主義と同根の優越感から，排他主義的一面が生じる。それ故②と相俟って，階級的非効率をも内包するのである。[158]

その結果，③のように擬似家族的単位は分断され，道南バスが歩んだ通り管理が基調になる。そして①の下部企業群と同様，③の延長として，第4章で触れたマトゥラーナの社会システムの12番の様に，一部の構成要素は利用される存在となるのである。すなわち，§5-5(5)の⑤の状態となる。但し§5-5(5)後段で述べた様に，自己言及的とも言うべき完全な会社主義というのは，特殊な単位体でのみ実現されるものである。その意味で，実際の独立単位体におけるそれは，情緒的で不完全なものでしかなかった。

一方室蘭はシステム化することはなく，社会的単位体に留まり続けた。社会的単位体は，他者依存的なものである。例えば，補助金に依存するように独立単位体に依存し従属する。それによって，独立単位体の特徴の①が無理なく形成される。また，時としてそれには権利意識が付帯する。よって，新日鐵からの寄付が滞り福祉施設の計画が遅れても，予算措置を講じることはなかったのである。

独立単位体のその他の特徴に対しても，社会的単位体は，③は該当し②についても生存可能ではないのに当てはまるのである。しかし④については行政も零細企業も時に観察者の立場になり，マトゥラーナの13番の観察者の苦痛と会社主義の悲哀を眺めそして実感することになるのである。

上述の独立・社会的単位体の性質は，外部取引のシステム化や擬似家族的単位の連鎖が次の発展の方向を探し産出圧をそれに備えるというシステムの特徴とは，異なっている。またセブン-イレブンに見られるように，システムⅠの各要素がシステムⅤに緊急警報を出す等の情報経路の確保と構成要素の機能上の対等性も，独立単位体は②の理由から不可能である。またシステムは，一見

他者従属的かつ支持的とも捉えられる姿勢を取り，自律的に社会の中に構造化した自己を見出し存続を図る。つまり，秩序関係軸を社会に求め，自己をその下位水準に位置付け社会的に必要な存在になろうとする。しかし室蘭に集積した独立単位体群には，そのような発想はなかった。また，システムにも内部の論理は生まれ，それが同一性に結び付く。しかし共同言及性によるものであり，排他主義による同一性ではない。さらに，自律性によりプロセスの共有化が計られるのであり，管理的な指示ではない。まして会社主義的服従とも異なる。しかし保守性に関しては，システムが擬似家族的単位の連鎖によっていたのに対して，独立単位体は管理と権威によって創発的ではない，という逆の意味で該当する。

高度成長期には多くの産業が集積され，付随的に税収も人口も伸びる。それ故，都市も企業もシステム化を指向する必要性はなかった。会社主義によって，独立単位体を完成体として信じ，安住する方が楽だからである。しかし業績が悪くなると，本章で触れた道南バスの末期や日鋼室蘭争議のように，世界の頂点であるはずの企業が闘争の場に変貌するのである。この背景には，他に移り得ないという職業意識と切迫的状況の下，会社主義から生じる粘着感情と情緒の象徴として独立単位体が存在していたからである。この点から，独立単位体は，利益至上主義を前提としながら，非効率で脆弱な制度であり，それを支える会社主義には，公共心や情操を荒廃させる面があると言える。つまり当時の人々は，ビアの意味でオートポイエーシスを生存欲と解し，本能的に衝突させるしかない状況に追い込まれたのである。現在も，特殊な同一性としての会社主義的感情は抱かれ易く，機能面でも独立単位体に留まる企業は多い。

第1章で区分した独立単位体の性質については，以上のようにまとめることができる。歴史的には，システムと呼び得る社会的存在は少なかった。しかし最近の企業の中には，システム的なものも生まれつつある。結論的に言えることは，真にシステムと呼べる存在を志向するならば，オートポイエーシス的生

第7章　室蘭素描：独立・社会的単位体についての考察　427

存可能システムモデルを基礎に構造化して行くしかない．それによって，自律と自省，進歩と努力が促される社会が築かれなければならないのである．

注
1) 本章は，平成11～12年度科学研究補助金「生存可能システムモデルの理論と実践についての研究」（基盤研究(C)11680455 研究代表土谷幸久）に基づいている．
2) 都市をシステムとして捉える立場には，藤嶋(1999)がある．
3) 例えば『類聚国史』の「俘囚，蝦夷」，『今昔物語』の「陸奥国ノ奥ノ夷」等の記載より明らか．それ以前に関しては，北海道廳による『新撰北海道史』(1936)第壱巻や榎本，君による『北海道の歴史』(1970)に，斉明天皇4～6年の阿部臣比羅夫の北征の記述がある．そこでは渡島が北海道，蝦夷はアイヌ人の土地であるとしている．その後，朝廷の蝦夷工作は進み，和銅5年越国守の管轄下から出羽国を分け，その管轄下に置く様になった．
4) 『蝦夷島奇観』によれば，文治5年藤原泰衡が源頼朝に打たれ，従者の多くが蝦夷地に向ったとある．『吾妻鏡』には，建保4年強盗海賊を蝦夷島に流刑に処したとあり，流刑地として利用されていたと思われる．
5) 有末(1985)，榎森(1997)．
6) 蠣崎慶廣がアイヌ人を統一し，徳川家康に蝦夷島の地図を献上した後のことである．
7) 日蓮の六老僧の1人日持が蝦夷に渡り，さらに大陸に渡ったという説もある．しかし伝承の域を出ない．
8) 誉田(1999)．
9) 本願寺道路とは，明治27年に開通する虻田新道のことである．本願寺は4本の開削を明治新政府に願い出ていた．1．軍川から砂原への17.7 kmの新道．2．江差街道の改修．3．山鼻から発垂別までの5.9 kmの新道．4．札幌平岸から伊達村尾去別への103.2 kmの新道．『北海道道路史』では，伝統的な幕府との関係と新政府との間に挟まれた微妙な状態からみて，教団存在を維持するための開拓援助ではないか，と述べている．
10) 佐々木(1999)．
11) 開拓海防に関しては，林子平の『三国通覧図説海国兵談』，新井白石の『蝦夷史』，本多利明の『船舶考』『渡海新法』，工藤平助の『赤蝦夷風説考』，板倉源次郎の『北海随筆』，並河天民の『開疆録』，佐藤信景の『開国新書』等がある．佐藤信景は元禄の人．厚岸での耕作を試行し同書を表わしたが，国禁を犯したとして投獄の後追放された．同時代の並河天民は京都の儒者．松前行脚の僧侶から，実状を聞き草稿をまとめた．天民没後20年が過ぎ，金座の後藤庄

三郎の配下板倉源次郎は，蝦夷に渡り鉱山探索を行なったが発見には至らなかった。工藤平助は，ロシア人の目的は金銀の多く産するを知っての南下であるとし，幕府の蝦夷開発の契機となった。

12) すなわち，松前藩の復領時代は，文政4年から安政元年の32年間である。幕府の蝦夷経営が本格化するのは，寛政10年松平忠明が蝦夷地取締御用掛になってからのことである。

13) 近藤重蔵，最上徳内，間宮林蔵，高田屋嘉兵衛等。その他幕府の任を受け踏査を行った者には，以下の者達が挙げられる。普請役山口鉄太郎，佐藤玄六郎等が天明5年，東西から北海道を周回し調査した。同年庵原彌六は，樺太に渡り調査を行った。翌年，鉄太郎は国後，樺太には大石逸平，択捉・得撫には最上徳内が赴き踏査した。徳内は本多利明の門人である。『三国通覧図説海国兵談』では，樺太を東韃靼の室韋地方からの半島としている。同様に，実際に踏査をした中村小市郎と高橋次太夫も半島であると判断した。近藤重蔵も『辺要分界図考』でこの考えを踏襲している。これが誤りであると判明するには，松田伝十郎と間宮林蔵を待たなければならない。特に林蔵は，12年の探査を行い，満州の仮府，徳楞にまで達した。『東韃紀行北蝦夷図説』『北夷考證』等でその功績を知ることができる。伊能・間宮の成果は，後に『大日本沿海実測図』に採録された。また林蔵の門弟，今井八九郎の測量を基に『延叙歴検真図』が作られ，精度が高められた。さらに松浦武四郎の『東西蝦夷山川地理取調図』を基に，『東西蝦夷山川地理取調紀行』が刊行された。これ等は安政年間のことである。

14) 駅逓の端緒は，寛政元年の蝦夷乱の折り，砂原から絵柄に海路馬を運んだことに始まる。駅逓は明治新政府も設置した。室蘭近郊の主なものは，以下の通りである。元室蘭(室蘭村)(明治35年設置，大正7年廃止)，室蘭(室蘭港)(明治6，明治32)，輪西(明治34，廃止年不詳)，幌別(設置廃止年不詳)，白老(文政9，不詳)，ホロケシ(大正13，昭和19)，苫細(苫小牧)(明治6，不詳)，勇払(文政，明治34)，沼ノ端(明治34，明治37)，鵡川(明治40，大正12)，早来(明治34，明治42)，遠浅(不詳，明治45)，アビラ(不詳，不詳)，知決辺(明治35，昭和2)，幌内(大正8，昭和3)，似湾(明治33，大正13)，辺富内(大正8，昭和7)，穂別(明治41，昭和6)，中穂別(明治44，昭和16)，上穂別(大正14，昭和18)，長和(昭和18，昭和19)，オロロップ(大正9，昭和18)，福山(昭和18，昭和18)，有珠(不詳，明治17)，三階滝(大正9，昭和16)，礼留駒別(大正14，昭和4)，徳舜別(明治42，大正12)，壮瞥(明治34，昭和2)，久保内(昭和4，昭和11)，蟠渓(大正11，昭和12)，紋瞥(明治16，不詳)，虻田(不詳，明治8)，虻田(明治17，明治38)，向洞爺(不詳，明治8)，弁辺(明治34，昭和4)，礼文華(明治6，昭和5)，上昆布(明治42，昭和17)，下山梨(大正6，昭和17)。この様に昭和になっても存続していた。逆に渡船は，人が定

第 7 章　室蘭素描：独立・社会的単位体についての考察　429

住した後のことであるから，北海道では明治以降の設置が殆どである。
15)　しかし，慶長 18 年，松前藩がここに運上所と屯営を設けている。
16)　各項目毎に歴史的区分を取ることも可能である。しかし必然的に，時期はずれてくる。そこで本稿では，各項目とも室蘭に関係し相互に関連することから，時間軸を縦に取り項目毎に論じることにした。本章は主に，渡邊貴介(1998)『明治以降昭和戦前迄の北海道・室蘭における地域開発の展開過程に関する史的研究』，室蘭市(1989)『新室蘭市史』，同(1989)『室蘭市年表』，北海道道路史(1990)『北海道道路史』，室蘭商工会議所(1985)『室蘭商工会議所六十年史』，谷村金次郎(1961)『室蘭地方人物風土記』を参照した。
17)　明治 5 年着手，同 6 年完成。
18)　明治 5 年からの開拓 10 年計画で整備された道路をまとめておこう。札幌本道(札幌～苫小牧～室蘭)，函館本道(函館～森)，江差街道(函館～江差)，西海岸道南路(函館～吉岡～福山～江差～久遠～瀬棚～寿都～岩内～余市～小樽～札幌)，西海岸北路(札幌～石狩～浜益～増毛～留萌～苫前～天塩～稚内～宗谷～枝幸)，東海岸道南路(函館～戸井～鹿部～森～八雲～長万部～礼文華山道～室蘭～苫小牧～門別～新冠～三石～浦河～様似～幌泉～広尾～大津～直別～釧路～厚岸～根室)，東海岸道北路・斜里道(根室～別海～良牛～海路知床半島～斜里)，斜里本道(標津～(山越え)～斜里)，北海岸道(斜里～網走～紋別～興部～枝幸)。駅逓は 126 箇所であった。
19)　北海道の鉄道沿革の端緒をまとめておこう。慶應 2 年，函館奉行は後志國岩内郡茅沼村の茅村炭山が有望であると推測し，輸送用鉄道の敷設を決定した。しかし測量に留まる。海岸より炭床までの距離は 1 万 60 尺であったと伝えられる。慶應 3 年には同炭山の開坑に着手し，基礎工事として道路開墾を行った。しかし同炭坑は翌年休坑となった。明治 2 年，開拓史は幕府経営の同炭坑の再開発に着手し，坑口から約 28 町間に鉄道を敷設した。但し，下りは自然傾斜を利用し，登りは牛に牽かせるというものだった。明治 5 年，ケプロン報告では，札幌～室蘭間に鉄道を敷設するとするならば，400 万円が必要とのことであった。明治 6 年，ケプロンは黒田開拓次官に書面を提出し，石狩炭田の運送用鉄道の敷設は，石狩川を経て小樽に出るか，直接室蘭に通じるかの，2 案を示した。明治 8 年，ベンジャミン・スミス・ライマンは幌内炭山地方を踏破し，幌内より幌向太に至る鉄道線を測量した。明治 11 年，幌内炭山採掘と運炭鉄道敷設が正式に決定される。明治 12 年，実測。明治 13 年，12 月 28 日小樽の手宮と札幌の間に鉄道が運行する。これが北海道における鉄道の第一歩である。

　一方，室蘭に関しては，明治 22 年の北海道炭礦鐵道会社の創設以降である。というのもこの頃小樽・函館，室蘭・岩見沢間の鉄道建設が計画されていたが，前年の北有社の見積もりによると，前者のみで建設費は 800 万円に上ると

試算されたためである。つまり会社組織で費用を集める必要があった。北有社から全てを相続した北海道炭礦鐵道会社は、明治25年室蘭・岩見沢間の鉄道運行を開始する。同時期、釧路鐵道株式会社も標茶～跡佐登間で営業を開始する。函館はさらに後になる。また支線には鉄道馬車も見られた。梅木(1946)。

20) 直通航路は金森回漕店が、紋鼈・函館航路の中継地に室蘭を選んだことによる。

21) この頃までの主な建設物をまとめると次の様になる。南部蕃出張陣屋(安政3陣屋町)、八幡神社(明治元年(元室蘭)崎守町)、開拓史室蘭出張所(明治5崎守町)、室蘭海関所(明治5崎守町)、教師館(明治5トキカラモイ：アメリカ人寄宿舎として)、室蘭ホテル(明治5札幌通り：中村善蔵創業。開拓使出張所庁舎として)、室蘭郵便取扱所(明治5札幌通り)、添田龍吉住宅(明治5本輪西：開拓助監・旧角田藩士)、官立室蘭病院(明治6港町)、浄土宗安祥院照山満岡寺(明治6沢町)、室蘭港駅逓所(明治6トキカラモイ)、本多木賃宿(創成館)(明治6札幌通り：本多新創業。風呂屋を兼業)、蛯子回漕店(明治6札幌通り)、蛯子旅館(明治6札幌通り)：蛯子七郎創業、室蘭電信所(明治7西小路入り)、開拓史室蘭出張勧工課(明治7札幌通り)、丸山教育舎(明治7札幌通り)：丸山龍介が子弟教育のため開塾、常磐学校(明治9港町：本多新ら発起人となり、民家を借上げ開校。室蘭学校の初め)、札幌警察署室蘭分署(明治11札幌通り)、室蘭外三郡役所・室蘭警察署(明治12港町：旧室蘭ホテルを改修し2階を郡役所、1階を警察署として開庁)、常磐小学校室蘭分校(明治14崎守町：石川光親の住宅を仮校舎として開校)、常磐小学校輪西分校(明治14輪西：泉麟太郎の住宅を仮校舎として開校)、山中旅館(明治14札幌通り：山中勇太郎新築、明治天皇行幸の折りの室蘭における行在所となる)、曹洞宗説教所(安楽寺)(明治16常磐町：開基住職曹洞宗総本局浅野義伴)、元室蘭尋常小学校(明治19元室蘭山麓：移転新築。明治34年官立元室蘭旧土人学校に転用)、公立室蘭病院(明治19西小路入口)、日本基督教講義所(明治19チリベツ：東北学院長押川正義設立)、最上谷商店(明治20幕西：最上谷慶次郎創業)、輪西屯田兵村火薬庫(明治20頃中島町：設計北海道庁。室蘭市指定文化財)、大浜座(明治20頃中島町：大浜三太創業。明治34年神田儀蔵経営)、旧輪西屯田本部の建物改装の上神田座と改称、三井銀行室蘭出張所(明治21中央町)、真宗本願寺派説教所(本教寺)(明治21常磐町：開基住職藤森顕城)、北海道庁林務課室蘭派出所(明治21札幌通り)、私設室蘭消防組(明治21札幌通り：初代組頭東京トビ職高橋鉄五郎)、室蘭漁業組合(明治21不明)、常磐尋常小学校(明治22本町：明治27年3月室蘭尋常小学校と改称)、中島神社(円山神社)(明治22中島町：明治23年大和の円山に遷宮新築。円山神社と改称)、今井合名会社室蘭支店(明治24札幌通り：今井藤七新築開店)、日蓮宗説教所(妙伝寺)(明治24常磐町：開基住職日順)、室蘭港駅逓所(明治24港町)。北海道建築士会

(1987)．

22) 『新室蘭市史』(第三巻)には，「新室蘭ニ，木挽器械ヲ建設スルノ件ニ就キ，余其場所ヲ見分セシガ，現今ニ於テハ此挙ヲ勧ムルニ能ハズ．其故ハ，幌内・白老・有珠諸川ノ上流ニ於ル，貴重ナル木材ニ富ルコト疑ナシト雖トモ，此等ノ川流ハ，舟通セザルノミナラズ，其河口ニ於テモ，木材ヲ積ムベキ深サナキヲ以テナリ．此ヲ以テ，余ハ現今其材木ニ斧斤ヲ加ヘザルヲ良トス．後来，札幌及ビ石狩上流ノ煤田ヨリ，新室蘭迄，鉄道ヲ開設スルノ機会至ルニ及ババ其線路ハ，此諸川ノ太平洋ニ注入スル所ノ近傍ニ於テ，横断セザルベカラズ此時ニ至ラバ，茲ニ木挽器械ヲ建設スベシ．……如此巨費ヲ要スル事業ニ至テハ，充分ニ実験シタル後ニ非ザレバ，挙行スベカラザルナリ．」と紹介されている．
23) 渡邊(1998) p.13 に「石川家の製塩所」等とあるのは，正しいとは言えない．明治3年に石川邦光は免職されているからである．添田龍吉とその実弟で，家老泉忠弘の養子・泉麟太郎が郷党の指導者であった．この内，麟太郎の方が上席であった．彼の業績は，後に角田村の礎を作ったことで知られている．また，邦光の免職により，行政も単一体の室蘭郡から，蘭東，蘭西に分かれている．各々を伊達邦成，片倉邦憲が治めることになった．
24) 輪西に一般旅客駅，エトッケレップに石炭専用駅があった．蛇島脇の木造桟橋には，300トン級の汽船が横付けできた．
25) 室蘭商工会は，栗林五朔が谷朝雄を会頭に担ぎ組織したもの．商工会議所法には基づいていなかった．
26) 当時室蘭の有権者は45人であった．これは，北海道一級町村制によって，直接国税3円以上を納めた者に限られていたからである．なお，町議会は初代町長に，前総代であった秋葉全勇を選んだ．
27) 明治40年，北炭とアームストロング・ウイットウォース社，ビッカース社の3社共同出資により設立．資本金一千万円．
28) 大橋長屋は，東京博文館の大橋新太郎が建てた六戸長屋のことである．榎本子爵家私設市街地も，大橋の協力によって造成された．瑞泉閣は，明治44年大正天皇行幸の際に建設された．日鋼の迎賓館として機能した．異人館は，同社の外国人顧問用に明治末年に建てられた．共楽座は45年，従業員・家族の定着を図るために建設された．
29) 明治27年の室蘭商工会，33年の室蘭経済会を発展的に改組したもの．
30) この頃建てられた建設物をまとめると，以下の様になっている．室蘭機関区(明治25入江町)，栗林商店(明治25札幌通り：栗林五朔創業．酒・味噌・醬油等の販売)，共同醬油(株)・谷朝雄邸(明治25札幌通り：醬油醸造業者の事務所兼住宅)，日本郵船室蘭出張所(明治26札幌通り)，室蘭天主公教会(明治26室蘭市：7月26日室蘭教会司祭ルソー師アイヌに対する布教所として創建)，室蘭保線区(明治26入江町)，函館税関室蘭出張所(明治27海岸町)，小

林写真館(明治27不明)，室蘭警察署(明治29本町番外地)，札幌憲兵分隊室蘭屯所(明治29輪西)，屯田銀行室蘭出張所(明治29中央町：明治33年に北海道商業銀行と改称)，室蘭支庁(明治30本町：室蘭郡役所廃止により設置)，室蘭税務署(明治30新富町)，日本基督教教会室蘭教会(明治30幸町)，谷骸炭製造所(明治30輪西：札幌の谷七太郎の創業)，札幌区裁判所室蘭出張所(明治30海岸町)，室蘭警察署海岸町巡査派出所(明治31海岸町)，室蘭尋常高等小学校(明治31本町：移転新築。大正2年室蘭女子尋常高等小学校と改称)，公立室蘭病院(明治31常磐町)，室蘭魚菜合名会社(明治31海岸町：海陸産物の委託販売会社。37年廃業)，室蘭産物(株)(明治31海岸町：海陸産物の委託販売会社)，室蘭営林署(明治32小橋内町)，北海道炭砿鉄道(株)室蘭売炭所(明治32海岸町)，米川医院(明治32常磐町：公立病院長米川虎吉が退職後開院)，室蘭町役場(明治33札幌通り)，井上雑貨荒物店(明治33本町：井上定七創業)，千歳座(明治33千歳町：大高鉄蔵創業。後の宝来座)，室蘭郵便局(明治34海岸町)，町立室蘭伝染病院(明治34本町)，北海道庁土木工事課室蘭派出所(明治35常磐町)，元室蘭駅逓所(明治35室蘭村：9月2日設置。初代取扱人高橋徳兵衛)，創成館支店(明治35海岸町：本多新築)，室蘭警察署水上巡査派出所(明治35海岸町)，水月亭(明治36海岸町：室蘭駅付属待合所。北炭経営、和洋料理店兼業)，町田船舶用品店(明治37海岸町：町田宇三郎創業。戦後町田貿易(株)と組織替)，真言宗説教所(大正寺)(明治37千歳町：3月松尾了山創建)，室蘭給水(株)(明治38海岸町：船舶給水会社)，共成(株)(明治39海岸町：海産物の委託販売会社)，北海道炭砿(株)精米電燈所(明治39蛇島)，北海道炭砿汽船(株)(明治39札幌通り)，東陽軒(明治39札幌通り：米光仁三松創業。室蘭最古の菓子店)，武揚尋常小学校(明治39本町タコ沼：当初、室蘭尋常高等小学校附属直分教場であったが改称)，島影医院(明治40海岸町：町立病院退職後の島影義績が開院)，小林酒造場(明治40本町：小林繁弥創業)，聖母公会(明治40本町：明治6年に輪西村に伝導所として創建)，北海道庁第6部土木派出所(明治40常磐町)，楢崎商店造船場(明治40小橋内町：楢崎平太郎創立。楢崎回漕店が持船の建造修理のため開設)，室蘭治療所(明治40幕西遊郭：娼妓の治療所)，室蘭消防組第1部第2部(明治40海岸町・札幌通り：望楼付消防組)，北炭(株)輪西製鉄所(明治40輪西)，日本製鋼所本社工場(明治40母恋)，山城屋旅館(明治40頃海岸町：藤岡熊太郎創業)，北炭室蘭電灯所(明治41海岸町)，御傘山神社(明治41母恋：明治14年明治天皇行幸の際御膳水(天澤泉)の傍に創建)，多田薬局(明治41中央町：多田光次郎創業。輪西製鐵所旧市街地にて開業)，佐藤龍三郎商店(明治41札幌通り：金物商)，井上製材工場(明治41市街：井上定七創業)，日本商業銀行室蘭出張所(明治41中央町：大正12年11月安田銀行と合併により同行室蘭支店と改称)，室蘭町役場(明治42常磐町)，室蘭区裁判所(明治42常磐町)，栗林邸(明治42常磐

第 7 章　室蘭素描：独立・社会的単位体についての考察　433

町：栗林五朔新築。貴賓の接待所として使用された豪壮な邸宅)、北炭輪西製鉄所溶鉱炉(明治 42 輪西)、私立英和商業学校(明治 42 母恋：会長山口鉱次郎)、室蘭聖公会(明治 42 輪西)、天理教室蘭宣教所(明治 42 札幌通り：笹岡佐蔵創建)、栗林合名会社(明治 42 海岸町：海上運送会社)、室蘭毎日新聞(明治 42 本町：胆振新報・室蘭タイムス合併設立)、道庁土木派出所(明治 43 常磐町)、北海道水産試験場室蘭駐在所(明治 43 追直：初代所長円山次郎)、室蘭天主公教会(明治 43 常磐町：明治 26 年宣教師ルソーの教会新築)、日本製鋼所瑞泉閣(明治 44 母恋茶津山山麓：来賓宿泊所として新築)、栗林造船所(明治 44 祝津)、日本製鋼所職工共済会病院(明治 44 母恋：大正 2 年 7 月日本製鋼所病院と改称。大正 8 年看護婦養成所付設)、白井呉服店支店(明治 44 札幌通り)、国鉄室蘭運輸事務所(明治 44 札幌通り)。北海道建築士会(1987)。

31)　当時の状況の一端に触れておこう。鉄道の開通と石炭積出港が整うと、海運業と港湾荷役業が活発になる。海運業は三菱(後の日本郵船)に押さえられ、地元の業者が育つ余地はなかった。この頃、港らしい施設のない伊達の方が、一歩先んじていた。それは伊達邦成等仙台支藩からの集団移民が効を奏し、西紋鼈港が物流拠点になったからである。室蘭が開港以来の不景気にあった頃、同港では函館の渡辺熊四郎が経営する金森回漕店の支店が設けられ、汽船 3 隻が運航していた(後に室蘭を中継地に加えた)。伊達の地元でも、小野貫一郎、辻政蔵等が地元資金を集め事業を始めている。元より伊達の方が、室蘭よりも工業的にも発展していた。小野等が事業に乗り出した頃は、紋鼈製糖所が全盛期の頃であった。小野等が始めた貨物と旅客の輸送が、後に統合されて噴火湾汽船となる。

　室蘭を拠点とする民間海運業の先鞭は栗林吉次によって着けられた。この人は栗林商船・同商会の創設者である栗林五朔の従兄に当たる新潟の人だった。鉄道工事の始まる頃室蘭に立ち寄り、北炭が工事関係者用に、米や味噌を青森から集めているのを知る。自身の郷里新潟から輸送すれば成功すると確信した吉次は、180 トン級の汽船でこれを実行した。それを最上谷慶次郎商店が一手に販売し、好評を博した。吉次の新潟～室蘭航路は、明治 22 年から 5 年継続されたが、後に日本郵船に押され廃止になった。

　荷役業は、函館において、秋田から移住した佐々木常吉(船舶給水業)の子市造が、艀荷役を始めたのことに由来する。その娘婿の直治が、北炭の依頼に応え、函館と共に室蘭の荷役も行った。商号を山マル一佐々木組といい、北炭の専属になる。その他に、雑貨荷役のマル一蛯子組もあった。しかし同組は分裂し、福井組、青木組を生んだ。蛯子組が栗林五朔のマル七栗林組傘下に吸収された後も、両社は盛業を続けた。特に福井組は、蛯子組のマル一印を継承し、旅館業も手掛ける様になった。マル一福井旅館といった。

32)　明治 30 年を過ぎると、北炭の生産量は急増した。これに伴い(注 31)の関連

で言えば)，それまで山マル一佐々木組に一任してきた荷役を，マル七栗林組(正式にはマル七栗林方)にも分割することになる。北炭は既に創業の社長堀基が退き，後任の高島嘉右衛門に代わり井上角五郎が専務となり，実権を握る時代になっていた。佐々木・栗林の確執は，町政，道政にまで長く及んだ。商工会も，佐々木組に対抗するための1つの措置であったと言われている。谷村(1961)。

さらに初期室蘭経済を彩った人物に，楢崎平太郎がいる。北炭の井上が，釜石製鉄の石炭海上輸送と構内荷役を請負わせたことで，北炭から独立した。明治30年頃のことである。よって埠頭の事業人として登場したのは，栗林，佐々木より遅かった。以降暫く，栗林，佐々木，楢崎の攻防が続く。これは後述する。

33) 初代取締役会長は，北炭専務の井上角五郎であった。すなわち北炭は，双方の事業の母体であった。輪西製鉄所は，後に日本製鐵に統合される。
34) この頃本多は，室蘭港民組合を組織し，埋立権を取得していた。この既得権が認められ，北炭は埋立工事に着手できなかった。なお初め調停に動いたのは栗林・谷等であったが，後に支庁長の岩崎が道庁に嘆願し，§7-2-2の室蘭港調査委員会が組織されることになる。谷村(1961)。
35) 大正5年設立。室蘭毎日新聞を中心とした新聞会の推奨により，地域開発運動の中核組織の結成・組織化の実現。区制移行を展望した海上交通機関の整備。長輪線・胆振縦貫鉄道・日勝線の建設推進，室蘭線複線化等，胆振全体の開発遅延の挽回。これ等を目的としていた。
36) 区制に対する住民意識の喚起，港湾修築，輪西開発のための調査等を目的としていた。
37) 室蘭百年の大計の策定，港湾施設調査のための先進都市の視察，区会と住民の協力・調整等が目的。
38) 振興勢力として台頭してきた中小企業者の団結・結集，交通・運輸，移輸出入，産業・産業補助機関，富力調査，官公庁諸機関の7部門に関わる調査・研究や政策提言，施策の実施を側面的に支援・協力を目的としていた。詳しくは谷村(1952),(1961) を参照されたい。
39) この頃建てられた主要建築物をまとめると以下の様になる。私立楽生病院(明治44現新富町)，楢崎平太郎回漕店(明治44小橋内)，蛯子旅館(明治44海岸町)，高田合資会社室蘭支店(明治44海岸町)，白井商店(明治44母恋西町)，三菱合資会社室蘭出張所(明治45札幌通り：石炭受渡ならびに保管営業)，東洋捕鯨会社室蘭事業所(明治45祝津：捕鯨その他水産物採捕加工販売)，室蘭停車場付属待合所(明治45海岸町)，共楽座(明治45恋北町：日本製鋼所娯楽施設として寄席専用劇場として新築)，異人館(明治末母恋北町)，室蘭機関庫(大正2入江町)，移民休憩所(大正2本町：北海道協会設立，室蘭町の公会堂

第7章 室蘭素描：独立・社会的単位体についての考察

兼用)，室蘭女子高等小学校(大正2本町)，北海道製鉄所(株)(大正2輪西：大正8年日本製鉄会社に合併)，国鉄室蘭保線事務所(大正2札幌通り)，多田薬局(大正2頃中央町：多田光次郎経営。現存する薬局で室蘭最古)，町立室蘭病院(大正3常磐町：昭和3年市立室蘭総合病院と改称)，中島神社(大正3中島町)，神田館(大正3浜町：神田儀蔵新築開館)，胆振座劇場(大正3千歳町：鈴木金蔵新築開館)，室蘭市場(株)(大正3札幌通り：魚介鳥類・果実・野菜委託販売)，室蘭運輸(株)(大正3海岸町)，国鉄室蘭電力区(大正4港町)，大黒館(大正4不明：寄席。神田儀蔵創立)，常磐(大正4幕西町：料亭。山田善治創業)，蛇の目楼(大正4幕西町：貸座敷。山田善治創立)，三井物産(株)室蘭売炭所(大正4海岸町：石炭採掘販売，コークス販売)，伊藤組室蘭出張所(大正5海岸町)，室蘭信託無尽(株)(大正5本町)，庁立室蘭中学校(大正5栄町：初代校長増戸鶴吉)，秋田屋(大正5中央町：鳥料理屋。鳥・鶏卵の専門小売店)，北都運送(株)室蘭支店(大正6海岸町：海陸運送業)，友愛会室蘭支部倶楽部(大正6母恋富士山麓)，日鐵輪西製鉄所診療所(大正6輪西：伝染病続発により社宅改造の上開院)，北海道製鉄(株)(大正6輪西)，佐藤病院(大正6中央町：佐藤富太郎新築開院)，室蘭信用金庫(大正6常磐町)，北海道製鉄(株)100トン溶鉱炉(大正6輪西)，輪西定期家畜市場(大正6中島町：胆振畜産組合。春秋2回の定期家畜市場を開いた)，区役所(大正7常磐町)，常磐(大正7幕西町：料亭。新築。山田善治経営。太平洋戦争末期市立付属病院の病棟となる)，函館税務署室蘭支所(大正7常磐町)，室蘭区立実科高等女学校(大正8清水町：大正7年室蘭女子尋常高等小学校の一部を仮校舎として開校)，(株)拓殖貯蓄銀行室蘭支店(大正8中央町)，福井旅館(大正8室蘭駅前：福井三郎，駅前の蛇子旅館を譲り受け開業)，北海道自動車(株)(大正8海岸町：佐々木市造・脇田源太郎等が創立。室蘭最初のバス事業)，室蘭常備消防本部(大正8千歳町)，大盛館(大正8輪西：町田宇三郎映画常設館として新築開館)，北海道製鉄(株)第4溶鉱炉(大正8輪西)，日鋼病院元町診療所(大正8年輪西)，室蘭警察署(大正9千歳町)，北炭(株)御崎火力発電所(大正9御崎)，(株)北海道拓殖銀行室蘭支店(大正9浜町)，区立中浜病院(大正9本町)，室蘭図書館(大正9幸町：室蘭教育会経営)，第一銀行室蘭支店(大正9浜町：設計西村好時)，鉄道診療所(大正10不明)，庁立室蘭治療院(大正10幕西遊郭街：娼妓の治療院として設立)，崎守神社(大正10崎守町：大正11年長輪線(室蘭線)布設のため遷宮新築)，市役所(大正11常磐町)，室蘭測候所(大正11緑町：昭和26年中央気象台府県予報区測候所と改称)，室蘭土木現業所(大正11常磐町)，北海道水産試験場室蘭支場(大正11本町：昭和8年北海道大学海草研究所に転用)，市立室蘭商業学校(大正12旭ヶ丘)，北海道銀行室蘭支店(大正12札幌通り)，室蘭商工協会(大正12公園町：大正13年室蘭商工会議所設立)，室蘭市役所(大正12常磐町)，室蘭職業紹介所(大正13公園町)，北海道拓殖銀行室蘭支店

(大正13札幌通り)、秋田屋(大正14大町：秋田宗之助経営)、室蘭警察署水上分署(大正14浮桟橋側)、室蘭自動車合資会社(大正14公園町：德中祐満創立。輪西まで8kmのバス運行)、井上定七別邸(大正14本輪西：一紅園と命名。市民の観桜、観楓の遊楽地に開放)、武揚尋常高等小学校(大正15本町)、神田チヨエ邸(大正15本町)、室蘭市社会館(昭和元年幸町：設計中村鎮)、室蘭港南防波堤燈台(昭和2室蘭港：コンクリート製、アセチレンガス灯)、室蘭信用組合(昭和2常磐町)、室蘭市公益質屋(昭和3不明)、東輪西駅(昭和3輪西)、チトセビル(昭和4千歳町：野村治三郎等共同出資にて新築)、室蘭郵便局(昭和5海岸町：設計遁信省)、室蘭産物卸売市場 (昭和5札幌通り)、室蘭埠頭会社1・2号倉庫(昭和5本輪西)、栗林商会3号倉庫・事務所(昭和6本輪西)、日本専売公社室蘭出張所(昭和6舟見町)、輪西製鉄(株)事務所(昭和6輪西：日本製鋼所から輪西工場と鉱山を譲り受け創立)、室蘭宣伝協会(昭和6不明：昭和12年室蘭観光協会と改称)、北海道銀行室蘭支店(昭和8本町：後の北洋相互銀行支店)、栗林商会事務所(昭和8海岸町：設計佐藤守)、白鳥クラブ(昭和8千歳町：カフェー。岡本公太郎創業)、帝国水難救済会室蘭救難所(昭和8不明)、室蘭電灯(株)(昭和8不明：北海道炭砿汽船(株)より独立)、北海道油脂工業(株)室蘭事務所(昭和10不明)、室蘭瓦斯(株)(昭和10大沢町)、輪西社会館(昭和11輪西)、北海道帝国大学付属海藻研究所(昭和11モトマリ海岸：昭和31年チャラツナイ浜に移転)、今井百貨店室蘭支店(昭和11札幌通り)、北海道室蘭健康相談所(昭和12千歳町：初代所長米川元重)、室蘭通信診療所(昭和12千歳町)、室蘭船渠(株)室蘭工場(昭和12祝津町：初代社長和田潤三郎)、ブラザー軒(昭和12海岸町：西洋料理店)、大盛館(昭和13輪西：映画館)、日鐵輪西工場(昭和13輪西：硫酸工場等)、日鋼室蘭製鉄所基礎工場(昭和13輪西)、日本製鉄(株)知利別会館(昭和13知利別町)、官立室蘭高等工業学校(昭和14高砂町)、日鐵輪西製鉄所病院(昭和14輪西本町：昭和16年中島町に本院新築、元町病院を分院と改称)、室蘭タクシー(株)(昭和14不明)、日本製鉄(株)中島会館(昭和14中島本町)、元町診療所(昭和14輪西：日鋼製鋼所から独立)、日鐵輪西第1溶鉱炉(昭和14輪西)、北海道拓殖銀行輪西支店(昭和14輪西)、日本製鉄(株)輪西製鉄所第4発電所(昭和15輪西仲町)、日鋼製作所材料倉庫(昭和15輪西)、日本製鉄(株)中央変電所(昭和15仲町)、日鐵輪西工場第2溶鉱炉(昭和15輪西仲町)、庁立室蘭工業学校(昭和16不明)、日本製鋼所室蘭事務所(昭和16母恋)、日鐵輪西製鉄所病院(昭和16中島町)、日鐵輪西工場第3溶鉱炉(昭和16輪西)、日本製鉄(株)第1製鋼工場(昭和17仲町)、日本製鉄(株)原料倉庫(昭和18仲町)、室蘭港輪西防波堤燈台(昭和20室蘭港)。北海道建築士会(1987)。

40) 注31)、32)を参照されたい。その後の様子が、ここでの本文である。栗林商会(1970)、楢崎産業(1964)。

41) 昭和3年，日本商工会議所の創立総会には，楢崎平太郎と川島勝次が参加した。室蘭でも，これを受けて発足した。初代会頭は楢崎だった。
42) 大正7年の米騒動に前後するこの頃，全国的に普通選挙権獲得運動と労働運動が勃発していた。室蘭においても，日鋼の従業員は既に3,000人を越え，進歩的な思想の持ち主も多数流入し，友愛会室蘭支部が結成されていた。一方，区制時代の区議会は，地場企業家が事業上の覇権争いを議会に持ち込み，政友会系の栗林派，憲政会系の楢崎派，佐々木派，中立派に別れ争っていた。この様な中，全ての政治勢力は大正9年の総選挙と道議会選挙に向け，戦いを激化させて行く。秋岡等商工団体の面々は，事業にまで影響することのない様，中立な団体運営を心懸けたものと思われる。室蘭商工会自体が政争と事業拡大の道具であったことの反省からであろう。なお，室蘭政界は，永く地場企業家の角逐の舞台となっていた。
43) 香蘭酒造の前身，小林酒造合名会社の創設者である。
44) 印刷業を営む栗林派の政客。会頭が楢崎だったので，均衡を保つために副会頭に推された。野村は大町で金融業と証券業を兼ねた高田合名という会社を営んでいた。なお同じく商工協会の副会頭には野副が就いていた。
45) 同地では，北海自動車というバス会社の失敗例もあった。それを受けての創業だった。
46) 日鋼の軍関係受注高割合の推移を示す。明治42年91.6%。43年100.0%。44年88.9%。大正元年8/1.2%。2年90.8%。3年82.2%。4年78.5%。5年58.4%。6年44.1%。7年48.9%。8年79.1%。9年77.5%。10年91.4%。11年51.5%。12年84.9%。13年49.4%。14年30.9%。15年34.1%。昭和2年63.9%。3年67.7%。4年56.3%。5年57.5%。6年68.8%。7年78.1%。8年72.9%。9年74.1%。10年71.3%。11年63.0%。12年63.0%。13年74.1%。14年73.7%。15年89.9%。16年91.8%。17年91.3%。軍に依存した体質が一目瞭然である。渡邊(1998)による。
47) 第2次世界大戦時の日本は，我が国史上唯一の国家的再帰構造システムが作られた。その異常さは説明するまでもない。幾つかの再帰構造が並列的に存在し，またその間に矛盾を孕んでいることが自然である。

　また我国の戦後の高度成長期を顧みると，政府の果たした役割は大きい。傾斜生産方式と規制によって一部の産業の保護に務めてきた。当時，政府が各企業の閉包を作っていたと言える。すなわち，日本企業や国民に適切な環境を与えていたのである。そのため，多くの企業が「システム」であるかの様に機能し得たのである。具体的には，QC等を用いてボトムアップ型で発展してきた。雇用形態も独自であった。勿論，それがシステマティックになされてきたかと言えば，そうではない。

　またここで日本的経営と呼ばれたシステムを賛美するつもりはない。日本的

経営と呼ばれたシステムは，終身雇用制や年功序列等システムⅠを強化する一面があり，一見生存可能システムであるかの様に見えた。しかし多くの非効率も抱えていた。その弊害が表面化しなかったのは，戦後の復興過程にあったからだ。国全体が成長期にあり，また政府も環境を整えていたため，多少の過誤は表面化することはなかった。効果的な面が前面に押し出されていたからである。企業は環境を観察することなく生産を行えば良かった。政府は，アメリカの動向を観察し将来を展望していれば良かった。また，多くのアジア各国の様に，政治的に開発独裁の状態が続いたことも幸いした。

　キャッチアップゲームをしている間は良かった。しかし，その間惰性も産んだ。人を育てる努力をしなくとも人材は確保し得たし様々な条件も整っていた。故に，個別の再帰構造を持つ組織が幾つも浮遊する状態となっており，国全体としては，システムに遠く及ばない。

48) 室蘭民報21年3月14日「虚脱の失業者たちに告ぐ，石炭山は待ってゐる」。
49) 昭和31年の『経済白書』に，戦後復興の時代は終わったと書かれている。その根拠は鉄道車輌，輸送船舶等が「昭和9〜11年の水準に回復したから」と記されている。つまり，基盤水準が戦前の状態に戻ったというだけのことである。昭和11年のバスの保有総数は28,745台であったが，28年度は28,775輌である。32年になっても実に33,869輌に過ぎない。すなわち「最早戦後ではない」と言われる頃になっても，総数で1.18倍にしかなっていないのである。同様に，国鉄客車数は，11年では11,193輌であった。32年には16,156輌，倍率は1.44倍である。貨車は，11年73,184輌であったが32年では111,183輌，1.52倍である。私鉄客車は，11年4,291輌であったが32年では6,016輌，1.51倍である。同貨車は，11年10,989輌であったが32年9,845輌，0.90倍である。軌道は，11年6,603輌であったが32年6,026輌，0.91倍である。タクシー・ハイヤーは，11年40,426台であったが32年54,710台，1.37倍となる。トラックは，11年42,512台であったが32年56,967台となり，倍率は1.34倍である。同小型車は11年42,163台であったが32年62,037台，1.47倍に過ぎない。
50) この時期の輸出先は中国東北部に限られている。
51) 室蘭民報21年6月14日紙面より。
52) 1級道路とは，幹線道路網の内枢要な部分を構成しかつ主要都市を結ぶものを言い，2級道路とは，人口10万人以上の都市，1級道路もしくは港湾，飛行場等を結ぶ道路である。
53) 室蘭民報30年6月10日「張り巡らす観光道路網」。
54) 室蘭民報46年11月17日「大動脈目ざしクワ入れ」。またの名を室蘭バイパス。
55) 総事業費は240億円。今日の常識に適う道内初の(公共)自動車専用道路であ

第 7 章　室蘭素描：独立・社会的単位体についての考察　439

　　る。36 年からの計画であった。公共自動車専用道路と書いたのは，私設の専用
　　道路は既に存在していたからだ。我が国初の自動車専用道路は，北海道の旭自
　　動車株式会社に許可されたもので，函館市大森町から亀田郡湯川村に至る 4 粁
　　を，北海道長官より大正 7 年 7 月 18 日に許可されたものである。しかし当時
　　は，法令の根拠が明確ではなく，木管敷設工事として許可されたものを私道と
　　して利用していたに過ぎない。また法令の根拠のある自動車専用道路として
　　は，生駒登山自動車株式会社に大正 10 年に許可された道路が最初である。道
　　内では，小樽定山渓自動車株式会社に昭和 5 年許可されたものが，初めという
　　ことになる。何れもバス会社に対して，許可が下りている。
56)　白老〜苫小牧間は 58 年から供用開始，白老〜登別東は 60 年に開通した。
57)　徳中は，道会議員として，前項道路行政や港湾整備に尽力した。議員になる
　　前は，室蘭自動車として仏坂の切下げ等，道路整備を行なった箇所もある。
58)　室蘭民報 40 年 3 月 26 日に「4 月 1 日より」とある。
59)　同時に港湾地区建設現場では，労災も多発していた。31 年 8 月 30 日の室蘭
　　民報では，蘭西地区の土砂崩れを報じているが，当時の事故関係をまとめる
　　と，30 年 43 人，31 年 42 人，32 年 37 人，33 年 35 人，34 年 66 人等の死亡事
　　故があった。労災死亡事故は現在の約 10 倍である。
60)　室蘭民報 26 年 8 月 8 日紙面には，「どっと涼を求めて，陣屋・祝津など四万
　　五千人の人出でにぎわう」とある。祝津に海水浴場が開設されたのは 23 年，
　　陣屋は 28 年であった。その他，電信浜，イタンキ等に海水浴場があった。28
　　年には祝津に道立水族館が開設された。しかしその後の埋立で，41 年には陣
　　屋，49 年には祝津が工業用造成地になった。チャラツナイ，イタンキ，追直，
　　トッカリショ等も漁港整備等のため，遊泳禁止となった。道立水族館（現市立
　　室蘭水族館）は，陸の水族館に変った。
61)　そもそも小樽，函館には，戦後直ぐの時点で及ぶことはなかった。すなわち
　　22 年輸出額は 19,423（千円），輸入額は 43,830（千円）に対して，小樽は
　　108,171（千円）と 427,401（千円）である。函館は，輸出額は低いが，輸入額は
　　336,519（千円）であった。また輸入額で，26 年には釧路に抜かれている。
62)　室蘭港港湾管理者(1974)。内石炭取扱高が最高であったのは 38 年の 625 万
　　トンである。それが漸次減少して，47 年には 79 万トンになっている，しかし
　　臨海部工業の生産の拡大と後背地経済圏の伸張により，一定水位を保つかの様
　　に推移しているのである。内容的にも付加価値の高いものに移行したとか，フ
　　ェリーによる来蘭者が増加したということはない。59 年に運輸省は室蘭港再開
　　発懇談会を設置し，また市も室蘭八景を制定する等，観光開発にも力を入れて
　　きた。しかし港には遊休地が多く見られるのが現状である。
63)　「室蘭市民は，このところしばらく恵まれた形であった。……中略……しか
　　し室蘭のこうした安易な操作も，刻々せまる食糧事情のため永続せず，11 月下

旬頃から10日の繰りあげ配給が3・4日に詰まり，現在では在庫ゼロというギリギリのところまで追いつめられてきた」と報じている。

64)　室蘭民報21年11月2日紙面，「米26石，雑穀80石供出」とある。食糧事情について付け加えると，終戦直後から20年代に懸けて漁業は良かった。30年には2,200トンもの漁獲があったが，船が大型化するに従い皮肉にも不漁場に転じ，41年の漁獲高は1,000トンに激減している。また，農業も混迷を極めた。20年の第1次農地改革によって自作農に転じた者の中から，税負担に耐えられず廃農する者が続出した。20年代はそれでも新規参入者があり，全体としては戸数は増えた。しかし30年代に入ると減少する。農業共同組合は，36年と40年，2度の倒産を経験している。

65)　娯楽施設関連に触れておこう。33年当時市内に映画館は17館あった。延べで23館である。松竹，大国館，共楽座，大盛館，愛国座等が，中央町から本輪西に点在していた。大人95円，子供55円の時代である。テレビは，NHK室蘭放送局の開局が33年であった。よって32年1月16日の室蘭民報の紙面「大相撲の熱戦，1時間以上キャッチ」は，NHK札幌局からの受信の模様である。

66)　『室蘭市統計書』では91,178人。平成10年版の同書では，大正元年から平成10年が範囲であるが，それ以前を粗く振り返ると，明治4年592人，同10年1,232人，20年1,203人，30年3,404人，40年13,585人，大正元年34,379人となっている。正確な人口の推移は，同書を参考にされたい。

67)　1等5万円から5等までの福引景品付き借用証書まで発行した。

68)　当時の社宅の状況は，本山賢司の『ガキの勲章：ぼくがトム・ソーヤだったころ』(1984年，JICC出版) に詳しい。室蘭民報昭和31年8月30日紙面，「イタンキ沼に大社宅街」。また同60年8月28日に，「数奇な運命の土地」という記事で往時の生活振りが紹介されている。歌人の工藤仙二が，「帰っても階級のある社宅街絢爛と咲けり我が庭の薔薇」「五十五となれば否応なく出ねばならぬと知って住む社宅かな」と詠んだ光景である。

69)　44年閉鎖。室蘭民報44年12月22日。開設の中心は，室蘭母子の会の初代会長土井美恵。婦人の一時避難所の「憩いの家」も，39年の母子福祉法を受け44年に閉鎖された。当時の中心者は，初の女性市議池田松子。しかし，同じく社会的弱者である障害者政策は遅れた。身体障害者福祉法が制定されたのは25年である。ところが市が計画を策定するのは，(授産施設蘭光社は輪西に37年に作られてはいたが (同37年5月10日紙面)) 56年であった。寄付に頼った計画であったため，新日鐵の第1高炉が休止する中，予算措置は大幅に遅れ，63年にようやく障害者福祉総合センターが開設した。知的障害児への義務教育は53年に法制化されるのだが (室蘭民報53年4月6日)，室蘭市では，既に37年に「えとも学園」を，40年には白鳥学園を開園している。後に，平取養

護学校，北海道室蘭養護学校が開校する。共に義務化の後である。なお「敬老荘」は元は生活困窮者養護施設で，後に老人ホームとなった。
70) 室蘭民報46年11月1日，「白鳥台ニュータウン盛大に完成式」。
71) 戦時中は，料亭の常盤を買収してまで治療に尽した。当時室蘭病院は，徳中祐満邸と地下道で結ばれ，近接の常磐も診療施設として利用されていた。失火時の損失は，1億3千万円以上とされる。因みに常磐も粋月も，そして三和倶楽部も今はない。
72) 室蘭民報30年7月17日。因みに富士製鉄は，登別にも富士製鉄室蘭製鉄所病院を，昭和18年に建築している。
73) 室蘭民報25年1月5日，「室工大本館を全焼，損害7,500万円にのぼる」。
74) これには美談がある。鷲山第三郎教授の発案で，室蘭工業大学附属図書館復興室蘭婦人協力会が発足したことである。昭和25年発足時より会員数は1,500人を数え，同会がその後の蔵書の礎を作った（室蘭民報25年2月17日紙面，「婦人協力会誕生」）。元室蘭工業大学附属図書館司書の山下敏明氏によれば，同会は，「はまなす会」と改称し親睦団体として今も続いているという。平成元年8月，創立四十周年には文集『はまなす』を発行している（発行人はまなす会会長関沢美津恵，編集五十嵐善子）。この様に室蘭は，婦人運動が活発な土地でもあった。先の注69）で紹介した室蘭母子の会や，婦人民主クラブ等が核となり，室蘭市婦人団体連絡協議会が生まれた。その後離合集散を経て，45年に連合婦人団体協議会が誕生した。初代会長は高橋ハル。時に市政に影響を与える存在だった（室蘭民報55年6月9日紙面，「地域婦人会館，一転，東町に変更」）。また大学に関して言えば，昭和35年に短期大学部を設置したが41年には廃止した。また後に，文化女子大学も高砂町に開学している。
75) 室蘭民報37年11月10日紙面には，常磐小の改築の模様が報じられている「室蘭常磐小なつかしの校舎にサヨナラ」。しかし僻地の状態は酷かった。室蘭民報32年6月19日，「辺地校の実態，十校が無灯火」。
76) 43年には常磐小，武揚小，北辰中学が，各々校舎を交換するという対応まで行ない生徒数に合わせた。また，蘭東中学と鶴ヶ崎中学から分離した東，向陽両中学は校舎のみの開校だった。38年開校した東高校も同様であった。
77) 室蘭民報28年9月17日，「室蘭市中卒実態調査」。進学希望者は65.5％に昇った。背景には，求人数の不足がある。室蘭民報28年11月28日紙面，「依然と狭き門，高校20％ 中学12％」。
78) 旧武揚小を借用しての開校だった。44年に移転した。「室蘭大谷高校が移転へ。八丁平の用地買収確実」（室蘭民報44年10月12日）。
79) 「少ない保育所に希望者わんさ」（室蘭民報37年11月13日）。37年当時，私立保育所は7，市立は5箇所あり，収容定員は850人程度だった。同年の5歳児の人口は約2,500人だった。最も子供の多い地域は，小橋内，祝津，絵柄で

あったが，この内保育所があったのは小橋内の1カ所のみであった。幼稚園は4箇所しかなかった。しかも老朽化が酷かった（同37年7月21日）。それでも入園発表日は，合格発表の様な光景であったと報じている。

80) 因みに室蘭高校定時制の初代生徒会委員長は，36歳の室蘭駅助役であった。

81) 将来職場で指導的役割を期待されていたため，他の高校に比べ授業時間は3倍過密であった。しかも給与と奨学金，卒業後の就職も保証されていたため，定員の7倍を超える受験生を集めていた。

82) 下水工事は，31年に第1期公共下水事業計画が着工し，39年の追直漁港に設けた蘭西下水末処理場が完成した。これにより蘭西地区での下水処理が可能となった（室蘭民報39年2月5日）。第2期工事は，38年から蘭東，輪西で始まり，崎守，白鳥に延長された。以前は，屎尿の海洋投棄が行われ，舟見町追直浜は黄金の滝と呼ばれていた。

83) 20年の艦砲射撃で上水道は壊滅していた。復旧したものの，人口増により夜間断水・給水制限が行われる状態が続いた。水源調査の結果，トンケシ来馬川とワシベツ川からの取水が適当ということになった。前者は幌別村が，後者は日鋼が水利権を持っていた。協議の結果，水利協定が成立する。44年の千歳上水場完成で日量8万トンの給水が可能となった。しかしこの内，8割は鷲別川を含む登別に水源を頼ることになる。この水利権が，後の合併論議の焦点になるのである。

84) 第11回国勢調査。

85) 室蘭民報45年11月11日，「室蘭人口伸び悩み，『55年まで22万人』は困難に」。

86) 室蘭民報44年8月30日，「1万7千人分を一手に」。因みに室蘭における学校給食の始まりは，20年12月，大沢小学校母の会がジャガイモの塩茹でを振る舞ったこととされている。

87) 室蘭民報63年4月2日。

88) 室蘭民報39年10月23日。

89) 室蘭民報56年4月16日，「小売り業者が大型店迎撃作戦」「客足どっと17万人」。また同54年12月25日紙面，「小売業界"大転換の時代"に」という記事で，「室蘭ファミリーデパートと心中する東町。商業立地の拠点化に望みを託す中島町。通過地帯となる輪西。」等と，55年から策定予定の地域近代化計画に対応した再開発の必要性を訴えている。

90) おそらく40年前後に輪西で商売をしていた人々が一番利益を受けた人々であっただろう。道南バスの起点もあり，同地区は商圏人口6万5千人と言われていた。

91) 昭和20年，各企業とも軍需部門は疎開を命じられた。しかし当時の室蘭では大工場を移転することは不可能だった。一般論として自動車メーカーの場合

を見ると，日産は疎開先では1台のトラックも製造し得なかった。またトヨタは手仕事の部品組み立てを除いて閉鎖を余儀なくされた。ディーゼル自動車は400台の工作機械を長野の地下工場に移したが動力設備が伴わず遂に稼動することはなかった。コーヘン（1950）は，疎開という措置によって生産の完全なる崩壊をみるに至ったとし，政策の完全なる誤りであったことを指摘している。またメーカーの疎開は，下請け企業にも打撃を与えた。工場が分散したためである。これにより，メーカーの疎開は牛車により，航空機部品の搬入は馬車によるという奇妙な現実が出現することになった（中村（1953））。また，工場疎開に類似した話としては当時の航空機製造工場の立地が挙げられる。当時，名古屋，太田，姫路にメーカーがあったが，各々隣接する飛行場を持っていなかった。試験飛行として陸海軍への納入のためには，各々各務原，熊谷，相生まで牛車に載せて運ぶという有り様だった（三野正洋『日本軍の小失敗の研究』）。よって，牛馬によって機械を少しずつ運ぶという工場疎開も，非効率や破滅への糸口になるというよりも，それによって安全に操業を確保し得ると真剣に考えていた様だ。

92) 室蘭民報21年6月21日紙面，「石炭飢饉の赤信号，日鋼操業休止の運命か」。同年7月13日紙面，「日鐵は八幡か輪西か」。12月26日紙面，「日鋼最悪の危機に突入か」。

93) 室蘭民報21年10月3日紙面。むろらん港まつりも商工会議所によって企画されたものである。当初は，復興港まつりと称した（同22年7月22日）。

94) 現在産業会館には，徳中祐満と磯村豊太郎の胸像があるが，これには謂れがある。かつて磯村は，三井物産の材木部門を担当していた。その頃，新興の栗林と既成勢力の佐々木は覇権を競っていた。五朔の死後あとを継いだ徳一を助けたのが，北炭の社長に転じていた磯村だった。徳一はそのときの恩を忘れることはせず，事業が軌道に乗った昭和10年頃，私財を投げ打って磯村記念会館を建設しようとする。しかし，当時の北炭幹部は前社長の磯村に必ずしも好意的とは言えず，自社所有の敷地の提供を拒み，話しは立ち消えになってしまった。後の32年，商工会議所会頭になった徳中祐満は，念願の産業会館を建設するのだが，途中資金に行き詰まってしまった。そこで5階ホールを磯村講堂とすることにして寄付集めをする。これが功を奏し，20年振りで徳一の志も実現し室蘭港発展の恩人の像も残ることになった。

95) 室蘭民報21年3月21日，「存続する製鐵所は釜石か輪西か」。一方中小企業数は増加の一途を辿った（同21年11月2日）。

96) この裏には大変な駆け引きがあった。連続鋼鈑技術の分野で最新鋭であった広畑工場獲得に，各社懸命になっていた。最終的に富士製鉄に帰属した理由は，「室蘭の条鋼，釜石の棒鋼，広畑の鋼板を噛合わせなければ，製鉄会社とは言えない」と同社首脳が関係要路を説得し，また時の首相の了解をも取り付

けて不退転の決意で臨んだ結果である。また当初，社名を北日本製鉄としていたが，設立時に富士製鉄としたものである。さらに，昭和45年，同社は八幡製鉄と合併し新日本製鉄となる。45年3月31日付け室蘭民報では，粗鋼生産世界第2位と伝えている。

97) 室蘭民報30年4月30日紙面では，鉄鋼・製鉄の町の歴史を回顧し，富士セメントの偉容について伝えている。

98) 室蘭民報29年6月18日紙面広告「日鋼従業員の皆様へ」。また同記事「日鋼・企業整理を発表」の中で，50歳以上等9項目の基準を明示した。最終的に662人が解雇された。

99) 同紙29年7月21日紙面では，会社側のロックアウトの模様を伝えている。

100) 日鋼室蘭争議は，鎌田・鎌田(1993)に詳しい。

101) 北海道労働部編(1953〜)を参照した。『北海道労働運動史』(終戦-講和編)では，戦前の状況は，昭和10年現在組織数27，組合員11,000人であったが，勤労体制確立要綱下になると産業報国会及び労働報国会に吸収され機能は失われたと述べている。しかし実体は「上すべりしていた」のである（濱口(1980) p. 169)。

102) 日鐵港湾労組，元室蘭市長。

103) 室蘭民報，昭和29年5月2日紙面。「戦後最大の動員数，さながら国民メーデー」と伝えている。

104) 室蘭商工会議所の大正15年3月の『月報』第4号では「資本家に望む」と題した一文を載せ，労働者の賃金増額要求に理解を示しつつ，以下の様に警句を発している。「月給生活者すなわち有識無産階級者の今日の実状は，すなわち恐るべき物価騰貴の影響にして，たまたま増給さるる俸給はそれに伴わず生活安定を欠き今や不安の中に1日を送りつつある。……中略……社会が有識無産階級を顧みないならば，生活の安定を計ろうとする手段が比較的密接なる関係を有する労働階級と組みし，資本階級に当たり労使二階級の争いともならば，遂に恐るべき事態を惹起することはいうまでもなく，産業は阻害され生活は惨たんたるものに化するであろう。」

105) 室蘭地協解散時の最後の会長を務めた越浪一芳は，そう述懐している。

106) 代表社員とその出資額，責任範囲は，以下の通りである。徳中祐満（3,000円，無限)，的羽定次郎（2,500円，無限)，山内多市（2,000円，無限)，杉浦友三郎（2,500円，有限)，畑野繁六（500円，有限)，藤沢儀一（500円，有限)。

107) 北海道新聞社史編纂嘱託渡辺一雄。室蘭民報40年12月11日。

108) 22年から室蘭民報で連載された「活躍する郷土の道議」の1回目に紹介されている。楢崎や栗林同様，事業家が政界に進出するという形を踏襲した，というよりも議員が本業と捉えていた様に思われる。14年4月には，室蘭市

選出の道議会議員岡本幹輔の死亡による補欠選挙で道議会に転出。それ以前は市議会議員を務めた。

109) 但し南条は国会議員であり，後々のために迎えられた。公職追放後も関係は続き，国会-道議会を結ぶ南条-徳中ラインと称された。後の27年総選挙では，中央より早く保守合同した自由・民主自由党は(室蘭民報21年1月30日付け記事「民主戦線結成近し」)，徳中を候補として予定していた。しかし26年に公職追放を解かれた南条が復帰すると，徳中は身を引き道議会に専念した。以前からの関係と保守埋没を避けるためだった。しかし，森川清等，惜しむ声もあった(室蘭民報27年6月11日)。またこれ以降，南条-徳中ラインが維持される。祐満が議長となった34年の道議会選挙では，正副議長共保守系で占められた(同34年5月13日)。また建設，農林大臣を歴任した南条と祐満は，公共事業を中心として，保守基盤の維持を図った。

110) 徳中祐満は，日鋼創設時に室蘭に移り，大正15年市会議員に当選以来，連続5期市議を務め，この間昭和13年から市会副議長に就任，14年から6期に亘り道会議員，この間18年4月から20年6月までと21年から22年4月まで市会議長，34年4月から1期道会議長を務めた。また20年4月から亡くなるまで室蘭商工会議所会頭，北海道自動車連盟会長，北海自動車学校理事長，北海道旅客輸送協会顧問等を兼任した。これにより，30年藍綬褒章，38年紺綬褒章，40年勲四等瑞宝章を受けている。室蘭民報40年8月6日紙面より抜粋。南条は「君があって今の私がある」といって絶句した。

111) 図では，個人名を記入したが，これは代表的な人物名を記したに過ぎない。

112) 第1章で，生存可能システムモデルは白地図であると述べた通りである。

113) 戦争の犠牲は弱者ほど悲惨である。しかしシステムの歪みは，上位に昇るほど解消し難いものになる。

114) 室蘭民報26年10月30日「バスの市営を可決，四カ月目に結論」。同27年3月6日「市営バス，公益質屋万難廃止実施，市長答弁」等。しかし，市営バス設置母体である室蘭地方労働協議会は，徐々に困難な状況に追い込まれていた。「市営バス問題で態度表明。申請時期は慎重に。市で地協に回答書送る」(室蘭民報27年6月11日紙面)。すなわち，何等の進展もなかった。「イバラの道歩む市営バス，起債獲得困難極む。道南バス買収失敗。併行線前途に暗影」(同27年6月27日)。

同社も様々な方法で公営化阻止を試みた。例えば運行状況を調査し，公表している。「1台平均の乗車率では定員に対して38.3％で昨年1年間の40.3％を下回り，運輸省調べの27年度全国平均率の24.1％よりは上回っているものの，……毎日ほとんどガラ空きのバスが走っているという結果である」(同28年8月27日)。「"これは珍現象！ガラ空きで運行"道南バス調べ，市民の利用は……」。組合側も，市営バス設置に対しては反対の姿勢であった。この

点で，室蘭地方労働組合協議会とは不一致であった。同28年6月12日「北交連に運動委譲，バス労組。地協，大衆に訴え設置促進」。また，道交通運輸労組も反対していた。「室蘭市営バスの前途暗影。道運輸労組が反対。注目される札幌の公聴会」（同28年8月11日）。その後公聴会では，全国市営バス34社中14社が赤字である等の意見が出された。「賛否論戦を展開。バス公聴会公述終る」（同28年9月3日）。「市営バス認可至難。近く促進委で善後策講ず」（同28年11月28日）と，実現は危ぶまれた。最終的に，「市営バスの申請却下：熊谷市長報告。審議会から内示。道南バスが運営できる」（同28年12月28日），という解決をみた。地協の主張のみが宙に浮いた形に終った。この間地協においては，民労連結成の動きがあり，左右分裂の様相を呈していた。「民労連結成への動き。室蘭地区懇談会結成準備。地協"分裂主義"と反対。一波乱免れない地協大会」（同28年6月25日）。

115) 祐満の孫の嗣史氏（四男満行・道南観光開発取締役の子）は，道南バスは徳中家の家業であり企業ではなかったと答えている。要望に応答するという体質は，公共事業という意識があったにせよ，当初から機能不全が表れており目的・展望を持った事業ではなかった。

116) 室蘭民報40年12月11日「道南バス創立40周年を迎え，さらに大きく飛躍」。新車購入は経営状態の指標と考えられていたらしく，その都度報じられた。例えば，「すわり心地は満点。新車25台を入れる」，同41年4月24日。「寝ながらユッタリ」同41年4月28日。またこの現象は周辺地域にも波及した。すなわち，「旅客，バスに食われる（苫小牧駅40年度実績）。乗降，延べ12万人減。近距離は不便。電化だけ，頼みの綱」，同41年4月13日。また，省三については40年4月12日の室蘭民報で紹介されており，実質的にシステムVであると目されていた。会社は好調で35年祐満は，室蘭の長者番付けに顔を連ねている。室蘭民報35年5月4日「室蘭の百万長者」。

117) 室蘭民報社の取締役でもあった。室蘭民報43年6月27日訃報欄。過労と言われている。私鉄総連，道内バス労組との団交と個別交渉は複雑であり私鉄総連北海道地方労働組合との交渉もあった。また国鉄バス乗入れ問題もあった。「室蘭側協力約す」。室蘭民報42年6月18日。尚祐満の次男は戦死している。

118) 「社長に徳中康満氏」室蘭民報41年8月19日。

119) 祐満の構想では，康満を道議後継に，省三を社業後継に考えていたようだ。後者は，新聞報道で道南バスの顔として度々報じられてきた。前者については「康満氏にバトンを譲り，……赤レンガへ向かう晴れの姿を見とどけずに往生したことが心残りだったかも知れない」と書かれている（「本道発展に尽くした徳中さん」同41年8月6日夕刊）。またこれに先立って，同41年1月1日「早くも波立つ選挙戦線」，また「来春の地方選挙展望」（室蘭民報41年

4月1日紙面）でも名前が挙げられている。またその康満は，「なき父をしのぶ」と題し回想を綴っている。室蘭民報 41 年 8 月 17 日紙面。そして実際に当選している。同 42 年 4 月 16 日「道政の新分野決まる。室蘭は徳中氏がトップ，続いて下改発，山口氏」。

　このときの公約「産業自動車道に力」（同 42 年 4 月 6 日）は，南条の「自動車道（室-苫）明年度着工」（同 41 年 4 月 7 日）との発言とも一致している。南条-徳中ラインの後継を志向したものだった。

120) 　室蘭民報 34 年 10 月 16 日「公職に追われる徳中氏」と報じるように，祐満が議会活動に専念できたのは省三等がいたからであり，康満には許されることではなかった。

121) 　省三自身が生前語っていることでは，人件費が支出の 40％ を超えると危険であるという。実際，所得倍増計画等の影響で，そういう状況であった。同 40 年 4 月 12 日紙面「経営者」。しかし 40 年代後半になると，急激に事態は悪くなる。この頃からワンマンカーの導入が検討され 41 年には導入された。同 41 年 4 月 1 日「ワンマンカーなど，新車第一陣はいる」。

122) 　省三は生前新聞のインタヴューに答えて，公共事業だと述べている。同時に人件費割合が危険水準まで来ていることを明かしている。また，創業者の権威への服従や，客観的誘因と負担との取引関係からなる社風ではなかった。

123) 　当時設立に奔走していた関谷が残した資料には，参考にしたであろう常磐ハワイアンセンター等各地の娯楽施設のパンフレット，設備仕様書等がある。しかしそれ等の尽くが現在は閉鎖されている。

124) 　例えば室蘭民報 42 年 7 月 1 日特集記事「洞爺湖温泉，50 年の歩みを語る」では，観光シーズンは夏のみということを前提として書かれている。

125) 　10 億の債務保証等が付けられた。その他，吉田等が中心となり，栗林，室蘭通運と共に室蘭観光ハイヤーを設立する計画もあった。45 年には設立準備委員会が開かれ，小橋内に土地も確保されていた。しかしこちらは頓挫することになる。様々に模索していたようだ。室蘭民報 46 年 1 月 12 日「道南バス経営不振の実体。会社；企業分析，再建に奔走。組合側；公営化実現決める」。しかし会社側は強気の姿勢を崩さなかった。同 46 年 1 月 31 日「道南バスは自力で再建できる。徳中康満社長，記者会見で表明」，「二年間で 354 人整理，地域住民に迷惑かけぬ。クビ切りはせず自然減で」。祐満時代とは雲泥の差がある。

126) 　例えば室蘭民報 45 年 5 月 19 日「道議選動き出す」。

127) 　社長の進退が注目されていた。世間では，土井勝三郎の名を挙げていた。室蘭民報 46 年 1 月 31 日「社長に土井氏の公算。注目される再建策」。

128) 　当時，同社も政府そして道庁も，モータリゼーションの影響を過大評価していた。「車輛，65 年には 12 万 1 千 600 台。新道できてもあふれる。頼みは

白鳥大橋の建設」(室蘭民報46年5月26日記事)。同47年3月11日記事「利用定着の小型バス。三輪車は死滅寸前に」。特に室蘭における増加は急激だった。同47年5月9日記事「車，10万台へあと一歩」。しかし問題は人口流出だった。同47年2月25日記事「室蘭市の人口流出続く」。同12月12日「人口流出続く室蘭市」。この頃まで室蘭は生産地であったからである。しかし戦後の移動欲求と経済活動が一段落すると，後述の様に人口がバス経営に影響を持つ様になる。

　例えば44年度の道内各地の観光客は，4,580万人だった。内道南地方は，480万人であった(室蘭民報45年11月2日「モテる道内の観光地」)。

129) 室蘭民報46年2月1日紙面「道南バス再建へ臨時株主総会。同族関係役員五人が退任。新役員選任は持ち越す」。しかし経営陣がその責任を自覚していたかどうかは，疑わしい。同紙面「"自主再建のメドつく"。徳中康満氏が記者会見，要請あれば会長に」。また組合側から突き上げられ，道議選を断念せざるを得なかった。同2月3日紙面「道議選へ動き激し」。

130) 室蘭民報38年3月31日「道南バス，全線止まる」，「あっせん案二千二百円拒否」。バレーボールを楽しむ組合員の姿が報じられている。また車掌達も福祉施設を慰問する余裕もあった。38年当時は形式的にストを打ち妥結する余裕が双方にあった。同39年12月5日「運輸相から感謝状。道南バスの車掌会に」。しかしこの頃からストライキが行われると，終息したはずのバス公営論が再燃する等事態は悪くなる。同38年6月20日「市営バス実現に努力」。同9月28日「市営バス特別委設ける」。後にこれは，組合からも言われる様になる。同40年3月17日「道南バス，平穏なスト」。しかし要求額は7,000円であった。同40年4月23日「2万人の足奪う」。同49年4月28日「道内私鉄25社が参加。道南バス二千円を回答」。しかし2,000円は道内最高額であった。同4月30日夕刊「また"足"奪ったバスのスト。地労委あっせん不調。4日に第四波を予定」。同41年4月30日「私鉄の再開団交，大詰め。スト回避強まる」。「道南バス，二千五百円に不満」。因みに2,500円は道内最高額だった。同日夕刊「私鉄，24時間ストに突入。どたん場で決裂。道南バスも参加」。「日胆14万人の"足"完封。道南バスのスト」。同44年5月3日「道内私鉄，再び24時間スト。徹夜の集団交渉物別れ。道南バスなど18社参加」。同5月3日「バスのストに泣き笑い。怒りを訴える温泉地。ハイタクひっぱりだこ」。同5月6日「道内私鉄，3度目の24時間スト。あっせん案条件で難航」。同5月9日「道南バス，ストを中止。六千二百円で合意」。その結果が，「ふえるハイヤー利用客」(同44年3月29日)となる。同45年5月4日紙面「きょうの道内私鉄スト必至。道南バス関係，十四万人の足ストップか」。同日夕刊「道内私鉄，24時間ストに突入。通勤通学に大きな影響」。同5月7日「あす私鉄，公労協がスト。道南バスは24時間」。同5月8日「道内

私鉄，スト突入。道南バスは八千円の調停案」。同日夕刊「足を奪われた市民は不満顔。雨の中，歩いて通勤」。同5月9日「バスのストに憤り。洞爺湖温泉の観光業者」。

131) 室蘭民報46年3月4日「十四日定時株主総会。新社長に猪俣氏か」。同46年3月15日「道南バスの新役員決まる」。徳中祐満が設立発起人となった北海道銀行から融資が受けられなくなったため，猪俣は北洋銀行から専務を迎えた。

132) 室蘭民報46年2月26日「道南バスの再建可能。道議会で知事答弁」。同46年2月14日「道南バス再建で提示。地域住民，労働者の不安解消急げ」。同2月25日「道南バス，時限ストに突入。一時金残額支給など要求。約八万人の足奪われる」。

133) 室蘭民報46年5月15日「通勤用に早朝便新設」。同46年5月15日「道南バス，再建計画発表。来年度郊外線もワンマン化。車掌215人減らす」。同5月24日記事「市内線60％ワンマン化」。同6月28日「道南バス，最終便を繰り上げ。住民，観光客の足奪う」。

　当然運賃値上げも申請した。同46年6月7日記事「道南バスきょうにも料金値上げ申請」。同6月8日「道南バスが値上げ申請」。しかし室蘭地区協会，室蘭消費者協会に，「道南バスの値上げ阻止。値上げ反対全市民連絡会議が初会合」（同年7月30日），「バス料金値上げに反対運動」（同47年8月8日）と直ぐに反応された。「一万人の署名簿手渡す」（同47年8月18日）。この日時を考えれば，その勢いが知れる。同日夕刊「室蘭市内バス連協のあり方に批判。会社のいいなり？」。料金値上げにも反対運動が起きた。タクシー業界も同様であった（「不況追い討ち業績悪化。値上げ必至の室蘭ハイ・タク」（同7月13・25日））。同8月8日「ハイ・タク料金値上げに反対」。47年6月3日「室蘭地区同盟，幅広い市民運動を展開」。

　値上げが認可されたのは年の瀬であった。同47年12月13日「道南バス料金値上げ認可。一区間40円に」。同12月19日「新年早々に実施へ。バス連協は阻止の構え」。バス連協は反対した。同12月26日「バス料金値上げ時期ズレ込む。バス連協が強く反発」。バス連協を無視する形で，料金値上げは断行された。同48年1月6日「16日からバス料金値上げ。市内線一区間40円」。同1月9日「新バス料金きょう公示」。同1月15日「定期券売り場終日混雑。反対市民団体は対決姿勢」。同1月16日「さまざまな反響乗せてバス料金の値上げ実施」。

　またこの頃最低賃金法が実施された。つまり1日千十円が最低賃金となった（同47年10月17日「最賃法告示される」）。バス料金は上がる，賃金は上がる，物価は上がるの繰り返しだった。

134) 室蘭民報46年11月27日「住民，会社に直談判。利用者で公住入り口占

拠。汐見バス亭」。関連は「トイレ論争に決着」（同47年7月7日）。「署名運動始まる」（同7月3日）。同7月15日「廃油の流出源は道南バス」。同12月12日「バス連協に赤信号。苦情改善そっちのけ。会社の経営が優先」。最終便繰り上げへの苦情もあった。同47年3月3日「観光客，従業員に不便。洞爺湖温泉旅館組合，道南バスに要望」。しかし人件費を理由に会社側は応じなかった。同年9月13日「いつ解決する終バス延長。ふえる一方の利用客」。またワンマンバスも不評であった。同7月16日「不評を買うワンマンバス」。同7月28日「サービスはよくなったか」。ワンマンバスの乗務員の態度を指摘する声が多かった。また，時刻表に記載されているにも拘わらず運行されていない等のこともあった。同47年6月1日「幻のバスダイヤ，登別高校発午前8時35分→室蘭行き。改正後三週間気づかず」。これに類することは，48年3月1日「トラブル絶えない道南バス。行き帰り，料金が違う」。また路線廃止にも不満の声が挙がった。同47年12月29日「登別・鉱山町は陸の孤島。バス突然廃止」。また48年の料金値上げ後も不満の声は挙がった。「改正のバスダイヤ。不便になった」（同48年1月12日）。同48年1月13日「不定期バス路線と酷評。常に15～20分」。

135) 室蘭民報47年4月20日記事「洞爺サマーランド休館。経営悪化，負債九億八千万円に」。同年11月13日「身売りか，資本提携か」。同48年1月22日「洞爺サマーランド売却決まる。ミナミ工業に13億円余で」。現在は，火山科学館となっている。

　同47年3月16日記事「合理化案に反対決議」。事実，当時の賃金と賃金上昇率は，インフレーション同様に高かった。同47年2月4日記事「室蘭市内のモデル賃金を調査。上昇率高い中，高卒男子」。同2月15日記事「昨年末のボーナス支給状況。大手・中小の差縮まる」。同47年4月26日記事「吹き荒れる交通スト旋風」。同4月27日「道南バスも突入」。同日「交通ゼネストついに突入」。同日「日胆九万三千の足奪う」。同5月1日記事「またもバスに足奪われる。行楽客は列車に殺到」。同5月4日「道南バスがスト中止。9,300円を労使受諾」。同47年6月12日記事「道南バスなどスト回避。年間臨給交渉，昨年上回る26万円で妥結」。倒産が危ぶまれながらも，値上げや補助金で支えられ，なおかつストライキばかりしている同社に対して，世間の目は厳しかった。世は正に不況の渦中であった（同47年5月2日記事「ますますふえる企業倒産。室蘭，予想以上に根深い不況」）。同47年1月6日「16日からバス料金値上げ」。同1月9日「新バス料金きょう公示」。

136) 室蘭民報47年8月25日記事「きょう注目のバス連協。協議会の運営も焦点に」。委員からも批判され，また改組止む無しの声が市議会からも上がった。しかし，市としても利益の上がらないバスを市営で引き受ける意志は最早持っていなかった。「バスの公営化は困難」（同47年8月28日）。市営で営

業しても赤字は解消されないことは明白だった（同 47 年 12 月 7 日「市営バス料金値上げ（苫小牧）」）。また，先の室蘭地区同盟と室蘭消費者協会の署名運動は，「国鉄バス乗り入れ」の陳情に変わっていった（同 47 年 8 月 30 日）。ところでこの署名運動は短期間で完了している（「署名運動始まる」（同 47 年 8 月 25 日））。如何に市民からすると切実であったかが知れる。この話しは当初は市の発案で，市では赤字線を引き受けることはできないが，国鉄ならば可能かつバス会社にも影響はないと踏んでいたからである（同 46 年 8 月 21 日「室蘭市-道南バス，国鉄バス乗り入れで話し合いへ」）。しかし人口減少が国鉄を動かすことを留めた。「国鉄バス室蘭乗り入れにヒビ」（同 47 年 8 月 31 日）。同社は最後の退出の機会を失った。また，バス連絡協議会に替わる機関として，市は関係市町村と協力してバス問題を考える審議会を設置したが，路線沿線の自治体は消極的であった（同 47 年 10 月 24 日）。明るい話題もある。「室商通学バス問題解決に前進」（同 47 年 10 月 27 日）。

137) 室蘭民報 48 年 5 月 9 日「スト中に花札とばく。運転手，九人を逮捕」。同 48 年 4 月 17 日「交通マヒは必至」。同 48 年 4 月 22 日「27 ゼネストの戦術」。「春闘決戦，最大のヤマ場へ」。同 4 月 27 日「学校，港，マチはガラガラ」。同 5 月 1 日「三度目のスト突入」。同 5 月 4 日「三たび 24 時間スト」。同 5 月 7 日「あす 48 時間スト。突入は必至」。同 5 月 8 日「けさ 48 時間スト突入。地労委あっせんへ」。「全面 48 時間ストに突入」。

138) 室蘭民報 48 年 10 月 9 日「道南バスの猪俣社長が辞任。後任は地元経済人から」。同 48 年 10 月 31 日記事「道南バス社長に根元氏昇格。地元経済人がしり込み」。同 12 月 22 日，「73 年ニュース回顧」「予想外，根本氏の社長昇格」。最早危険企業と見られていた。

139) 室蘭民報 48 年 10 月 18 日「自主経営が建て前」。猪俣等が確認した公営一元化に対し，これを撤回し自主再建を目指した。同 48 年 11 月 9 日「公営一元化めざし闘争突入」。同 11 月 14 日「動き出す気配ないバス連協」。この態度が後にバス連絡協議会の性格付けを巡る議論に発展する。同 11 月 19 日「574 本，2 万 6 千人の足奪う。労使歩み寄りなくスト突入」。同 11 月 25 日「物別れでスト突入，道南バス」。室蘭民報 49 年 1 月 24 日「再建目指し経営計画公表へ」。組合側も危機感を持っていた。同 48 年 10 月 25 日「労組が独自で道南バス現況調査。今年度決算は若干黒字」。

140) 室蘭民報 44 年 8 月 5 日「定期バスと乗用車衝突」。同 50 年 3 月 4 日「道南バスに厳しい行政処分。45 両に運行停止」。

141) 室蘭民報 49 年 2 月 24 日「市町村の経営参加を」。僅か数カ月前までは，公営一元化論を一蹴し自主再建を掲げていたのだが…。しかし室蘭市は既に，経営参加はしないことを決めていた（同 49 年 1 月 30 日「室蘭市，対応策に苦慮。経営参加は困難」）。同 49 年 2 月 6 日「自治体の援助受けたい」。同 49

年2月21日「道南バス来月にも値上げ申請」。同48年4月21日「企画調整会議発足準備進む。バス問題手がける」。同4月25日「陸の孤島やっと解消」。同4月26日「上鷲別に待望のバス運行。市が道南バスに助成金」。但し市とは登別市のことであり、室蘭市ではない。同8月14日「問われる市のバス対策。市民サイドから突き上げ」。室蘭地協もこの流れに乗った。同10月8日「住民一体化の運動展開」。しかし、47年に公営交通問題研究会が、「地下鉄を大都市交通の基幹に、中小都市はバス」という答申を出していたにも拘わらず（同47年10月31日）市は何もしないまま、翌年経営参加を断念する。もっとも室蘭市のみの問題ではない。同市は、バス問題を考える審議会の設置を関係市町村に呼びかけたこともあった。

142) 室蘭民報49年2月27日「運賃値上げ申請を明示。現行の68％アップ」。これが実施されたのは、この年の夏である。同8月2日「平均で50％の大幅。道南バスなど22社値上げ」。同8月3日「平均54.3％アップ。道南バス、25日から実施へ」。

143) 室蘭民報49年3月18日「道南バス再建へメド。中央から役員導入」。同3月19日「道南バス再建、一様に歓迎。足の確保ひと安心」。同3月31日「道南バス、再建スタート」。同5月24日「複合企業体に改造。道南バス再建計画」。同6月1日「『再建構想』正式に発表、道南バス。資本金は三億円に増資」。同6月3日「道南バス再建計画、実行に利用者注目」。同7月3日「道南バス再建本格始動。大幅な機構改革実施」。同8月21日「道南バスの再建構想、"住民の足確保"を強調」。しかしバス連絡協議会（当時高本正次会長）等は厳しい目を向けていた。同8月19日「室蘭市内バス連協、新スタート切ったが…、どうなる"市民の足"」。同9月7日「室蘭バス連協10日に小委員会。『性格付け』が焦点」。同9月14日「"市民の代弁者"に。室蘭市内バス連協性格付け」。

144) 室蘭民報50年4月17日「道南バスまた社長交代。徳中氏が復帰、収拾」。

145) 室蘭民報50年5月17日「早急に経営建て直しへ」。同5月22日「道南バス建て直し多難。労使協力が"カギ"。八億円の融資にメド」。同5月25日「手形詐欺で5人を告訴」。同5月26日「"被害額"は6億円越す」。同6月1日「"黒い手形"に質問集中」。同6月12日「道南バス、証拠そろえ反論」。

146) 室蘭民報49年3月26日「道南バス、正午まで」。同49年4月9日「公労協5日間ストへ」。同4月11日「初のゼネスト実施」。同4月14日「ゼネストやっと収拾」。同49年4月16日「道南バス第三波ストに突入」。同4月17日「きょう終日スト、道南バス」。同4月18日「四日間で三千万円消える。道南バスのスト」。同49年4月23日「道南バスきょう48時間スト突入か」。同夕刊「ベア二万五千円拒否」。同4月30日「道内私鉄紛争ようやく解決。27,500円受け入れ」。

第7章　室蘭素描：独立・社会的単位体についての考察　453

　　　賃金は春闘と秋闘の2回の攻勢で上昇した。例えば同49年10月31日「きょう24時間スト。道南バスは午前8時まで」。同11月17日「19日に総評が全国統一スト。道南バスなど24時間」。同11月19日「市民の足大きく乱れる」。同11月20日「道南バス終日マヒ」。同11月22日「きょう私鉄24時間スト。道南バスも突入」。同日夕刊「室蘭市民はスト慣れ？　道南バス24時間突入」。同11月26日「道南バス三度目のスト」。しかし物価の上昇率も高かった。同9月2日「高い室蘭の物価。札幌，函館に次三番目」。そして不況も深刻だった。同50年2月18日「完全失業者83万人に」。同3月12日「雇用戦線波低し」。同50年8月18日「高まる雇用不安」。同50年8月16日「苦しい陸運業界。室蘭」。同6月25日「失業，著しい悪化みられず」。同8月25日「失業情勢，回復の兆し」。

147)　室蘭民報50年7月24日「道南バス，26日から48時間スト。ボーナスの遅れで」。同7月25日「スト回避は微妙」。同日「道南バスストショック，良識あるのか」。同7月26日「道南バス，スト中止。室蘭市長仲裁のむ」。同7月28日「また揺れ動く道南バス」。同8月16日「徹夜交渉でやっと決着。会社側，組合の要求のむ」。同8月28日「八月分給与の半額支給。残りメドなし？」。同50年8月29日「道南バス経営ピンチ。売り上げ差し押さえ。組合，毎月400万円，賃金に」。

148)　室蘭民報50年8月30日「道南バス経営不安。室蘭市，運行確保に全力」。同50年8月31日「道南バス危機，重大局面に。室蘭市，経営参加の意向」。同9月3日「道南バス問題，最悪の場合陸運局が対策を。樫原副知事，配慮を要請」。同50年9月4日「近く更生法申請。道南バス，ほぼ確実。10日の手形決済カギ」。同9月6日「道，足の確保に全力」。

149)　室蘭民報50年9月7日「あすから燃料供給を停止。室蘭石油，道南バスへ通告」。

150)　室蘭民報50年9月8日「道南バス再建，新局面へ。きょうにも更生法申請」。同9月9日「道南バス，更生法を申請」。「原因は放漫経営」。「市民の足，確保して」。同日夕刊「室蘭市が要請。運行確保の具体策協議へ」。「走る不安と戸惑い」。同9月10日「『住民の足』まず守れ」。

151)　室蘭民報50年9月10日「道南バスに財産保全命令」。同9月11日「黒い手形に『メス』」。「道南バス，更生法申請の背景」。同日夕刊「またまた大揺れ道南バス」。同9月12日「さらに3人を逮捕」。「押しつけ会議，首長ら不満も」。「奇弁と図太さと」。同9月13日「別会社の借金返済にも手形流用」。「バス，ストップの危機」。同日夕刊「倒産」。同9月14日「損害与え悪かった」。同9月15日「道南バス背任事件」。同9月17日「路線確保働きかけへ」。「道南バス特別背任事件」。同9月19日「道が融資に難色」。同日夕刊「緊急融資にメド」。同9月20日「日胆の足確保にメド。来週にも緊急融資。

道, 約1億円の意向」。同9月21日「道南バス労組臨時大会。経営陣刷新求める」。同9月22日「室蘭市議会あす召集。焦点, 道南バス問題」。同9月23日「札幌地裁が現地調査」。同9月25日「道南バス保全管理人決まる」。同9月26日「公営化には否定的。室蘭市議会」。「道に再建を要請」。同9月27日「道南バス更生見通し明るい」。「道南バス, スト回避」。同9月28日「道南バス, 九月分給与支給」。同9月29日「道南バス再建へ始動。まず一億円融資が課題」。同9月30日「道の融資, あす結論」。同10月2日「特別背任罪で」。同10月3日「道南バス緊急融資」。同10月8日「更生法申請から一カ月, 融資問題大詰め」。「賃金遅配, 早急に解決」。「生活不安ひしひし」。同10月17日「不正使用捜査へ」。同10月20日「道南バスの特別背任事件」。同10月21日「道南バス事件」。「出直しのステップ」。同10月23日「一億円融資内定か」。同10月25日「徳中会長が業務代行」。「バス購入契約に偽り」。同10月29日「道南バス特別背任事件」。同11月7日「道南バスの足確保問題」。同11月11日「近づく年末一時金闘争」。同11月12日「道南バスの会社更生手続き, 今月中に開始決定」。「バスは止めない」。同11月14日「道南バス事件」。同11月24日「会社更生法適用大詰め」。同11月25日「管財人猪俣氏に内定」。同11月26日「猪俣氏内諾」。同11月27日「道南バスの更生手続き, きょうにも決定」。同11月30日「道南バスの更生手続き, あす開始決定」。同12月8日「道南バス会社更生法を適用。管財人に猪俣氏讃良氏」。「率直にモノ言い合おう」。同12月9日「組合には誠意で臨む」。「利用者の期待ずっしり」。同12月10日「道南バス再建構想示す」。同12月10日「道南バス新体制スタート」。同56年7月6日「道南バス特別背任事件で判決」。

その後無事更生し, 今日に至っている。

152) 第5章注で指摘したように, 第1章の現在の松下電器産業のモデルを見れば明らかなことだが, 単位間の多様性の自律的吸収もなく, 擬似家族的単位の集積は各社毎に分断されている。

153) 福島, 松本(1956)。本文図7-9は, マイル数, 乗客数, 自家用車数, 走行距離等の月次データを基に相関を調べたものの1つである(土谷(2001))。

154) 北海道開発局 (1974)。白鳥大橋建設を促進するための調査である。

155) 48年に幌別鉱山は閉山し, 65年の歴史に幕を引いた。室蘭民報49年3月22日「さようなら, 登別の幌別鉱山小中学校, 65年の歴史閉ず」。

156) 室蘭民報36年10月3日「合併促進申し入れ」。初めは登別町がまだ幌別町と称していた頃の32年当時である。地理関係では, 室蘭のベッドタウンで人口は5分の1, 面積は3倍, かつ水資源が豊富であることが, 室蘭側からの合併の理由であった。しかし, 合併後の税負担の問題や鷲別漁港築設問題, 水利権等が絡み進まなかった。36年の申し入れでは合意し掛けたが, 集中豪雨禍対策等で立ち消えになった。

157) つまり，独立単位体においては，「連絡-無視」の場合も生じる。
158) 福永(2002)は，会社主義は国家の脆弱性を形成した一因であり，他方小規模集団への肯定と経済中心主義の反映として現れたとしている(pp. 45-50)。また，会社主義を信奉することは，マトゥラーナやヘイルが指摘した，多くの団体・組織に参加する自由を放棄することであった。

参 考 文 献

[1] 安部邦衛「電車，無軌道電車及乗合自動車ノ建設費ニ就テ」1931（東京都立大学）。
[2] 有末武夫『交通の地域的分析』大明堂，1985。
[3] 道南バス『道南バス四十年史』1966。
[4] 道南バス『道南バス七十年史』1995。
[5] 道南バス「営業報告書」1961～1975。
[6] 道南バス「合理化計画書」1972。
[7] 道南バス「事業計画書」1972。
[8] 道南観光開発「営業報告書」1969～1970。
[9] 榎森進『北海道近世史の研究』北海道出版企画センター，1997。
[10] 濱口晴彦『社会運動の組織化』早稲田大学出版部，1980。
[11] 日比野正己『バス輸送改善資料集成』運輸経済研究センター，1982。
[12] 福島眞義，松本年博『バス運賃と原価計算の実際』運輸通信社，1956。
[13] 福永晶彦『企業経営の普遍性と地域性』酒井書店，2002。
[14] 藤嶋暁『生命の組織論』白桃書房，1999。
[15] 富士製鉄室蘭製鐵所『室蘭製鐵所50年史』1958。
[16] 北海道バス協会編纂委員会『北海道のバス事業』1999。
[17] 北海道建築士会『北海道の開拓と建築・上中下』，第一法規出版，1987。
[18] 北海道道路史調査会『北海道道路史Ⅰ～Ⅲ』1990。
[19] 北海道開発局「幹線道路整備計画調査：室蘭道路調査報告書」1974。
[20] 北海道開発調整部「バス運行に関する資料」1972。
[21] 北海道開発調整部「過疎バス関係資料」1972。
[22] 北海道開発調整部「乗合バス事業の現状と問題点」1972。
[23] 北海道開発調整部「地方バス概況資料」1976。
[24] 北海道労働部編『資料北海道労働運動史・終戦-講和』1953。
[25] 北海道労働部編『資料北海道労働運動史・27-32』1958。
[26] 北海道労働部編『資料北海道労働運動史・33-37』1964。
[27] 北海道労働部編『資料北海道労働運動史・38-42』1969。
[28] 北海道労働部編『資料北海道労働運動史・43-47』1979。

- [29] 北海道労働部編『資料北海道労働運動史・48-52』1983。
- [30] 北海道商工部観光課「41年度貸切バス利用客入込数」1967。
- [31] 北海道商工観光部「室蘭地区トラック運送業業界診断勧告書」1975。
- [32] 北海道庁『道央地帯の諸都市における都市交通の分析とその基本対策に関する調査研究』1962。
- [33] 北海道庁『北海道の統計』1960～1977。
- [34] 北海道庁総務部「離島辺地等で運行するバス路線の現状と対策」1969。
- [35] 石田幸成編『室蘭地方労働運動史』室蘭地方労働組合協議会, 1961。
- [36] 香川県バス協会他編『本州四国連絡橋の3橋時代及び高速道路に対応した四国のバス事業者のあり方に関する調査研究報告書』1994。
- [37] 鎌田哲宏, 鎌田とし子『日鋼室蘭争議三〇年後の証言』御茶の水書房, 1993。
- [38] 河原勇『日本製鋼所社史資料』日本製鋼所, 1968。
- [39] 栗林商会『栗林七十五年』1970。
- [40] コーヘン, J. B.（大内兵衛訳）『戦時戦後の日本経済（上）（下）』岩波書店, 1950。
- [41] 室蘭港港湾管理者『室蘭港港湾計画資料』1974。
- [42] 室蘭市議会編『室蘭市議会史』1964。
- [43] 室蘭市『室蘭市史・上下』1941。
- [44] 室蘭市市史編纂委員会『新室蘭市史第5巻』1989。
- [45] 室蘭市市史編纂委員会『室蘭市史年表』1989。
- [46] 室蘭市『室蘭市統計書』1998。
- [47] 室蘭商工会議所『室蘭商工会議所六十年史』1985。
- [48] 室蘭地域商業近代化計画策定委員会『室蘭地域商業近代化計画報告書第1分冊』1994。
- [49] 室蘭地方新労働運動史編集委員会『室蘭地方新労働運動史』1981。
- [50] 室蘭民報社, 室蘭民報, 1945～1988。
- [51] 中村靜治『日本自動車工業発達史論』勁草書房, 1953。
- [52] 楢崎産業株式会社『楢崎産業六十年史』1964。
- [53] 日本国有鉄道北海道総局『北海道鉄道百年史・上中下』鉄道弘済会北海道支部, 1976。
- [54] 日本乗合自動車協会バス事業五十年史編纂委員会『バス事業五十年史』, 日本乗合自動車協会 1955。
- [55] 小川兼四郎編『社団法人日本乗合自動車協会十年史』, 1937, 日本乗合自動車協会。
- [56] 労働省婦人少年局『乗合バスの女子従業員』1956。
- [57] 作者不詳「無軌道電車ト路面電車及乗合自動車ノ経営ニ関スル考察」

1931（東京都立大学）．

[58] 佐々木馨「『みちのく』像の光と影——その宗教史的アプローチ」，入間田宣夫，小林真人，斎藤利男編『北の内海世界』山川出版社，1999．
[59] 市立室蘭図書館『室蘭港湾資料第1集』1964．
[60] 市立室蘭図書館『室蘭港湾資料第2集』1965．
[61] 市立室蘭図書館『室蘭港湾資料第3集』1967．
[62] 市立室蘭図書館『室蘭港湾資料第4集』1968．
[63] 市立室蘭図書館『室蘭港湾資料第5集』1969．
[64] 市立室蘭図書館『室蘭港湾資料第6集第7集』1970．
[65] 市立室蘭図書館『室蘭港湾資料第8集』1972．
[66] 市立室蘭図書館『室蘭港湾資料第9集』1973．
[67] 瀬川紘一「バス事業の現況」1970．
[68] 瀬川紘一「道南バス再建試案」1971．
[69] 高橋秀雄，塚原俊一郎『自動車経営論』交通日本社，1960．
[70] 谷村金次郎『室蘭地方発達史・上下』室蘭民報社，1952．
[71] 谷村金次郎『室蘭地方人物風土記』室蘭民報社，1961．
[72] 土谷幸久「生存可能システムモデルの理論と実践についての研究」平成11～12年度科学研究補助金（基盤研究（C）），2001．
[73] 梅木通徳『北海道交通史論』北日本社，1946．
[74] 梅木通徳『蝦夷古地図物語』北海道新聞社，1974．
[75] 渡邊貴介『明治以降昭和戦前以前迄の北海道・室蘭における地域開発の展開過程に関する史的研究』1998．
[76] 誉田慶信「蝦夷・北奥と本願寺教団」，入間田宣夫，小林真人，斎藤利男編『北の内海世界』山川出版社，1999．
[77] 全交通中央バス共闘会議編『バス労働者』労働教育センター，1976．

結語として

　本稿は，オートポイエーシス的生存可能システムモデルの有効性を示すことを目的としていた。人間は，相互支持的な社会的オートポイエーシスによって課題を咀嚼し理解し成長することができるのである。すなわち，これは課題毎に適合的人材を産出する単位であり，社会的オートポイエーシスとは人材そして付属的に技術・技能・方法論を産出することなのである。さらに，システムはそれ等の相互関係で充満した状態でなければならない。それを本稿では擬似家族的単位と呼び，その連鎖に着目した。すなわち，これは役割が一時的であり完備的でない故に単位体にはなれず，それ故他者に接続し社会に従属せざるを得ない単位である。そのような相互支持的単位に支えられ参加する自己は，少なくとも当事者，保護者，メタシステムの3つの役割を同時に満たさなければならない。つまり，自己を支えている他者は少なくとも2種類――メタシステム的役割はさらに4種類――あり，それ等も同様の状態にあるため，システムは相互補助の連鎖で埋まり，その幾つかは常に自己と関係する単位参加者なのである。

　しかし一般には，拡大された自己とも言うべき相談し合える強固な人間関係は認めても，そのようなメタシステム的役割を含めた単位を認識することは少ない。個人の信頼関係を基本軸に，さらに補強するような関係が加わり，互いに関係化することで単位的凝集を持つ小集団が作られているのである。多くは認識されず，その中の幾つかの基本軸のみが個々別々に認識されるに過ぎないのである。しかし，第6章のセブン-イレブンの店舗例のように，相互に当事者，保護者，メタシステム的役割を果し，全員で擬似家族的単位の重複を認識する場合もある。

　本来，再帰システムの定理から考えれば，再帰水準は上下に無限であり，システムIの各基本単位にもさらに下位水準が存在するはずである。機能の有機

構成を表現する構成要素の有機的関係は，上下に向けてなければならない。つまり，個々人は協力的に単位体化を指向するのである。単位体化を指向するとは，システムレベルの基本単位にも言えることだが，独立化するということではなく機能的完備性を追求するということである。従って，メタシステム的機能を保護者的役割の他所に求め，それによっ必然的にて中間構成要素や社会に自らを位置付けるのである。擬似家族的単位の場合は個人的な関係性の中で，同様の機能配置を求めるものであるから，生成と消滅を繰り返しながら，幾重にも重複し自己-他者関係を強化することになる。

　単位体として水準を構成するように独立することができない理由は，課題毎に構成されるものであり，またシステムの側から規定される単位体ではないからである。例えば，第6章のセブン-イレブンNo.7店における擬似家族的単位の生成・消滅を想定すればよい。No.7自体は，システムの側から認定された業務単位内の1単位体であるが，その中の擬似家族的単位は如何に相互支持的であっても単位であり，公式な単位体ではない。しかしながら，その反復行為によって，表面的には各自が自己の位置と使命と存在を確認するのである。またこのような非公認の単位において，オートポイエーシスの機能が実行されているのである。つまり，何等かの技能や方法論を修得した人材を相互に産出しているのは，この単位においてなのである。すなわち，第2章で管理の効率化というシステム概念の誤用に触れたが，管理に替わり，システムに自律性の基礎を与えているのもこの単位の連鎖であり，冒頭このような連鎖でシステムが埋め尽されていることが望ましいと述べた理由である。しかし，このような単位は一般には認識されていない。個人の対人関係は注目されるが，その関係自体を支持する包括的単位を，積極的に認識すべきなのである。

　そのような単位連鎖から構造が実現しているとすると，それ等の連鎖の集積である何等かの単位体において，合意領域が作られるであろうと想定することは容易であり，規範の設定も予想されることである。容易であるとは，そのような単位が現象学的領域を形成し，構成要素たる個人は，反応様式の規定化等

の合意事項や習俗を受容する傾向があるからである。またワイクやマトゥラーナの所論を引いて述べたように，社会領域の形成は必然的である。従って，擬似家族的単位の重複の中に自己がいると認識する個人は，支持されると同時に必然的に多くの人を補助し，また幾多の制約を受けることになるのである。つまり，単位内の干渉，反応の制限，合意領域による他者からの抑制，規範による自己規制等，小さな「社会」でさえ凝集性を維持する方向に規定されているのである。つまり，社会システムは本質的に保守的である，というマトゥラーナの見解を裏付けることになる。このことは，第4章で考察し第6章で検討した。

　システムの1つの大局的機能を具体化する中間構成要素の実現においても同様であるが，上述のような凝集化の方向付けが，さらなる角度を以って行われるということではない。すなわち，中間構成要素における再帰の下位水準におけるシステムIに相当する部分の基本機能が，中間構成要素自体がシステムに対して期待される機能の具現化の基調を作るのであり，第5章で述べたように，中間構成要素に集う構成要素たる個々人やその擬似家族的単位の連鎖が特別な作用の仕方を作り出している訳ではない。つまり，擬似家族的単位の連鎖は，構成要素の反応様式を凝集性を維持する方向に規定するのであり，そのシステムIに相当する部分の基本機能が，中間構成要素の業務に特化した任務を行っているかのように機能しているのである。すなわち，サブシステムの実現は，システムの側から規定される機能を担当するように見えるが，規定されると同時に擬似家族的単位の連鎖が創発させた機能の表象でもあるのである。ヘイルの構成要素共同言及性は，このようにして成立する。逆に言えば，期待行動の範囲内に，連鎖からの創発は留まるべきなのである。しかし逸脱があるため，第5章で述べた原理等によって整合させる必要があるのである。

　斯して社会的オートポイエーシスの集積がシステムの構造を作り出すのだが，それは大局的機能を具現化するように構造化される。すなわち，システムを単位体とするための機能が必要であり，それを生存可能システムモデルと呼

び，実現されたシステムを生存可能システムと呼ぶのである．すなわち，第4章で定義した擬似家族的単位の円環を規定するような有機構成ではなく，円環の維持の補助となる有機構成である．そのような大局的機能の有機構成は，システムの全体を維持する上で反復的に循環しシステムを構造化たらしめ，自己自身の作動によって完結させるのである．一方上述のように，各構成要素は擬似家族的単位に守られて，システムの基本機能の一部を担うだけである．しかしその累積によって，中間構成要素にサブシステム的機能が創発するのである．創発に繋がるような基本機能の一部を担当するとは，以下の理由による．すなわち，微視的立場の個々の構成要素にとっては特殊技能の修得を伴うものであり革新的なことである．しかしそれは多くの単位の累積に守られて，システムの側から想定されているかのような期待行動の結果としてもたらされる範囲のものであり，大局的には個々の人材の輩出とは微小な産出でしかないのである．しかし一度その方向性が示されると，相互産出つまり相互作用的組織的学習となり，構成要素共同言及的にシステムを維持し，ときにシステム全体の構造変動を伴うような変化をもたらすことにもなるのである．セブン-イレブンの事例はそのことを雄弁に語っている．

　結論的に，単位連鎖による産出行為と生存可能システムモデルという大局的機能の有機構成そしてそれ等から実現される構造の三面から，組織体・社会を捉えることの必要性がわかった．その方法論を，第4章，第5章で検討した．これ等の融合は，オートポイエーシスを社会システムに活かすためにも，また生存可能システムモデルを単なる概念モデルに終わらせないためにも必要なことである．特に，生存可能システムは，単なる規範論になるのを避けるためにもオートポイエーシス的でなければならず，また生存可能システムモデルを要請すれば，オートポイエーシス単位は必然的にシステム化を指向することもわかった．また，本稿の構成要素を人間とする設定は，ビアが企業の核心は人間であると述べている通り，マトゥラーナ，ビア，パレートと同様であり，人材が産出されるということでヘイルの疑問に答えることにもなった．またルーマ

ン等の設定を回避することにも繋がった。

　さてこの研究の帰結として，相互補完的に両論の統合を指向するオートポイエーシス的生存可能システムは，必然的に次の特徴を示すものであることもわかった。すなわち，①再帰構造化やカップリングを含め外部関係にシステム化を働きかける。②擬似家族的単位の連鎖によって，プロセスを共有化し，次の成長方向を決め産出圧をそれに備えるということである。このことは第6章で考察した。

　何故セブン-イレブンを取上げたかというと，同社のプロフィットセンターは素人集団であり最大の弱点であるからである。すなわち，同社がシステムであるならば，システムの神経であるPOS等の情報流通を活かし，また素人であっても各自の成長と部分システムの発展に寄与することを，確認することができるであろうと考えたからである。現実は，熟練なき素人でも擬似家族的単位を構成し互いに支え合うことで，方向性を見出すことが可能となる様子を検証することができた。これより，生存可能システムの各部分において，様々に擬似家族的単位が連携し人材と方法論，技術を産出しているであろうという結論を得ることができた。また同時に，大局的機能の同型性とその維持の重要性を確認することもできた。すなわち，第1章で設定した問題は，第4章から6章までで解答となっている。それが，個々の人間関係ではなく，それを支えている人々も含んだ単位として把握すべきであるとする理由である。

　ところが，社会的単位体や独立単位体では，上述の命題は成り立たたないのである。第7章の事例はそのためのものであった。世の中には様々な組織体が存在する。本稿ではそれを独立単位体または社会的単位体と呼んだ。すなわち，独立した単位体であったとしても生存可能システムであるとは言えないのである。また一見生存可能システム的機能配置が可能なように見えても実はそうではない場合がある。しかしながら単なる独立単位体であっても，生き長らえる場合もある。さらに，社会的単位体であっても永続的な存在もあるのである。上記に生存可能システムモデルを規範論に終わらせないためと断り，また

第1章で様々な例示を行ったのはそのためである。少々個別的なことに触れれば，第7章の例，特に道南バスは，初めから機能未分化でありまた途中から擬似家族的単位の連鎖を断ち切ってしまった。1つの都市としての室蘭はシステム化を指向するまでもなく，独立単位体としての企業群に依存し，社会的単位体であり続けた。そこにあったであろう幾つかの擬似家族的単位も方向性を見出すことはできず，個別に大小様々な規模の社会的単位体を形成するに留まった。港湾埋立事業のための組織や，学校・福祉施設，そしてそのための運動体等である。しかし，それどころか多くの人々は，そのような単位を作ることもなく，生きることに精一杯だったのである。また企業内のそれも，社会に接続することはなかった。第1章の松下電器産業は，生存可能システムとしての内部経路が整わず，やはり擬似家族的単位は孤立した連鎖に留まっている。組合は生存可能システムとしての完全連動体とはなっておらず，また擬似家族的単位も下から創発するような体制にはなっていない。このように，社会的単位体・独立単位体においては，擬似家族的単位は存在したとしても，部門や部署，地域によって分断され価値的連鎖を作ることは不可能なのである。またシステムであるならば，全ての構成要素間にアルゲドニック・ループがなければならない。6章の例ではこれも存在していた。一方，オムロン，日清製粉，キリン等も説明のために一瞬の構図を切り取ったに過ぎず，子細なことはさらに調べてみなければわからない。しかし，現時点では価値・基幹技術の提供というペアレンティングが上手く機能しており，カンパニー間のシナジー戦略等を論じる必要はないと考えられる。

　システムである場合は，擬似家族的単位の連鎖はシステムの境界を乗り越え社会への接合を求めるものである。再帰論理という第3世代のシステムの原理とも整合する。第2世代まではこのことが言えなかった。第3章で述べたように，階層構造を指向するからであり機能の同型性を無視しているからである。また，独立・社会的単位体の場合は，擬似家族的単位が生じたとしても，その境界で切断される。つまり，機能の同型性というのは理論上の次元ではなく，

現実においても必要とされるのである。すなわち，独立単位体においては，生存可能システムとしての機能の有機構成はない可能性が高い。一方，大局的機能の顕現が永続する場合がシステムであることから，システムにおける擬似家族的単位は機能の完備を指向する。しかしおそらく，独立・社会的単位体におけるそれは，メタシステム的役割があったとしても完全性を求めることはないのではないだろうか。つまり，基本関係すなわち基本単位的関係に対する検査機能としてのメタシステム的役割はあったとしても，支持的に完備することはないのである。単位体全体としても機能完備が十分ではないのだから，微視的単位においても詳細な役割分担がないのは当然である。つまり，本質的に創発的な戦略・運動を内部的に誘発する装置がないのである。上記の例から，そのように推察できる。これは，現在のところ仮説であり，今後の研究課題として行きたい。

また第2章第3章は，生存可能システムモデル自体が，従来のシステム論を継承するものか否かという検討であり，第5章に接続するものではあるが，オートポイエーシスに直接関係する内容ではなかった。しかし，同理論を巡っては幾つかの誤解もあり，それを払拭するために必要な議論でもあった。すなわち，オートポイエーシス論をシステム理論の延長に語ることはできず，前述のように生存可能システムモデル上で語らない限り意味をなさないのである。

さて一般に，利益や顧客の満足のため，良かれと思って様々な意思決定を行う。その結果，生存可能性を犠牲にすることは少なくない。形式的に同モデルに一致してはいるが，サブシステムが機能していないこともある。皮肉にも，企業の寿命は人間のそれよりもずっと短いというセンゲの指摘が妥当する事態は多いのである。

本来，同モデルは機能論として捉えるべきである。機能とは，そして機能主義的機能論には，形式的一致は必要ではない。よって，機能と構造の一致性を要求することはない。機能と組織構造が一致するということは現実には少ない。むしろ，機能が完備的に連結しそれを実現する構成要素が有機的に構成さ

れるような構造が必要なのである。この立場で本稿は一貫している。しかも心理的・性質的バランスを保つための構造上の有機構成であるため，各構成要素やシステム全体の構造面において，全体の発展と個人の成長，自己維持・現状維持のバランスの中で，新たな安定性を獲得していく過程を捉えなければならない。そこで戦略論の文脈で，変転する様とバランスを作り出す様子を考察することにしたのである。

　また神経系において，刺激は外界からもたらされるものか内的に作り出されたものか区別はできないとマトゥラーナ達は述べているが，状況の持つ刺激は外的であるが戦略という思考は内発的なものであり，システムとは自らの試練を作り出すものなのである。すなわち，常に大きな刺激は内的要因によって発現するのである。つまり，初めの契機はシステムからもたらされ，具体的取り組みは擬似家族的単位から始められるのである。

　また，組織は戦略に依存すると言われるように，戦略は組織構造を変更する可能性は大きいが，機能の有機構成を変更することはない。すなわち，機能に軸足を置きつつ，それは必然的に構造もカバーする，という設定を取ったのである。その結果，戦略実行の中で生存可能システムは，効率性と共に組織的学習という特徴で捉えられるという仮説も裏付けることができた。この仮説を立てた理由は，凝集性・安定性と自律性とのバランス問題，また人間には経験を知識として利用するという特徴があるからである。そしてそれを可能にしているのが擬似家族的単位による相互産出である。これ等によって，組織的学習が組織に蓄積され，次なる安定性や戦略に活かされるのである。

　オートポイエーシス的生存可能システムモデルの利用可能性の検証という意味では，これまでの考察を通じて，その有効性は明らかになったと思われる。

　仮に，生存可能システムモデルすなわち機能主義的機能論の立場に立たなければ，別な考察となったであろう。例えば，組織論の視点からは，加盟店と本部の関係，OFCやDMの関係に力点を置くものになったであろう。そこでは学習やプロセスの共有化といった視点は失われるかもしれない。その意味から

も，全体論的視野を持ったオートポイエーシス的生存可能システムモデルを用いることは有用であると言える。では，機能論的行為論つまりオートポイエーシスのみの観点に立つならば如何なる帰結になったであろうか。学習等の蓄積過程に着目し全体像を失った議論に終始するか，その上でカップリングによって偶発的に構造化されるというワイクのような議論になるかもしれない。オートポイエーシス的単位は，第5章でも触れたように，必然的に凝集的に振る舞いメタシステム的機能を要請する。よって，先述したように，オートポイエーシス論と生存可能システムモデルは表裏の関係にあり，単独で用いることは無意味なのである。

組織というものはそして社会というものは，一方では必然的に社会化が指向されるものであるが，人も仕事も変わる中で攪乱の海に浮かぶ舟のようなものである。生存可能システムの各構成要素そして組織構造は，戦略・経験・学習を通じて変化していかなければならない。それが新たな安定性を獲得していく過程というものである。そこにおいて不変なものは，生存可能システムとしてのシステム機能の有機構成と「自己」の周囲に互いに集う擬似家族的単位内の役割だけである。構造も擬似家族的単位の構成員も刻々と変化し，また変化していかなければならないものである。何故なら，単位には人材を産出するという機能があり，産出された人材は別の天地が与えられるべきだからである。また，誰にも希望や夢がありそれを適える権利があるからである。つまり，他の者もそれに続かなければならないのである。さらに，自身と単位と産出機能を護るためには，生存可能システムの諸機能を表わす組織構造が取られなければならない。

擬似家族的単位による相互啓発を，重荷と取るか自己の成長の場と捉えるかは各自の自由である。しかし，人は皆生きて行かなければならず，人と交わらなければならない。その際，自身の周囲の人々によって，自己が成り立っていることを知るべきであり，感謝を忘れてはならないであろう。

以上の議論から，社会は，単位連鎖による産出行為と生存可能システムモデ

ルという大局的機能の有機構成，そしてそれ等から実現される構造の三面から捉えなければならないことが明らかとなった。

注
1) 転じて，ビアの「人間社会は生物学的システムである」という序の一節も，理解可能な願望であるということも言える（マトゥラーナ，ヴァレラ（1990），p. 58）。

あとがき

　本書を執筆する動機となったのは，「生存可能システムはオートポイエーシス的でなければならない」と述べたビアの一言であった。そもそも生存可能システムモデルへの誘いは，宮澤光一先生によるものだった。当時，筆者は大学院生であったが，文字通り浅学非才であり何もわからなかった。また先生も亡くなられてしまわれた。学ぶべきことは多かったのだが，突然のことだった。

　その後，何時かはまとめようと思いつつ，意思決定論を中心に研究を行い，生存可能システムからは遠退いていた。授業も忙しかった。ある時決意し，科学研究費補助金の申請をした。その研究が下地となっている。しかし，冒頭の一文の意味すなわち両論の統一は解らずじまいだった。

　ある日，早稲田大学の濱口晴彦先生を尋ね，社会は何を産み出しているのですかと質問させていただいた。初対面であったのに，先生は手短にしかし丁寧にご教授してくださった。その時，長年の疑問は容易く氷解した。また，学位審査もお引き受けくださった。

　幾度かいただいたお手紙も，示唆に富むものであり，学位論文の執筆に価値的であった。すなわち，本書は，早稲田大学に提出した学位論文を若干修正したものである。

　学位論文としてまとめ刊行し得たのは，多くの方々のご指導・ご援助の賜物である。主査をお引き受けくださった濱口晴彦先生，副査の嵯峨座晴夫先生，店田廣文先生をはじめ人間科学部の諸先生方，イギリスリンカーン大学のエスペホ教授からも温かいご指導と励まし改善点のご指摘をいただいた。また編集に際しては，田中千津子氏をはじめ学文社の方々のお世話とご努力を忘れるわけにはいかない。すなわち，私自身を「当事者」として，諸先生方が「保護・促進者」，「メタシステム的」に支えてくださって，まとめることが叶ったのである。諸先生方・関係各位に感謝申し上げたい。

本書が，今は亡き宮澤光一先生そして父へ，わずかばかりかもしれないが応えることに繋がるならば，幸いである。

2004 年 2 月

著者

索　引

あ 行

安定性　118
安定性停留域の原理　149, 415
一般システム理論のシステム観　112－113
(生物学的)オートポイエーシス(定義)　166, 188, 189
オートポイエーシス的生存可能システム　270－287
オートポイエーシス的生存可能システムモデル　1, 458

か 行

開システム　118－119
会社主義　302, 425, 426
外部関係のシステム化　309, 320－322, 355
外部的生成機構　121
拡大された自己　134, 208, 212, 351, 458
カップリング　173, 284, 305
管理　74, 98, 426
管理行為　72
企業城下町　396, 398
機構　166
擬似家族的単位　1, 37, 41, 181, 192, 203, 207, 271, 325, 350, 395, 406, 411, 415, 424
　　──の重複　218
　　──の連鎖　355, 359
期待行動　274, 277
凝集性　249
　　──の法則　265
経営管理の第1公理　262
経営管理の第2公理　263
経営管理の第3公理　264
権威　426
言語行為　281

合意領域　180－181
構成要素共同言及システム　187
構成要素共同言及性　185, 201, 347
効率的組織の科学　114, 115, 279

さ 行

再帰構造　130, 253
再帰システムの定理　264, 274, 275
再帰水準　265
サイバネティックス　49, 69, 107, 109, 114
産出圧　286, 424
産出(物)　214, 215, 276
自己　1, 202, 203, 212, 273, 347, 460
自己維持　131
自己維持システム　141, 143
自己概念　139－145
自己言及システム　143
自己組織化　131, 136, 142
自己組織化システム　143
自己調整的　131
指示－応答　178
システム　1, 5, 51, 67, 112-115, 125, 232, 415
システムⅠ　233, 244
システムⅡ　233, 246
システムⅢ　233, 249
システムⅣ　233, 251
システムⅤ　233, 252
社会的オートポイエーシス　39, 206, 458
　　──(定義)　218
社会的単位体　2, 5, 232, 397, 414, 423, 425
自律性　123, 426
進化圧　284, 424
人材　211, 218, 276, 277, 262
信頼　340, 343
生産物　215

生存可能　277
生存可能システムモデル　3, 233, 241
生存可能システム　233, 242
生存可能性　192
生存欲　192, 426
生命　168
創発　460
組織的学習　309, 344
組織の第1原理　260
組織の第2原理　260
組織の第3原理　261
組織の第4原理　261

た 行

第1世代システム論　131
大局的機能の有機構成　198, 239, 355, 417
多様性　243
多様性削減装置　243
多様性増幅装置　9、243
秩序関係の軸　206
秩序の関係　218
超安定系　120
適応的人材の産出　340
当事者　208
特定の関係　217
独立単位体　2, 5, 232, 359, 395, 414, 415, 423, 424

な 行

納得　343

は 行

半透明性の原理　259
反応の様式化　274
反応様式　215
反応様式の定型化　181
必要多様性の法則　123
フィードバック　119
負のフィードバック　111
負のフィードバック経路　107
プロセスの共有化　305, 340, 355, 426
文化的差異　181
文化領域　180
閉システム　118−119
閉包　124
保護者的補助・促進者　208
保守性　426
ホメオスタシス　110, 117-118
ホメオスタシスの原理　149
メタシステム的人々　208

ま 行

目的外在的　126
目的内在的　127
目的論　119, 198
モデル化　116, 119

や 行

有機構成　132, 133, 188−189, 198−199

著　者

土谷　幸久（つちや　ゆきひさ）
1957年生まれ。

──オートポイエーシス的生存可能システムモデルの基礎的研究──

2004年3月20日　第一版第一刷発行

著者　土　谷　幸　久
発行所　株式会社　学　文　社
発行者　田　中　千　津　子
東京都目黒区下目黒3-6-1　〒153-0064
電話 03(3715)1501　振替 00130-9-98842

〈検印省略〉

落丁・乱丁本は、本社でお取替え致します。印刷／中央印刷株式会社
定価は売上カード、カバーに表示してあります。http://www.gakubunsha.com

©2004 TSUCHIYA Yukihisa　Printed in Japan　　ISBN 4-7620-1307-2